O GRANDE ABISMO

JOSEPH E. STIGLITZ

O GRANDE ABISMO

SOCIEDADES DESIGUAIS E O QUE
PODEMOS FAZER SOBRE ISSO

ALTA BOOKS
E D I T O R A
Rio de Janeiro, 2016

O Grande Abismo — Sociedades Desiguais e o que Podemos Fazer Sobre Isso
Copyright © 2016 da Starlin Alta Editora e Consultoria Eireli. ISBN: 978-85-7608-977-3

Translated from original The Great Divide — Unequal Societies and What We Can Do About Them. Copyright © 2015 by Joseph E. Stiglitz. ISBN 978-0-393-24857-9. This translation is published and sold by permission of W. W. Norton & Company, Inc., the owner of all rights to publish and sell the same. PORTUGUESE language edition published by Starlin Alta Editora e Consultoria Eireli, Copyright © 2016 by Starlin Alta Editora e Consultoria Eireli.

Todos os direitos estão reservados e protegidos por Lei. Nenhuma parte deste livro, sem autorização prévia por escrito da editora, poderá ser reproduzida ou transmitida. A violação dos Direitos Autorais é crime estabelecido na Lei nº 9.610/98 e com punição de acordo com o artigo 184 do Código Penal.

A editora não se responsabiliza pelo conteúdo da obra, formulada exclusivamente pelo(s) autor(es).

Marcas Registradas: Todos os termos mencionados e reconhecidos como Marca Registrada e/ou Comercial são de responsabilidade de seus proprietários. A editora informa não estar associada a nenhum produto e/ou fornecedor apresentado no livro.

Impresso no Brasil — 1ª Edição, 2016 - Edição revisada conforme o Acordo Ortográfico da Língua Portuguesa de 2009.

Obra disponível para venda corporativa e/ou personalizada. Para mais informações, fale com projetos@altabooks.com.br

Produção Editorial Editora Alta Books	**Gerência Editorial** Anderson Vieira	**Marketing Editorial** Silas Amaro marketing@altabooks.com.br	**Gerência de Captação e Contratação de Obras** J. A. Rugeri autoria@altabooks.com.br	**Vendas Atacado e Varejo** Daniele Fonseca Viviane Paiva comercial@altabooks.com.br
Produtor Editorial Claudia Braga Thiê Alves	**Supervisão de Qualidade Editorial** Sergio de Souza			**Ouvidoria** ouvidoria@altabooks.com.br
Produtor Editorial (Design) Aurélio Corrêa	**Assistente Editorial** Juliana de Oliveira			
Equipe Editorial	Bianca Teodoro Carolina Giannini	Christian Danniel Izabelli Carvalho	Jessica Carvalho Renan Castro	
Tradução Fernando Lopes	**Copidesque** Mônica Scheer	**Revisão Gramatical** Silvia Parmegiani	**Revisão Técnica** Carlos Bacci Economista e empresário do setor de serviços	**Diagramação** Luisa Maria Gomes	**Capa** Angel Cabeza

Erratas e arquivos de apoio: No site da editora relatamos, com a devida correção, qualquer erro encontrado em nossos livros, bem como disponibilizamos arquivos de apoio se aplicáveis à obra em questão.

Acesse o site www.altabooks.com.br e procure pelo título do livro desejado para ter acesso às erratas, aos arquivos de apoio e/ou a outros conteúdos aplicáveis à obra.

Suporte Técnico: A obra é comercializada na forma em que está, sem direito a suporte técnico ou orientação pessoal/exclusiva ao leitor.

Dados Internacionais de Catalogação na Publicação (CIP)

```
S855g    Stiglitz, Joseph E.
             O grande abismo : sociedades desiguais e o que podemos
         fazer sobre isso / Joseph E. Stiglitz. – Rio de Janeiro, RJ : Alta
         Books, 2016.
             416 p. ; 24 cm.

             Tradução de: The great divide: unequal societies and what we
         can do about them.
             ISBN 978-85-7608-977-3

             1. Renda - Distribuição - Aspectos sociais - Estados Unidos. 2.
         Igualdade - Estados Unidos. 3. Riqueza - Estados Unidos. 4.
         Estados Unidos - Condições econômicas - Século XXI. 5. Estados
         Unidos - Condições sociais - Século XXI. I. Título.

                                                     CDU 364.144(73)
                                                     CDD 305.50973
```

Índice para catálogo sistemático:
1. Renda : Distribuição : Aspectos sociais : Estados Unidos   364.144(73)

(Bibliotecária responsável: Sabrina Leal Araujo – CRB 10/1507)

Rua Viúva Cláudio, 291 - Bairro Industrial do Jacaré
CEP: 20.970-031 - Rio de Janeiro (RJ)
Tels.: (21) 3278-8069 / 3278-8419
www.altabooks.com.br — altabooks@altabooks.com.br
www.facebook.com/altabooks — www.instagram.com/altabooks

Para meus vários leitores, que reagiram com tanto entusiasmo aos meus textos sobre desigualdade e oportunidade.

Aos meus filhos, Siobhan, Michael, Jed e Julia, e a minha esposa, Anya, por se dedicarem, cada um do seu jeito, à criação de um mundo melhor e mais justo.

E aos intelectuais e ativistas do mundo todo, por sua grande dedicação à justiça social.

Obrigado pela inspiração e incentivo que vocês me proporcionam.

Sumário

Introdução	XI

Prelúdio:

Mostrando as Rachaduras ... 1

    As Consequências Econômicas do Sr. Bush ... 23

    Capitalistas Tolos ... 33

    A Anatomia de um Crime: Quem Matou
        a Economia dos Estados Unidos? ... 41

    Como Sair da Crise Financeira ... 51

PARTE I

Pensar Grande ... 59

    Do 1%, pelo 1%, para o 1% ... 75

    O Problema do 1% ... 81

    Crescimento Lento e Desigualdade São Opções Políticas.
        Podemos Fazer de Outro Jeito. ... 89

    A Desigualdade se Globaliza ... 97

    Desigualdade É uma Opção ... 101

Democracia no Século XXI 105
O Falso Capitalismo 109

PARTE II

REFLEXÕES PESSOAIS 115

Como o Dr. King Moldou Meu Trabalho na Economia 121
O Mito da Era de Ouro dos Estados Unidos 125

PARTE III

DIMENSÕES DA DESIGUALDADE 131

Oportunidades Iguais: O Mito Nacional 139
Dívida Estudantil e a Destruição do Sonho Americano 143
Justiça para Alguns 149
A Única Solução de Moradia que Restou:
  Refinanciamento Hipotecário em Massa 153
A Desigualdade e a Criança Americana 157
O Ebola e a Desigualdade 161

PARTE IV

CAUSAS DA CRESCENTE DESIGUALDADE NOS ESTADOS UNIDOS 165

EUA: Socialismo para os Ricos 171
Um Sistema Tributário Contra os 99% 175
Globalização Não É Apenas uma Questão de Lucros.
  É Também uma Questão Fiscal. 181
Falácias da Lógica de Romney 185

PARTE V

Consequências da Desigualdade   189

    A Lição Errada da Falência de Detroit   193

    Não Confiamos em Ninguém   199

PARTE VI

A Política   205

    Como a Política Contribuiu para a Grande Divisão Econômica   219

    Por que Janet Yellen, e Não Larry Summers, Deveria Comandar o Fed   223

    A Insanidade da Política Alimentar dos EUA   229

    No Lado Errado da Globalização   235

    A Farsa do Livre Comércio   241

    Como a Propriedade Intelectual Reforça a Desigualdade   245

    A Sábia e Notória Decisão da Índia   251

    Eliminar a Desigualdade Extrema: Uma Meta de Desenvolvimento Sustentável, 2015–2030   255

    As Crises no Pós-Crise   267

    A Desigualdade Não É Inevitável   271

PARTE VII

Perspectivas Regionais   277

    O Milagre das Ilhas Maurício   287

    As Lições de Cingapura para uma América (EUA) Desigual   291

    O Japão Deve Ficar Alerta   297

    O Japão É um Modelo, Não uma Advertência   301

O Roteiro Chinês — 309

China: Reformando o Equilíbrio Estado/Mercado — 313

Medellín: Uma Luz para as Cidades — 317

Ilusões Norte-Americanas na Austrália — 321

A Independência Escocesa — 325

A Depressão Espanhola — 329

PARTE VIII

Fazendo os EUA Voltarem a Trabalhar — 339

Como Fazer com que os EUA Voltem a Trabalhar — 347

A Desigualdade Está Atrapalhando a Recuperação — 353

O Livro dos Trabalhos — 359

Escassez em uma Era de Fartura — 369

Vire à Esquerda para Crescer — 373

O Enigma da Inovação — 377

Posfácio — 381

Entrevista — 383

Joseph Stiglitz sobre a Falácia de que o 1% Mais Rico Impulsiona a Inovação e por que o Governo Reagan foi o Ponto de Inflexão da Desigualdade nos Estados Unidos

Créditos — 391

Introdução

Ninguém pode negar que hoje, nos Estados Unidos, existe um Grande Abismo separando os muito ricos — também conhecidos como o 1% – dos demais. Suas vidas são diferentes: eles têm preocupações, aspirações e estilos de vida distintos.

Americanos comuns se preocupam com o pagamento da faculdade dos filhos, as possíveis consequências de uma doença grave na família e a aposentadoria. No pior momento da Grande Recessão (como é chamada a crise iniciada oficialmente em dezembro de 2007 nos EUA e em 2009 no mundo), dezenas de milhões de pessoas temiam perder suas casas. Milhões viram o medo transformar-se em realidade.

Os que fazem parte do 1% — e, mais ainda, os pertencentes ao 0,1% mais rico — debatem outras questões: que tipo de jato devem comprar, a melhor forma de evitar impostos sobre a renda. (O que acontecerá se os Estados Unidos forçarem o fim do sigilo bancário na Suíça? As Ilhas Cayman virão em seguida? Andorra será um lugar seguro?) Nas praias de Southampton, reclamam do barulho dos helicópteros dos vizinhos que vêm de Nova York. Também se preocupam com o que aconteceria se eles caíssem do pedestal — o tombo é grande e, às vezes, acontece.

Algum tempo atrás, estive em um jantar oferecido por um brilhante e preocupado integrante do 1%. Consciente do grande abismo, nosso anfitrião reuniu os principais bilionários, acadêmicos e outras pessoas preocupadas com a desigualdade. Em meio à conversa, ouvi um bilionário — que começou a vida herdando uma fortuna — conversando com outro sobre americanos preguiçosos que estavam tentando viver à custa dos outros. Logo depois, passaram sem sobressaltos ao assunto das isenções fiscais, aparentemente sem se dar conta da ironia.

Durante aquela noite, Maria Antonieta e a guilhotina foram mencionadas várias vezes, enquanto os plutocratas reunidos rememoravam uns para os outros o risco de permitir que a desigualdade cresça demais: o tom da festa foi "lembre-se da guilhotina". Ao dizer isso, confessaram uma mensagem central deste livro: o alarmante desnível social nos Estados Unidos não é inevitável, tendo em vista não ser o resultado de inexoráveis leis econômicas. Trata-se de uma questão política e de políticos. Ao que parece, eles estavam dizendo que esses homens poderosos deveriam tomar alguma providência para mudar esse quadro.

Esse é apenas um dos motivos pelos quais a preocupação com a desigualdade tornou-se urgente, até mesmo entre o 1%: um número cada vez maior de pessoas desse escalão percebe que o crescimento econômico sustentado, do qual sua prosperidade depende, não pode ocorrer quando a maioria dos cidadãos tem a renda estagnada.

Em 2014, a Oxfam (organização internacional sediada no Reino Unido que se dedica à erradicação da pobreza, ajuda humanitária e pesquisa política) deixou muito claro para a elite mundial reunida em Davos o tamanho da desigualdade crescente no planeta, ressaltando que um ônibus com cerca de 85 bilionários de todo o mundo continha uma riqueza equivalente à da metade da população do planeta, constituída por aproximadamente três bilhões de pessoas.[1] Um ano depois, esse ônibus havia encolhido — tinha apenas 80 lugares. A Oxfam também constatou algo igualmente dramático: o 1% mais rico da população agora detinha quase metade da riqueza do mundo e está em vias de ganhar, até o final de 2016, o equivalente à renda dos 99% restantes combinados.

O grande abismo vem se formando há muito tempo. Nas décadas seguintes à II Guerra Mundial, os Estados Unidos tiveram o seu ritmo de desenvolvimento mais acelerado e cresceram como um todo. Uma vez que todos os segmentos tiveram um aumento na renda, a prosperidade foi compartilhada. A renda dos mais pobres aumentou mais rapidamente que a dos mais ricos.

Aqueles foram anos dourados para os Estados Unidos, no entanto, meus olhos jovens enxergaram contornos sombrios. Criado no litoral sul do lago Michigan, em Gary, no estado de Indiana — uma das cidades industriais emblemáticas do país — eu vi pobreza, desigualdade, discriminação racial e desemprego pontual à medida que sucessivas recessões afligiam a nação. Havia muitos conflitos trabalhistas, era comum ver os trabalhadores lutando para obter sua parcela justa da prosperidade americana, merecidamente célebre. Ouvi discursos em que se afirmava que os Estados Unidos eram uma sociedade de classe média, mas, em sua maioria, as pessoas que eu conhecia ocupavam os níveis mais baixos dessa suposta comunidade de classe média, e suas vozes não eram ouvidas pelos que decidiam os rumos do país.

Não éramos ricos, mas meus pais adaptaram o estilo de vida à renda de que dispunham — no fim das contas, uma boa parte da batalha se resume a isso. Eu usava roupas herdadas de meu irmão, que minha mãe sempre comprava em promoções, mas considerando mais a durabilidade do que a economia no curto prazo. Ela dizia que só pensar em economizar tostões era sabedoria no pouco, mas burrice no muito. Na minha infância e adolescência, minha mãe — formada na Universidade de Chicago em meio à Grande Depressão — ajudava meu pai no negócio de seguros. Quando ela estava no trabalho, quem tomava conta de nós era a nossa "ajudante", Minnie Fae Ellis, uma mulher amorosa, trabalhadora e inteligente. Apesar de meus 10 anos, eu ficava intrigado: por que ela tinha estudado somente até a sexta série, em um país supostamente tão rico, que supostamente oferecia igualdade de oportunidade? Por que ela estava tomando conta de mim e não dos filhos dela?

Depois que terminei o ensino médio, minha mãe realizou o sonho de sua vida: voltar à escola para obter a certificação de professora e lecionar no ensino básico. Ela deu aulas nas escolas públicas de Gary. Quando uma boa parte dos brancos deixou a cidade, ela se tornou uma das poucas professoras brancas em uma escola que, na prática, era segregada. Após sua aposentadoria forçada aos 67 anos de idade, começou a lecionar no campus da Universidade de Purdue, situado no nordeste de Indiana. Trabalhou para garantir que o acesso fosse o mais amplo possível. Acabou se aposentando após os 80 anos.

Como muitos dos meus contemporâneos, eu ansiava por mudanças. Disseram-nos que mudar a sociedade era difícil e levava tempo. Embora eu não vivesse as mesmas dificuldades que meus companheiros de Gary (exceto uma pequena discriminação), identifiquei-me com essas pessoas. Isso ocorreu décadas antes dos meus estudos detalhados de estatísticas sobre renda, mas eu sentia que os Estados Unidos não eram a terra das oportunidades que afirmavam ser: havia muitas delas para alguns e poucas para outros. Pelo menos em parte, Horatio Alger (conhecido por seus romances de ascensão social de pessoas humildes) era um mito: muitos americanos que trabalharam duro nunca chegariam lá. Eu fui um dos poucos felizardos para os quais os Estados Unidos deram uma oportunidade: uma bolsa de estudos na Amherst College. Mais do que qualquer outra coisa, *essa* chance abriu um mundo de outras oportunidades ao longo do tempo.

Como explico em "O Mito da Era de Ouro dos Estados Unidos", em meu primeiro ano na Amherst mudei minha área de graduação, de Física para Economia. Minha motivação foi descobrir por que a nossa sociedade funcionava daquela forma. Eu me formei em Economia não só para entender a desigualdade, a discriminação racial e o desemprego, mas também porque esperava fazer algo para resolver esses problemas que assolavam o país. O capítulo mais importante da minha tese de Ph.D. no MIT (Instituto de Tecnologia de Massachusetts), redigida sob a supervisão de Robert Solow e Paul Samuelson (que posteriormente foram agraciados com o prêmio Nobel) tratava dos determinantes da distribuição de renda e riqueza. Essa tese, apresentada em uma reunião da Econometric Society (associação internacional de economistas dedicada à aplicação da Matemática e da Estatística à Economia) em 1966 e publicada em seu periódico, o *Econometrica*, em 1969, ainda é frequentemente utilizada, meio século depois, como referência para pensar sobre o tema.

O número de leitores interessados na análise da desigualdade era limitado, entre o público geral e até mesmo entre os economistas. As pessoas não se interessavam pelo assunto. Houve, por vezes, uma hostilidade declarada na área da economia. A hostilidade continuou até mesmo quando esse desequilíbrio econômico começou a aumentar acentuadamente no país, na época em que Reagan chegou à presidência. Robert Lucas, economista renomado da Universidade de Chicago e ganhador do prêmio Nobel, expressou-se com veemência: "Dentre as tendências prejudiciais à solidez da economia, a mais sedutora e [...] venenosa é a ênfase na questão da distribuição (de renda)."[2]

Como muitos economistas conservadores, ele afirmava que a melhor forma de ajudar os pobres era aumentar o tamanho do bolo econômico do país e que a ênfase na pequena fatia desse bolo dada aos pobres desviava a atenção do aspecto mais fundamental: como aumentar o bolo. De fato, há uma longa tradição econômica que defende que essas duas questões (eficiência e distribuição, tamanho do bolo e como dividi-lo) podem ser separadas e que ao economista cabia somente uma tarefa, importante, mas difícil: descobrir como aumentar ao máximo o tamanho do bolo. A divisão do bolo é uma questão política, algo que não diz respeito a economistas.

Com posturas como a de Lucas, tão em voga na economia, não era de se admirar que os economistas em geral dessem pouca atenção à desigualdade crescente no país. Eles não deram muita atenção ao fato de que, enquanto o PIB crescia, a renda da maioria dos americanos estava estagnada. Essa negligência significava, em última análise, que eles não conseguiam dar uma explicação razoável sobre o que se passava na economia, compreender as implicações da crescente desigualdade, nem desenvolver políticas que pudessem colocar o país em um rumo diferente.

Por esse motivo, aceitei com prazer o convite da revista *Vanity Fair* para, em 2011, apresentar esse assunto a um público mais amplo. O artigo resultante, "Of the 1 Percent, by the 1 Percent, for the 1 Percent" (Do 1%, pelo 1%, para o 1%) alcançou muito mais leitores do que o meu de décadas atrás, publicado na *Econometrica*. A nova ordem social que esse meu artigo na *Vanity Fair* abordava — os 99% de americanos que estavam no mesmo barco da estagnação — tornou-se o *slogan* do movimento *Occupy Wall Street* (nome de um movimento iniciado onde se localiza esse centro financeiro que protesta contra a desigualdade econômica e social em todo o mundo): "nós somos os 99%". Esse trabalho apresentou a tese que reverbera nos artigos deste livro e em todos os meus textos posteriores: quase todos nós, inclusive muitos do 1%, na verdade estaríamos melhor se houvesse menos desigualdade. Contribuir para a construção de uma sociedade menos dividida favorece os interesses absolutamente claros do 1%. Minha intenção não foi travar uma nova luta de classes, mas estabelecer um novo senso de coesão nacional, que esmaeceu quando um grande abismo foi sendo aberto na sociedade americana.

O artigo se concentrou em *por que devemos nos importar com o grande aumento da desigualdade*. A questão não se resume apenas a valores e moralidade; engloba também a economia, a natureza da sociedade e o sentido de identidade nacional dos EUA. Havia, inclusive, interesses estratégicos mais amplos. Apesar de os Estados Unidos permanecerem sendo a maior potência militar — e gastar quase metade do que se gasta no mundo todo — as guerras longas no Iraque e no Afeganistão revelaram os limites desse poder: não conseguimos controlar, de forma inequívoca, nem sequer pequenas faixas de terra em países muitíssimo menos poderosos. A força dos Estados Unidos sempre foi sua "mão leve" e, mais notavelmente, sua influência econômica e moral, o exemplo que representa para os outros, e a influência de suas ideias, inclusive nas áreas econômica e política.

Infelizmente, por causa da desigualdade cada vez maior, o modelo econômico americano não está funcionando para boa parte da população — a família americana típica está em situação pior do que há 25 anos, já considerando a inflação. Até mesmo a parte que se encontra na faixa de pobreza aumentou. Embora a China, em ascensão, se caracterize por um alto nível de desigualdade e um deficit democrático, sua economia vem funcionando melhor para a maioria dos cidadãos, tendo tirado cerca de 500 milhões da pobreza no mesmo período em que a estagnação atingiu a classe média americana. É pouco provável que um modelo econômico que não favorece a maioria de seus cidadãos seja uma inspiração para o modelo de outros países.

O artigo na *Vanity Fair* levou ao meu livro *O Preço da Desigualdade*, no qual detalhei várias das questões que eu havia levantado ali. O livro, por sua vez, originou um convite do *New York Times*, em 2013, para coordenar uma série de artigos sobre desigualdade, que denominamos "The Great Divide" (O Grande Abismo). Eu esperava, por meio dessa série, despertar o país para o problema que estávamos enfrentando: ao contrário do que nós (e muitos outros) acreditávamos, os EUA não são a terra da oportunidade. Nós tínhamos nos tornado o país desenvolvido com o maior nível de desigualdade, e os níveis de igualdade de oportunidades estavam entre os mais baixos. Nossas desigualdades se manifestaram de várias formas, mas não eram consequências inevitáveis e inexoráveis das leis econômicas. Eram, na verdade, o resultado de nossa política e políticas. Fossem outras, poderiam levar a resultados diferentes: melhor desempenho econômico (ainda que moderado) e níveis mais baixos de desigualdade.

O artigo original da *Vanity Fair* e a série de artigos constituem o cerne deste livro. Além disso, durante cerca de 15 anos, uma coluna mensal minha foi publicada por uma agência distribuidora para o *Project Syndicate*. Dedicado originalmente a divulgar ideias econômicas modernas para países que se encontram em transição para uma economia de mercado após a queda da Cortina de Ferro, o *Project Syndicate* fez tanto sucesso que, atualmente, seus artigos são publicados em jornais do mundo todo, inclusive na maioria dos países desenvolvidos. Não é de se admirar que a maioria dos artigos que escrevi para esse projeto abordem alguns aspectos da desigualdade. Uma seleção deles, bem como alguns publicados em vários outros jornais e periódicos, foi incluída neste livro.

Embora o foco desses artigos seja a desigualdade, decidi incluir vários textos sobre a Grande Recessão — escritos às vésperas da crise financeira de 2007-2008 e depois dela, quando o país e o mundo entraram no *grande mal-estar*. Esses artigos merecem estar neste volume, já que a crise financeira e a desigualdade estão estreitamente relacionadas: a desigualdade contribuiu para a crise, esta exacerbou as desigualdades já existentes, e o agravamento delas gerou uma forte corrente descendente na economia, dificultando bastante uma recuperação econômica *robusta*. Assim como no caso da própria desigualdade, não havia nada de inevitável sobre a profundidade e duração da crise. De fato, a crise não foi algo fortuito, como uma enchente ou um terremoto que ocorre uma vez a cada cem anos. Foi um mal que fizemos a nós mesmos. Assim como a desigualdade gigantesca, a crise foi o resultado de nossa política e políticas.

ESTE LIVRO TRATA, basicamente, da *economia* da desigualdade. Entretanto, como acabei de sugerir, não é possível fazer uma distinção clara entre política e economia. Em vários ensaios deste volume e em meu livro anterior, *O Preço da Desigualdade*, eu descrevo a relação entre elas: o círculo vicioso no qual mais desigualdade econômica gera desigualdade política, principalmente no sistema político dos Estados Unidos, que confere um poder desenfreado ao dinheiro. A desigualdade política, por sua vez, aumenta a desigualdade econômica. Contudo, esse processo é reforçado quando muitos americanos comuns se desiludem com o processo político: como consequências danosas da crise de 2008, centenas de bilhões foram utilizados para salvar os bancos, e pouco dinheiro foi empregado para ajudar os proprietários de imóveis residenciais.

Sob a influência do Secretário do Tesouro Timothy Geithner e do presidente do Conselho Econômico Nacional, Larry Summers — que estavam entre os idealizadores das políticas de desregulamentação que contribuíram para a crise — o governo Obama, inicialmente, não apoiou (e até mesmo combateu) os esforços para reestruturar as hipotecas residenciais, a fim de proporcionar um alívio a milhões de americanos que sofreram com os empréstimos predatórios e discriminatórios oferecidos pelos bancos. Portanto, não causa espanto que tantas pessoas roguem pragas contra deputados e senadores.

VENHO RESISTINDO à tentação de revisar ou expandir os artigos reunidos neste livro e até mesmo de atualizá-los. Também não restaurei os vários "cortes" dos textos originais, ideias importantes que tiveram de ser suprimidas para cumprir os limites de palavras preestabelecidos.³ O formato jornalístico tem seus méritos: textos curtos e sucintos, respostas às questões em voga, sem as várias ressalvas e advertências típicas dos escritos acadêmicos. Ao escrever esses artigos, participando dos debates do momento — frequentemente acalorados — conservei as mensagens mais profundas que desejava transmitir. Espero que este livro seja capaz de comunicar esses temas com a amplitude que merecem.

Como presidente do Conselho de Assessores Econômicos e economista-chefe do Banco Mundial, escrevi artigos de opinião, contudo só passei a escrevê-los regularmente depois que o *Project Syndicate* me convidou, em 2000, para colaborar com uma coluna mensal. O desafio aumentou significativamente meu respeito pelas pessoas que precisam escrever para uma coluna uma ou duas vezes por semana. Por outro lado, uma das vantagens de manter uma coluna mensal é a seletividade. Entre os muitos temas econômicos que surgem mensalmente pelo mundo, qual seria o mais interessante e proporcionaria o contexto para passar uma mensagem de maior relevância?

Na década anterior, os quatro temas centrais da nossa sociedade foram o grande abismo — a extrema desigualdade que está avançando nos Estados Unidos e vários países desenvolvidos —, a má gestão econômica, a globalização e os papéis do Estado e do mercado. Como este livro mostra, os quatro temas estão relacionados entre si. A grande desigualdade é causa e consequência das nossas dificuldades macroeconômicas, da crise de 2008 e da persistente sensação de mal-estar, de algo fora de lugar, que se seguiu. A globalização, apesar de suas vantagens de estímulo ao crescimento, quase que certamente aumentou a desigualdade — principalmente por causa de sua má gestão. A má condução da economia e da globalização, por sua vez, está vinculada aos interesses especiais da nossa política — que representa cada vez mais os interesses do 1%. Entretanto, embora a atuação política esteja na raiz de nossos problemas atuais, as soluções só serão encontradas politicamente: o mercado, por si só, não fará isso. Mercados sem freios gerarão mais poder monopolista, mais abusos do setor financeiro, mais desequilíbrio nas relações comerciais. Somente por meio da reforma da nossa democracia — aumentando a responsabilidade do governo perante *todo* o povo, de modo a refletir melhor os interesses populares — poderemos superar o grande abismo e levar o país novamente à prosperidade compartilhada.

Os artigos deste livro estão agrupados em oito partes, e cada uma delas é precedida por um breve ensaio introdutório, que busca explicar o contexto no qual os artigos foram escritos ou tratar de alguns tópicos que não pude abordar no curto espaço dos textos reimpressos aqui.

Começo com "Prelúdio: Mostrando as Rachaduras". Nos anos anteriores à crise, os líderes econômicos dos EUA, inclusive Alan Greenspan, presidente do Federal Reserve (o Banco Central dos EUA), podiam se gabar de uma nova economia na qual as flutuações econômicas, que no passado haviam sido um flagelo, teriam ficado para trás. A chamada Grande Moderação* ocasionou uma nova era de inflação baixa e crescimento aparentemente alto. Todavia, observadores mais atentos percebiam que isso era apenas uma fina demão de verniz, mascarando a má gestão econômica e a corrupção política em grande escala (parte disso veio à tona no escândalo da Enron, uma grande empresa americana do setor energético); pior ainda, o crescimento ocorrido não estava sendo compartilhado pela *maioria dos americanos*. O grande abismo estava se aprofundando. Os capítulos descrevem o desenvolvimento da crise e suas consequências.

Depois de apresentar, na Parte I, uma visão geral de alguns dos temas mais importantes sobre a desigualdade (inclusive meu artigo da *Vanity Fair*, "Do 1%, pelo 1%, para o 1%" e o artigo inaugural da série O Grande Abismo do *New York Times*), incluo, na Parte II, dois artigos com recordações pessoais do despertar precoce de meu interesse por esse assunto. As Partes III, IV e V tratam das dimensões, causas e consequências da desigualdade; a Parte VI apresenta algumas discussões de ideias políticas importantes. A Parte VII analisa a desigualdade e as políticas elaboradas para enfrentá-la em outros países. Por fim, a Parte VIII é dedicada a uma das principais causas do desequilíbrio econômico nos Estados Unidos — a prolongada fraqueza do mercado de trabalho. Eu pergunto qual é a melhor forma de colocar os Estados Unidos para trabalhar novamente, oferecen-

---

* A chamada Grande Estabilidade ou Grande Moderação refere-se a um período (entre 1980 e início dos anos 2000) de estabilidade econômica caracterizada por baixa inflação, crescimento econômico e crença de que o ciclo de expansão e contração havia sido superado. Trata-se de um fenômeno mais particularmente ligado às economias desenvolvidas.

do oportunidades decentes com salários dignos. O Posfácio contém uma breve entrevista concedida ao editor da *Vanity Fair*, Cullen Murphy, a qual aborda algumas das questões levantadas frequentemente durante as discussões sobre a desigualdade: Quando os Estados Unidos tomaram o caminho errado? Não é o 1% que gera empregos, sendo assim, uma sociedade mais igualitária não acabaria prejudicando os 99%?

Agradecimentos

Este livro não segue o padrão acadêmico; é uma coleção de artigos e ensaios, escritos para diversos periódicos e jornais ao longo dos últimos anos, que tratam da desigualdade — o abismo cada vez maior, principalmente nos Estados Unidos e, em menor escala, em vários outros países de todo o planeta. Entretanto, os artigos se baseiam em um longo histórico de pesquisas acadêmicas, iniciado quando eu era estudante de graduação do MIT e bolsista da Fullbright em Cambridge, no Reino Unido, em meados da década de 1960. Naquela época, e até pouco tempo atrás, os economistas americanos tinham pouco interesse pelo assunto. Sendo assim, devo muito aos orientadores da minha tese, dois grandes economistas do século XX, Robert Solow (que escreveu uma dissertação sobre o tema) e Paul Samuelson, por me incentivarem a seguir essa linha e por seus ótimos insights.[4] Também agradeço especialmente a meu primeiro coautor, George Akerlof, que dividiu comigo o prêmio Nobel de 2001.

Em Cambridge, frequentemente discutíamos os fatores determinantes da distribuição de renda, e tirei grande proveito das conversas com Frank Hahn, James Meade, Nicholas Kaldor, James Mirlees, Partha Dasgupta, David Champernowne e Michael Farrell. Lá, eu orientei Anthony Atkinson, o maior intelectual sobre desigualdade em metade do século passado, e, em seguida, iniciei minha colaboração com ele. Ravi Kanbur, Arjun Jayadev, Karla Hoff e Rob Johnson também são ex-alunos e colegas que me ensinaram muito sobre o tema deste livro.

Atualmente, Rob Johnson comanda o Institute for New Economic Thinking (INET), fundado após a Grande Recessão. Em meio ao naufrágio econômico, reconheceu-se cada vez mais que os modelos econômicos considerados como padrões não foram adequados para o país nem para o mundo; havia necessidade de uma nova filosofia econômica, com mais ênfase na desigualdade e nas limitações dos mercados. Agradeço o apoio do INET a uma parte da pesquisa subjacente a estes ensaios.[5]

Embora a relação entre a desigualdade e o desempenho macroeconômico venha sendo abordada há muito tempo na minha pesquisa teórica e no trabalho com política, há, finalmente, um reconhecimento cada vez maior da importância dessa relação (inclusive por parte do Fundo Monetário Internacional). Agradeço aqui a colaboração de meus colegas da Columbia, Bruce Greenwald e José Antonio Ocampo, e o trabalho da Comissão de Especialistas em Reformas do Sistema Monetário e Financeiro Internacional, presidida por mim e designada pelo presidente da Assembleia Geral das Nações Unidas.[6]

Qualquer pessoa que atue nessa área, hoje em dia, também deve muito a Emmanuel Saenz e Thomas Piketty, cujo trabalho minucioso produziu uma boa parte dos dados que revelam a amplitude das diferenças dos mais abastados em relação aos demais, nos EUA e em muitos outros países avançados. A influência de intelectuais importantes como François Bourgignon, Branko Milanovic, Paul Krugman e James Galbrait também será notada neste livro.[7]

Quando Cullen Murhpy, então editor da *The Atlantic Monthly*, me convenceu a escrever um artigo sobre algumas de minhas experiências na Casa Branca ("The Roaring Nineties" que acabou levando ao meu segundo livro, *Os Exuberantes Anos 90*, voltado para o público não especializado)[8], tive não só a oportunidade de articular ideias que vinha elaborando há anos, como também enfrentar um novo desafio: teria eu a capacidade de expressar ideias complexas de uma forma sucinta, que as tornasse acessíveis a um público mais amplo? Muitos de meus trabalhos acadêmicos haviam sido escritos com um coautor. A relação estreita entre o editor e o escritor é semelhante em alguns aspectos, mas diferente em outros. Cada um tinha funções distintas. Ele conhecia o público a um ponto tal que eu mal conseguia compreender. Passei a valorizar o papel desempenhado por um grande editor na configuração dos artigos. Grandes editores permitem que a voz do autor seja ouvida, assim como aprimoram a exposição e, em alguns casos, tornam o assunto mais atraente.

Depois de "Os Exuberantes Anos 90", escrevi várias outras matérias para *The Atlantic Monthly* e, quando Cullen Murphy foi para a *Vanity Fair*, continuou requisitando meus artigos. Um deles, "Capitalistas Tolos" (incluído neste volume), escrito em meio aos fatores que levaram à Grande Recessão e durante as suas consequências, rendeu-me o prestigioso prêmio *Gerald Loeb* de qualidade do jornalismo. É evidente que minha escrita evoluiu sob a tutela de Cullen.

Trabalhamos juntos em todos os artigos que escrevi para a *Vanity Fair*; quatro deles foram incluídos aqui. Em relação a este livro, sua participação mais importante foi ter solicitado o artigo "Do 1%, pelo 1%, para o 1%" e ter trabalhado com afinco, ao meu lado, em sua redação. Esse artigo, por sua vez, deu origem ao meu livro *O Preço da Desigualdade* e à presente obra. Graydon Carter sugeriu o título do artigo. "Somos os 99%" que se tornou o slogan do movimento Occupy Wall Street, simbolizando o Grande Abismo dos Estados Unidos.

Os acordos que fiz com o *Project Syndicate*, a *Vanity Fair*, o *New York Times* e diversas outras mídias, refletidos nos artigos publicados neste livro, deram-me a oportunidade de expressar minhas opiniões sobre o que se passava no mundo — a oportunidade de ser um comentarista especializado, talvez mais criterioso do que os que são forçados a opinar sobre uma ampla gama de assuntos nos programas matutinos de televisão, porque eu pude escolher as perguntas e refletir para encontrar as respostas.

Os editores de cada um desses artigos fizeram contribuições valiosas aos ensaios reunidos nesta obra. Agradeço particularmente a Sewell Chan e Aaron Retica, editores da série *Great Divide* do *New York Times*, que deu origem ao título deste volume. Mesmo antes de traçarmos conjuntamente uma estratégia, no final 2012, para apresentar à população americana as questões da crescente desigualdade nos Estados Unidos, em todas as suas dimensões e com todas as suas consequências, Sewell havia trabalhado comigo na edição do ensaio publicado aqui (com Mark Zandi), "A Única Solução de Moradia que Restou: Refinanciamento em Massa da Hipoteca". Aaron e Sewell fizeram um ótimo trabalho ao editar os 16 artigos do *New York Times* incluídos neste livro. Eu tenho uma tendência a ser prolixo, e sempre é triste ver tanto trabalho ser cortado, mas expressar ideias em 750 palavras, ou até mesmo 1.500, é um dos verdadeiros desafios do jornalismo. Aaron e Sewell sempre acrescentaram ótimos insights ao cortar o excesso de vocábulos.

Entre os vários editores aos quais devo muito, não posso deixar de citar Andrzej Rapacynski, Kevin Murphy e os outros integrantes da equipe do *Project Syndicate*, Allyson Silver (agora na Thomson Reuters), Michael Hirsh da *Politico*, Rana Foroohar da *Time*, Philip Oltermann de *The Guardian*, Christopher Beha do *Harper's*, Joshua Greenman do *New York Daily News*, Glen Nishimura do *USA Today*, Fred Hiatt do *Washington Post* e Ed Paisley da *Washington Monthly*. Também devo agradecer o incentivo e apoio de Aaron Edlin da *Economist's Voice*, Roman Frydman do *Project Syndicate* e Felicia Wong, Cathy Harding, Mike Konczal e Nell Abernathy do Roosevelt Institute, para o qual escrevi um breve texto de política que foi descrito parcialmente em meu ensaio "O Falso Capitalismo".

O Roosevelt Institute e a Universidade Columbia proporcionaram um apoio institucional incomparável. O Roosevelt Institute, derivado da Biblioteca Presidencial Roosevelt, tornou-se um dos principais catalisadores de ideias do país, promovendo os ideais de justiça social e econômica que os Roosevelts defendiam. As fundações Ford e MacArthur, bem como Bernard Schwartz, propiciaram um apoio generoso ao programa de pesquisa de Roosevelt/Columbia sobre desigualdade.

Durante os últimos quinze anos, minha "casa" intelectual tem sido a Universidade Columbia que, além de me dar a liberdade de pesquisar, também me proporcionou alunos brilhantes e entusiasmados, a participação em debates e colegas inteligentes com os quais aprendi muito. Columbia ofereceu um ambiente no qual eu pude crescer e fazer o que gosto: pesquisar, lecionar e defender ideias e princípios que, segundo espero, farão do mundo um lugar melhor.

Mais uma vez, expresso minha dívida de gratidão a Drake McFeely, presidente da W. W. Norton, e a meu amigo de longa data e editor, Brendan Curry, que mais uma vez fez um excelente trabalho ao editar este livro e, por sua vez, contou com a ajuda de Sophie Duvernoy. Como sempre, também estou grato a Elizabeth Kerr e Rachel Salzman, da Norton — por este livro e pelo apoio ao longo dos anos. Além disso, conto há muito tempo com a colaboração de Stuart Proffit, meu editor na Penguin/Allen.

Eu não teria concluído este livro sem uma retaguarda eficiente, encabeçada por Hannah Assadi e Julia Cunico, com o apoio de Sarah Thomas e Jiaming Ju.

Eamon Kirchner-Allen não só gerenciou todo o processo de produção do livro, mas também atuou como editor. Fico-lhe duplamente grato já que também editou todos os artigos do livro em sua publicação original.

Como sempre, minha gratidão mais profunda é dirigida à minha esposa Anya, cuja convicção sobre os assuntos abordados aqui e sobre a importância de apresentá-los a um público mais amplo muito me ajudou e incentivou, discutindo repetidamente as ideias de todos os livros, além de ajudar a moldá-los e remodelá-los.

Notas

1. Oxfam, "Working for the Few: Political Capture and Inequality", Briefing Paper 178, 20 de janeiro de 2014.

2. Robert Lucas, "The Industrial Revolution: Past and Present", 2003 Annual Report Essay, Federal Reserve Bank of Minneapolis, 1º de maio de 2014. Ele acrescentou: "Parte alguma da grande melhora no bem-estar de milhões de pessoas que se deu no decurso de 200 anos da revolução industrial até o presente pode ser atribuída à redistribuição direta de recursos dos ricos para os pobres. O potencial de melhoria da vida dos pobres por meio da identificação de meios de distribuir a produção atual não é *nada* comparado ao potencial aparentemente ilimitado do aumento da produção".

3. Em alguns casos em que os *leads* (em jornalismo, a abertura de uma notícia, geralmente apresentando os fatos em ordem de importância) eram, inadvertidamente, muito semelhantes, decidi por mudar o título do artigo. Essa decisão também implica que há uma sobreposição inevitável nos temas abordados nos diversos ensaios. Foram feitas algumas pequenas edições para evitar a duplicação.

4. Posteriormente, fui coautor de um trabalho, em conjunto com Solow, que tratou de alguns aspectos macroeconômicos da desigualdade e demanda. Consulte R. M. Solow e J. E. Stiglitz, "Output, Employment, and Wages in the Short Run", *Quarterly Journal of Economics*, 82 (novembro de 1968): 537-560.

5. Em particular, o ensaio "The Book of Jobs", publicado originalmente na *Vanity Fair*, baseou-se em uma pesquisa realizada conjuntamente com Bruce Greenwald e outros coautores, com o apoio do INET. Consulte, por exemplo, D. Delli Gatti, M. Gallegati, B. C. Greenwald, A. Russo e J. E. Stiglitz, "Sectoral Imbalances and Long Run Crises", em F. Allen, M. Aoki, J.-P. Fitoussi, N. Kiyotaki, R. Gordon e J. E. Stiglitz, eds., *The Global Macro Economy and Finance*, IEA Conference Volume Nº 150-III (Houndmills, Reino Unido, e Nova York, Palgrave, 2012), pp. 61-97 e D. Delli Gatti, M. Gallegati, B. C. Greenwald, A. Russo e J. E. Stiglitz, "Mobility Constraints, Productivity Trends, and Extended Crises, *Journal of Economic Behavior & Organization*, 83(3): 375-393.

6. José Antonio Ocampo, Rob Johnson e Jean Paul Fitoussi integraram a comissão, cujo relatório está disponível como *The Stiglitz Report: Reforming the International Monetary and Financial Systems in the Wake of the Global Crisis* (Nova York, The New Press, 2010). Fui copresidente, em conjunto com Jean Paul Fitoussi e Amartya Sen, de uma Comissão Internacional para a Medição do Desempenho Econômico e Progresso Social, enfatizando as várias dimensões do bem-estar que não são captadas adequadamente pelo PIB. Muitas das ideias da comissão se refletem nos ensaios contidos neste livro. Atualmente, o trabalho da comissão está sendo realizado na OECD, cujo relatório está disponível como J. E. Stiglitz. J. Fitoussi e A. Sen, *Mismeasuring Our Lives: Why GDP Doesn't Add Up* (Nova York, The New Press, 2010).

7. A edição brochura de *The Price of Inequality* contém uma lista mais completa de agradecimentos.

8. "The Roaring Nineties", *Atlantic Monthly*, outubro de 1992, deu origem a *Os Exuberantes Anos 90: Uma Nova Interpretação da Década Mais Próspera da História* (São Paulo: Companhia das Letras, 2003).

Prelúdio:

MOSTRANDO AS RACHADURAS

O PONTO DE PARTIDA DO LIVRO É O INÍCIO DA GRANDE RECESSÃO, vários anos antes da série *Grande Abismo* do *Times* vir a público. A primeira coleção foi publicada na *Vanity Fair* em dezembro de 2007, o mês exato em que a economia dos EUA entrou em uma crise que seria a pior desde a Grande Depressão, na década de 1930.

Nos três anos que a antecederam, eu e um pequeno grupo de economistas já vínhamos advertindo sobre a implosão iminente. Na verdade, os sinais de alerta estavam à vista de todos, mas havia muita gente ganhando muito dinheiro. Fechar os olhos era mais conveniente. Era uma festa, mas somente os mais ricos tinham recebido o convite; nós, o resto, teríamos de pagar a conta. Infelizmente, as pessoas que deveriam se encarregar de manter a economia sob controle estavam em conluio com os anfitriões, os únicos a se divertir (e a ganhar dinheiro). Por isso, estes capítulos foram incluídos neste livro como um prelúdio. O desenvolvimento da crise está estreitamente ligado ao surgimento do grande abismo nos Estados Unidos.

Primeiro, vamos examinar o cenário: houve uma grande explosão econômica durante a década de 1990, alimentada por uma bolha tecnológica em que o preço das ações de tecnologia subiu muito; após o estouro da bolha, a economia entrou em recessão em 2001. A panaceia universal do governo Bush era o corte de impostos — principalmente o corte de impostos favorável aos ricos.

Para os membros do governo Clinton, que trabalharam arduamente para reduzir o deficit fiscal, isso foi perturbador por várias razões. O corte causou a volta dos deficit — desfazendo todo o trabalho realizado nos oito anos anteriores. O governo Clinton havia postergado os investimentos em infraestrutura, educação e programas de assistência governamental aos pobres, tudo em nome da redução do deficit. Não concordei com algumas dessas medidas — acreditava que tomar empréstimos para investir no futuro do país fazia sentido em termos econômicos e me preocupava com a possibilidade de que o governo seguinte pusesse a perder, por razões não muito nobres, esses ganhos obtidos com tanto esforço.

Conforme a economia mergulhava na recessão de 2001, era consenso entre os formuladores de políticas econômicas a necessidade de estímulos que reavivassem a economia americana. Realizar os investimentos que tinham sido adiados seria uma forma de incentivo muito melhor que o corte de impostos para os ricos, como fizera Bush.[1] Eu já estava preocupado com a desigualdade crescente no país, e esses cortes injustos de impostos só pioravam a situação. Iniciei meu artigo para a *New York Review of Books*, "Bush's Tax Plan — The Dangers" (Os Perigos do Planejamento Tributário de Bush, em tradução livre), de 13 de março de 2003, da seguinte forma: "Raramente tão poucos tiraram tanto de tanta gente".

Pior ainda, eu acreditava que os cortes de impostos seriam *relativamente* ineficazes. E tinha razão. Volto a esse tema várias vezes neste livro. *A desigualdade enfraquece a demanda agregada e a economia*. A crescente desigualdade nos Estados Unidos estava transferindo dinheiro da base para o topo da pirâmide e, já que o pessoal lá de cima gasta menos de seu dinheiro que o da base, isso enfraqueceu a demanda total. Durante a década de 1990, mascaramos a deficiência criando a bolha tecnológica — um *boom* de investimento. Entretanto, com o estouro dessa bolha, a economia entrou em recessão. A reação de Bush foi um corte de impostos voltado aos mais ricos. Com os consumidores preocupados com o futuro, o estímulo econômico que se esperava a partir dos cortes de impostos foi inexpressivo. Implementar outro corte de impostos sobre ganhos de capital ao que já fora efetuado poucos anos antes pelo presidente Clinton não fez mais do que incentivar a especulação. Já que os benefícios se destinaram quase que totalmente ao ponto mais alto da pirâmide, essa medida foi particularmente ineficaz e, além disso, alargou muito a desigualdade.

As ferramentas mais eficazes para fortalecer a demanda e favorecer a igualdade são as políticas fiscais — políticas tributárias e de gastos decididas pelo Congresso e pelo Executivo. Políticas fiscais inadequadas são um fardo indevido para as políticas monetárias, que são de responsabilidade do Federal Reserve. O Fed pode (às vezes) estimular a economia baixando as taxas de juros e aliviando a regulamentação. No entanto, são prescrições que embutem efeitos colaterais perigosos. Suas "receitas" deveriam vir acompanhadas de uma advertência estampada em letras grandes: use com moderação e apenas sob a supervisão de adultos que entendam os riscos. Infelizmente, os responsáveis pela política econômica, fundamentalistas ingênuos convictos de que os mercados são sempre eficientes e estáveis, nunca leram nada desse tipo. Enquanto subestimavam os riscos que suas políticas representavam para a economia — e até mesmo para o orçamento do governo — aparentemente não se importavam com a desigualdade que aumentava dia a dia. Agora conhecemos o resultado: eles criaram uma bolha, e suas práticas levaram a um crescimento sem precedentes da desigualdade econômica.

O Fed manteve a economia agitada mediante uma política de taxas de juros baixas e regulamentações frouxas. Porém, isso só funcionou pela criação de uma bolha imobiliária. Todos deveriam ter percebido que a bolha imobiliária e o *boom* de consumo, ocasionado por ela, poderiam ser meros paliativos. A sina das bolhas é de sempre estourar. Em nossa orgia de consumo, os 80% de norte-americanos na parte inferior da pirâmide estavam, *em média*, gastando 110% da sua renda. Em 2005, o país tomava emprestado, diariamente, mais de US$2 bilhões vindos do exterior. A situação era insustentável e, citando um de meus antecessores como presidente do Conselho de Assessores Econômicos, em meus textos e discursos alertei diversas vezes que aquilo que não é sustentável não pode ser sustentado.

Quando o Fed começou a elevar as taxas de juros em 2004 e 2005, previ que a bolha imobiliária estouraria. Não estourou; em parte, porque tivemos uma espécie de moratória: as taxas de juros de longo prazo não aumentaram junto com elas. Em 1º de janeiro de 2006, antecipei que talvez isso não continuasse.[2] A bolha estourou pouco tempo depois, mas os efeitos, em sua totalidade, só foram notados um ano e meio a dois anos depois. Como escrevi em meio a esse processo: "As consequências do estouro da bomba imobiliária são tão previsíveis quanto o estouro em si [...]".[3] Considerando que "segundo algumas estimativas, em relação aos seis anos [anteriores] mais de dois terços do aumento da produção e do emprego [estão] relacionados a imóveis, refletindo empréstimos para a compra de novas moradias e famílias tomando empréstimos e dando as casas como garantia para respaldar uma orgia de consumo", não deveria ser surpresa nenhuma que a crise subsequente fosse profunda e longa.[4]

Os artigos incluídos nesta primeira seção descrevem as políticas que estabeleceram as bases para a Grande Recessão: Onde erramos? De quem é a culpa? Embora as pessoas que atuam no mercado financeiro, no Fed e no Tesouro gostem de fingir que foi algo que simplesmente aconteceu — uma enchente imprevisível, que acontece uma vez a cada cem anos, um ato de Deus, enfim, — eu acreditei, na época, e acredito ainda mais agora, que a crise foi feita pelo Homem. Foi algo que o 1% (na verdade, uma pequena parte dele) fez ao restante de nós. O fato de que isso pudesse acontecer era a manifestação em si do grande abismo.

A Formação de uma Crise

É evidente que a Grande Recessão teve suas vítimas. Porém, quem foram os perpetradores desse "crime"? Se fôssemos acreditar no Departamento de Justiça dos EUA, que não processou nenhum dos líderes dos grandes bancos que desempenharam um papel central nesse drama, poderíamos dizer que foi um crime sem *nenhum* criminoso. Eu, assim como a maioria dos norte-americanos, não acredito nisso. Em três dos artigos reimpressos neste livro, procuro descobrir quem matou a economia americana, para traçar o arco narrativo que nos levou a essa situação.[5] Eu quis investigar a fundo e retroceder ainda mais no tempo: a história não se resume à resposta padrão "Os banqueiros emprestaram mais do que podiam e os donos de casa própria se endividaram demais".

O que nos levou a essa conjuntura? Houve total falta de bom senso. A guerra do Iraque, mal idealizada e mal executada, cujos custos finais chegaram aos trilhões[6], foi o exemplo mais revelador. Mas atribuo a maior culpa a uma combinação de ideologia e pressão por interesses especiais — a mesma combinação que provocou a desigualdade crescente no país. Acuso especificamente a crença de que os mercados sem restrições são necessariamente eficientes e estáveis. Deveríamos saber que não é bem assim: desde sempre, o capitalismo é caracterizado por grandes flutuações econômicas. Alguns sugerem que o governo deve apenas garantir a macroestabilidade, *nada* além disso — como se os fracassos do mercado ocorressem apenas em grandes doses. Minha sugestão é outra: as grandes crises são apenas a ponta do iceberg: há milhares de ineficiências que são menos perceptíveis. A crise em si dá vários indícios disso: o colapso do mercado foi o resultado de diversas falhas no gerenciamento de riscos e na alocação de capital; erros cometidos por credores hipotecários primários, bancos de investimento, agências de classificação de risco, etc. Na verdade, cometidos por milhões de pessoas do setor financeiro e outras áreas da economia.[7]

Não obstante, também sugiro que houve uma certa dose de hipocrisia por parte dos defensores do livre mercado, novamente evidenciada na Grande Recessão. Os *pretensos* defensores da economia de mercado aceitaram de muito bom grado a assistência governamental — inclusive na forma de injeções de recursos financeiros em grande volume (conhecidas no mercado como *bailouts*). Obviamente, essas políticas provocam distorções na economia, piorando seu desempenho. Mas, repercutindo o tema deste livro, também se refletem na distribuição de renda — mais dinheiro vai para o topo da pirâmide, e todos os outros pagam a conta.

Quando se pensa *em quem matou a economia*, o suspeito nº 1 foi a pessoa que, na época, era o presidente da república. O artigo "As Consequências Econômicas do Sr. Bush" detalha *algumas delas*. Embora os conservadores reclamem muito dos deficit, eles parecem ter um talento especial para gerá-los. Grandes deficit começaram a caracterizar a economia americana pela primeira vez com o presidente Reagan, e somente depois do presidente Clinton os deficit transformaram-se em superavit. No entanto, Bush reverteu isso rapidamente — a maior reviravolta (na direção errada) da história do país — pagando por duas guerras com cartão de crédito, cortando impostos para os ricos, sendo generoso com as indústrias farmacêuticas e expandindo outras formas de assistência governamental corporativa. O governo passou a fazer mais "caridade" para as corporações ricas em diversos setores — seja discretamente, por meio do sistema tributário ou de garantias, seja de modo descaradamente aberto. E tudo isso ocorreu enquanto cortávamos a rede de segurança para os pobres, alegando que não havia condições de pagar por ela.

Conforme escrevi várias vezes[8], os deficit não são necessariamente problemáticos: não há problema se o dinheiro é gasto em investimentos e, principalmente, se esse gasto ocorre quando a economia está fraca. Contudo, os deficit de Bush foram especialmente problemáticos, pois ocorreram durante uma época de aparente prosperidade, ainda que fosse uma prosperidade para poucos. O dinheiro não foi gasto para fortalecer a economia, mas para engordar os cofres de um pequeno número de corporações e os bolsos do 1%. O mais perturbador foi enxergar tempestades à frente — teríamos recursos para resistir a elas? Os conservadores novamente exigiriam prudência fiscal, impondo a austeridade quando, naquele momento, a economia precisava desesperadamente do remédio oposto?

O mais importante para este livro é que os anos Bush se caracterizaram por uma desigualdade crescente não reconhecida por ele, que, consequentemente, não tomou providências — a não ser para agravá-la. Neste artigo curto, não pude citar todas as coisas que deram errado. Não ressaltei que, embora a desigualdade tenha diminuído ligeiramente durante os anos Clinton, a mediana (em estatística, o número que divide ao meio um conjunto de dados) da renda de um norte-americano *típico*, ajustada em relação à inflação, na verdade diminuiu no governo Bush — e isso ocorreu até mesmo antes que a recessão piorasse muito as coisas. Mais norte-americanos ficaram sem cobertura de saúde e enfrentaram mais insegurança — um risco maior de perder o emprego.[9]

Entretanto, talvez a falha mais grave tenha sido a criação das condições para a Grande Recessão. Esses tópicos serão abordados mais aprofundadamente nos dois capítulos a seguir. Os cortes de impostos para os ricos no governo Bush, mencionados anteriormente, tiveram um papel de destaque no drama — não proporcionaram um estímulo forte e, ao mesmo tempo, exacerbaram a desigualdade, que já era grande. Eles ilustram um segundo tema, ao qual voltarei mais adiante neste livro, e que agora foi adotado pelo Fundo Monetário Internacional

(FMI), uma organização que não costuma adotar posições "radicais": a desigualdade está associada à instabilidade.[10] A formação da crise de 2008 exemplifica como isso acontece: os bancos centrais criam bolhas em resposta a uma economia enfraquecida, originada da desigualdade crescente. A bolha acaba estourando e faz grandes estragos na economia. (É óbvio que o Fed deveria estar ciente desse risco, mas sua liderança demonstrou uma fé quase cega nos mercados e, como Bush, que indicou novamente Alan Greenspan para comandar o Fed e posteriormente indicou o presidente do Fed, Ben Bernanke — que havia sido seu principal assessor econômico — a instituição aparentemente dava pouca atenção à desigualdade que aumentava visivelmente no país.)

Ao mesmo tempo, isso ilustra um terceiro elemento: o papel da política. O que importa são as políticas e os políticos. Os Estados Unidos poderiam ter reagido ao enfraquecimento da economia investindo no país ou implementando práticas para reduzir a desigualdade. Essas duas medidas teriam levado a uma economia mais forte e uma sociedade mais justa. Porém, a desigualdade econômica leva inevitavelmente à desigualdade política. O que aconteceu nos Estados Unidos é o que se espera de um Estado com uma sociedade dividida. Em vez de mais investimentos, tivemos corte nos impostos e assistência governamental corporativa para os ricos. Em vez de regulamentações que estabilizariam a economia e protegeriam o cidadão comum, tivemos uma desregulamentação que causou instabilidade e deixou os norte-americanos à mercê dos banqueiros.

Desregulamentação

Para entender como se deu a Grande Recessão é necessário voltar no tempo, até o movimento pela desregulamentação, que recebeu um forte apoio do precedente Reagan. Em "Capitalistas Tolos", eu identifico cinco "erros" cruciais que refletiram as tendências mais amplas de nossa sociedade e reforçaram uns aos outros — culminando na pior crise econômica em 75 anos. Vários deles ilustram o poder em ascensão das finanças — a indicação de Greenspan por causa de seu apoio à desregulamentação, e a desregulamentação em si, ocorreram no governo de Reagan, mas o processo teve continuidade no governo de Clinton — inclusive a destruição dos muros regulatórios entre os bancos de investimento e os bancos comerciais.[11]

Os regulamentadores fizeram o que não deveriam ter feito, mas os crimes em si foram cometidos pelo sistema financeiro. Na época em que escrevi esses artigos, tínhamos apenas uma noção parcial da gravidade da situação. Sabíamos que os bancos tinham gerenciado mal o risco e alocado incorretamente o capital, sempre oferecendo grandes bônus a seus líderes pelo trabalho fantástico que estavam realizando. Sabíamos que o próprio sistema de bônus havia criado incentivos para o risco excessivo e o comportamento míope. Sabíamos que as agências de classificação de crédito falharam miseravelmente na avaliação do risco. Sabíamos que a securitização, tão celebrada por sua capacidade de gerenciar o risco, forneceu incentivos para que os credores hipotecários primários afrouxassem os padrões (o que ficou conhecido como risco moral). Sabíamos, ainda, que os bancos haviam concedido empréstimos predatórios.

Contudo, não conhecíamos toda a depravação moral dos bancos, seu apetite por práticas deletérias e sua irresponsabilidade. Ignorávamos, por exemplo, que os empréstimos predatórios eram efetuados de forma tão disseminada. Não estávamos cientes da manipulação do câmbio e de outros mercados. Não sabíamos da falta de cuidado com os registros, na pressa de fazer um número cada vez maior de hipotecas ruins. E não tínhamos noção da magnitude do comportamento fraudulento, não só dos bancos, mas também das agências de classificação de risco e outros participantes do mercado. A concorrência entre essas agências para fornecer uma classificação elevada (pois só recebiam pagamento se os bancos "usassem" suas classificações, e os bancos somente utilizavam as mais favoráveis) levou-as a ignorar propositalmente informações relevantes que poderiam ter rebaixado a classificação.

Os capítulos publicados neste livro apresentam uma boa descrição das atitudes errôneas do setor financeiro.

Os mercados financeiros e o aumento da desigualdade

Nestes artigos e em outras partes do livro, o sistema financeiro é um assunto recorrente — por um bom motivo. Como Jamie Galbraith, da Universidade do Texas, mostrou de forma muito convincente,[12] há uma relação clara entre a maior financeirização das economias mundiais e o aumento da desigualdade. O setor financeiro é emblemático para representar o que deu errado na economia americana — algo que contribuiu grandemente para o aumento da desigualdade, a maior fonte de instabilidade econômica e uma causa importante do mau desempenho econômico nas últimas três décadas.

Evidentemente, as coisas não deveriam ser assim. A liberalização dos mercados financeiros ("desregulamentação") *deveria* permitir que os especialistas em finanças alocassem melhor o capital escasso e gerenciassem melhor o risco; o resultado *deveria* ser um crescimento mais rápido e estável. Os defensores de um sólido sistema financeiro tinham razão em um ponto: é difícil ter um bom desempenho econômico sem um bom desempenho do sistema financeiro. No entanto, como vimos várias vezes, o setor financeiro não se mantém assim por suas próprias pernas; ele requer regulamentos rígidos e implementados de modo eficaz, para evitar que prejudique o restante da sociedade, além de garantir que desempenhe, de fato, suas funções primárias, aquelas a que *deveria* se ater. Infelizmente, discussões recentes sobre a reforma do sistema financeiro focaram apenas a primeira metade da tarefa — como evitar que os bancos e outras instituições financeiras *prejudiquem* o restante da sociedade, expondo-a ao risco excessivo ou outra forma de exploração — e deram pouca atenção à segunda.

Conforme o mencionado anteriormente, a crise que se abateu sobre os Estados Unidos e o mundo em 2008 foi um desastre provocado pelo homem. Já vi esse filme antes: uma combinação de ideias fortes (se equivocadas) com interesses poderosos pode ocasionar resultados calamitosos. Como economista-chefe do Banco Mundial, observei que, após o final do colonialismo, o Ocidente conseguiu incutir as ideias fundamentalistas do livre mercado — muitas das quais refletiam as perspectivas e interesses de Wall Street — nos países em desenvolvimento. Obviamente, esses países não tinham muita escolha: as potências coloniais os saquearam e exploraram brutalmente, extraindo seus recursos e fazendo muito pouco para desenvolver suas economias. Eles precisavam da ajuda dos países desenvolvidos e, como pré-requisito dessa assistência, executivos do FMI e outros órgãos impuseram condições — os países em desenvolvimento deveriam liberalizar seus mercados financeiros e abrir os mercados internos para uma enxurrada de mercadorias dos países avançados, ainda que estes se recusassem a abrir seus mercados aos produtos agrícolas do Sul.

Tais políticas fracassaram: a renda per capita da África diminuiu; a América Latina sofreu uma estagnação, e os benefícios do crescimento limitado foram para uma pequena fatia no topo da pirâmide. Enquanto isso, o Leste Asiático tomou um rumo diferente: com os governos liderando o esforço do desenvolvimento (algo que ficou conhecido como "estado desenvolvimentista"), as rendas per capita duplicaram e triplicaram rapidamente — acabaram octuplicando. No terço de século em que houve estagnação da renda dos norte-americanos, a China passou de um país empobrecido, com uma renda per capita equivalente a menos de 1% da renda dos Estados Unidos e um PIB de menos de 5% do norte-americano, à maior economia do mundo (medida em termos de paridade do poder de compra, no jargão dos economistas). No final do próximo quarto de século, prevê-se que a economia chinesa será duas vezes maior que a dos EUA.

Mas, frequentemente, ideologias são mais influentes do que as provas. Os economistas adeptos do livre mercado raramente davam atenção ao sucesso das economias com mercados regulamentados do leste asiático. Eles preferiam falar das falhas da União Soviética, que rejeitava a aplicação exclusiva da política de livre mercado. Com a queda do muro de Berlim e o colapso do comunismo, *pa-*

recia que o livre mercado havia vencido. Embora a lição a ser aprendida não fosse essa, os Estados Unidos usaram sua forte influência de única superpotência restante para promover seus interesses econômicos — ou, mais precisamente, os interesses de suas grandes e poderosas corporações. E, entre elas, talvez o mais influente seja o setor financeiro. Os Estados Unidos pressionaram os países para que liberalizassem seus mercados financeiros. O resultado: Os países enfrentaram crises econômicas — inclusive alguns que estavam indo muito bem *antes* da liberalização dos mercados.

Em certo sentido, éramos tão cruéis conosco mesmos quanto com esses outros países. Nos governos Clinton e Bush implementamos interna e externamente as políticas exigidas pelo setor financeiro. Em "A Anatomia de um Crime", explico como essas políticas redundaram em uma crise. (Trato desses assuntos mais extensamente em meu livro O *Mundo em Queda Livre*.)

Neste livro, a questão é como o setor financeiro contribui para a desigualdade crescente. Há vários canais pelos quais a financeirização teve esses efeitos. O setor financeiro é especialista em buscar renda e se apropriar da riqueza. Há duas formas de ficar rico: aumentar o tamanho do bolo nacional, e tentar obter uma fatia maior do bolo preexistente — nesse processo, o tamanho do bolo pode, na verdade, diminuir. As rendas no topo do setor financeiro estão mais relacionadas ao segundo processo do que ao primeiro. Embora parte da riqueza do sistema financeiro seja obtida à custa de outros ricos, incluindo uma grande parte do que é adquirido pela manipulação do mercado, uma boa parcela vem do dinheiro subtraído da base da pirâmide econômica. Isso não só vale para os bilhões gerados por meio de práticas abusivas dos cartões de crédito e dos empréstimos predatórios e discriminatórios, como também para os abusos do poder monopolista nos cartões de débito e crédito: as taxas excessivas impostas aos comerciantes atuam como um imposto sobre cada transação — prática que favorece os cofres dos banqueiros e não o bem-estar da sociedade. Em mercados competitivos, as taxas são repassadas inevitavelmente ao cidadão comum, na forma de preços mais altos.

Pelo menos antes da crise, os envolvidos no setor financeiro se vangloriavam de ser o motor do crescimento econômico e de que seu "caráter inovador" era a causa do desempenho econômico extraordinário do país.

A verdadeira medida do desempenho econômico de um país é a situação de uma família típica. Segundo esse critério, não houve crescimento nos últimos 25 anos. Porém, mesmo adotando o PIB como critério, o desempenho tem sido anêmico — muito pior do que nas décadas anteriores à liberalização financeira e à financeirização da economia — e é difícil atribuir qual foi a contribuição do sistema financeiro. Apesar da dificuldade de mostrar algum efeito positivo sobre o crescimento, é fácil estabelecer a relação entre as falcatruas do setor financeiro e a instabilidade econômica, evidenciada de modo mais intenso na crise de 2008.

Os dados sobre o PIB e os lucros mostram como o setor financeiro ajudou a desencaminhar a economia. Nos anos anteriores à crise, o setor financeiro absorveu uma fatia cada vez maior da economia — 8% do PIB, 40% de todos os lucros corporativos — sem quase nada a mostrar para merecer isso. Houve, é claro, um aumento de crédito, o qual, em vez de elevar os níveis de investimento *real*, o que teria aumentado os salários e gerado um crescimento sustentável, foi direcionado para a especulação e o aumento de preço dos imóveis. Elevação do preço dos imóveis na Riviera Francesa, ou dos apartamentos para milionários em Manhattan, não justifica afirmar que a economia tornou-se mais produtiva. E ajuda a explicar por que, a despeito do enorme aumento do comprometimento da renda (relação entre as dívidas e a renda), os salários médios estagnaram e os retornos reais sobre o capital não diminuíram. (Segundo a lei dos rendimentos decrescentes — um conceito básico da Ciência Econômica — o retorno sobre o capital deveria ter caído, e os salários deveriam ter aumentado. Avanços tecnológicos teriam reforçado a conclusão de que os salários *médios* deveriam ter aumentado, ainda que os salários referentes a certos tipos de mão de obra tivessem diminuído.)

A excessiva tomada de riscos que o setor financeiro assumiu, combinada a seu êxito em restringir a regulamentação, levaram (como era previsível e foi previsto) à crise mais grave em 75 anos. Como sempre, quem sofre mais com essas crises é a parcela menos favorecida da sociedade, que perde o emprego e enfrenta um desemprego prolongado. Nesse caso, os efeitos sobre o americano médio foram particularmente graves, já que mais de 14 milhões de casas foram hipotecadas de 2007 a 2013, e considerando a magnitude do corte de gastos do governo, inclusive na área da Educação. A política monetária agressiva (conhecida como *quantitative easing*, trata-se de uma injeção de recursos na economia, mediante instrumentos do Banco Central, para ampliar a oferta de empréstimos pelo sistema bancário) focou mais na recuperação dos preços no mercado de ações do que na restauração dos empréstimos para empresas de pequeno e médio porte. Consequentemente, isso foi muito mais eficaz para favorecer os ricos do que para beneficiar os americanos médios ou gerar empregos para eles. Por isso, nos três primeiros anos do que ficou conhecido como recuperação, cerca de 95% dos aumentos de renda foram para o 1% do topo da pirâmide e, seis anos depois do início da crise, a renda média havia caído 40% em relação aos níveis pré-crise.

Há outro papel protagonizado pelo setor financeiro na geração da crescente desigualdade (e mau desempenho econômico) nos Estados Unidos e no mundo. Citei anteriormente que a gigantesca desigualdade no país é resultado das políticas implementadas. O setor financeiro promoveu medidas que aumentaram a desigualdade e desenvolveu uma ideologia para apoiá-las. Evidentemente, alguns participantes dos mercados financeiros foram opositores importantes; há muitos que adotam o "claro interesse próprio". Entretanto, de modo geral, o setor financeiro promoveu a ideia de que os mercados, por si sós, levavam a resultados eficientes e estáveis e, com base nessa premissa, os governos deveriam liberalizar e privatizar; argumentava-se que a taxação progressiva deveria ser limitada por causa dos efeitos adversos sobre os incentivos; afirmava-se que a política monetária deveria focar na inflação e não a geração de empregos. E, depois que essas políticas provocaram a Grande Recessão, o foco obstinado nos deficit fiscais levou a cortes nos gastos do governo que prejudicaram os cidadãos comuns. Essas políticas, por sua vez, prolongaram a crise econômica.

Transparência

É fato amplamente conhecido que as economias de mercado funcionam melhor com transparência — somente com informações adequadas os recursos podem ser bem alocados. Todavia, embora os mercados — particularmente o financeiro — preguem a transparência *para os outros*, fazem o possível para limitá-la para si; afinal de contas, com mercados transparentes e competitivos, os lucros tendem a zerar. Pergunte a qualquer empresário: atuar nesses mercados não é divertido. É preciso lutar para sobreviver. Há pouco potencial de crescimento. Por isso o segredo comercial e o sigilo são tão importantes. Tudo isso é natural e compreensível. Entretanto, o governo deve intervir no sentido de contrabalançar essas tendências e tornar os mercados mais competitivos e transparentes. Isso não acontece se o governo é sequestrado por empresas e, principalmente, pelos mercados financeiros. É nesse ponto que me senti particularmente decepcionado com o que aconteceu no governo Clinton. De certa forma, espera-se que isso aconteça com governos de direita, mas não com um que afirmava "colocar as pessoas em primeiro lugar". Em "Capitalistas Tolos", explico como os governos Clinton e Bush implementaram incentivos para "maquiar os números".

Infelizmente, a administração Obama falhou em utilizar a crise de 2008 para forçar maior transparência, permitindo que a negociação de derivativos no mercado de balcão (no qual os negócios e seus termos não são de conhecimento amplo) — a origem da grande devastação provocada pela crise — continuasse, ainda que com algumas restrições.

O Papel do Economista

A essa lista de culpados, o capítulo sobre a anatomia de um crime acrescenta uma categoria: os economistas. Os vários economistas que diziam que os mercados eram autorregulados, que forneceram o pretenso arcabouço intelectual do movimento pela desregulamentação, apesar do longo histórico de fracasso dos mercados desregulamentados e sub-regulamentados e dos importantes avanços da teoria econômica, que explicava a razão pela qual os mercados financeiros *podem* e *devem* ser regulamentados. Esses avanços focaram-se nas imperfeições da comunicação e da concorrência, fatores importantes em todos os setores da economia e particularmente no mercado financeiro. Além disso, quando as empresas comuns quebram, normalmente as consequências se limitam aos proprietários e suas famílias, sem afetar toda a economia. Nos EUA, nas palavras dos líderes políticos e dos próprios bancos, não podemos permitir que nenhum grande banco quebre.

Ora, se é assim, eles *devem* ser regulamentados. Se são grandes demais para quebrar e estão cientes disso, assumir riscos excessivos é uma aposta unilateral: se ganham, eles ficam com os lucros; se perdem, os contribuintes pagam a conta.

A lei Dodd-Frank para a reforma do sistema financeiro não fez nada para resolver o problema do "grande demais para quebrar". Na verdade, nossa forma de lidar com a crise o agravou: incentivamos — e, em alguns casos, forçamos — a fusão dos bancos; portanto, atualmente, a concentração de poder no mercado é ainda maior do que era antes da crise. Essa concentração tem mais uma consequência: leva à concentração do poder político, tão evidente na recorrente luta pela aprovação de uma regulamentação eficaz para os bancos. Um ponto em que houve progresso com a lei Dodd-Frank é a restrição da negociação, pelas instituições financeiras garantidas federalmente, de derivativos — aqueles produtos financeiros arriscados que levaram ao colapso da AIG (empresa multinacional americana do setor de seguros) e aos maiores *bailouts* da história mundial. Embora não haja consenso sobre a natureza desses produtos financeiros — jogatina ou seguro — não há motivo justificável para que sejam fornecidos por instituições que realizam *empréstimos* a terceiros, principalmente as garantidas pelo governo. Não obstante, o Congresso rejeitou essa medida em 2014, com um texto redigido pelo próprio Citibank, sem que ao menos fossem realizadas audiências públicas!

O influente documentário *Trabalho Interno* lançou luz sobre o que pode estar acontecendo na área da Economia. Os economistas costumam dizer que os incentivos são importantes. De fato, esse ponto parece ser a única unanimidade entre os economistas. O setor financeiro recompensa generosamente os que concordam com ele: consultorias lucrativas, verbas de pesquisa, etc. O documentário levanta uma questão: isso teria influenciado a opinião de alguns economistas?

Respostas à Crise

Da mesma forma que a "formação de uma crise" ilustra vários temas do livro, os artigos que escrevi em 2008 e 2009, sobre as respostas, têm o mesmo papel. Um deles, "How to Get Out of The Financial Crisis", publicado na revista *Time* um mês depois do colapso do banco de investimentos Lehman Brothers, está incluído neste livro. A disparidade entre o que era necessário e o que foi feito ilustra o grande abismo.

Embora a crise viesse se formando havia muito tempo, e apesar das muitas advertências, os responsáveis — tanto no Fed quanto no governo — *pareceram* surpresos. Acredito que realmente estavam surpresos — um sinal notável de que fecharam os olhos para as informações desagradáveis e contrárias às suas ideias preconcebidas. Afinal de contas, a bolha imobiliária havia estourado em 2006, a economia mergulhou na recessão em 2007, o Fed forneceu aos bancos um volume de fundos sem precedentes em 2007 e 2008 e houve um socorro muito dispendioso ao banco de investimentos Bear Stearns em março de 2008. Praticamente todos os economistas que não tinham uma fé cega nas virtudes dos mercados livres e desregulamentados, e em sua eficácia e estabilidade, enxergaram advertências. Já Ben Bernanke, presidente do Fed, afirmou, despreocupadamente, que os riscos estavam "contidos".[13]

O evento que agravou mais ainda a recessão iniciada em dezembro de 2007 (cuja eclosão das políticas de Bush, com outro corte de impostos para os ricos em fevereiro de 2008, não foram capazes de impedir), mergulhando o país em uma recessão *muito profunda*, a pior desde a Grande Depressão, foi o colapso do Lehman Brothers em 15 de setembro de 2008. Depois de afirmar confiantemente que o fato de permitir o colapso dessa instituição financeira teria um efeito limitado na economia — e ensinaria aos bancos uma lição importante — o Fed e o Tesouro deram um giro de 180° e ajudaram a AIG, com o maior socorro financeiro da história da humanidade, um *bailout* corporativo para uma empresa que superou a assistência oferecida aos milhões de americanos pobres em muitos anos. Posteriormente, soubemos por que isso aconteceu e por que fizeram o possível para esconder do povo americano o que estavam fazendo: o dinheiro passou rapidamente da AIG para o Goldman Sachs e outros bancos. Quando esses bancos estavam em risco, o Fed e o Tesouro vieram salvá-los.

Em meu artigo da *Time*, propus uma agenda simples. Lamentavelmente, como eu temia na época, o que foi feito refletiu mais os interesses dos bancos e do 1% do que aos itens da agenda. Também por causa disso, a recuperação tem sido anêmica. O governo Obama pode reivindicar que impediu que a economia naufragasse em outra Grande Depressão. Verdade ou não, é evidente que esse governo não projetou uma recuperação robusta. Na época em que este livro foi impresso, sete anos depois, a renda da maioria dos americanos ainda está abaixo do que era antes da crise. A renda da classe média quase voltou ao nível de 1992, cerca de duas décadas atrás.[14] A recuperação foi projetada pelo 1% e para o 1%. Em seu discurso sobre o Estado da União, em 20 de janeiro de 2015, o presidente Obama pode até ter afirmado que a crise acabou. Entretanto, nem mesmo ele poderia insinuar que está tudo em ordem. O PIB está cerca de 15% abaixo do que seria se a crise não tivesse acontecido, e a lacuna entre onde estamos e onde estaríamos mal está se fechando. Ao seguir a agenda do 1%, trilhões foram perdidos desnecessariamente.

Minha agenda tinha cinco itens. O primeiro era a recapitalização dos bancos — de forma a garantir que eles voltassem a emprestar e fossem justos nos negócios com os contribuintes americanos por estes haverem suportado os riscos. Recapitalizamos, sim, os bancos. Porém, a assistência financeira aos bancos não implicava socorrer acionistas, detentores de títulos e banqueiros. E foi isso o que fizemos.

Quando o FMI, o Banco Mundial ou o governo americano empresta dinheiro para outros países, impomos condições — queremos garantir que o dinheiro seja gasto conforme o planejado. Ironicamente, o Tesouro dos EUA é um dos mais insistentes nessa condicionalidade, mas, no momento de impô-la aos bancos americanos, recuou.

A intenção, nesse caso, era clara: salvar os bancos para que pudessem continuar a fornecer fundos para fazer a economia funcionar. No entanto, como não impusemos nenhuma condição, o dinheiro foi usado para dar bônus gigantescos — nada merecidos — aos banqueiros. Anos depois da crise, o nível dos empréstimos para pequenas e médias empresas ainda estava muito abaixo do que era antes dela.

O governo afirma ter sido reembolsado, mas isso foi, em grande parte, uma manobra ilusória, com o dinheiro recuperado sendo transferido para outro beneficiário. O Fed emprestou dinheiro aos bancos a uma taxa zero e, em seguida, os bancos emprestaram ao governo e às grandes empresas a taxas muito mais altas. (Desse jeito, até uma criança de 12 anos poderia ganhar dinheiro. Não é preciso ser um gênio das finanças — mas os banqueiros receberam bônus dignos de gênios.) Secretamente, o governo tomou medidas para que as hipotecas inadimplentes saíssem dos livros contábeis dos bancos e fossem para o balanço patrimonial do governo. Mesmo na época, o que o governo recebeu foi apenas uma parte do embolsado por investidores privados como Warren Buffett, que aplicou dinheiro nos bancos no momento da crise.

Falando cruamente, diríamos que os americanos comuns foram ludibriados. Os bancos foram agraciados, ou seja, tiveram acesso ao dinheiro em condições muito mais favoráveis que as dos demais — e a taxas muito mais baixas do que aquelas que outros estavam dispostos a oferecer aos bancos. Houve, com isso, um processo distributivo do dinheiro: dos cidadãos comuns para os banqueiros ricos. Se a cobrança aos bancos tivesse sido feita de forma correta, a dívida nacional seria mais baixa e teríamos mais verbas para investir em educação, tecnologia e infraestrutura — investimentos que teriam levado a uma economia mais forte, com uma prosperidade mais compartilhada.

Como tantas políticas econômicas idealizadas pelo 1% e para o 1%, esta se baseou na economia de fomento indireto ("trickle-down"*): oferecendo dinheiro suficiente para os bancos, todos são beneficiados. Como era previsto, as coisas não foram bem assim.[15] Eu, por outro lado, defendia que deveríamos ter tentado a economia de fomento direto ("trickle-up"): ajudando os que estão embaixo e no meio, toda a economia é beneficiada.

Como a crise havia começado no setor de imóveis residenciais, era natural sugerir que, para obter uma recuperação robusta, seria necessário deter a onda de execuções hipotecárias. Mesmo antes que ele assumisse a presidência, adverti Obama de que o socorro aos bancos não seria suficiente. Ele teria de ajudar os americanos donos de casa própria. Contudo, o secretário do Tesouro Tim Geithner, que havia sido chefe do Fed de Nova York quando os bancos passaram a agir de forma irresponsável, pensou mais nos bancos. Consequentemente, milhões e milhões de americanos perderam suas casas. Centenas de milhões foram para os bancos, mas apenas uma parte disso foi alocada para ajudar os proprietários de imóveis residenciais, e ainda assim, apenas algo em torno de US$10 bilhões foi empregado de fato (o relatório do Tesouro ao Congresso nem sequer se deu ao trabalho de informar o montante de apoio fornecido) conforme o governo se atrapalhava com seus sucessivos programas mal elaborados. Desperdiçar dinheiro com bancos pode ser necessário para salvar a economia, e qualquer ajuste fino nos programas de resgate aos bancos aparentemente era visto como um luxo acima de nossas possibilidades. No entanto, adotou-se uma postura diametralmente oposta em relação aos donos de casa própria e cidadãos comuns: tínhamos de agir com cautela para não cometer erros. Termos como "risco moral" foram utilizados levianamente, dando a ideia de que a ajuda àqueles proprietários seria um incentivo a empréstimos irresponsáveis, embora o verdadeiro risco moral se referisse aos bancos, que vez após outra tinham sido socorridos.

---

*Uma ideia econômica que afirma que a diminuição dos ganhos marginais e de impostos sobre o capital, especialmente para empresas, investidores e empresários, pode estimular a produção da economia como um todo. É o oposto do "trickle-up", defendido pelo economista John Maynard Keynes.

A economia tradicional, presente em praticamente todos os livros didáticos, defende o estímulo fiscal quando a economia está enfraquecida. Contudo, os cortes de impostos para os ricos, praticados pelo governo Bush em 2008, nos ensinaram que um estímulo mal idealizado seria relativamente ineficaz. Todavia, os envolvidos no governo Obama — inclusive várias pessoas que foram responsáveis pela criação da crise, tanto no apoio ativo à desregulamentação quanto na falta de uma supervisão adequada dos bancos — acreditavam, basicamente, que uma medida modesta seria suficiente: os bancos estavam doentes e precisavam de uma transfusão (de dinheiro) assumidamente gigantesca; e que, depois de um curto período na enfermaria, os bancos e a economia iriam se recuperar. Havia necessidade de um estímulo temporário, enquanto os bancos ainda estavam doentes. Como se pensava que a recuperação seria rápida, o tamanho, formato e duração do plano não eram muito relevantes.

Eu, por outro lado, afirmava que a economia já estava doente antes da crise, sendo sustentada apenas por uma bolha artificial. Dizia que a crise provavelmente seria longa e profunda, principalmente se as políticas corretas não fossem seguidas (e não foram). Além disso, a situação política era complicada: não havia possibilidade de uma segunda chance. Se a economia não se recuperasse, os conservadores diriam que o estímulo não funcionara e seria difícil conseguir um segundo pacote de estímulos. Sendo assim, argumentei que precisávamos de um estímulo de grande porte[16], muito maior do que o solicitado pelo Executivo e aprovado pelo Congresso. Teria de ser bem elaborado — não como os cortes de impostos para os ricos que caracterizaram o pretenso incentivo de Bush. Da forma como foi, cerca de um terço do estímulo consistiu em cortes de impostos. Para piorar, o governo, sem entender a profundidade da crise, previu que, com o estímulo, o desemprego atingiria seu pico a 7 ou 8%, mas o pico foi de 10%. Essa afirmação serviu de combustível para os críticos. Eles deveriam ter dito que o incentivo reduziria o desemprego em 2 a 3% em relação ao que seria atingido sem ele — isso foi algo que o estímulo conseguiu realizar.

Os últimos itens na agenda da *Time* foram a reforma regulatória interna e a criação de uma agência multilateral para coordenar a regulamentação nas jurisdições nacionais. Na época em que escrevi o artigo, já estava claro que a crise seria global e que as práticas bancárias inadequadas (não só nos Estados Unidos, mas também em vários países europeus) teriam fortes repercussões em outros lugares. Nossas hipotecas "tóxicas" (as que acabaram explodindo e causando a crise global) poluíram os mercados financeiros internacionais.

Esses dois últimos itens foram os mais decepcionantes. Mesmo quando foi aprovada em 2010, dois anos depois da crise, a lei da reforma regulatória do sistema financeiro (Dodd-Frank) foi, reconhecidamente, não mais do que um copo meio vazio. Porém, logo que ela foi aprovada, os bancos iniciaram esforços para abrandá-la: resistiram a tentativas de implementar regulamentações, começaram a trabalhar no Congresso para rejeitar provisões fundamentais e, finalmente, em dezembro de 2014, conseguiram reverter uma provisão importante que regulamentava os derivativos e impunha restrições aos bancos garantidos pelo governo quanto à criação desses produtos financeiros perigosos.

No âmbito mundial, não foi criada nenhuma agência reguladora internacional. Foi estabelecido um Comitê Internacional de Estabilidade Financeira, substituto do Fórum Internacional, que havia sido criado após a crise do Leste Asiático no final da década de 1990 e se mostrou ineficaz. No caso da lei Dodd-Frank, o resultado foi uma casa pela metade: em certos sentidos, a situação está melhor do que antes da crise, mas poucas pessoas fora do setor financeiro acreditam que realmente eliminamos o alto risco de outra crise.

Entretanto, é impressionante que todas as discussões tratassem de como impedir que os bancos prejudicassem o restante da sociedade. Quase não se deu atenção a como fazer com que os bancos desempenhassem, de fato, as funções cruciais que deveriam desempenhar para que a economia funcione bem. Para os fins deste livro, isso é importante por dois motivos: quando há uma crise, quase sempre o cidadão comum leva a pior — trabalhadores perdem o emprego, proprietários perdem a casa, cidadãos comuns perdem o dinheiro da aposentadoria e não conseguem pagar a faculdade dos filhos nem realizar seus sonhos. As pequenas empresas quebram em números assustadores.

Por outro lado, as grandes empresas sobrevivem e algumas até prosperam, já que os salários são reduzidos de forma forçada e as empresas mantêm as vendas no exterior. Os banqueiros que causaram a crise também se saem muito bem, obrigado. Podem não ficar tão bem quanto estariam se as bolhas insustentáveis que eles ajudaram a criar tivessem se sustentado. Talvez tenham que trocar o chalé nos Alpes Suíços por um chalé no Colorado, ou uma casa na Riviera por outra nos Hamptons.[17]

A necessidade de regulamentação deveria ter ficado particularmente óbvia, já que os bancos e outras entidades do setor financeiro têm, há muito tempo, uma tendência à exploração — a tirar vantagens das pessoas, pela manipulação do mercado, pelo acesso a informações de mercado privilegiadas, práticas abusivas no segmento de cartões de crédito, ações monopolistas anticoncorrência, empréstimos predatórios e discriminatórios, etc., a lista é interminável. Aparentemente, é mais fácil ganhar dinheiro assim do que por meio de uma atividade honesta — por exemplo: emprestando para pequenas empresas, que gerariam novos empregos. Ao focar na exploração, os bancos aumentam a desigualdade; se o fizerem na geração de empregos, promovem a igualdade, reduzindo o desemprego e levando a salários maiores, que são uma consequência natural da redução do desemprego.

Portanto, regulamentações bancárias que restrinjam seu mau comportamento podem ajudar duplamente: inibem a capacidade de explorar e estimulam os bancos a fazer o que deveriam fazer, simplesmente pela redução dos lucros obtidos de outras formas, pouco recomendáveis.

As falhas nas respostas de Bush e Obama

Em poucas palavras, assim como a própria crise era a consequência previsível e prevista das nossas políticas econômicas nas décadas anteriores, o que aconteceu nos anos que se seguiram à crise foi o resultado previsível e previsto das políticas adotadas como resposta a ela.

O que podemos dizer quase oito anos após o início da recessão, nove anos depois do estouro da bolha? Quem estava certo? O governo e o Fed gostam de afirmar que nos salvaram de outra Grande Depressão. Isso pode ser verdade, mas eles fracassaram miseravelmente na recuperação da prosperidade da economia.

Em termos gerais, o sistema bancário se recuperou. A recessão terminou oficialmente — e de forma razoavelmente rápida. No entanto, está claro que a economia não recuperou a saúde. Mesmo com a retomada do crescimento, os danos da Grande Recessão só serão reparados depois de muitos anos, se é que serão reparados algum dia. Da mesma forma, a renda da maioria dos americanos só voltará ao que era antes da crise após anos e anos, se é que um dia voltará. De fato, os danos parecem ser duradouros.

Notas

1. O presidente Bush sancionou duas levas de cortes de impostos para os ricos — o primeiro foi em 2001, conforme a economia entrava em recessão. Quando isso não resolveu o problema, ele decidiu dobrar a aposta e oferecer ainda mais cortes para os ricos, em 2003.

2. Em "Global Malaise in 2006", *Project Syndicate,* 1º de janeiro de 2006.

3. Em "America's Day of Reckoning", *Project Syndicate,* 6 de agosto de 2007.

4. Detalhei esse tema em "America's House of Cards", *Project Syndicate,* 9 de outubro de 2007.

5. O artigo "The Anatomy of a Murder: Who Killed America's Economy?" foi reimpresso em *Best American Political Writing, 2009,* ed. Royce Flippin (New York Public Affairs, 2009).

6. Consulte Joseph E. Stiglitz e Linda J. Bilmes, *The Three Trillion Dollar War: The True Cost of the Iraq Conflict* (Nova York, W. W. Norton, 2008). Embora na época alguns tenham contestado os números, fomos deliberadamente conservadores em nossas estimativas e a História mostrou que tínhamos razão. Os números foram piores. Na verdade, agora se estima que os custos das pensões por invalidez e assistência médica em meio século, por si sós, chegam a um trilhão de dólares; em parte, porque quase 50% dos soldados que voltaram solicitaram as pensões por inva-

lidez, frequentemente por deficiências múltiplas. Consulte o site Costs of War, www.costsofwar.org/article/caring-us-veterans. Conteúdo em inglês.

7. Desenvolvi esse ponto de vista com Bruce Greenwald, meu coautor, quase três décadas antes, em "Keynesian, New Keynesian and New Classical Economists", *Oxford Economic Papers*, 39 (março de 1987): 119-33.

8. Consulte, por exemplo, meus artigos "Why Didn't I Sign the Deficit Letter", *Politico*, 28 de março de 2011; "The Dangers of Deficit Reduction", *Project Syndicate*, 5 de março de 2010 e "Obama Must Resist 'Deficit Fetish'", *Politico*, 10 de fevereiro de 2010.

9. Esses fracassos, nítidos no final do primeiro mandato, ficaram ainda mais claros no final do segundo. Eu observei, por exemplo, em "Bush's Four Years of Failure", *Project Syndicate*, 4 de outubro de 2004, "Median real income has fallen by over $1,500 in real terms". O crescimento ocorrido "beneficiou somente os que estão no topo da distribuição de renda, o mesmo grupo que se deu tão bem nos últimos trinta anos e se beneficiou mais com o corte de impostos de Bush".

10. Andrew G. Berg e Jonathan D. Ostry, "Inequality and Unsustainable Growth: Two Sides of the Same Coin?", IMF Staff Discussion Note 11/08, 8 de abril de 2011.

11. Para acompanhar uma discussão sobre o papel do governo Clinton e como o que foi feito então ajudou a "semear" os problemas que estavam prestes a surgir, consulte Joseph E. Stiglitz, *Os Exuberantes Anos 90: Uma Nova Interpretação da Década Mais Próspera da História* (São Paulo: Companhia das Letras, 2003).

12. James Galbraith, *Inequality and Instability: A Study of the World Economy Just Before the Great Crisis* (Nova York: Oxford University Press, 2012).

13. Em março de 2007, Bernanke afirmou que "o impacto dos problemas do mercado *subprime* sobre a economia em geral e os mercados financeiros provavelmente será contido". Declaração de Ben S. Bernanke, presidente do Comitê dos Governadores do Sistema do Federal Reserve, perante o Comitê Econômico Conjunto, Congresso dos EUA, Washington, capital, 28 de março de 2007.

14. A renda média das famílias era de US$81.400,00 mil em 2013, quase voltando à cifra de US$80.800,00 mil de 1992. Os americanos pobres, definidos como pessoas com renda familiar, ajustada para o número de moradores, inferior a 67% da mediana — se deram muito pior: sua renda, pela mediana, caiu de US$ 11,4 mil em 1983 para US$ 9,3 mil em 2013. Consulte "America's Wealth Gap between Middle-Income and Upper-Income Families Is Widest on Record", Pew Research Center, disponível no site http://www.pewresearch.org/fact-tank/2014/12/17/wealth-gap-upper-middle-income/. Conteúdo em inglês.

15. Elaborei isso em um breve artigo, "Bail-out Blues", *Guardian*, 30 de setembro de 2008.

16. Pouco depois do meu artigo na *Time*, forneci mais informações sobre a necessidade de um estímulo de grande porte e bem elaborado em um artigo de opinião, "A Trillion Dollar Answer", *New York Times*, 30 de novembro de 2008. Refleti mais acerca da inadequação do estímulo de Obama em outro artigo de opinião, "Stimulate or Die", *Project Syndicate*, 6 de agosto de 2009.

17. Escrevi a respeito disso no contexto da crise do Leste Asiático em meu livro *A Globalização e Seus Malefícios* (Editora Futura, 2002); Jason Furman (que mais tarde foi um dos meus sucessores como presidente do Conselho de Assessores Econômicos) e eu mostramos que havia um padrão regular nisso, em nosso trabalho de 1998 intitulado "Economic Consequences of Income Inequality" em *Income Inequality: Issues and Policy Options* (Anais de um Simpósio em Jackson Hole, Wyoming) (Cidade de Kansas, MO: Federal Reserve Bank de Kansas, 1998), pp. 221-63.

As Consequências
Econômicas do Sr. Bush*

Quando, futuramente, formos avaliar a catástrofe que foi o governo Bush, pensaremos em várias coisas: a tragédia da Guerra do Iraque, a vergonha de Guantânamo e Abu Ghraib (uma prisão no Iraque em que prisioneiros sofreram torturas de militares americanos), a corrosão das liberdades civis. Os estragos na economia americana não são manchete todos os dias, mas suas repercussões serão sentidas muito além do tempo de vida dos leitores desta página.

Posso até ouvir pessoas retrucando, irritadas: o presidente não levou os Estados Unidos a uma recessão durante seus quase sete anos de governo e a taxa de desemprego está em respeitáveis 4,6%. Sim, isso é verdade. Mas o outro lado do livro-razão geme angustiado: um código fiscal hediondamente parcial em favor dos ricos, uma dívida nacional que provavelmente terá aumentado 70% quando esse presidente deixar Washington, uma cascata cada vez mais caudalosa de hipotecas inadimplentes, um deficit comercial recorde, de aproximadamente US$850 bilhões, preços do petróleo mais altos do que nunca e um dólar tão fraco que, para um americano, a compra de uma simples xícara de café em Londres ou Paris — ou até mesmo no Yukon (território selvagem, montanhoso e pouco povoado no noroeste do Canadá)— é um empreendimento de altas finanças.

E a coisa é pior. Depois de quase sete anos desse presidente, os Estados Unidos estão mais despreparados do que nunca para o futuro. Não estamos formando um número suficiente de engenheiros e cientistas, pessoas qualificadas que serão necessárias para a concorrência com a China e a Índia. Não investimos na pesquisa básica que fez de nós a potência tecnológica do final do século XX. Embora, agora, o presidente entenda — ou ao menos afirma entender — que

---

*Vanity Fair, dezembro de 2007. Anya Schiffrin e Izzet Yildiz colaboraram na pesquisa para este artigo.

precisamos nos "desmamar" do petróleo e do carvão, ficamos ainda mais dependentes de ambos em seu mandato.

Até agora, acreditava-se que Herbert Hoover, cujas políticas agravaram a Grande Depressão, fosse o concorrente mais cotado ao posto de pior presidente em termos de administração da economia americana. Depois que Franklin Roosevelt assumiu a presidência e reverteu as políticas de Hoover, o país começou a se recuperar. Os efeitos econômicos do período Bush são mais insidiosos que os do mandato de Hoover, mais difíceis de reverter e têm a probabilidade de serem mais duradouros. Não há perigo de que os Estados Unidos percam a posição de maior economia do mundo, mas nossos netos ainda viverão com as consequências econômicas do Sr. Bush e as dificuldades que elas provocaram.

Você se Lembra do Superavit?

Em termos econômicos, o mundo era muito diferente quando George W. Bush sentou-se na cadeira presidencial em janeiro de 2001. Durante os estrondosos anos 1990, muitos acreditavam que a internet transformaria tudo. Os ganhos de produtividade, que tinham atingido, em média, cerca de 1,5% ao ano desde o início da década de 1970 até o início dos anos 1990, aproximavam-se dos 3%. Ao longo do segundo mandato de Bill Clinton, os ganhos de produtividade na indústria às vezes chegavam a superar os 6%. O presidente do Federal Reserve, Alan Greenspan, falava de uma Nova Economia, caracterizada por ganhos contínuos de produtividade à medida que a internet enterrava o jeito antigo de fazer negócios. Outros foram além, prevendo um fim para o ciclo dos negócios (a ideia de que a atividade econômica apresenta períodos recorrentes de altos e baixos). Greenspan se preocupava pensando em como seria capaz de administrar a política monetária depois que a dívida do país fosse quitada.

Essa confiança tremenda fez o índice Dow Jones subir cada vez mais. Os ricos iam bem, assim como os não tão ricos e até mesmo os realmente pobres. Os anos de Clinton não foram um nirvana econômico: como presidente do Conselho de Assessores Econômicos durante parte de seu mandato, estou plenamente ciente dos erros e oportunidades perdidas. Muitos dos acordos de comércio global que promovemos foram injustos para os países em desenvolvimento. Deveríamos ter investido em infraestrutura, endurecido a regulamentação dos mercados de valores mobiliários e tomado medidas adicionais para promover a conservação de energia. Não realizamos o suficiente por causa das políticas e da falta de dinheiro — e, sinceramente, porque, com frequência, interesses especiais exercem uma influência indevida sobre a agenda. Não obstante, foram nesses anos do *boom* que, pela primeira vez desde Jimmy Carter, o deficit esteve sob controle. Além disso, foi a primeira vez desde a década de 1970 que a renda da base da pirâmide aumentou mais rapidamente que a do topo — um marco que merece ser celebrado.

Na época em que George W. Bush assumiu o cargo, partes desse quadro brilhante começaram a esmaecer. A explosão tecnológica havia terminado. A NASDAQ (bolsa americana/canadense que negocia ações de empresas de tecnologia e biotecnologia) caiu 15% somente em abril de 2000, e ninguém sabia quais seriam os efeitos do estouro da bolha da internet sobre a economia geral. Era o momento perfeito para a economia keynesiana, o momento de estimular o crescimento, gastando mais com educação, saúde e infraestrutura — aspectos que eram, e ainda são, de extrema necessidade para o país, mas foram postergados pelo governo Clinton em seus esforços incansáveis para eliminar o deficit. Bill Clinton havia deixado o presidente Bush na situação ideal para implementar essas políticas. Você se lembra dos debates presidenciais de 2000, entre Al Gore e George Bush, e de sua discussão sobre como gastar o superavit previsto de US$ 2,2 trilhões no orçamento dos Estados Unidos? O país poderia muito bem ter aumentado o investimento interno em áreas importantes. Na verdade, isso teria afastado a recessão em curto prazo e estimulado o crescimento em longo prazo.

No entanto, o governo Bush pensava diferente. A primeira grande iniciativa econômica presidencial foi um substancial corte de impostos para os ricos, sancionado em junho de 2001. As pessoas com renda superior a US$1 milhão tiveram um corte de impostos de US$18.000 — superior em mais de 30 vezes a redução para o americano médio. A injustiça se tornou maior ainda com um segundo corte de impostos, em 2003, que foi ainda mais enviesada em favor dos ricos. Esses dois cortes juntos, quando implementados em sua totalidade e caso sejam permanentes, farão com que, em 2012, a redução média para um americano que integra os 20% inferiores da pirâmide seja de meros US$45 ao passo que para as pessoas com renda superior a US$1 milhão o abatimento será, em média, de US$162.000 nos impostos.

O governo alardeia o crescimento da economia — de aproximadamente 16% — em seus seis primeiros anos, mas o crescimento ajudou principalmente quem não precisava de ajuda nenhuma, deixando de lado quem precisava muito ser auxiliado. A maré alta levantou todos os iates. Agora, a desigualdade está aumentando nos Estados Unidos a uma velocidade que não se tinha visto em 75 anos. Hoje, um jovem na casa dos 30 anos tem uma renda, ajustada pela inflação, 12% mais baixa que a de seu pai há 30 anos. Hoje, há 3,5 milhões a mais de americanos vivendo na pobreza, em comparação com a existente na época em que Bush assumiu a presidência. A estrutura de classes dos Estados Unidos ainda não é como a do Brasil e a do México, mas estamos seguindo nessa direção.

O *Boom* da Quebradeira

Desprezando de forma aterradora as regras mais básicas da decência fiscal, o governo continuou cortando impostos, apesar dos novos programas de gastos dispendiosos e de ter embarcado em uma "guerra" por opção, no Iraque, que devastou as finanças. Um superavit orçamentário de 2,4% do produto interno bruto (PIB), ocorrido na época em que Bush assumiu a presidência, transformou-se em um deficit de 3,6% em um intervalo de quatro anos. Os Estados Unidos não viviam uma reviravolta dessa magnitude desde a crise global da II Guerra Mundial.

Os subsídios agrícolas dobraram entre 2002 e 2005. Os gastos fiscais — o vasto sistema de subsídios e preferências oculto no código tributário — aumentaram mais de 25%. As isenções fiscais para os apaniguados do presidente no setor de petróleo e gás aumentaram em bilhões e bilhões de dólares. Sim, nos cinco anos depois do 11 de setembro, os gastos com defesa aumentaram (em cerca de 70%), embora boa parte desse aumento não tenha sido utilizado na Guerra ao Terror: foi perdido ou terceirizado em missões fracassadas no Iraque. Enquanto isso, outros fundos continuaram a ser gastos com as costumeiras tralhas altamente tecnológicas — armas que não funcionam, para combater inimigos que não temos. Resumindo, o dinheiro foi gasto em tudo, menos onde era necessário. Nos últimos sete anos, a porcentagem do PIB gasta em pesquisa e desenvolvimento caiu, com exceção das áreas de defesa e da saúde. Pouco se fez em relação à nossa infraestrutura decadente — sejam os diques de Nova Orleans, sejam as pontes de Minneapolis. O próximo morador da Casa Branca terá que lidar com a maior parte dos danos.

Apesar de se opor aos programas de concessão de benefícios para os carentes, o governo sancionou o maior aumento de concessão de benefícios em quarenta anos — o mal elaborado Medicare, um benefício referente a remédios vendidos sob prescrição, que atuou como um suborno em período eleitoral e um agrado para a indústria farmacêutica. Conforme documentos internos revelaram mais tarde, o custo real da medida foi ocultado do Congresso. Enquanto isso, as empresas farmacêuticas recebiam favores especiais. Para ter acesso aos novos benefícios, pacientes idosos não podiam optar por comprar medicamentos mais baratos no Canadá e em outros países. A lei também proibia o governo americano, o maior comprador de remédios vendidos sob prescrição, de negociar preços com os fabricantes de medicamentos. Consequentemente, os consumidores americanos pagam mais caro por seus remédios do que os habitantes de outros países desenvolvidos.

Mesmo assim, algumas pessoas afirmam — o próprio presidente declara em alto e bom som — que o corte de impostos do governo teve o objetivo de estimular a economia, mas o estímulo nunca ocorreu. O retorno do investimento — nível de estímulo por dólar de deficit — foi surpreendentemente baixo. Portanto, a tarefa de estimular a economia ficou a cargo do Federal Reserve, que pisou no acelerador como nunca havia feito antes na História, baixando as taxas de juros para 1%. Em termos reais, levando em conta a inflação, na verdade as taxas de juros se tornaram negativas: caíram para menos 2%. O resultado previsível foi a gastança desenfreada dos consumidores. Analisando sob uma perspectiva diferente, a irresponsabilidade fiscal do próprio Bush fomentou a irresponsabilidade generalizada. O crédito foi oferecido sem critério e as hipotecas *subprime* (um tipo de empréstimo hipotecário concedido a mutuários com baixas classificações de crédito) ficaram à disposição de qualquer um que não estivesse em coma. As dívidas no cartão de crédito explodiram, chegando a US$900 bilhões no terceiro trimestre de 2007. "Crédito aprovado de nascença" tornou-se a conversa de bêbado da era Bush. Os lares americanos aproveitaram as baixas taxas de juros e assinaram novas hipotecas com taxas iniciais tentadoras e gastaram o dinheiro com gosto.

Todos esses gastos melhoraram a economia por um tempo. O presidente pôde se gabar das estatísticas econômicas e realmente contou vantagem. Contudo, as consequências para muitas famílias iriam se revelar dentro de alguns anos, com o aumento das taxas de juros e a impossibilidade de saldar a hipoteca. Sem dúvida, o presidente esperava que o acerto de contas acontecesse depois de 2008, mas ele ocorreu 18 meses antes disso. Espera-se que 1,7 milhão de americanos percam suas casas nos próximos meses. Para muitos, isso será o início de uma espiral de decadência rumo à pobreza.

Entre março de 2006 e março de 2007, as taxas de completa inadimplência pessoal dos americanos subiram mais de 60% (nos EUA existe a figura da falência pessoal). Conforme as famílias quebravam, um número cada vez maior de pessoas passou a compreender quem ganhou e quem perdeu com a lei de falência de 2005, sancionada pelo presidente, que dificultou a quitação das dívidas de uma forma razoável. Ficou claro que os que concediam os empréstimos, aqueles que fizeram pressão a favor da "reforma", foram os vencedores, ganhando mais poder de influência e proteção para si mesmos. As pessoas que passavam por dificuldades financeiras levaram a pior.

Em Seguida, o Iraque

A guerra do Iraque (e, em menor grau, a guerra no Afeganistão) custou ao país muito sangue e dinheiro. É impossível quantificar a perda de vidas. Quanto ao dinheiro, vale a pena lembrar que o governo, às vésperas da invasão do Iraque, relutou em fazer uma estimativa do custo da guerra (e humilhou publicamente um auxiliar da Casa Branca que sugeriu que poderia chegar a US$200 bilhões). Pressionado para fornecer uma cifra, o governo sugeriu US$50 bilhões — na verdade, o valor que os Estados Unidos gastam em poucos meses. Hoje, as cifras governamentais reconhecem oficialmente que, no total, mais de meio trilhão de dólares foi gasto no teatro de operações. Mas, de fato, o custo geral do conflito pode ser o quádruplo disso — segundo um estudo que realizei em conjunto com Linda Bilmes, de Harvard — ainda que hoje o Gabinete Orçamentário do Congresso admita que os gastos totais provavelmente sejam mais do que o dobro dos gastos com as operações. Os números oficiais não incluem, por exemplo, outros dispêndios relevantes ocultos no orçamento da defesa, como os custos cada vez mais altos do recrutamento, com bônus de realistamento que chegam a US$100.000. Não incluem os benefícios vitalícios por invalidez e assistência médica que serão necessários para dezenas de milhares de veteranos feridos, sendo que 20% sofreram lesões devastadoras no cérebro e na medula. Surpreendentemente, não incluem uma boa parte do custo dos equipamentos utilizados na guerra que terão de ser substituídos. Se também levarmos em conta os custos para a economia dos preços mais altos do petróleo e as repercussões da guerra — por exemplo: o depressivo efeito dominó que a incerteza alimentada pela guerra causa nos investimentos e as dificuldades enfrentadas pelas empresas americanas no exterior, já que os Estados Unidos são o país mais odiado do mundo — os custos totais da guerra do Iraque, em uma estimativa conservadora, chegam a pelo menos US$2 trilhões. A tudo isso é necessário acrescentar uma ressalva: até agora.

É natural pensar: o que poderia ter sido feito com esse dinheiro se ele fosse gasto em outras coisas? A ajuda dos EUA para todo o continente africano fica em torno de US$5 bilhões por ano, o equivalente aos gastos diretos da guerra do Iraque em menos de duas semanas. O presidente fez um estardalhaço sobre os problemas financeiros da Seguridade Social, mas o sistema poderia ter sido reparado por um século com aquilo que sangramos nas areias iraquianas. Se ao menos uma pequena parte desses US$2 trilhões tivesse sido empregado para investir em educação e tecnologia, o país estaria em uma situação econômica muito melhor para enfrentar os desafios do futuro, inclusive as ameaças externas. Com uma pequena parte desses US$2 trilhões, poderíamos ter garantido o acesso ao ensino superior para todos os americanos qualificados.

O preço cada vez mais alto do petróleo também está claramente ligado à guerra do Iraque. A questão não é *se* a guerra tem alguma influência sobre isso, mas até onde vai sua influência. Agora, parece inacreditável lembrar que, antes da invasão, funcionários ligados ao governo Bush sugeriram não só que as receitas do Iraque custeariam totalmente a guerra (afinal, a Guerra do Golfo em

1991 rendeu lucros), mas também que o conflito era a melhor forma de garantir petróleo a preços baixos. Em retrospecto, os únicos grandes vencedores da guerra foram as petroleiras, as empresas contratadas pela defesa e a Al Qaeda. Antes da guerra, os mercados petrolíferos previam que a faixa de preço naà época, de US$20 a US$25 dólares o barril, continuaria pelos próximos três anos aproximadamente. Certamente, os atores do mercado esperavam uma demanda maior da China e da Índia, mas também previam que essa maior procura seria suprida principalmente com o aumento da produção no Oriente Médio. A guerra frustrou esse cálculo, não tanto por ter limitado (como limitou) a produção iraquiana de petróleo, mas por ter intensificado a insegurança em toda a região, suprimindo investimentos futuros.

A contínua dependência do petróleo, independentemente do preço, revela mais um legado do governo: o fracasso em diversificar os recursos energéticos dos Estados Unidos. Mesmo deixando de lado os motivos ambientais pelos quais o mundo deve passar por um "desmame" de hidrocarbonetos — já que, de qualquer forma, o presidente nunca os levou a sério — os argumentos relacionados à economia e à segurança nacional deveriam ser fortes o suficiente para isso. Em vez disso, o governo adotou uma política de "drenar os Estados Unidos primeiro", ou seja, extrair o máximo possível do petróleo americano, o mais rápido possível, com o mínimo de consideração pela questão ambiental, tornando o país ainda mais dependente de petróleo estrangeiro no futuro, e esperar que, milagrosamente, a fusão nuclear ou outro prodígio nos salve. A lei de energia sancionada pelo presidente em 2003 foi tão generosa com o setor petroleiro que Jonh McCain a chamou de lei "Nenhum Lobista Será Deixado Para Trás".

Desprezo pelo Mundo

Os deficit orçamentário e comercial dos Estados Unidos atingiram níveis recordes no mandato do presidente Bush. Não há dúvida de que os deficit, por si sós, não são necessariamente incapacitantes. Se uma empresa toma um empréstimo para comprar uma máquina, isso é bom, não é algo negativo. Nos últimos seis anos, os Estados Unidos — seu governo, suas famílias e o país como um todo — vêm tomando empréstimos para sustentar o consumo. Enquanto isso, os investimentos em ativos imobilizados — instalações, máquinas e equipamentos que ajudam a aumentar nossa riqueza — vêm caindo.

Qual será o impacto disso futuramente? É quase certo que a taxa de melhora do padrão de vida nos Estados Unidos ficará mais lenta, podendo até cair. A economia americana suporta muitos baques, mas nenhuma economia é invencível e nossas vulnerabilidades são evidentes. Conforme a confiança na economia americana caiu, o valor do dólar acompanhou a queda — 40% em relação ao euro desde 2001.

Os desacertos das nossas políticas econômicas internas têm paralelo com nossas políticas econômicas no exterior. O presidente Bush culpou os chineses pelo nosso enorme deficit comercial, mas um aumento no valor do yuan, defendido por ele, simplesmente nos faria comprar mais têxteis e vestuário de Bangladesh e do Camboja em vez da China — nosso deficit continuaria o mesmo. O presidente dizia acreditar no livre comércio, mas tomou medidas para proteger o setor siderúrgico americano. Os Estados Unidos se empenharam muito em firmar uma série de acordos comerciais bilaterais e forçou países pequenos a aceitar toda espécie de condições desfavoráveis, como ampliar a proteção a patentes de fármacos extremamente necessários para combater a AIDS. Pressionamos pela abertura dos mercados em todo o mundo, mas impedimos a China de comprar a Unocal, uma petroleira americana de pequeno porte cujos ativos, em sua maioria, estão fora dos Estados Unidos.

Não surpreendentemente, eclodiram protestos contra as práticas comerciais norte-americanas em países como a Tailândia e o Marrocos. Entretanto, os Estados Unidos se recusaram a fazer concessões — esquivaram-se, por exemplo, de tomar medidas decisivas para abolir os altíssimos subsídios agrícolas, que distorcem os mercados internacionais e prejudicam agricultores pobres dos países em desenvolvimento. Essa intransigência levou ao fracasso das negociações pela abertura dos mercados internacionais. Como em tantas outras áreas, o presidente Bush trabalhou para minar o multilateralismo — a ideia de que os países devem cooperar uns com os outros — e substituí-lo por um sistema dominado pelos Estados Unidos. Ele não conseguiu impor o domínio americano, mas foi bem-sucedido em enfraquecer a cooperação.

O desprezo intrínseco do governo pelas instituições globais foi ressaltado em 2005, com a indicação de Paul Wolfowitz, ex-vice-secretário da Defesa e principal arquiteto da guerra do Iraque, para presidente do Banco Mundial. Alvo de ampla desconfiança desde o início e logo envolvido em controvérsias pessoais, Wolfowitz se tornou um constrangimento internacional e foi forçado a deixar o cargo em menos de dois anos.

A globalização implica que a economia norte-americana e a do restante do mundo se entrelacem cada vez mais. Pense nas hipotecas inadimplentes dos Estados Unidos. À medida que as famílias quebram e descumprem suas obrigações contratuais, os detentores das hipotecas tornam-se donos de papéis sem valor, porém os emissores originais dessas hipotecas problemáticas já as tinham vendido para outros, empacotando-as de forma não transparente em diferentes ativos e passando-as para outras pessoas não identificadas. Quando o problema saltou à vista, os mercados financeiros globais enfrentaram verdadeiros terremotos: descobriu-se que bilhões em hipotecas "podres" foram ocultas em carteiras na Europa, China e Austrália e até mesmo em grandes bancos de investimentos dos Estados Unidos, como o Goldman Sachs e o Bear Stearns. A Indonésia e outros países em desenvolvimento — na verdade espectadores inocentes — sofreram quando os prêmios de risco explodiram e os investidores retiraram o dinheiro desses mercados emergentes, buscando segurança. A resolução dessa sujeira toda demandará anos.

Enquanto isso, passamos a depender de outros países para financiar nossa própria dívida. Hoje, a China sozinha detém mais de um trilhão de dólares em títulos da dívida pública norte-americana. Os empréstimos cumulativos tomados no exterior durante os seis anos do governo Bush chegam a aproximadamente US$5 trilhões. Muito provavelmente, esses credores não exigirão o pagamento dos empréstimos — se fizessem isso algum dia, haveria uma crise financeira global. No entanto, há algo de insólito e perturbador no fato de o país mais rico do mundo estar longe de ser capaz de não gastar mais do que tem. Da mesma forma que Guantánamo e Abu Ghraib minaram a autoridade moral norte-americana, a gestão fiscal interna do governo Bush corroeu nossa autoridade econômica.

O Caminho à Frente

O novo morador da Casa Branca a partir de janeiro de 2009, independentemente de quem for, enfrentará circunstâncias econômicas nada invejáveis. Desvencilhar-se do Iraque será a tarefa mais sangrenta, mas colocar a economia em ordem será doloroso e levará anos.

O desafio mais imediato será simplesmente normalizar o metabolismo econômico. Isso significa partir de uma taxa de poupança nula (ou negativa) e chegar a uma taxa mais normal, como 4%. Embora esse aumento possa ser bom para a saúde da economia americana no longo prazo, as consequências no curto prazo seriam dolorosas. Dinheiro economizado é dinheiro não gasto. Se as pessoas não gastarem, o motor econômico morre. Se limitarem rapidamente os gastos — forçadas por causa da crise no mercado de hipotecas — isso poderá provocar uma recessão. Mesmo feito de forma mais comedida, haveria uma desaceleração prolongada. As execuções hipotecárias e a total incapacidade financeira, causadas pelo endividamento excessivo das famílias, provavelmente irão se agravar antes que a situação melhore. O governo federal está em uma situação difícil: qualquer restauração rápida da sanidade fiscal apenas agravará ambos os problemas.

De qualquer forma, há mais a fazer. De certo modo, é simples descrever o que é preciso: abandonar nosso comportamento atual e fazer exatamente o contrário disso. O que significa não gastar um dinheiro que não temos, aumentar os impostos para os ricos, reduzir a assistência governamental às corporações, fortalecer a rede de segurança para os menos afortunados e investir mais em educação, tecnologia e infraestrutura.

Quanto aos impostos, devemos tentar aliviar a carga sobre as coisas que consideramos boas, como mão de obra e poupança, transferindo-a para as que consideramos ruins, como a poluição. Em relação à rede de segurança, há que lembrar que quanto mais o governo atuar para ajudar os trabalhadores a se qualificar e obter assistência médica acessível, mais livres as empresas americanas estarão para concorrer na economia global. Por fim, estaríamos bem melhor se trabalhássemos em conjunto com outros países para criar um comércio global e sistemas financeiros justos e eficientes. Teríamos possibilidades melhores de convencer outros países a abrir os mercados se nós mesmos fôssemos menos hipócritas, ou seja, se abríssemos nossos mercados para mercadorias externas e parássemos de subsidiar a agricultura norte-americana.

Parte dos estragos feitos pelo governo Bush poderia ser corrigida rapidamente. O conserto da maioria deles levará décadas — pressupondo que haja vontade política da Casa Branca e do Congresso. Pense nos juros que estamos pagando, ano após ano, sobre os quase US$4 trilhões de encargos da dívida — mesmo a 5%, o pagamento anual é de US$200 bilhões. Pense nos impostos que os governos futuros terão de impingir para saldar, ainda que parcialmente, a dívida que acumulamos. Pense no abismo cada vez maior entre ricos e pobres nos Estados Unidos, um fenômeno que vai além da economia e afeta o próprio futuro do sonho americano.

Em poucas palavras, necessitaremos de uma geração para reverter esse impulso. Daqui a algumas décadas, deveríamos fazer um balanço e reavaliar conceitos tradicionais. Será que Herbert Hoover ainda faz jus ao título nada honroso de pior presidente? Suspeito que George W. Bush ostentará mais um troféu em sua nada elogiosa galeria.

Capitalistas Tolos*

Chegará o momento em que as ameaças mais urgentes da crise de crédito ficarão para trás e teremos de nos dedicar à tarefa de traçar os rumos futuros da economia. Será um momento perigoso. Por trás dos debates sobre a política futura, há um debate sobre a história — sobre as causas de nossa situação atual. A batalha pelo passado determinará a batalha pelo presente. Portanto, é fundamental uniformizar a história.

Quais foram as decisões críticas que levaram à crise? Foram cometidos erros em todas as bifurcações da estrada — ocorreu o que os engenheiros chamam de "falha sistêmica", ou seja, um resultado trágico provocado não por uma única decisão, mas por uma cascata de erros. Vamos analisar cinco momentos-chave.

Nº 1: Demitindo o Diretor-Presidente

Em 1987, o governo Reagan decidiu demitir Paul Volcker do cargo de presidente do conselho do Federal Reserve e nomear Alan Greenspan para substituí-lo. Volcker fez o que os responsáveis pelos bancos centrais devem fazer. Durante seu mandato, a inflação caiu de mais de 11% para menos de 4%. No mundo dos bancos centrais, ele deveria ter recebido a nota máxima e garantido sua manutenção no cargo por ter feito isso. Entretanto, Volcker também acreditava que os mercados financeiros deveriam ser regulamentados. Reagan queria uma pessoa que não pensasse assim e encontrou um devoto de Ayn Rand, filósofa objetivista e fanática pelo livre mercado.

---

*Vanity Fair, Janeiro de 2009.

Greenspan desempenhou um papel duplo. O Fed controla a torneira do dinheiro e, nos primeiros anos desta década, ela foi totalmente aberta. Porém, o Fed também é um regulador. Se um setor contrário à regulamentação fica encarregado de fazer com que ela seja cumprida, é fácil saber onde isso vai dar. A enxurrada de liquidez, combinada aos furos nos diques da regulamentação, mostrou-se desastrosa.

Greenspan foi presidente durante não somente uma, mas duas bolhas financeiras. Depois do estouro da bolha da alta tecnologia, em 2000-2001, ele ajudou a inflar a bolha imobiliária. A responsabilidade primordial de um banco central deveria ser a manutenção da estabilidade do sistema financeiro. Se os bancos emprestam com base em preços de ativos artificialmente altos, o resultado pode ser uma crise — como estamos vendo agora, e como Greenspan deveria saber. Ele tinha muitas das ferramentas necessárias para lidar com a situação. Para lidar com a bolha da alta tecnologia, poderia ter elevado os requisitos de margem (o valor em dinheiro vivo que as pessoas teriam que ter em mãos para poder comprar ações). Para esvaziar a bolha imobiliária, poderia ter restringido os empréstimos predatórios para famílias de baixa renda e proibido outras práticas insidiosas (os empréstimos sem documentação, conhecidos como "mentirosos", os empréstimos apenas com o pagamento periódico dos juros, etc.). Isso teria ajudado muito a nos proteger. Se ele não tivesse as ferramentas, poderia tê-las solicitado ao Congresso.

Certamente, os problemas atuais de nosso sistema financeiro não são apenas uma questão de empréstimos inadequados. Os bancos fizeram apostas gigantescas entre si por meio de instrumentos complicados, como derivativos, *swaps* de crédito, etc. Com tais instrumentos, uma parte paga para outra se determinados eventos acontecerem — por exemplo, se o Bear Stearns falir ou se o dólar subir. Originalmente, esses instrumentos foram criados para ajudar a gerenciar o risco, mas também podem ser utilizados como jogos de azar. Sendo assim, se você estivesse confiante na queda do dólar, poderia apostar alto nisso e, se o dólar caísse, seus lucros aumentariam. O problema é que, com esse entrelaçamento complicado de apostas muito altas, ninguém sabia ao certo a posição financeira de ninguém — nem mesmo a própria. Não é de se admirar que os mercados tenham congelado.

Greenspan também teve influência nisso. Quando fui presidente do Conselho de Assessores Econômicos, durante o governo Clinton, fiz parte de um comitê formado por todos os grandes regulamentadores financeiros, um grupo que incluiu Greenspan e o Secretário do Tesouro, Robert Rubin. Mesmo naquela época, estava claro que os derivativos representavam um risco. No entanto, apesar de todo o risco, os desregulamentadores que estavam a cargo do sistema financeiro — no Fed, na Comissão de Valores Mobiliários e em outros órgãos —

decidiram não fazer nada, temerosos de que qualquer ação pudesse interferir na "inovação" do sistema financeiro. Contudo, a inovação, assim como a "mudança", não tem valor por si mesma. Pode ser ruim (os empréstimos "mentirosos" são um bom exemplo disso) ou boa.

Nº2: Derrubando os Muros

A filosofia desregulamentadora geraria dividendos indesejáveis nos anos futuros. Em novembro de 1999, o Congresso revogou a lei Glass-Steagall, esse foi o apogeu de um esforço lobista de US$300 bilhões realizado pelo setor bancário e de serviços financeiros e liderado no Congresso pelo senador Phil Gramm. A Glass-Steagall já havia estabelecido há muito tempo a separação entre bancos comerciais (que emprestam dinheiro) e bancos de investimento (que organizam a venda de títulos e participações). Entrou em vigor depois da Grande Depressão e se destinava a restringir os excessos da época, inclusive graves conflitos de interesse, por exemplo: sem a separação, se uma empresa cujas ações foram emitidas por um banco de investimento, com seu apoio de peso, estivesse em dificuldades, o braço comercial dessa empresa (caso existisse) não se sentiria pressionado a emprestar-lhe dinheiro, ainda que fosse insensato? Não é difícil prever uma espiral de erros de avaliação. Eu fui contra a revogação da lei Glass-Steagall. Na verdade, os proponentes diziam: "Confie em nós. Criaremos muralhas da China (ou "Chinese walls", um preceito administrativo que determina uma barreira ética entre diferentes divisões de uma instituição financeira, ou outra, para evitar conflitos de interesse) para garantir que os erros do passado não se repitam". Como economista, eu tinha um saudável grau de confiança, confiança no poder dos incentivos econômicos para dobrar o comportamento humano em favor do interesse próprio — do interesse próprio de curto prazo em qualquer nível, e não do "interesse próprio corretamente compreendido" de Tocqueville (historiador e pensador político francês do século XIX).

A consequência mais importante da rejeição da lei Glass-Steagall foi indireta — está ligada à mudança que ela provocou na cultura como um todo. Os bancos comerciais não devem ser empreendimentos de alto risco; devem gerenciar o dinheiro alheio de forma muito conservadora. É com base nesse entendimento que o governo aceita pagar a conta caso eles fracassem. Por outro lado, os bancos de investimento tradicionalmente gerenciam o dinheiro dos ricos — pessoas que podem correr riscos maiores para obter retornos maiores. Quando a revogação da lei Steagall-Glass uniu os bancos comerciais e de investimento, a cultura dos bancos de investimento prevaleceu. Havia uma demanda pelos altos retornos que somente podiam ser obtidos por meio de alta alavancagem e grandes riscos.

Houve outras etapas importantes no caminho da desregulamentação. Uma delas foi a decisão da SEC (o equivalente dos EUA à Comissão de Valores Mobiliários), em 2004, de permitir que os bancos de investimento aumentassem seu grau de alavancagem — a relação entre o Passivo Circulante (Obrigações com terceiros) e o Passivo Total (Passivo Circulante + *Patrimônio Líquido*), de 12:1 para 30:1 ou mais — para que pudessem comprar mais títulos respaldados por hipotecas, inflando a bolha imobiliária nesse processo. Essa decisão foi tomada em uma reunião à qual quase ninguém compareceu e que passou praticamente despercebida. Ao concordar com essa medida, a SEC defendeu as virtudes da autorregulamentação: a ideia estranha de que os bancos podem se policiar de forma eficaz. A autorregulamentação é absurda, conforme o próprio Alan Greenspan admite atualmente, e, em termos práticos, não é capaz de identificar, em hipótese alguma, riscos sistêmicos — os riscos que surgem quando, por exemplo, os modelos empregados pelos bancos para gerenciar suas carteiras recomendam que todos eles vendam um determinado título ao mesmo tempo.

À medida que eliminávamos as regulamentações antigas, não fizemos nada para enfrentar os novos desafios dos mercados do século XXI. O desafio mais importante foi o dos derivativos. Em 1998, o chefe da *Comissão* de Negociação *de Futuros de Commodities* (CFTC), Brooksley Born, havia defendido essa regulamentação — uma questão que se tornou urgente depois que o Fed, no mesmo ano, idealizou o resgate do Long Term Capital Management, um fundo de *hedge* cuja falência (envolvendo mais de um trilhão de dólares) ameaçou os mercados financeiros globais. Porém, o secretário do Tesouro, Robert Rubin, seu vice, Larry Summers, e Greenspan foram inflexíveis ao se opor a isso, e prevaleceram. Nada foi feito.

Nº3: Fazendo uma Sangria

Em seguida, vieram os cortes de impostos realizados por Bush, sancionados pela primeira vez em 7 de junho de 2001, com outra parcela dois anos depois. O presidente e seus assessores pareciam acreditar que os cortes de impostos, principalmente para americanos de alta renda e corporações, fossem uma panaceia econômica — o equivalente atual da sangria. Os cortes de impostos tiveram um papel fundamental na moldagem das condições que constituíram o pano de fundo da crise atual. Como eles pouco fizeram para estimular a economia, esse estímulo coube ao Fed, que cumpriu a tarefa por meio de taxas de juros baixas e liquidez sem precedentes. A guerra do Iraque piorou a situação, ao provocar o aumento dos preços do petróleo. Como os Estados Unidos dependem muito de importações de petróleo, tivemos que gastar várias centenas de bilhões a mais para comprá-lo — um dinheiro que poderia ter sido gasto em mercadorias americanas. Normalmente isso causaria uma desaceleração econômica, como aconteceu na década de 1970. No entanto, o Fed enfrentou o desafio da forma mais míope imaginável. A enxurrada de liquidez deixou o dinheiro prontamente disponível nos mercados de empréstimos hipotecários, até mesmo para pessoas que normalmente não teriam condições de se endividar. Sim, isso conseguiu impedir uma retração econômica; a taxa de poupança familiar dos Estados Unidos caiu a zero. Todavia, deveria ter ficado claro que estávamos vivendo de dinheiro e tempo emprestados.

O corte na taxa de impostos sobre ganhos de capital contribuiu para a crise de outra forma. Foi uma decisão que girou em torno de valores: os que especulavam (ou seja, os que apostavam no risco) e ganhavam eram menos taxados do que os assalariados que simplesmente trabalhavam duro. Mais do que isso, a decisão estimulou a alavancagem, já que os juros eram dedutíveis dos impostos. Se, por exemplo, você emprestasse um milhão para comprar uma casa ou tomasse um empréstimo garantido por hipoteca de residência no valor de US$100.000 para comprar ações, os juros seriam totalmente dedutíveis todos os anos. Os ganhos de capital obtidos seriam tributados de forma suave — possivelmente em algum remoto ponto no futuro. O governo Bush estava fazendo um convite aberto aos excessos nos empréstimos tomados e oferecidos, embora os consumidores americanos não precisassem de mais incentivo para isso.

N°4: Maquiando os Números

Enquanto isso, em 30 de julho de 2002, na esteira de uma série de grandes escândalos, principalmente o colapso da WorldCom e da Enrom — o Congresso aprovou a Lei Sarbanes-Oxley, que define requisitos de atuação, gestão e contabilização de empresas de capital aberto. Os escândalos envolveram todas as grandes empresas americanas de serviços contábeis, a maioria dos bancos e algumas de nossas maiores empresas, deixando claro que tínhamos problemas graves em nosso sistema contábil. Contabilidade é um assunto que dá sono na maioria das pessoas, mas, se os números de uma empresa não são confiáveis, nada na empresa é confiável. Infelizmente, nas negociações referentes ao que se tornou a Lei Sarbanes-Oxley, tomou-se a decisão de não tratar de algo que muitos — inclusive o respeitado ex-chefe da SEC, Arthur Levitt — acreditavam ser um problema subjacente fundamental: os planos de opções de compra de ações (ou *stock options*). As opções de compra foram defendidas como uma forma de fornecer incentivos saudáveis à boa gestão, mas, na verdade, isso fica apenas no nome. Se uma empresa vai bem, o CEO é recompensado generosamente na forma de opções de compra de ações; se vai mal, o volume da recompensa é quase igual, porém oferecido de outras formas. Isso já é bastante ruim. Entretanto, além disso, as opções de compra de ações fornecem incentivos pela contabilidade ruim: a alta gerência é incentivada a passar informações distorcidas para aumentar o preço das ações.

A estrutura de incentivos das agências de classificação de risco também se mostrou perversa. Agências como a Moody's e a Standard & Poor's são pagas pelas pessoas que elas devem classificar. Consequentemente, tiveram todos os motivos para dar boas classificações às empresas, uma versão financeira daquilo que os professores universitários chamam de inflação das notas. As agências de classificação, assim como os bancos de investimento que as estavam pagando, acreditavam na alquimia financeira, ou seja, que hipotecas tóxicas com classificação F podiam se transformar em produtos seguros o suficiente para serem propriedade de bancos comerciais e fundos de pensão. Já tínhamos visto o mesmo fracasso das agências de classificação de risco na crise do Leste Asiático na década de 1990: as classificações altas favoreceram a entrada de grandes montantes de dinheiro na região e, em seguida, uma reversão repentina delas provocou uma devastação. Contudo, os supervisores financeiros não deram atenção a isso.

Nº5: Deixando Sangrar

O último ponto de inflexão foi a aprovação de um pacote de socorro financeiro em 3 de outubro de 2008 — ou seja, foi a resposta do governo à crise em si. Sentiremos as consequências disso durante vários anos. Tanto o governo quanto o Fed estavam funcionando à base do pensamento positivo, na esperança de que as más notícias fossem algo passageiro e que o retorno ao crescimento estivesse prestes a ocorrer. Conforme os bancos americanos colapsavam, o governo mudava constantemente a linha de ação. Algumas instituições (Bear Stearns, AIG, Fannie Mae, Freddie Mac) obtiveram socorro financeiro. O Lehman Brothers não recebeu. Alguns acionistas tiveram algum retorno; outros, não.

A proposta original de Henry Paulson, secretário do Tesouro — um documento de três páginas que teria fornecido US$700 bilhões para que ele gastasse a seu exclusivo critério, sem supervisão nem revisão judicial — foi um ato de arrogância fora do comum. Ele argumentou que o programa era necessário para recuperar a confiança, mas não abordou os motivos subjacentes à perda da confiança. Os bancos haviam feito uma quantidade excessiva de empréstimos inadequados. Havia grandes buracos em seus balanços patrimoniais. Ninguém sabia o que era verdade e o que era ficção. O pacote de socorro financeiro foi como uma grande transfusão para um paciente com hemorragia interna, sem que fossem tomadas providências em relação à origem do problema. Perdeu-se um tempo precioso enquanto Paulson defendia seu plano de dar dinheiro em troca de lixo, comprando os ativos ruins e transferindo risco para os contribuintes americanos. Quando ele finalmente abandonou seu plano, dando aos bancos o dinheiro de que precisavam, o fez de uma forma que, além de ser desonesta com os contribuintes americanos, não garantiu que os bancos usassem o dinheiro para voltar a emprestar. Ele permitiu, inclusive, que os bancos desembolsassem grandes montantes para os acionistas enquanto os contribuintes despejavam dinheiro nos bancos.

O outro problema não encaminhado estava ligado a debilidades iminentes na economia. A economia vinha se sustentando com a tomada excessiva de empréstimos, e esse jogo havia acabado. Quando o consumo sofreu uma retração, as exportações mantiveram a economia funcionando. Porém, com o dólar se fortalecendo e a Europa e o resto do mundo em declínio, era difícil ver como isso poderia continuar. Enquanto isso, os estados apresentavam fortes reduções de receitas e deveriam ter cortado os gastos. Sem uma ação rápida do governo, a economia teve uma retração. Mesmo se os bancos tivessem emprestado de forma sensata (ao contrário do que fizeram), não havia dúvida de que a retração causaria um aumento de dívidas inadimplentes, enfraquecendo ainda mais o setor financeiro, que já enfrentava dificuldade.

O governo falou em geração de confiança, mas, na verdade, fez um truque de confiança. Se o governo realmente quisesse recuperar a confiança no setor financeiro, teria começado pelos problemas subjacentes — as estruturas de incentivos equivocadas e o sistema regulatório inadequado.

Houve uma única decisão que, se tivesse sido revertida, teria mudado o curso da História? Todas as decisões — inclusive as de não fazer algo, como muitas de nossas decisões econômicas equivocadas — são uma consequência de decisões anteriores, uma rede interligada que vai do passado distante até o futuro. Algumas pessoas de direita acusam certas ações do próprio governo — como a Lei de Reinvestimento na Comunidade (CRA), que obriga os bancos a disponibilizar o dinheiro das hipotecas em bairros de baixa renda. (Na verdade, o nível de inadimplência dos empréstimos da CRA foi muito mais baixo que o de outros tipos de empréstimos.) Muitos acusaram a Freddie Mac e a Fannie Mae, os dois grandes fornecedores de empréstimos com garantia hipotecária, que originalmente eram estatais. Entretanto, na verdade, eles só entraram no final do jogo do *subprime*, e seu problema foi semelhante ao do setor privado: seus CEOs receberam o mesmo incentivo perverso para entrar na jogatina.

A verdade é que a maioria dos erros individuais se resume a apenas um: a crença em que os mercados se ajustam sozinhos e que o papel do governo deve ser mínimo. Reavaliando essa crença durante as audiências no Capitólio, realizadas no terceiro trimestre do ano, Alan Greenspan disse, em alto e bom som: "Encontrei uma imperfeição". O congressista Henry Waxman provocou-o, respondendo: "Em outras palavras, você descobriu que sua visão de mundo, sua ideologia, não estava correta, não estava funcionando". Greenspan respondeu: "Isso mesmo, com certeza". A adoção dessa filosofia econômica equivocada nos Estados Unidos e em boa parte do resto do mundo fez com que, inevitavelmente, chegássemos à situação em que estamos hoje.

A Anatomia de um Crime: Quem matou a Economia dos Estados Unidos?*

PROCURA-SE O CULPADO PELA CRISE ECONÔMICA MUNDIAL. NÃO É UMA questão de desejo de vingança. Para saber como evitar outra crise — ou, talvez, para sair da crise atual — é importante saber quem ou o que a causou. No entanto, causa é um conceito complexo. Supostamente, ser a causa significa o seguinte: "Se o culpado tivesse seguido outra linha de ação, a crise não teria ocorrido". Todavia, as consequências da mudança nas ações de uma parte dependem do comportamento de outras; supostamente, as ações de outras partes também podem ter mudado.

Pense em um homicídio: podemos identificar quem puxou o gatilho, mas alguém vendeu a arma. Alguém deu informações privilegiadas sobre a localização da vítima. Talvez alguém tenha pago o assassino. Todas essas pessoas participaram do crime. Se a pessoa que bancou o assassinato estivesse realmente decidida a tirar a vida da vítima, mesmo se o matador que acabou puxando o gatilho não tivesse aceitado o serviço, a vítima teria sido assassinada: um outro alguém teria atirado.

São muitos os envolvidos nesse crime, tanto indivíduos quanto instituições. Qualquer discussão sobre o "culpado" envolve nomes como Robert Rubin, um dos conspiradores da desregulamentação e executivo sênior de uma das duas instituições financeiras em que o governo americano despejou mais dinheiro. Alan Greenspan, que defendeu a filosofia desregulamentadora, não usou a autoridade regulatória que tinha e incentivou os donos de imóveis residenciais a assinar empréstimos hipotecários de alto risco e apoiou o corte de impostos para os ricos, sancionado pelo presidente Bush[1], o qual gerou a necessidade de taxas de juros mais baixas (que alimentaram a bolha) para estimular a economia. Contu-

---
Critical Review, Julho de 2009.

do, se essas pessoas não estivessem ocupando seus cargos, outras pessoas iriam ocupá-los e possivelmente fariam coisas semelhantes. Havia outros igualmente dispostos a cometer os crimes e capazes de fazê-lo. Além disso, a ocorrência de problemas semelhantes em outros países — tendo outras pessoas como protagonistas — indica que havia forças econômicas mais fundamentais em ação.

A lista de instituições que devem assumir uma responsabilidade considerável pela crise inclui os bancos de investimento e investidores, agências de classificação de risco, reguladores (inclusive a SEC e o Federal Reserve), os agentes hipotecários e uma série de governos, de Reagan a Bush II, que trabalharam pela desregulamentação do setor financeiro. Algumas dessas instituições contribuíram para a crise desempenhando vários papéis — principalmente o Federal Reserve, que fracassou na função de regulador, mas também pode ter contribuído para a crise gerenciando incorretamente as taxas de juros e a disponibilidade de crédito. Todos esses, e alguns outros mencionados a seguir, têm sua parcela de culpa.

Os Protagonistas

Considero que a culpa deve ser imputada principalmente aos bancos (e, em sentido mais amplo, ao setor financeiro) e aos investidores.

Os bancos, supostamente, deveriam ser especialistas no gerenciamento de risco. No entanto, além de não gerenciar o risco, os bancos o criaram. Eles realizaram uma alavancagem excessiva. Com uma taxa de 30:1, uma mudança de meros 3% no valor dos ativos acaba com o patrimônio líquido. (Para contextualizar as coisas, os preços dos imóveis caíram cerca de 20% e, em março de 2009, espera-se que caiam mais, entre 10% e 15%, pelo menos.) Os bancos adotaram estruturas de incentivos com o objetivo de induzir um comportamento distorcido e demasiadamente arriscado. Além disso, as opções de compra de ações que utilizaram para pagar alguns de seus executivos seniores serviram de estímulo para a contabilidade ruim, inclusive incentivos para a assunção de dívidas extrapatrimoniais (em inglês, *off balance sheets*) que colaboram para manter baixos os índices de alavancagem, como, por exemplo, participação em *joint ventures*, e desenvolvimento e arrendamentos operacionais em vez de compras de bens de capital.

Aparentemente, os banqueiros não entenderam os riscos que a securitização estava gerando, inclusive os que surgiam de assimetrias nas informações: os agentes hipotecários primários acabaram abrindo mão delas e, portanto, não sofreram as consequências das negligentes *due diligences* (investigação preliminar para detectar os aspectos relevantes de uma transação financeira). Os banqueiros também estimaram incorretamente o grau de correlação entre as taxas de inadimplência em diversas partes do país — sem se dar conta de que uma elevação na taxa de juros ou nos números do desemprego poderia ter efeitos adversos em muitas partes da nação — e subestimaram o risco das quedas nos preços dos imóveis. Além disso, os bancos não foram absolutamente precisos ao avaliar os riscos associados a alguns dos novos produtos financeiros, como os empréstimos com pouca ou nenhuma documentação.

A única defesa que os banqueiros têm — defesa assumidamente vazia — é que os investidores os obrigaram a isso, já que não compreenderam o risco. Confundiram os altos retornos proporcionados pela alavancagem excessiva em um mercado em alta com investimentos inteligentes. Os bancos que não praticaram a alavancagem excessiva e obtiveram, consequentemente, retornos mais baixos, foram "castigados" com a queda do valor de suas ações. Porém, a verdade é que os bancos se aproveitaram da ignorância dos investidores para elevar os preços de suas ações, obtendo retornos mais altos em curto prazo à custa do risco mais elevado.

Cúmplices no Crime

Se os bancos foram os criminosos principais, eles tiveram muitos cúmplices.

As agências de crédito desempenharam um papel fundamental. Acreditaram na alquimia financeira e transformaram hipotecas *subprime* com classificação F em valores mobiliários com classificação A, seguros o suficiente para fazerem parte de fundos de pensão. Isso foi importante, já que possibilitou um fluxo constante de recursos monetários para o mercado imobiliário, que, por sua vez, serviu de combustível para a bolha imobiliária. O comportamento das agências de classificação de risco pode ter sido afetado pelo incentivo perverso de ser pago por quem era avaliado, mas desconfio que, mesmo sem esses problemas de incentivo, seus modelos teriam defeitos graves. Nesse caso, a concorrência teve um efeito perverso: provocou uma corrida ao fundo do poço, uma competição para ver quem fornecia as classificações mais favoráveis.

Os agentes hipotecários tiveram um papel-chave. Não estavam muito interessados em originar boas hipotecas, já que não as mantinham por muito tempo; seu maior interesse era gerar *muitas* hipotecas. Alguns deles se empolgaram tanto que inventaram novas formas de hipoteca: os empréstimos com pouca ou nenhuma documentação, mencionados anteriormente, foram um convite ao engano e passaram a ser conhecidos como empréstimos mentirosos. Era uma "inovação", mas havia um bom motivo pelo qual esse tipo de inovação não ocorreu antes.

Outros novos produtos hipotecários — empréstimos de taxa variável e com pouca ou nenhuma amortização — fisgaram mutuários incautos. Os empréstimos garantidos por hipoteca da residência também incentivaram os americanos a emprestar dando suas casas como garantia, aumentando o índice de cobertura (garantias sobre o valor emprestado, cuja sigla em inglês é LTV) elevando o risco hipotecário.

Os detentores de hipotecas primárias tinham em vista o custo das transações, não o risco. No entanto, não estavam tentando minimizar os custos das transações; pelo contrário, procuravam maximizá-los — idealizando formas de aumentá-los e, consequentemente, suas receitas. Os empréstimos de curto prazo que tiveram de ser refinanciados — passando a ficar vulneráveis ao risco de não refinanciamento — foram particularmente úteis para isso.

Os custos de transação gerados pela realização de hipotecas foram um forte incentivo para se aproveitar de mutuários inocentes e inexperientes — por exemplo, incentivando mais oferecimentos e tomadas de empréstimo em curto prazo e exigindo reestruturações dos empréstimos. Isso ajudou a gerar altos custos de transação.

Os reguladores também foram cúmplices nesse crime. Deveriam ter reconhecido os riscos inerentes aos novos produtos. Deveriam ter feito as suas próprias análises de risco, em vez de confiar na autorregulamentação ou nas agências de classificação de risco/crédito. Deveriam ter percebido os riscos associados à alavancagem, aos derivativos transacionados no mercado de balcão, e principalmente os riscos compostos, já que não eram compensados.

Os reguladores caíram no autoengano, pensando que, se eles garantissem que cada banco gerenciasse seu próprio risco (algo que, supostamente, eles tinham todo o incentivo para fazer), o sistema funcionaria. Surpreendentemente, não deram atenção ao *risco sistêmico*, embora as questões referentes ao risco sistêmico constituam uma das principais justificativas da regulamentação. Mesmo se todos os bancos estivessem bem, *em média*, eles poderiam atuar de forma correlacionada, gerando riscos para a economia como um todo.

Em alguns casos, os reguladores tinham uma defesa: não tinham base jurídica para agir, mesmo se houvessem detectado algo errado. Não lhes foi outorgado o poder de regulamentar os derivativos. Todavia, essa defesa é cínica, porque alguns reguladores — principalmente Greenspan — se empenharam em garantir que as regulamentações adequadas não fossem adotadas. A revogação da Lei Glass-Steagall teve um papel especial, não somente por causa dos conflitos de interesse que gerou (tão evidentes nos escândalos da Enron e da WorldCom), mas também por ter transmitido a cultura do risco dos bancos de investimento para os bancos comerciais, que deveriam ter agido de forma muito mais prudente.

A culpa não foi apenas da regulamentação *financeira* e dos reguladores. Deveria ter havido uma aplicação mais rigorosa das leis antitruste. Os bancos puderam crescer tanto que se tornaram grandes demais para quebrar — ou grandes demais para serem gerenciados. E bancos desse tipo têm incentivos perversos. Quando o jogo é "coroa, eu ganho; cara, você perde", os bancos grandes demais para quebrar têm incentivos para assumir riscos excessivos.

As leis de governança corporativa também têm culpa no cartório. Os reguladores e investidores deviam estar cientes dos riscos criados pela estranha estrutura de incentivos, as quais não favoreciam nem mesmo os interesses dos acionistas. Na esteira dos escândalos da Enron e da WorldCom, falou-se muito da necessidade da reforma, e a Lei Sarbanes-Oxley foi um começo. No entanto, não se atacou o que talvez fosse o problema fundamental: as opções de compra de ações.

Os cortes de impostos sobre ganhos de capital sancionados por Clinton e Bush, em conjunto com a dedutibilidade dos juros, aumentaram os incentivos à alavancagem, o incentivo para que, por exemplo, as famílias com casa própria fizessem hipotecas no maior valor possível.

Cúmplices com Credencial

Há outro conjunto de cúmplices: os economistas que forneceram argumentos muito convenientes e egoístas para os envolvidos nos mercados financeiros. Esses economistas forneceram modelos — baseados em pressuposições pouco realistas de que haveria perfeição nas informações, na concorrência e nos mercados — nos quais a regulamentação era desnecessária.

As teorias econômicas modernas, mais precisamente as que se concentram em informações imperfeitas e assimétricas e irracionalidades sistemáticas, principalmente em relação à avaliação do risco, haviam explicado os muitos defeitos desses primeiros modelos "neoclássicos". Mostraram que esses modelos não eram robustos, pois até mesmo discretos desvios em relação às suas pressuposições extremas destruíam as conclusões. Contudo, esses insights foram simplesmente ignorados.

Além disso, certos aspectos importantes da teoria econômica recente estimularam os bancos centrais a se concentrarem apenas no combate à inflação. Eles pareciam afirmar que a inflação baixa era necessária — e quase suficiente — para o crescimento estável e robusto. Consequentemente, os bancos centrais (inclusive o Fed) deram pouca atenção à estrutura financeira.

Em resumo, muitas das teorias macroeconômicas e microeconômicas mais difundidas foram instigadoras e cúmplices dos reguladores, investidores, banqueiros e formuladores de políticas econômicas, fornecendo a "base lógica" de suas políticas e ações. Fizeram os banqueiros acreditar que, ao defender seus próprios interesses, eles, de fato, estavam promovendo o bem-estar da sociedade. Fizeram os reguladores acreditar que, ao implementar suas políticas de negligência benigna, eles estavam permitindo que o setor privado prosperasse e, com isso, todos se beneficiariam.

Refutando da Defesa

Alan Greenspan tentou transferir para a China a culpa pelas baixas taxas de juros, por causa de sua taxa de poupança alta[2]. A defesa de Greenspan não é nada convincente. O Fed tinha controle suficiente, pelo menos em curto prazo, para ter elevado as taxas de juros apesar da disposição da China de emprestar para os Estados Unidos a uma taxa de juros relativamente baixa. De fato, o Fed fez exatamente isso no meio da década, contribuindo — previsivelmente — para o estouro da bolha imobiliária.

O recurso adotado de fato alimentou a bolha, mas ela é necessariamente consequência de taxas de juros baixas. Muitos países desejam taxas assim para ajudar a financiar os investimentos necessários. Os fundos poderiam ter sido canalizados para usos mais produtivos. Nossos mercados financeiros não fizeram isso. Nossas autoridades regulatórias permitiram que os mercados financeiros (inclusive os bancos) utilizassem a abundância de fundos de formas que não foram socialmente produtivas. Permitiram que as baixas taxas de juros alimentassem uma bolha imobiliária. Tinham as ferramentas para impedir isso, mas não as utilizaram.

Se formos culpar as baixas taxas de juros por "alimentar" a loucura, teremos que perguntar o que induziu o Fed a praticar essas taxas. O Fed fez isso, em parte, para manter a força da economia, que estava sofrendo com uma demanda agregada inadequada por causa do estouro da bolha tecnológica.

Nesse sentido, o corte de impostos para os ricos, sancionado por Bush, pode ter sido fundamental. O corte não teve o objetivo de estimular a economia, e o estímulo que proporcionou foi limitado. Além disso, a guerra de Bush no Iraque também teve um papel importante. Depois da guerra, o preço do barril de petróleo aumentou de US$20 para US$140. (Não temos de analisar, neste livro, até que ponto isso é consequência da guerra, mas é quase certo que o conflito influiu nisso.[3]) Os americanos estavam gastando centenas de bilhões de dólares a mais por ano para importar petróleo. Esse dinheiro não estava disponível para ser usado internamente.

Na década de 1970, quando os preços do petróleo subiram, a maioria dos países sofreu recessões por causa da transferência do poder aquisitivo ao exterior para financiar a compra de petróleo. Havia uma exceção: a América Latina, que usou as finanças da dívida para manter o consumo constante. Contudo, seus empréstimos eram insustentáveis. Na década passada, os Estados Unidos tomaram o mesmo caminho da América Latina. Para compensar o efeito negativo dos gastos mais elevados com petróleo, o Fed *manteve as taxas de juros mais baixas do que elas estariam em outra situação*, e isso alimentou a bolha imobiliária mais do que teria alimentado em circunstâncias diferentes. A economia dos Estados Unidos, assim como as economias latino-americanas dos anos 1970, parecia estar bem, já que a bolha imobiliária alimentou uma explosão de consumo, *enquanto* as poupanças familiares eram reduzidas a zero.

Com a guerra e o consequente aumento dos preços do petróleo, e devido aos cortes de impostos mal projetados do governo Bush, o fardo de manter a força da economia foi transferido para o Fed, o qual poderia ter exercido sua atividade regulatória a fim de fazer o possível para direcionar os recursos para usos mais produtivos. Nesse ponto, o Fed e seu presidente são duplamente culpados. Além de falhar em sua função regulatória, tornaram-se líderes de torcida da bolha que acabou consumindo os Estados Unidos. Respondendo a uma pergunta sobre uma possível bolha, Greenspan sugeriu que isso não existia — havia apenas um pouco de espuma. Claramente, ele se equivocou. O Fed afirmou que a bolha só poderia ser detectada depois que estourasse. Isso também não estava totalmente correto. Não é possível ter *certeza* da existência da bolha até que ela estoure, mas é possível dar declarações probabilísticas fortes.

Toda política é criada em um contexto de incerteza. Os preços de moradias, principalmente na faixa mais baixa, subiram muito; entretanto, a renda real da maioria dos americanos estagnou. Havia um problema evidente. E estava claro que o problema se agravaria quando as taxas de juros subissem. Greenspan havia incentivado as pessoas a fazerem hipotecas de taxa variável em um momento em que as taxas de juros estavam em níveis historicamente baixos. E permitiu que tomassem muito dinheiro emprestado, pressupondo que as taxas de juros permaneceriam baixas. Porém, como elas estavam muito baixas (em termos reais, estavam negativas), não era razoável esperar que ficassem muito tempo nesse nível. Quando subiram, ficou claro que muitos americanos teriam problemas — assim como os agentes financeiros que tinham emprestado para eles.

Às vezes, os defensores do Fed tentam justificar essa política reversa e irresponsável dizendo que eles não tinham escolha: a elevação das taxas de juros teria acabado com a bolha, mas também acabaria com a economia. Mas o Fed tem outras ferramentas além das taxas de juros. Havia, por exemplo, várias medidas regulatórias que teriam amenizado o problema da bolha, mas o Fed optou por não empregá-las. Poderia ter reduzido o LTV (nível de garantia dos empréstimos hipotecários) à medida que a probabilidade da bolha aumentava. Poderia ter baixado o DTI (sigla em inglês para o índice de comprometimento de renda em um financiamento bancário) para equacionar melhor os pagamentos dos empréstimos hipotecários. Se o Fed acreditasse que não tinha as ferramentas necessárias, poderia ter recorrido ao Congresso para solicitá-las.

Essa explicação não fornece uma história contrafactual *totalmente* satisfatória. É fato que talvez o dinheiro pudesse ter sido empregado pelos mercados financeiros de forma mais produtiva — para apoiar, por exemplo, a inovação ou projetos importantes em países em desenvolvimento. Entretanto, é possível que os mercados financeiros tivessem criado outro embuste para apoiar a tomada irresponsável de empréstimos — por exemplo, um novo *boom* de cartões de crédito.

Defendendo os Inocentes

Assim como nem todos os cúmplices têm o mesmo grau de culpabilidade, alguns suspeitos devem ser liberados.

Na longa lista de réus, há dois nomes que muitos republicanos gostam de apontar. Eles têm dificuldade de aceitar que os mercados falham, seus participantes podem ser irresponsáveis, os gênios das finanças não compreenderam o risco e o capitalismo tem falhas graves. Eles têm certeza de que o culpado é o governo.

Venho sugerindo que, de fato, o governo tem culpa — mas é culpado por ter se omitido. Os críticos conservadores acreditam que o governo é culpado por ter agido demais. Criticam os requisitos da Lei de Reinvestimento na Comunidade (CRA) impostos aos bancos, que exigiam o empréstimo de uma parte de sua carteira para comunidades de minorias carentes. Também criticam a Fannie Mae e a Freddie Mac, as estranhas empresas patrocinadas pelo governo que, apesar de sua privatização em 1968, desempenham um papel muito importante nos mercados hipotecários. Segundo os conservadores, a Fannie e a Freddie foram "pressionadas" pelo Congresso e pelo presidente a expandir a propriedade imobiliária. (O presidente Bush mencionava frequentemente a "sociedade da propriedade".)

Isso não passa, claramente, de uma tentativa de transferir a culpa. Um estudo recente do Fed mostrou que, na verdade, a taxa de inadimplência das hipotecas da CRA está *abaixo* da média.[4] Os problemas dos mercados hipotecários ameri canos começaram com o mercado de *subprime*, ao passo que a Fannie Mae e a Freddie Mac financiaram principalmente hipotecas "em conformidade" (*prime*).

Foram os mercados financeiros totalmente privados dos Estados Unidos que inventaram todas as práticas indevidas que desempenharam um papel central nesta crise. Quando o governo incentivou a propriedade imobiliária, ele se referiu à propriedade imobiliária *permanente*. Sua intenção não era que as pessoas comprassem casas que não pudessem pagar. Isso geraria ganhos efêmeros e contribuiria para a pobreza. Os pobres perderiam, ao mesmo tempo, as economias da vida inteira e as casas.

Sempre existe uma casa cujo custo está dentro do orçamento do comprador. Ironicamente, por causa da bolha, muitos pobres acabaram adquirindo casas não maiores do que as que eles comprariam se políticas de empréstimos mais prudentes tivessem sido utilizadas — e isso teria aliviado a situação. É fato que a Fannie Mae e a Freddie Mac entraram no jogo do alto risco e da alta alavancagem — a onda do momento no setor privado — mas entraram no final e de forma muito incompetente. Também houve uma falha normativa nesse ponto. As empresas patrocinadas pelo governo contam com um regulador especial que deveria tê-las restringido. Todavia, de acordo com filosofia desregulamentadora do governo Bush, obviamente isso não foi feito. Depois de entrar no jogo, elas tinham a vantagem de poder tomar empréstimos a um custo um pouco menor, por causa da garantia governamental (que, na época, era ambígua). Podiam recorrer à arbitragem dessa garantia para gerar bônus semelhantes aos que estavam sendo "conquistados" por seus pares no setor privado.

Política e Economia

Há mais um culpado importante que, na verdade, desempenhou um papel crucial nos bastidores em vários momentos da história: o sistema político americano — particularmente, a dependência das contribuições de campanha. Isso permitiu que Wall Street exercesse uma influência enorme para promover a desregulamentação e a indicação de reguladores que não acreditavam em regulamentações — com as consequências previsíveis e previstas que observamos.[5]

Inclusive hoje, essa influência afeta a elaboração de meios eficazes de lidar com a crise financeira. Toda economia precisa de regras e árbitros. Nossas regras e árbitros foram moldados por interesses especiais. Ironicamente, não está claro se eles defenderam esses interesses especiais como deveriam, mas é evidente que não defenderam os interesses nacionais como deveriam.

No fim das contas, trata-se de uma crise do nosso sistema político-econômico. Em grande parte, cada ator agiu de acordo com suas convicções. Os banqueiros maximizaram sua renda, segundo as regras do jogo. Essas regras determinavam que eles deveriam usar sua influência política para obter reguladores e regulamentações que lhes permitissem — a eles e às corporações sob seu comando — ganhar o máximo possível de dinheiro. Os políticos responderam às regras do jogo: precisavam levantar fundos para serem eleitos e, para fazer isso, teriam de agradar eleitores ricos e poderosos. Havia economistas que forneceram aos políticos, banqueiros e reguladores uma ideologia conveniente: de acordo com essa ideologia, as políticas e práticas que eles estavam implementando supostamente beneficiariam a todos.

Atualmente, algumas pessoas gostariam de reconstruir o sistema financeiro tal como ele era antes de 2008. Essas pessoas promoveriam a reforma regulatória, mas a mudança seria mais cosmética do que real. Os bancos grandes demais para quebrar poderiam continuar, sem grandes mudanças. Haverá "supervisão", seja lá o que isso signifique. Contudo, os bancos poderão continuar se arriscando e continuarão grandes demais para quebrar. Os padrões contábeis serão menos rigorosos, para lhes dar mais liberdade. Pouco será feito em relação às estruturas de incentivos ou até mesmo às práticas de alto risco. Se isso acontecer, certamente haverá outra crise.

Notas

1. Greenspan apoiou o corte de impostos de 2001, mas deveria saber que isso levaria aos deficit que anteriormente ele abominava. Seu argumento — afirmar que, a menos que agíssemos imediatamente, os superavit acumulados em decorrência das políticas fiscais prudentes de Clinton drenariam a economia de todas as suas obrigações do Tesouro, e isso teria dificultado a condução da política econômica — foi um dos piores argumentos de funcionários respeitados do governo que eu já vi. Supostamente, se a contingência que ele imaginou (a eliminação da dívida nacional) fosse iminente, o Congresso tinha as ferramentas e os incentivos para corrigir a situação rapidamente.

2. Alan Greenspan. "The Fed Didn't Cause the Housing Bubble", *Wall Street Journal*, 11 de março de 2009.

3. Joseph E. Stiglitz e Linda Bilmes. *The Three Trillion Dollar War: The True Costs of the Iraq Conflict* (Nova York: W. W. Norton, 2008).

4. Randall S. Kroszner. "The Community Reinvestment Act and the Recent Mortgage Crisis", Discurso para o Confronting Concentrated Poverty Policy Forum, Board of Governors of Federal Reserve System, Washington, capital, 3 de dezembro de 2008.

5. Joseph E. Stiglitz. *Os Exuberantes Anos 90: Uma Nova Interpretação da Década Mais Próspera da História* (São Paulo: Companhia das Letras, 2003).

Como Sair da Crise Financeira[*]

A QUANTIDADE DE MÁS NOTÍCIAS AO LONGO DAS ÚLTIMAS SEMANAS FOI desconcertante para muitas pessoas no mundo todo. Os mercados de ações desabaram, bancos pararam de emprestar uns para os outros e os presidentes de bancos centrais e secretários do Tesouro aparecem todos os dias na televisão com ares de preocupação. Muitos economistas avisaram que estamos enfrentando a maior crise já vista desde 1929. A única notícia boa é que os preços do petróleo finalmente começaram a cair.

Embora esses tempos sejam assustadores e estranhos para muitos norte-americanos, várias pessoas de outros países têm uma sensação de *déjà-vu*. A Ásia passou por uma crise semelhante no fim dos anos 1990, e vários outros países (como Argentina, Turquia, México, Noruega, Suécia, Indonésia e Coreia do Sul) sofreram com crises bancárias, colapso da bolsa e restrições de crédito.

O capitalismo pode até ser o melhor sistema econômico criado pelo homem, mas ninguém jamais disse que ele geraria estabilidade. Na verdade, nos últimos 30 anos, as economias de mercado enfrentaram mais de 100 crises. Por isso, eu e vários economistas acreditamos que a regulamentação e supervisão governamental são partes essenciais de uma economia de mercado funcional. Sem isso, crises econômicas frequentes e graves continuarão acontecendo em diversos países. O mercado, por si só, não é suficiente. O governo tem um papel a cumprir.

A boa notícia é que o secretário do Tesouro, Henry Paulson, parece ter, finalmente, aceitado a ideia de que o governo norte-americano precisa ajudar a recapitalizar nossos bancos e deve ter participação nos bancos que socorre. No

---

[*]*Time*, 17 de outubro de 2008.

entanto, há mais coisas a fazer para evitar que a crise se espalhe pelo mundo. A seguir, exporemos o que deve ser feito.

Como Chegamos a Esse Ponto

Os problemas que enfrentamos atualmente são causados, em grande medida, pela combinação de desregulamentação e baixas taxas de juros. Após o estouro da bolha tecnológica, a economia precisava de um estímulo. Porém, o corte de impostos sancionado por Bush não proporcionou um estímulo forte à economia. Isso transferiu o fardo de manter a economia funcionando para o Fed, que reagiu inundando-a de liquidez. Em circunstâncias normais, é bom que o dinheiro no sistema esteja transbordando, já que isso ajuda a economia a crescer. Entretanto, como o sistema já apresentava um investimento acima do esperado, esse valor a mais não foi utilizado de forma produtiva. As baixas taxas de juros e o acesso fácil aos fundos incentivaram empréstimos irresponsáveis — as famigeradas hipotecas *subprime* apenas com o pagamento periódico de juros, sem entrada e sem documentação (mentirosas). Estava claro que, se a bolha esvaziasse um pouco, muitas hipotecas causariam problemas — o preço da casa seria inferior ao valor da hipoteca. Isso aconteceu — 12 milhões até agora e mais a cada hora. Os pobres perdendo não só as casas, mas também as economias de uma vida inteira.

O clima de desregulamentação, que dominou os anos de Bush e Greenspan, ajudou a disseminar um novo modelo bancário. Seu cerne foi a securitização: agentes hipotecários originaram hipotecas e as venderam para outras pessoas. Disseram aos mutuários que eles não precisavam se preocupar em pagar a dívida que aumentava cada vez mais, porque os preços das casas continuariam aumentando e eles poderiam refinanciar e usar uma parte dos ganhos de capital para comprar uma casa ou sair de férias. Logicamente, isso quebra a primeira lei da economia, ou seja, não existe almoço grátis. A pressuposição de que os preços das casas poderiam continuar subindo rapidamente parecia particularmente absurda em uma economia em que a renda real da maioria dos norte-americanos estava em declínio.

Os agentes hipotecários adoraram esses novos produtos, porque garantiam um fluxo interminável de tarifas. Os agentes maximizavam seus lucros originando o maior número possível de hipotecas, com refinanciamentos frequentes. Seus aliados nos bancos de investimento as compravam, "picavam" os riscos e passavam para frente — tanto quanto possível. Nossos banqueiros se esqueceram de que o trabalho deles era gerenciar o risco e alocar o capital com prudência. Os bancos se tornaram cassinos — jogadas de risco com o dinheiro dos outros, sabendo que o contribuinte pagaria se o prejuízo fosse muito grande.

Investiram mal o capital, fazendo com que montantes enormes fossem para a compra de moradias que, em última análise, estavam acima das possibilidades das pessoas. Dinheiro à vontade e regulamentação suave foram uma mistura tóxica — que explodiu.

Uma Crise Global

A irresponsabilidade norte-americana se tornou realmente perigosa porque foi exportada. Alguns meses atrás, alguns falaram de descolamento — acreditavam que a Europa seguiria em frente, apesar da retração dos EUA. Sempre acreditei que o descolamento fosse um mito, e os acontecimentos mostraram que eu tinha razão. Graças à globalização, Wall Street pôde vender suas hipotecas tóxicas para países de todo o mundo. Parece que cerca de metade das hipotecas tóxicas foram exportadas. Caso não tivessem sido, os EUA estariam em uma situação pior. Além disso, apesar da desaceleração de nossa economia, as exportações movimentam a economia dos EUA. Todavia, as debilidades do país enfraqueceram o dólar e dificultaram a venda das mercadorias europeias para outros países. Exportações insignificantes demonstram economia frágil; portanto, os EUA exportaram nossa retração, assim como haviam exportado as hipotecas tóxicas anteriormente.

Contudo, os problemas estão ricocheteando. As hipotecas inadimplentes contribuem para levar os bancos europeus à falência. (Exportamos não só empréstimos ruins, mas também más práticas regulatórias e de empréstimos; muitos dos maus empréstimos da Europa são para mutuários europeus.) Conforme os participantes do mercado perceberam que o incêndio tinha se espalhado da América para a Europa, instalou-se o pânico. A preocupação é, em parte, psicológica, mas, além disso, ocorre porque os sistemas financeiros e econômicos estão interligados. Bancos do mundo todo emprestam e tomam empréstimos entre si; compram e vendem instrumentos financeiros complicados — por isso, as más práticas regulatórias de um país, que levam a empréstimos ruins, podem infectar o sistema global.

Como Consertar

Agora, enfrentamos um problema de liquidez, um problema de solvência e um problema macroeconômico. Estamos na primeira fase de uma espiral descendente. Evidentemente, faz parte do processo inevitável de ajuste: fazer com que os preços das moradias voltem para níveis de equilíbrio e livrar-se da alavancagem excessiva (dívida) que manteve a nossa economia fantasma funcionando.

Apesar do novo capital fornecido pelo governo, os bancos não desejarão — ou poderão — emprestar tanto quanto emprestaram em seu passado irresponsável. Os proprietários de imóveis residenciais não desejarão tomar tanto emprestado. A poupança, que estava próxima de zero, subirá. Isso é bom para a economia em longo prazo, mas ruim para uma economia em recessão. Embora muitas grandes empresas possam até estar sentadas sobre um monte de dinheiro, as pequenas dependem de empréstimos, não só para investir, como também para que o capital de giro as mantenha em movimento. Isso será mais difícil de acontecer. O investimento imobiliário, que desempenhou um papel tão importante no nosso modesto crescimento nos últimos seis anos, atingiu pontos baixos que não se viam há 20 anos.

O governo passou de uma medida mal elaborada para outra. Wall Street entrou em pânico, assim como a Casa Branca e, nesse pânico, tiveram dificuldade de decidir o que fazer. As semanas que Bush e Paulson passaram promovendo o plano original deste último para o socorro financeiro — enfrentando uma oposição enorme — foram semanas que poderiam ter sido empregadas resolvendo, de fato, o problema. Neste ponto, precisamos de uma abordagem abrangente. Outra tentativa fracassada poderia ser desastrosa. Esta é uma abordagem abrangente em cinco etapas:

1. Recapitalizar os bancos. Devido a todo o prejuízo, os bancos têm um capital próprio insuficiente, consequentemente terão dificuldade de elevar seu patrimônio nas circunstâncias atuais. O governo deve fornecer essa assistência e, em troca, deve ter participação no capital votante dos bancos que ajudar. Entretanto, injeções de capital também atuam como socorro financeiro para os detentores de títulos. No momento, o mercado está descontando esses títulos, afirmando que a probabilidade de inadimplência é alta. É necessária a conversão forçada dessa dívida em capital. Se isso for feito, o montante da assistência governamental necessário será reduzido significativamente.

É uma boa notícia que, aparentemente, Paulson, o secretário do Tesouro, finalmente percebeu que sua proposta original, de comprar o que ele chamou eufemisticamente de "ativos problemáticos", é deficiente. A demora do secretário Paulson para perceber isso é preocupante. Ele estava tão preso à ideia de uma solução de livre mercado que não foi capaz de aceitar o que economistas de todas as correntes estavam lhe dizendo: era necessário recapitalizar os bancos e fornecer dinheiro novo para compensar as perdas sofridas com os empréstimos inadimplentes.

Agora o governo está fazendo isso, mas são levantadas três questões: Primeiro: isso foi justo com o contribuinte? A resposta parece razoavelmente clara: foi um mau negócio para os contribuintes. Isso fica evidente pela comparação entre os termos de Warren Buffett — a injeção de US$5 bilhões no Goldman Sachs — e os termos extraídos pelo governo. Segundo: há supervisão e restrições suficientes para garantir que as más práticas do passado não se repitam e que ocorram novos empréstimos? Novamente, comparando os termos exigidos pelo Reino Unido e pelo tesouro dos EUA, nós levamos a pior. Por exemplo: os bancos podem continuar dando dinheiro aos acionistas, conforme o governo despeja fundos. Terceiro: há dinheiro suficiente? Como não há transparência dos bancos, é impossível responder plenamente a pergunta, mas sabemos que, provavelmente, as lacunas no balanço aumentarão. Isso ocorre porque pouco se faz para resolver o problema subjacente.

2. Deter a onda de execuções hipotecárias. O plano original de Paulson é como uma grande transfusão de sangue para um paciente com hemorragia interna grave. Não salvaremos o paciente se não tomarmos providências em relação às execuções hipotecárias. Mesmo depois das revisões do Congresso, pouco está sendo feito. Precisamos ajudar as pessoas a manter suas casas, convertendo os juros da hipoteca e as deduções do imposto sobre propriedade em créditos fiscais conversíveis em dinheiro, reformando as leis de falência para permitir a reestruturação rápida, o que reduziria o valor das hipotecas quando o valor da casa for inferior ao da hipoteca; e até mesmo diminuiria os empréstimos governamentais, aproveitando o custo mais baixo dos fundos governamentais e repassando a economia para os donos de casa própria com renda baixa e média.

3. Aprovar um estímulo que funcione. Ajudar Wall Street e deter as execuções de hipotecas é apenas parte da solução. A economia norte-americana está rumando para uma recessão grave e precisa de um grande estímulo. Precisamos aumentar o seguro-desemprego; se os estados e municípios não receberem ajuda, terão de reduzir seus gastos à medida que as receitas fiscais diminuírem, e sua redução de gastos levará a uma contração econômica. No entanto, para fazer com que a economia arranque, Washington precisa fazer investimentos no futuro. O furacão Katrina e o desabamento da ponte em Minneapolis foram lembretes sombrios da decrepitude de nossa infraestrutura. Investimentos nessa área e em tecnologia estimularão a economia em curto prazo e ajudarão no crescimento em longo prazo.

4. Restaurar a confiança por meio da reforma regulatória. As decisões erradas dos bancos e as falhas regulatórias são subjacentes aos problemas. Para restaurar a confiança em nosso sistema financeiro, é preciso resolver isso. As estruturas de governança corporativa que levam a estruturas de incentivos defeituosas, destinadas a recompensar os CEOs generosamente, devem ser alteradas, assim como muitos dos próprios sistemas de incentivos. Não é apenas o nível de remuneração, mas também a forma — opções de compra de ações sem transparência que incentivam a contabilidade ruim para aumentar os retornos relatados.

5. Criar uma agência multilateral eficaz. Conforme a economia global vai se tornando mais interconectada, surge a necessidade de uma supervisão global melhor. É inimaginável que o mercado financeiro dos Estados Unidos possa funcionar eficazmente com 50 reguladores estaduais separados. Porém, basicamente estamos tentando fazer isso em âmbito mundial.

A crise recente é um exemplo dos riscos que corremos: à medida que alguns governos estrangeiros ofereceram garantias globais referentes a seus depósitos, o dinheiro começou a ser transferido para aparentes portos seguros. Outros países tiveram de reagir. Alguns poucos governos europeus foram mais sensatos do que o governo norte-americano ao determinar o que deve ser feito. Mesmo antes de que a crise se tornasse global, o presidente francês, Nicolas Sarkozy, em um discurso à ONU no mês passado, defendeu uma cúpula mundial para estabelecer as bases de uma regulamentação estatal mais forte, a fim de substituir a atual abordagem do tipo *laissez faire*. Talvez estejamos em outro "momento Bretton Woods". Após a Grande Depressão e a II Guerra Mundial, o mundo percebeu a necessidade de uma nova ordem mundial para a economia, que durou mais de 60 anos. Está claro, há muito tempo, que essa ordem econômica mundial não está bem-adaptada ao novo mundo da globalização. Agora, depois da Guerra Fria e da Grande Crise Financeira, será necessário construir uma nova ordem mundial econômica para o século XXI, que incluirá uma nova agência regulatória global.

Talvez essa crise tenha nos ensinado que mercados sem restrições representam um risco. Também deve ter nos ensinado que o unilateralismo não pode funcionar em um mundo de interdependência econômica.

O Futuro

O próximo presidente dos EUA terá muita dificuldade. Até mesmo os melhores planos podem não funcionar conforme o esperado. Não obstante, estou convicto de que um programa abrangente que siga as linhas que sugeri — deter as execuções hipotecárias, recapitalizar os bancos, estimular a economia, proteger os desempregados, reforçar as finanças estatais, fornecer garantias adequadas conforme a necessidade e reformar as regulamentações e estruturas regulatórias, e substituir os reguladores e os responsáveis pela proteção da economia por pessoas mais interessadas na recuperação econômica do que no resgate de Wall Street — não só restaurará a confiança, mas, no tempo devido, também permitirá que os Estados Unidos realizem plenamente seu potencial. Por outro lado, as abordagens parciais, que decepcionam continuamente, certamente fracassarão.

Em um país onde o dinheiro é respeitado, a liderança de Wall Street tinha nosso respeito e nossa confiança. Acreditava-se que fossem uma fonte de sabedoria, pelo menos em questões econômicas. Os tempos mudaram, e o respeito e a confiança se foram. Isso é ruim, já que os mercados financeiros são necessários para o bom funcionamento da economia. A maioria dos norte-americanos acredita que é mais provável que o pessoal de Wall Street coloque seus interesses à frente dos interesses do restante do país, maquiando esse posicionamento com termos complicados se for necessário. Se o próximo presidente transmitir a impressão de que suas políticas sofrem uma influência indevida de Wall Street e essas políticas não funcionarem, sua lua de mel será curta. Será uma notícia ruim para ele, o país e o mundo.

PARTE I

PENSAR GRANDE

Abro esta parte do livro com meu artigo na *Vanity Fair* intitulado "Do 1%, pelo 1%, para o 1%", evocando as linhas do célebre discurso de Gettysburg, proferido pelo presidente Lincoln, no qual ele afirma que a verdadeira questão da Guerra Civil Americana era garantir "que o governo do povo, pelo povo e para o povo jamais desapareça da face da Terra". Agora sabemos que a democracia vai além de eleições periódicas: em alguns países, essas eleições são usadas para legitimar regimes essencialmente autoritários e privar uma boa parte dos cidadãos de seus direitos básicos.

Talvez o aspecto mais importante da desigualdade seja a desigualdade de direitos políticos. Quando na Declaração de Independência dos Estados Unidos afirmou-se que "todos os homens são criados iguais", isso não tinha o sentido de que todos tínhamos a mesma capacidade; significava, principalmente, que todos devem ser iguais em seus direitos políticos.[1] Entretanto, o significado do termo "direitos políticos" é óbvio — como mostram os debates em anos recentes nos Estados Unidos. Embora todo cidadão tenha o *direito* de votar,[2] as regras do jogo afetam a capacidade e a probabilidade de que esse direito seja exercido. O fator inibidor do registro de eleitores, ou até mesmo do voto, de certos grupos (por exemplo, pessoas que não têm carteira de habilitação, o documento de identificação mais comum nos Estados Unidos, onde não há cédula de identidade nacional), desestimula o exercício do voto. O imposto eleitoral (cobrança de imposto de todos aqueles que votam) afeta a "economia" da votação e gera, de fato, a privação de direito dos mais pobres. Essa foi uma das formas de privação de direitos testada e aprovada no sul dos EUA. Alguns países tentam facilitar o voto dos trabalhadores pobres, realizando eleições aos domingos. Outros países, como a Austrália, buscam ativamente garantir que as vozes de todos os cidadãos sejam ouvidas. A regra australiana de voto obrigatório — multar quem não comparece à votação — afeta a economia da votação de forma precisamente oposta à influência do imposto eleitoral.

A voz é ainda mais importante: a capacidade de influenciar o processo político, influenciando os padrões de votação ou, mais diretamente, afetando as ações de importantes tomadores de decisões. Se os ricos podem usar o dinheiro para controlar a imprensa ou influenciar (termo mais suave e talvez menos preciso do que "comprar") políticos, sua voz se fará ouvir com muito mais força. É quase inevitável que os ricos sejam, nesse sentido, mais influentes. Contudo, as regras do jogo afetam o grau dessa desigualdade. É por isso que as leis e os regulamentos americanos referentes a *lobby*, contribuições a campanhas e patrimonialismo (confusão entre o público e o privado) são tão abomináveis: outras democracias ocidentais levam mais a sério a ideia de igualdade política e restringiram esses abusos; algumas chegam a aprimorar a igualdade das vozes (por exemplo: por meio do apoio público à mídia ou da garantia do acesso igualitário dos candidatos a todas as mídias). E é por isso que tantos americanos consideram que *Cidadãos Unidos*, a decisão da Suprema Corte que abriu o caminho para a gastança ilimitada das corporações, tem um efeito tão negativo sobre a igualdade das vozes e contribuiu para a doença endêmica do país, o "processo político-eleitoral ao estilo americano". É uma corrupção que ocorre não por meio da entrega de envelopes cheios de dinheiro aos políticos, mas por um processo igualmente vil: o uso de contribuições de campanha para comprar "políticas" que geram riquezas para poucos.

Esses temas são desenvolvidos em muitos dos ensaios a seguir: a desigualdade econômica (principalmente da magnitude que se observa nos Estados Unidos) leva à desigualdade política (particularmente quando as regras do *jogo político* facilitam isso). A desigualdade econômica não é *apenas* ou mesmo *nem tanto* consequência de leis econômicas inexoráveis; é uma questão de políticas e política. Nesse sentido, é uma questão de *escolha*. Trata-se de um círculo vicioso, em que a desigualdade econômica leva à desigualdade política e a reforça, favorecendo a desigualdade econômica.

Também defendo que a desigualdade — pelo menos em nível extremo, como ocorre nos Estados Unidos — não favorece sequer os interesses do 1%. "O problema do 1%" explica melhor alguns motivos pelos quais a desigualdade é ruim para a economia. Se aqueles que fazem parte do 1% defendessem seu *racional e verdadeiro* interesse próprio, eles se preocupariam com a desigualdade e tentariam resolver esse problema. Como eu sugiro em "A Desigualdade Não É Inevitável" (veja a Parte VI), pelo menos em algumas partes do mundo isso está começando a acontecer.

A Resposta Conservadora

Nos anos que transcorreram desde a publicação destes textos, alguns críticos disseram que a desigualdade não era tão ruim como as estatísticas sugeriam; as mudanças na legislação fiscal indicavam que havia menos incentivo à evasão e à fraude fiscal. Evidentemente, se esses críticos tivessem razão, seus argumentos implicariam apenas que os níveis atuais de desigualdade, que são uma afronta, — o 1% na parte superior da pirâmide obtém entre 1/4 e 1/5 da renda nacional — prevalecem nos Estados Unidos por muito mais tempo do que pensamos. Também significariam que o desempenho econômico do país é ainda pior do que se imagina — já que as únicas pessoas do país que estão se saindo bem são as que estão no ponto mais alto da pirâmide. Aparentemente, esses críticos conservadores estão afirmando que nem mesmo lá no alto da pirâmide houve um aumento real de renda, e sim um aumento na *renda declarada*. Porém, o trabalho minucioso de Emmanuel Saez e seus coautores levou em conta, na verdade, os efeitos das mudanças fiscais;[3] seja como for, até mesmo com as mudanças fiscais posteriores — que teriam restaurado o incentivo à fraude fiscal — a fatia pertencente ao topo da pirâmide continuou aumentando.

Outros afirmaram que o importante não era a desigualdade de resultados, mas a desigualdade de oportunidades. No entanto, como ressalta um capítulo posterior na Parte III, "Oportunidades Iguais: O Mito Nacional", os Estados Unidos não são mais a terra das oportunidades, como aqui neste país (e em outros) gosta-se de acreditar. Em grande medida, o sonho americano é um mito. Obviamente, alguns imigrantes muito talentosos chegam, de fato, lá em cima. Entretanto, quando os cientistas sociais falam de igualdade de oportunidades, esse termo designa a probabilidade de que alguém "de baixo" chegue ao topo. Atualmente, a chance de um jovem americano é muito menor que a de jovens que vivem em outros países avançados.

O Verdadeiro Interesse Próprio

O ensaio "O Problema do 1%" (também publicado originalmente na *Vanity Fair*) dirigiu-se, em certo sentido, aos membros do 1% — para explicar-lhes por que o nível de desigualdade nos Estados Unidos *não* defendia seu real interesse próprio.

No espaço de poucas páginas, eu resumo por que a desigualdade é muito ruim para o desempenho econômico. Talvez essa seja a mudança mais profunda em nosso pensamento sobre a desigualdade nas décadas recentes. Antes se pensava que, mesmo sendo contra a desigualdade, o custo de tomar alguma providência em relação a isso, em termos de desempenho econômico geral, seria alto demais. A maioria das discussões tratava da *redistribuição* ou, pelo menos, de pedir aos do topo da pirâmide que contribuíssem mais com o apoio a bens públicos — como a defesa nacional — não só em termos absolutos, mas também como porcentagem da renda. A redistribuição era caracterizada como um balde furado: por causa do furo, US$100 tomados do pessoal lá do alto valeriam metade disso quando fossem dados a quem está no meio ou na base da pirâmide. No entanto, neste artigo, defendo que talvez esses aspectos não sejam mutuamente exclusivos: podemos ter, simultaneamente, mais igualdade e um PIB mais alto; defendo que existem políticas que podem aumentar a igualdade antes do aumento dos impostos e pode-se transferir renda e políticas que redistribuem de forma a melhorar o desempenho geral. De fato, algumas políticas fiscais — taxar os ganhos de capital dos ricos sobre terras — poderiam levar a mais investimentos *produtivos* (em vez da especulação imobiliária) e à criação de mais empregos. A restrição das rendas gigantescas do setor financeiro pode atrair mais pessoas talentosas para atividades que aumentariam a produtividade da economia. A sociedade toda seria beneficiada com a melhora do desempenho econômico, assim como muitos integrantes do 1%. Eles seriam beneficiados, não só por fazer parte de uma sociedade mais coesa, mas também economicamente.

Desigualdade Como Opção Política

O próximo capítulo continua de onde este para. Observando que nosso nível de desigualdade mais elevado é parcialmente responsável por nosso lento crescimento, argumento que o crescimento lento e a desigualdade são opções políticas e que podemos fazer outras escolhas. O artigo "O Falso Capitalismo" (veja mais à frente) foi escrito três anos após iniciar-se o debate sobre desigualdade que meu primeiro artigo na *Vanity Fair* ajudou a deflagrar. A *Washington Monthly* organizou uma edição especial para descrever como a desigualdade nos Estados Unidos se manifesta em cada estágio da vida. Houve uma ênfase na educação — uma das principais formas pelas quais os privilegiados passam para seus filhos a condição de privilegiado. Abordo sucintamente as desigualdades da assistência médica nos Estados Unidos, que provocam grandes disparidades, até mesmo na expectativa de vida. Isso não é nenhuma surpresa, considerando a magnitude da desigualdade de renda, combinada à dependência de um sistema médico e de seguro-saúde que é caro e privado. Os Estados Unidos são o único país avançado que não reconhece o acesso à assistência médica como um direito humano básico.

Eu refuto um argumento conservador, bastante difundido, segundo o qual não temos condições financeiras de fazer mais, promover melhor a igualdade e a igualdade de oportunidade. Muito pelo contrário: nossa economia paga caro por nossa omissão nesse aspecto. Fazemos escolhas *políticas* sobre como gastamos o dinheiro — em cortes de impostos para os ricos ou em educação para os americanos comuns; em armas que não funcionam contra inimigos que não temos ou em assistência médica para os pobres; em subsídios para fazendeiros ricos da cotonicultura ou em auxílio-alimentação para reduzir a fome entre os pobres. Poderíamos até aumentar as receitas fiscais simplesmente fazendo com que empresas como a General Electric e a Apple paguem os impostos que já deveriam pagar. Tributando a poluição, poderíamos ter um meio ambiente mais limpo e mais dinheiro para gastar a fim de reduzir as desigualdades de nossa sociedade e, além disso, promover o crescimento da economia.

Perspectivas Globais

Embora os Estados Unidos possam ser mais desiguais do que qualquer outro país avançado, a desigualdade aumentou na maioria dos países, mas não em todos eles. Ocasionalmente, a desigualdade teve papel central na evolução dos acontecimentos políticos.

Eu estava no Egito naquele dia fatídico, 14 de janeiro de 2011, em que o ditador da Tunísia, Ben Ali, foi derrubado. Em um jantar na Universidade Americana do Cairo, à medida que as notícias corriam quase instantaneamente pelo norte da África, lembro de que me disseram que o Egito seria o próximo. Em menos de duas semanas, as previsões que ouvi naquela noite se concretizaram.

Durante aquela visita, percebi o motivo disso: embora o país estivesse crescendo, os benefícios não tinham se estendido à maioria da população. O socialismo de Gamal Abdel Nasser não a beneficiou. O neoliberalismo de Hosny Mubarak também não. Havia um desespero palpável em busca de algo diferente. Mustapha Nabli, que posteriormente comandou o banco central da Tunísia, ajudou a explicar para mim o que estava por trás da agitação social. Não era apenas o alto nível de desemprego, havia também a injustiça do sistema, as iniquidades. As pessoas que se saíam bem eram as que estavam ligadas a políticos, dispostas a serem corrompidas pelo sistema — não as que trabalhavam com afinco, iam bem na escola e seguiam as *supostas* regras.

Voltei várias vezes ao Egito e à Tunísia nos anos seguintes e tive um convívio bem próximo com alguns jovens revolucionários e com algumas pessoas mais maduras e estabelecidas que viram a revolução com bons olhos. Admirei o entusiasmo e o idealismo dos jovens, mas me preocupei com a ingenuidade deles, com a convicção de que prevaleceriam simplesmente por estarem certos. As coisas não foram bem no Egito. Porém, na época em que este livro foi impresso, pelo menos em um país, a Tunísia, as sementes plantadas na Primavera Árabe podem, aparentemente, ter germinado.

A consciência cada vez maior em relação ao papel desempenhado pela desigualdade na Primavera Árabe — e à desigualdade cada vez maior no mundo — conferiu protagonismo às questões sobre a desigualdade. O artigo "A Desigualdade se Globaliza"[4] foi escrito depois que voltei da reunião do Fórum Econômico Mundial em Davos, na Suíça, em 2013. É a reunião anual da elite mundial — organizada e instruída por um punhado de acadêmicos e complementada por alguns membros da sociedade civil e empreendedores sociais. A reunião é um bom lugar para sentir o pulso do mundo — ou, pelo menos, o pulso desse grupo pouco numeroso. Antes da crise, havia uma euforia desenfreada sobre a globalização e a tecnologia. Esse otimismo afundou junto com a economia. Entretanto, com a recuperação vacilante e desigual, a atenção se voltou para alguns problemas antigos. O aspecto notável da reunião de 2013 foi o fato de a desigualdade ter se tornado a principal preocupação dos participantes.

O artigo "Desigualdade É uma Opção", que também faz parte desta seção, foi escrito para a edição inaugural da edição internacional do *New York Times* (na verdade, trata-se apenas da troca do nome da matéria publicada no *International Herald Tribune*). Optei por dar enfoque ao aspecto alarmante da desigualdade global: embora a desigualdade estivesse aumentando na maioria dos países, não estava aumentando em todos eles; em alguns países, era muitíssimo menor que nos Estados Unidos. Não são apenas as leis econômicas que determinam o grau de desigualdade em um país — conforme afirmei repetidas vezes, é uma questão de política e políticas.

Na verdade, os efeitos da globalização sobre a *desigualdade mundial* são complexos. A Índia e a China, dois países que abrigam cerca de 45% da população, cuja participação no PIB mundial caiu a menos de 10%, estão ressurgindo. Com taxas de crescimento muito mais altas que as dos países desenvolvidos, a lacuna entre eles e os países avançados está diminuindo — embora ainda exista um caminho longo a percorrer. Atualmente, a China tem a maior economia do mundo — isso significa apenas que, por ter aproximadamente uma população cinco vezes maior, sua renda per capita é apenas 1/5 da renda dos Estados Unidos (com base em estatísticas padrão conhecidas como "paridade do poder de compra", destinadas a converter a renda de um país para a renda equivalente de outro). Mesmo assim, a situação é bem melhor do que era há 25 anos, quando a renda per capita de acordo com a paridade do poder de compra era inferior a 5% em relação à dos Estados Unidos. No entanto, ao mesmo tempo, houve um enorme aumento da desigualdade na China — mais milionários, mais bilionários. Ainda que o surto de crescimento da Índia não tenha sido tão longo nem tão rápido quanto o da China, seu pico foi de 9% ao ano. No entanto, mesmo que menos pessoas e uma porcentagem mais baixa da população tenha saído da pobreza, o aumento do número de milionários e bilionários foi igualmente impressionante. Simultaneamente, na África, que finalmente havia começado a crescer, levando um número cada vez maior de famílias à classe média, a quantidade de pessoas na pobreza permaneceu muito alta, com cerca de 415 milhões de indivíduos vivendo com menos de US$1,25 por dia. Juntando tudo isso, chega-se a um resultado decepcionante: a *desigualdade geral*, de acordo com a medição convencional (o coeficiente de Gini, um número que varia de zero, que indica igualdade perfeita, a um, indicando desigualdade perfeita), não mudou quase nada.

O Fenômeno Piketty

Os dois últimos artigos desta seção são, em parte, uma resposta ao livro do economista Thomas Piketty, *O Capital no Século XXI*, cujo enorme sucesso refletiu a preocupação cada vez maior com a desigualdade, expressa em Davos pela elite mundial, e condizente com a "viralização" de meu artigo "Do 1%, pelo 1%, para o 1%". Em 2013, o presidente Obama havia declarado que a desigualdade seria, de fato, o foco dos três anos restantes de seu mandato. Nas palavras dele, "há uma desigualdade perigosa e crescente, bem como uma falta de mobilidade social que pôs em perigo o trato fundamental firmado com os Estados Unidos de classe média — quem trabalha com afinco, tem a chance de subir na vida."

Piketty reuniu muitos dados que reforçam o que eu e outros já havíamos afirmado em relação à desigualdade crescente desde cerca de 1980, principalmente no topo da pirâmide. Sua grande contribuição foi contextualizar a questão do ponto de vista histórico, mostrando que a época em que cresci — o período depois da II Guerra Mundial — foi uma aberração. Foi o único período em que todos os grupos dos Estados Unidos tiveram aumento de renda, mas no qual a renda da base da pirâmide teve um aumento maior que a do topo. O país cresceu junto, e mais rapidamente do que em qualquer outro período. O mais importante é que ele mostrou que isso foi historicamente incomum.

Chegamos a pensar que havia um novo *capitalismo de classe média*, mas a divisão da sociedade em "classes" (na moda desde Marx, pelo menos) — trabalhadores e capitalistas — soava nostálgica e antiquada. Todos éramos de classe média.

Meu artigo sobre o "1%" sugeriu uma nova classificação: quase todos estavam no *mesmo* barco, mas esse era muito diferente daquele em que o 1% navegava. O barco dos 99% estava afundando — ou, pelo menos, não estava indo muito bem.

Enquanto isso, o outro navio singrava com imponência. Piketty mostrou que os Estados Unidos não estavam sozinhos: havia padrões semelhantes em outros lugares. Os economistas não souberam interpretar o que estava acontecendo após a II Guerra Mundial. Simon Kuznets, um dos fundadores do nosso sistema de contas nacionais (pelo qual medimos o tamanho da economia), ganhador do Prêmio Nobel em 1971, havia sugerido que, após um período inicial de crescimento, no qual a desigualdade aumentou, as economias iam se igualando conforme enriqueciam. As experiências desde 1980 mostraram que isso não é verdade. Sendo assim, talvez Piketty tenha chegado a uma conclusão natural: o capitalismo se caracteriza por um alto grau de desigualdade. Seu argumento — segundo o qual a riqueza dos capitalistas aumentaria de acordo com a taxa de juros, já que eles reinvestiam a maior parte de sua riqueza — foi mais alarmante. Isso significa que, se a taxa de juros fosse mais alta que a taxa de crescimento econômico, a razão entre o capital deles e a renda nacional aumentaria sempre.

Vi com bons olhos o trabalho de Piketty e a atenção que ele recebeu: éramos companheiros de armas tentando mudar o discurso global, no intuito de que se reconhecesse a gravidade do problema da desigualdade. Seu trabalho foi particularmente assustador, já que sua principal recomendação política — um imposto global sobre o capital — parecia muito além do que seria factível no futuro próximo (ou até mesmo remoto). Isso significa que estaríamos simplesmente obrigados a aceitar a disparidade social que cresce continuamente? Escrevi dois artigos, em parte para responder a essa pergunta com um enfático "não". A desigualdade — pelo menos nos níveis extremos observados nos Estados Unidos e outros países — não era inevitável.

De fato, minha tese de doutorado pelo MIT, apresentada em 1966, a qual mencionei na introdução, analisou se as economias capitalistas tinham ou não uma tendência à desigualdade crescente. Eu defendi a pressuposição de que a economia atingiria um grau de *equilíbrio* da desigualdade entre riqueza e renda, no qual a desigualdade não aumentaria nem diminuiria. Mudanças na economia, nos padrões sociais e nas políticas poderiam, evidentemente, mover a economia de um equilíbrio para outro — poderiam, por exemplo, fazer com que a economia ficasse *mais* desigual.

Nesse trabalho e nos posteriores, foram identificadas diversas forças *centrífugas* e *centrípetas* — forças que, por um lado, aumentavam a desigualdade e, por outro, a diminuíam. Afirmei que, em longo prazo, normalmente havia um equilíbrio entre essas forças. Por exemplo: o fato de que os filhos ou netos de pessoas muito ricas tendem a não se sair muito bem, dissipando a fortuna da família, limita o grau de aumento das desigualdades. (Como se diz: do lixo ao luxo, e de volta ao lixo em três gerações.)

O fato de que os ricos moradores nas melhores regiões gastam mais com a educação de seus filhos do que com a educação dos pobres é um exemplo de força centrífuga — os ricos transmitem a vantagem econômica para seus filhos. A realidade da maior segregação econômica nos Estados Unidos significa que o poder da força centrífuga está aumentando e que a distribuição de riqueza e renda no futuro provavelmente será mais desigual do que é hoje (a menos que algum outro fator interfira).

O livro de Piketty apresentou um enigma para a teoria econômica tradicional. A riqueza (ou o "capital") estava aumentando mais rapidamente que a remuneração ou a oferta de mão de obra. Normalmente se esperaria que esse aumento da riqueza causasse uma diminuição do retorno do capital — um dos princípios mais bem estabelecidos da Economia, que todo estudante do assunto aprende, é a lei dos rendimentos decrescentes. Piketty parece ter *revogado* silenciosamente essa lei. Se a lei dos rendimentos decrescentes funcionasse, como supus em meu trabalho, à medida que o capital aumentasse em relação à oferta de mão de obra, a taxa de juros cairia. Teria de cair até um ponto em que o capital aumentasse apenas na mesma velocidade da renda. Nesse momento, não haveria um aumento contínuo da desigualdade da riqueza. Piketty é um economista empírico. Ele simplesmente observou que a taxa de retorno sobre o capital não estava caindo e inferiu que não havia motivo para acreditar que cairia futuramente.

À medida que eu refletia sobre isso, ficou claro que nenhum de nós dois havia enfatizado adequadamente um aspecto fundamental da desigualdade crescente e do comportamento aparentemente anômalo da proporção entre riqueza e renda e o retorno do capital. Tradicionalmente, a riqueza crescia conforme as famílias e empresas economizavam, ano após ano. Contudo, o aumento na riqueza medida era muito maior do que aquilo que poderia ser atribuído a essas economias. Um exame minucioso dos dados mostrou que uma boa parte do aumento da riqueza correspondia a ganhos de capital.

O que os economistas chamam de renda é o que deriva de terras, não com base no trabalho árduo, mas na mera propriedade de um ativo imobilizado. Rendas mais altas darão origem a um preço mais alto, mas o preço mais elevado do ativo não produz uma oferta maior. Entretanto, atualmente, os economistas aplicam esse termo de forma mais geral, não só às rendas fundiárias, mas também aos retornos referentes a um monopolista, por exemplo ("rendas de monopólio"). Se as rendas (não só as rendas fundiárias ou os retornos referentes ao poder monopolista e outras formas de exploração do mercado) aumentarem, haverá ganhos de capital correspondentes. Boa parte do aumento da desigualdade de rendas e riqueza está associada a um aumento nas rendas e ganhos de capital, refletindo o maior valor dos imóveis e maior poder de mercado (exploração) em muitos setores da economia. Porém, isso significa que "riqueza" e "capital" (conforme o entendimento convencional) são conceitos distintos. De fato, é possível que a riqueza estivesse aumentando ainda que o "capital" estivesse diminuindo. Na França, terra natal de Piketty, o valor de terrenos na Riviera estava aumentando, mas isso não significa que havia mais terras. As terras na Riviera são as mesmas que eram há 50 anos. Somente o preço delas subiu.

Dinheiro fácil, como, por exemplo, o associado ao *quantitative easing* (veja na Abertura, o tópico "Os Mercados Financeiros e o Aumento da Desigualdade") — com o qual o Fed triplicou seu balanço patrimonial comprando grandes volumes de dívida de médio e longo prazo, aumentando-o em cerca de dois trilhões de dólares em pouco tempo —, havia provocado uma enxurrada de crédito. Segundo a economia convencional, isso deveria aumentar a quantidade de empréstimos e reduzir seu custo. E esses dois fatores deveriam ter ajudado a economia americana. Todavia, em um mundo globalizado, o dinheiro criado pelo Fed não fica necessariamente nos Estados Unidos; pode ir para onde quiser, em qualquer parte do mundo. Naturalmente, o dinheiro foi para as economias que estavam em ascensão — diferentemente da nossa economia. Foi para onde não era necessário nem desejado e não para onde deveria ir. Contudo, mesmo quando o dinheiro ficou aqui, não estimulou muito a economia.

O dinheiro pode ser usado para comprar dois tipos de produtos: objetos produzidos e objetos fixos (como terras). Quando o dinheiro vai para objetos produzidos, a demanda por eles aumenta, e há probabilidade de que a produção aumente (a não ser que haja um gargalo temporário na produção). No entanto, quando o dinheiro vai para objetos fixos, há apenas um efeito no preço: o valor do ativo — não sua quantidade — aumenta. Nos anos recentes, as autoridades monetárias não souberam dirigir o dinheiro adequadamente. As empresas pequenas, que precisavam desesperadamente de investimento, não tiveram sua necessidade suprida, já que o dinheiro aumentou os valores do mercado de ações internamente e o preço dos ativos no mundo. Consequentemente, grande parte das políticas monetárias supostamente estimuladoras vão para bolhas de preço de ativos, como um aumento no preço das terras. Em seguida, um aumento no crédito se manifesta como um aumento da renda, mas não se deve confundir o que aconteceu: o país não ficou mais rico por causa disso. O valor dos ativos é exatamente o mesmo.

Há um perigo real de que, na exuberância irracional relativa ao aumento dos preços dos ativos fixos (a bolha imobiliária), os investimentos no capital real — a fábrica e os equipamentos que fazem a economia funcionar e crescer — possam até diminuir. Esse foco em terras propõe uma solução para os enigmas abordados anteriormente: com o capital *real* em declínio ou em uma ascensão que não seja significativa (em relação à oferta de mão de obra), não é de se admirar que a taxa de retorno do capital não tenha diminuído e os salários médios não tenham aumentado. As bolhas de preço de ativos podem durar *muito* tempo — mas acabam estourando e os preços caem. Mas, mesmo que caiam, podem continuar muito altos ainda — e uma nova bolha de preço de ativos pode se formar facilmente. De fato, durante anos o mundo passou de uma bolha de preço de ativos para outra, da bolha tecnológica para a bolha imobiliária.

Obviamente, até mesmo uma bolha pode ter *alguns* efeitos positivos por um tempo — as pessoas que se sentem ricas podem gastar mais do que gastariam normalmente, e isso pode estimular a economia. Mesmo assim, toda bolha chega ao fim — é tolice dos criadores de políticas tentar basear a recuperação após uma retração na criação de uma nova bolha — algo que o Fed parece adotar como uma política comum desde que Alan Greenspan assumiu o cargo em 1987.[5]

Essa é a minha tentativa de fazer a "quadratura do círculo" do argumento de Piketty: se conseguirmos evitar a bolha, os retornos do capital *em um determinado momento* diminuirão o suficiente para que não ocorra uma desigualdade em crescimento contínuo — entretanto, a desigualdade em equilíbrio que a economia atinge pode muito bem ser maior do que a desigualdade atual, inaceitavelmente alta. Há diversas políticas — medidas práticas que podem ser implementadas por países individualmente, mesmo sem a cooperação internacional — que podem levar a uma desigualdade em equilíbrio mais baixa. Muitas dessas políticas proporcionarão não só menos desigualdade, mas também um crescimento mais alto, porque provocarão um aumento no investimento real.

Além disso, as rendas fundiárias não são a única fonte de "rendas" na nossa economia. Como observamos, boa parte da riqueza no topo da pirâmide é resultado da apropriação de renda ou outros tipos de "caça à renda" (em inglês, *rent seeking*, quando há apenas transferência de renda de um grupo para outro, sem beneficiar a sociedade como um todo).

Quando ocorre um aumento da caça à renda, pode haver um *aparente* aumento na riqueza da economia — mesmo que a produtividade da economia caia em decorrência disso. As rendas, como as auferidas em atividades monopolistas, podem ser compradas e vendidas. São "capitalizadas". Manifestam-se em um aumento de valor no mercado de ações. Porém, esses aumentos de renda não significam que a economia está mais rica — muito pelo contrário. O poder monopolista reflete uma ineficiência subjacente. Há uma realocação dos consumidores para aqueles com poder de mercado. De fato, por causa da distorção associada ao poder de mercado, a produtividade da economia é, na verdade, reduzida, embora a riqueza *mensurada* tenha aumentado.

Sendo assim, boa parte do aumento da riqueza na nossa economia é um aumento do valor (mas não da quantidade) de ativos imobilizados, como terras; parte dele é a capitalização de aumentos no poder monopolista. Muitas mudanças em nossa economia deram origem a novas oportunidades de exercer o poder monopolista. No final do século XIX, houve uma série de possibilidades desse tipo, à medida que as economias de escala permitiram que algumas empresas dominassem setores fundamentais, como a siderurgia. No entanto, boa parte desse domínio — por exemplo, no petróleo e tabaco — teve pouco a ver com as economias de escala ou o escopo: foi uma questão de força bruta econômica. Teddy Roosevelt liderou a mudança para quebrar esses monopólios, e ele se preocupava tanto com a concentração de poder político quanto com a concentração de poder econômico. É uma lição que deveríamos levar em conta hoje.

Nos anos seguintes, não alcançamos um mercado *perfeitamente* competitivo em muitos bens industriais, mas foi algo muito diferente do capitalismo monopolista para o qual alguns temiam que estivéssemos caminhando.[6] Na última parte do século XX, surgiram novas fontes de poder de mercado, associadas a externalidades da rede. A vida ficaria mais fácil se todos usassem o sistema operacional da Microsoft, e ele se tornou a plataforma dominante para os computadores pessoais. A Microsoft utilizou o comando do mercado para afastar os concorrentes de outras áreas e obter o domínio em produtos para escritório, como processadores de texto e planilhas de cálculo, apesar de não ser inovadora em nenhuma dessas áreas.

Em 1982, os Estados Unidos quebraram o monopólio da telefonia, que era da AT&T, em sete "Baby Bells" (empresas regionais de telefonia). Entretanto, o incentivo para se tornar um monopolista ou, pelo menos, grande o suficiente para exercer o poder de mercado — é irresistível na ausência de restrições governamentais; e essas restrições não estavam funcionando bem em uma era em que tantos acreditavam em mercados sem limitações. Consequentemente, hoje, duas empresas telefônicas controlam cerca de 2/3 do mercado. Se a fusão da Comcast com a Time Warner se concretizasse, uma única empresa dominaria a "autoestrada da informação".

Como economista, entendo o desejo de obter poder de mercado. Mercados competitivos são brutais; é difícil sobreviver. Assim, a teoria convencional afirma que, em mercados competitivos, os lucros tendem a zero — e isso não é nada bom para o empreendedor —, ao passo que, em mercados menos competitivos, pode haver lucros sustentáveis.

Há várias outras situações em que a riqueza medida pode ser maior, mas a economia subjacente pode piorar. Pense nos bancos. Se enfraquecermos a regulamentação (como fizemos depois que Reagan assumiu a presidência), o valor esperado de seus lucros poderá aumentar, levando em consideração o dinheiro do socorro financeiro que eles podem esperar receber. Contudo, esses ganhos ocorrem, evidentemente, à custa dos contribuintes. Novamente, é um jogo de soma negativa: graças às distorções no setor financeiro, nossa economia piorou. Apesar disso, o "mercado" apresenta um aumento no valor dos bancos, sem levar em conta o prejuízo dos contribuintes — os custos nos quais eles terão de incorrer ao final se e quando os bancos precisarem de outro auxílio financeiro. Aparentemente, a riqueza aumentou por causa da desregulamentação; porém, na realidade, a economia está em uma situação pior.

Não podemos considerar a riqueza como capital. São conceitos distintos. Eles podem mudar de formas muito diferentes. Se considerarmos, como sugeri antes, que diversas forças centrífugas e centrípetas estão atuando para separar a economia e a nossa sociedade — aumentando o grande abismo — ou para uni-la, aumentando ou diminuindo a desigualdade, podemos tentar identificar as forças que podemos mudar — aumentando a intensidade das forças centrípetas e reduzindo a das forças centrífugas.

O fato de que os ganhos de capital são tributados com taxas muito baixas é um dos motivos pelos quais os ricos ficam mais ricos. Eles podem abrir contas corporativas em algum centro *offshore* (paraíso fiscal no exterior), deixando o dinheiro acumular lá como se fosse um plano de previdência privada ilimitada e isenta de impostos, contanto que não tragam o dinheiro de volta para casa. Essas políticas são fáceis de mudar — políticas que, quase certamente, em longo prazo, reduziriam a desigualdade da riqueza. Além disso, já que grande parte do aumento da riqueza — e da desigualdade da riqueza — está associado a um aumento no valor da terra, impostos fundiários altos podem contribuir para reduzir a desigualdade; porém, como a oferta de terra é relativamente fixa, não haveria nenhum efeito significativo sobre a quantidade de terras no país.

Como esses ensaios indicam, boa parte da desigualdade que vemos hoje não é resultado de forças reais do mercado, mas do "capitalismo *ersatz*" (imitação de capitalismo) ou, como eu o denomino aqui, "falso capitalismo". Se os mercados fossem forçados a atuar como mercados verdadeiros, isso aumentaria a eficiência e melhoraria o desempenho econômico. Também explico que há muitas políticas fiscais que podem levar a uma economia mais eficiente e mais justa. Muitas outras políticas econômicas e sociais fariam o mesmo. Sabemos o que fazer para obter uma sociedade mais igualitária.

A desigualdade é mais uma questão de *democracia* no século XX do que de *capitalismo* no século XX. A preocupação é que a nossa imitação de capitalismo — socialização dos prejuízos e privatização dos lucros — e nossa democracia imperfeita, mais próxima do sistema "um dólar, um voto" do que de "uma pessoa, um voto", interagirão para causar decepção, tanto na esfera política quanto na econômica.

Notas

1. Danielle Allen, *Our Declaration: A Reading of the Declaration of Independence in Defense of Equality* (Nova York: Liveright, 2014).

2. Isso não é totalmente exato. Em alguns estados dos EUA, os criminosos condenados perdem o direito ao voto, algo que é incomum em democracias.

3. Consulte "Income Inequality in the United States, 1913-1998", com Thomas Piketty, *Quarterly Journal of Economics* 118, nº 1 (2003): 1-39. Uma versão mais longa e atualizada foi publicada em A. B. Atkinson e T. Piketty, ed., *Top Incomes over the Twentieth Century* (Oxford: Oxford University Press, 2007). Tabelas e figuras atualizadas para 2012 em formato excel, setembro de 2013, e materiais relacionados estão disponíveis no site http://eml.berkeley.edu/~saez/. Conteúdo em inglês.

4. Publicado originalmente como "Complacency in a Leaderless World", *Project Syndicate*, 6 de fevereiro de 2013.

5. Para ver uma discussão sobre isso, consulte George Soros, *O Novo Paradigma para os Mercados Financeiros: A Crise Atual e o que Ela Significa* (Rio de Janeiro: Agir, 2008).

6. Consulte Joan Robinson, *The Economics of Imperfect Competition* (Londres: Macmillan, 1933) e Paul Sweezy, *Teoria do Desenvolvimento Capitalista* (Rio de Janeiro: Zahar, 1962).

Do 1%, pelo 1%, para o 1%*

Não adianta fingir que o acontecido não aconteceu. Agora, o 1% dos norte-americanos no topo da pirâmide está abocanhando quase 1/4 da renda do país todos os anos. Em termos de riqueza em vez de renda, o 1% do topo controla 40%. A vida deles melhorou consideravelmente. Há 25 anos, esses números correspondiam a 12% e 33%. Uma das possíveis reações a isso seria louvar a engenhosidade e a garra que proporcionaram a boa sorte dessas pessoas, e afirmar que a maré alta levanta todos os barcos. Essa seria uma reação enganosa. Enquanto o 1% do alto da pirâmide teve um aumento de 18% em sua renda na década anterior, os ocupantes do meio da pirâmide tiveram, na verdade, uma redução da renda. Para homens que cursaram apenas o ensino médio, a queda foi vertiginosa, 12% apenas nos últimos 25 anos. Todo o crescimento nas décadas recentes — e antes disso — foi para os que estão lá em cima. Em termos de desigualdade de renda, os EUA ficam para trás da velha e calcificada Europa, que George W. Bush costumava escarnecer. A Rússia, com seus oligarcas, e o Irã estão entre nossos parceiros mais próximos. Enquanto muitos dos antigos centros de desigualdade na América Latina — como o Brasil — estejam lutando, com êxito, para melhorar a situação dos pobres e reduzir as lacunas na renda, os Estados Unidos permitiram o aumento da desigualdade.

Economistas de um passado distante tentaram justificar as grandes desigualdades que pareciam tão alarmantes em meados do século XIX — e que são uma mera sombra do que estamos vendo nos Estados Unidos atualmente. A justificativa que encontraram foi denominada "teoria da produtividade marginal". Em poucas palavras, essa teoria associava rendas mais altas à produtividade mais elevada e uma contribuição maior à sociedade. Ela sempre agradou aos

*Vanity Fair, Maio de 2014.

ricos. No entanto, as evidências que a comprovam são escassas. Os executivos corporativos que ajudaram a provocar a recessão dos últimos três anos — cuja contribuição para nossa sociedade e para as empresas deles foi extremamente negativa — receberam grandes bônus. Em alguns casos, as empresas ficaram tão constrangidas em chamar essas recompensas de "bônus por desempenho" que se sentiram obrigadas a mudar o nome para "bônus de retenção" (embora a única coisa retida fosse o mau desempenho). As pessoas que contribuíram para a sociedade com grandes inovações, dos pioneiros da compreensão da genética aos pioneiros da Era da Informação, receberam uma ninharia em comparação com o valor recebido pelos responsáveis pelas inovações financeiras que levaram a economia global à beira da ruína.

ALGUMAS PESSOAS NÃO SE IMPORTAM com a desigualdade de renda. Dizem: "E daí se uma pessoa ganha e a outra perde? O que importa é o tamanho do bolo, não sua divisão". Esse argumento está fundamentalmente errado. Uma economia em que a vida da maioria dos cidadãos piora ano após ano, como a norte-americana, provavelmente não se dará bem no longo prazo. Há vários motivos para isso.

Em primeiro lugar, a desigualdade crescente é o reverso da moeda de um outro aspecto: declínio de oportunidades. Sempre que diminuímos a igualdade de oportunidades, deixamos de usar alguns de nossos bens mais valiosos — nossa gente — da forma mais produtiva possível. Em segundo lugar, muitas das distorções que levam à desigualdade — como as associadas ao poder monopolista e ao tratamento fiscal preferencial para interesses especiais — comprometem a eficiência da economia. Essa nova desigualdade dá origem a novas distorções, solapando ainda mais a eficiência. Para dar apenas um exemplo, muitos de nossos jovens talentosos, vendo essas recompensas astronômicas, foram para as finanças em vez de procurar campos que levariam a uma economia mais produtiva e saudável.

Em terceiro lugar, o aspecto que talvez seja o mais importante: uma economia moderna exige "ação coletiva" — precisa de investimentos do governo em infraestrutura, educação e tecnologia. Os Estados Unidos e o mundo se beneficiaram muito com a pesquisa patrocinada pelo governo que levou à internet, avanços na saúde pública, etc. Contudo, os Estados Unidos sofrem há muito tempo com o investimento abaixo do necessário na infraestrutura (veja a situação de nossas rodovias e pontes, ferrovias e aeroportos), em pesquisa básica e em todos os níveis da educação. Futuramente, essas áreas sofrerão mais cortes.

Nada disso deveria nos surpreender — isso é simplesmente o que acontece quando a distribuição da riqueza de uma sociedade é assimétrica. Quanto mais dividida é a sociedade em termos de riqueza, mais os ricos relutam em gastar dinheiro com necessidades comuns. Os ricos não precisam do governo para ter parques, educação, assistência médica ou segurança pessoal — eles podem pagar por tudo isso com o próprio dinheiro. Nesse processo, distanciam-se das pessoas comuns e perdem a empatia — se é que algum dia a tiveram. Eles também se preocupam com um governo forte, um governo que pudesse usar seus poderes para promover o equilíbrio, tomar parte da riqueza deles e investir no bem comum. O 1% no topo da pirâmide reclama do governo que temos nos Estados Unidos, mas, na verdade, gosta dele: travado demais para redistribuir e dividido demais para fazer qualquer coisa que não seja reduzir impostos.

OS ECONOMISTAS NÃO SABEM AO CERTO como explicar plenamente a desigualdade crescente nos Estados Unidos. A dinâmica comum da oferta e da procura influiu nisso: tecnologias poupadoras de mão de obra reduziram a demanda por muitos trabalhos braçais "bons" da classe média. A globalização criou um mercado de trabalho global, em que os trabalhadores caros e não qualificados dos Estados Unidos competem com os trabalhadores não qualificados e baratos de outros países. Mudanças sociais também exerceram influência — por exemplo, o declínio dos sindicatos, que chegaram a representar um terço dos trabalhadores norte-americanos e agora representam aproximadamente 12%.

Entretanto, em grande parte, nossa visível desigualdade existe porque o 1% do topo da pirâmide quer isso. O exemplo mais óbvio é a política fiscal. A redução das taxas de juros sobre os ganhos de capital — o meio pelo qual os ricos recebem uma parte significativa de sua renda — facilitou muito as coisas para os norte-americanos mais ricos. Os monopólios e quase monopólios sempre foram uma fonte de poder econômico — de John D. Rockefeller, no início do século passado, a Bill Gates, em seu final. A falta de rigor na aplicação das leis antitruste, principalmente nos governos dos republicanos, foi uma dádiva dos céus para o 1% no topo da pirâmide. Boa parte da desigualdade atual se deve à manipulação do sistema financeiro, possibilitada por mudanças nas regras que foram propostas e pagas pelo próprio setor financeiro — um de seus melhores investimentos de todos os tempos. O governo emprestou dinheiro para instituições financeiras a uma taxa de juros próxima de 0% e forneceu resgates financeiros generosos, com termos bastante favoráveis quando tudo o mais falhou. Os reguladores fizeram vista grossa para a falta de transparência e os conflitos de interesse.

Ao examinar o volume extraordinário de riqueza controlado pelo 1% que ocupa o topo da pirâmide neste país, somos tentados a considerar a nossa desigualdade crescente como uma conquista tipicamente norte-americana — começamos muito atrás dos concorrentes, mas agora a nossa desigualdade é de nível internacional. Ao que parece, aperfeiçoaremos essa conquista nos anos futuros, porque aquilo que a tornou possível se reforça. Riqueza gera poder, que gera mais riqueza. Durante o escândalo da poupança e dos empréstimos nos anos 1980 — um escândalo que, comparado aos padrões atuais, parece insignificante — o comitê do Congresso perguntou ao banqueiro Charles Keating se o US$1,5 milhão que ele distribuiu entre algumas pessoas que ocupavam cargos eletivos poderia, efetivamente, comprar influência. A resposta foi: "Espero que sim, certamente". A Suprema Corte, no recente caso dos *Cidadãos Unidos*, sacramentou o direito que as corporações têm de comprar o governo, eliminando as restrições dos gastos de campanha. Hoje, a esfera pessoal e a esfera política estão perfeitamente alinhadas. Praticamente todos os senadores dos EUA e a maioria dos deputados são integrantes do 1% no topo quando assumem suas cadeiras, são mantidos no cargo pelo dinheiro do 1% e sabem que, se lhes servirem bem, serão recompensados por eles ao deixar seus cargos. Em geral, os principais criadores de políticas do poder executivo, encarregados das políticas de comércio e economia, também fazem parte do 1% no topo. Quando as empresas farmacêuticas recebem um presente de um trilhão de dólares — por meio da legislação que proíbe o governo, o maior comprador de fármacos, de negociar preços, isso não deveria ser surpresa para ninguém. Não é de se admirar que o Congresso não consiga aprovar uma lei fiscal se os ricos não forem beneficiados com um grande corte de impostos. Considerando o poder do 1% no alto da pirâmide, é de se esperar que o sistema funcione assim.

A desigualdade dos Estados Unidos distorce nossa sociedade de todas as formas imagináveis. Para começar, há um efeito bem documentado sobre o estilo de vida — pessoas que não fazem parte do 1% no topo da pirâmide gastam mais do que ganham. A economia de fomento indireto (ou *trickle-down*, em inglês, veja a nota de rodapé na Abertura, tópico "Respostas à Crise") pode ser um mito, mas o behaviorismo de fomento indireto é bem real. A desigualdade distorce totalmente nossa política externa. Os integrantes do 1% do topo raramente servem as forças armadas — a verdade é que o exército "totalmente voluntário" não paga o suficiente para atrair seus filhos e filhas, e o patriotismo vai até certo ponto. Além disso, a classe mais rica não reclama de impostos mais altos quando o país vai à guerra: o dinheiro que se toma emprestado paga tudo. A política externa, por definição, é uma questão de equilíbrio entre interesses nacionais e recursos nacionais. Com o 1% do topo da pirâmide no comando e sem pagar nada, a ideia de equilíbrio e restrição fica relegada ao esquecimento. Não há limite para nossas aventuras; corporações e empresas contratadas só pensam nos ganhos. Da mesma forma, as regras da globalização econômica se destinam a beneficiar os ricos: estimulam a concorrência entre países para os *negócios*, e isso causa a redução de impostos para as corporações, enfraquece as proteções à saúde e ao meio ambiente e mina aquilo que era considerado o "cerne" dos direitos trabalhistas, inclusive o direito ao dissídio coletivo. Imagine como seria o mundo se, em vez disso, as regras fossem destinadas a estimular a concorrência entre os países, mas por *trabalhadores*. Os governos competiriam para fornecer segurança econômica, impostos baixos para pessoas que recebem o salário mínimo, boa educação e um meio ambiente limpo — coisas com as quais os trabalhadores se importam. Entretanto, o 1% no topo da pirâmide não precisa se preocupar com isso.

Ou melhor, pensa que não precisa. Dentre todos os custos que o 1% impõe à sociedade, talvez o mais alto seja este: a corrosão de nosso senso de identidade, em que o jogo limpo, a igualdade de oportunidades e o senso de comunidade são muito importantes. Os Estados Unidos se orgulham, há muito tempo, de ser uma sociedade justa, em que todos têm a mesma oportunidade de progredir, mas as estatísticas mostram algo diferente: a possibilidade de que um cidadão pobre, ou até mesmo de classe média, chegue ao topo da pirâmide é menor nos Estados Unidos do que em muitos países europeus. É um jogo de cartas marcadas. Esse senso de que o sistema é injusto e não dá oportunidade foi a origem das conflagrações no Oriente Médio: o aumento dos preços dos alimentos e o desemprego crescente e persistente dos jovens serviram como estopim. Considerando o desemprego de 20% entre os jovens norte-americanos (e, dependendo do local e das condições sociodemográficas, o dobro disso); considerando também que um em cada seis norte-americanos necessitados de um emprego em período integral não o consegue, que um em cada sete norte-americanos atende aos requisitos para ter direito ao auxílio-alimentação do Food Stamps (um programa do governo federal de ajuda à compra de alimentos para pessoas de baixa renda), e quase o mesmo número sofre de "insegurança alimentar", há amplos indícios de que algo bloqueou o tão alardeado "fomento indireto" do 1%, que ocupa o topo da pirâmide, para todos os outros. Tudo isso está provocando o efeito previsível da alienação — a participação eleitoral entre as pessoas na casa dos 20 anos, na última eleição nos EUA, ficou em 21%, valor comparável à taxa de desemprego.

Em semanas recentes, vimos milhões de pessoas que vivem em sociedades opressivas indo às ruas para protestar contra as condições políticas, econômicas e sociais em que vivem. Os governos da Tunísia e do Egito foram derrubados. Eclodiram protestos na Líbia, no Iêmen e no Bahrain. As famílias que governam outros países da região observam esses fatos e pensam nervosamente, de suas coberturas com ar-condicionado, se serão as próximas a cair. Têm razão de se preocupar. Nessas sociedades, uma parte minúscula da população — menos de 1% — controla a "parte do leão" da riqueza. São lugares em que a riqueza é um dos principais determinantes do poder; onde alguma forma de corrupção entranhada é meio de vida e os mais ricos obstaculizam ativamente as políticas que melhorariam a vida do povo em geral.

Observando a efervescência das ruas, surge uma pergunta que devemos fazer a nós mesmos: quando isso chegará aos Estados Unidos? O nosso país tornou-se, em aspectos importantes, como um desses locais remotos e perturbados.

Alexis de Tocqueville denominou "interesse próprio corretamente compreendido" aquilo que ele considerava uma parte importante do gênio característico da sociedade norte-americana. A chave do entendimento está nas duas últimas palavras. Todos possuem interesse próprio em um sentido estreito: quero aquilo que é bom para mim agora mesmo! O interesse próprio "corretamente compreendido" é diferente. Significa considerar que o ato de levar em conta o interesse próprio dos demais — em outras palavras, o bem comum — é, na verdade, um pré-requisito para o bem-estar definitivo de cada um. Tocqueville não estava sugerindo que havia algo nobre ou idealista nesse ponto de vista — na verdade, estava sugerindo o contrário. Tratava-se de uma das marcas do pragmatismo norte-americano. Aqueles norte-americanos sagazes entendiam um fato fundamental: cuidar do próximo é bom não só para a alma, mas também para os negócios.

O 1% lá no alto da pirâmide tem as melhores casas, a melhor educação e os melhores médicos e estilos de vida, mas há algo que o dinheiro parece ser incapaz de comprar: a compreensão de que o destino deles está ligado às condições de vida dos outros 99%. Ao longo da História, isso é algo que o 1% do topo da pirâmide acaba aprendendo. Tarde demais.

O Problema do 1%*

Vamos começar estabelecendo a premissa básica: a desigualdade nos Estados Unidos vem aumentando há décadas. Todos estamos cientes disso. Sim, alguns à direita negam essa realidade, mas isso é ponto pacífico para analistas sérios de todos os matizes políticos. Não apresentarei neste artigo todas as evidências, mas abro uma exceção para ressaltar que a lacuna entre o 1% e os 99% é grande em termos de renda anual e ainda maior em termos de riqueza — ou seja, no que diz respeito ao capital acumulado e outros ativos. Pense na família Walton (uma típica família americana fictícia de uma comunidade rural nos anos da Grande Depressão, que protagoniza uma série de televisão): os seis herdeiros do império Walmart possuem uma riqueza combinada de cerca de US$90 bilhões, o equivalente à riqueza dos 30% que ocupam o nível mais baixo da pirâmide da sociedade norte-americana; muitos destes têm um patrimônio líquido nulo ou negativo, principalmente depois do colapso imobiliário. Warren Buffett expressou corretamente a situação ao dizer: "Houve uma guerra de classes que se estendeu pelos últimos 20 anos, e a minha classe venceu".

Portanto, não: há pouca controvérsia em relação ao fato básico da desigualdade crescente. O debate refere-se a seu significado. A direita às vezes argumenta que a desigualdade, basicamente, é benéfica: conforme os ricos se beneficiam cada vez mais, todos se beneficiam também. Esse argumento é falacioso: enquanto os ricos enriquecem, a maioria dos norte-americanos (não só os que ocupam a base da pirâmide) não consegue manter seu padrão de vida, quanto mais acompanhar o ritmo dos mais abastados. Um americano médio que tem um emprego em tempo integral recebe hoje a mesma renda que recebia há pouco mais de três décadas.

Vanity Fair, 31 de maio de 2012.

Por outro lado, na esquerda, a desigualdade crescente suscita um apelo à justiça simples: por que tão poucos têm tanto, e tantos têm tão pouco? Não é difícil entender a razão, em uma era movida pelo mercado, cuja justiça é uma mercadoria sujeita a compra e venda, na qual alguns desconsideram esse argumento, julgando-o fruto de um sentimento piedoso.

Deixe o sentimento de lado. De qualquer forma, há bons motivos para os plutocratas se importarem com a desigualdade — mesmo pensando só em si. Os ricos não existem no vácuo. Para manter a sua posição, precisam de uma sociedade funcional ao seu redor. Sociedades amplamente desiguais não funcionam com eficiência e suas economias não são estáveis nem sustentáveis. As evidências históricas e coletadas em todo o mundo atual são inequívocas: chega um ponto em que a desigualdade provoca a disfunção econômica de toda a sociedade e, quando isso acontece, até mesmo os ricos pagam caro.

Permita-me apresentar alguns motivos.

O Problema do Consumo

Quando um grupo de interesse tem poder demais, ele consegue políticas que o ajudam em curto prazo, em vez de auxiliar a sociedade como um todo no longo prazo. Foi isso o que aconteceu com a política fiscal, a política regulatória e o investimento público nos Estados Unidos. A consequência de canalizar os ganhos em uma única direção fica evidente quando se examina o gasto de uma família comum — um dos motores da economia norte-americana.

Não é por acaso que os períodos nos quais as seções transversais mais amplas de norte-americanos relataram rendas líquidas mais altas — em que a desigualdade foi reduzida, em parte, por causa da taxação progressiva — foram os períodos em que a economia norte-americana cresceu mais rapidamente. Da mesma forma, não é por acaso que a recessão atual, como a Grande Depressão, foi antecedida por grandes aumentos no índice da desigualdade. Quando uma quantidade excessiva de dinheiro se concentra no topo da sociedade, os gastos do norte-americano médio são necessariamente reduzidos — ou, pelo menos, serão reduzidos na ausência de alguma escora artificial. A movimentação de dinheiro da base para o topo reduz o consumo porque as pessoas com renda mais alta consomem (proporcionalmente à sua renda) menos que as pessoas com renda mais baixa.

Em nossa imaginação, parece que isso nem sempre ocorre, porque os gastos dos ricos são ostentatórios. Basta observar as fotos coloridas de casas à venda no verso das páginas das edições de fim de semana do *Wall Street Journal*. Entretanto, o fenômeno faz sentido quando você faz as contas. Pense em alguém como Mitt Romney (empresário e político americano), cuja renda em 2010 foi de US$21,7 milhões. Mesmo se ele resolvesse adotar um estilo de vida muito mais luxuoso, gastaria apenas uma parte dessa soma, em um ano típico, para sustentar a si mesmo e sua esposa nas várias casas deles. Por outro lado, pegue a mesma quantia e divida-a entre 50 pessoas — por exemplo, na forma de empregos com salários de US$43.400 para cada uma — você verá que quase todo o dinheiro é gasto.

A relação é objetiva e inegável: quando uma quantidade maior de dinheiro se concentra no topo da pirâmide, a demanda agregada cai. A menos que uma intervenção provoque alguma coisa diferente, a procura total na economia será inferior à oferta, ou seja, o desemprego aumentará e a procura cairá ainda mais. Nos anos 1990, aquela "coisa diferente" foi a bolha tecnológica. Na primeira década do século XXI, foi a bolha imobiliária. Hoje, o único recurso, em meio a uma recessão profunda, é o gasto do governo. Exatamente aquilo que os ocupantes do topo da pirâmide esperam restringir.

O Problema da "Caça à Renda"

Neste ponto, preciso recorrer ao "economês". Originalmente, a palava "renda" (*rent*, em inglês) era usada, e ainda é, para descrever o dinheiro que a pessoa recebia pelo uso de sua terra — é o retorno obtido por meio da propriedade, não por causa de algo que a pessoa faz ou produz. Isso contrasta com "salário", por exemplo, que é a remuneração por um trabalho prestado. O termo "renda" acabou ampliando-se para incluir os lucros de monopólios — o ganho que a pessoa recebe simplesmente por controlar um monopólio. Com o tempo, o significado expandiu-se ainda mais, passando a incluir os retornos referentes a outros tipos de reivindicação de propriedade. Se o governo desse a uma empresa o direito exclusivo de importar uma determinada quantidade de certo produto, como o açúcar, o retorno a mais era conhecido como "renda de cota". A aquisição de direitos de prospecção de petróleo ou mineração produz uma forma de renda, assim como o tratamento fiscal preferencial para interesses especiais. Em sentido amplo, o termo "caça à renda" define muitas das formas pelas quais o processo político americano atual ajuda os ricos à custa dos demais, como transferências e subsídios governamentais, leis que tornam o mercado de trabalho menos competitivo, leis que permitem que os CEOs fiquem com uma fatia desproporcional da receita corporativa (embora a lei Dodd-Frank tenha melhorado as coisas ao exigir o voto não vinculante dos acionistas sobre essa remuneração pelo menos uma vez a cada três anos), e leis que permitem às corporações obter lucros degradando o ambiente.

Embora seja difícil de quantificar, a magnitude da caça à renda em nossa sociedade é enorme. Pessoas e corporações exímias na caça à renda são recompensadas generosamente. O setor financeiro — que atualmente funciona, em grande medida, como um mercado de especulação e não como ferramenta para promover a verdadeira produtividade econômica — é o setor da caça à renda por excelência. Essa prática vai além da especulação. O setor financeiro também obtém renda por domínio das formas de pagamento — as exorbitantes tarifas dos cartões de débito e crédito e também as menos conhecidas tarifas cobradas dos comerciantes, que acabam sendo repassadas aos consumidores. O dinheiro sugado dos norte-americanos pobres e de classe média por meio de práticas predatórias de empréstimos pode ser considerado como renda. Em anos recentes, o setor financeiro foi responsável por cerca de 40% de todos os lucros corporativos. Isso não significa que sua contribuição social entre na coluna do positivo ou chegue perto disso. A crise mostrou que poderia devastar a economia. Em uma economia de caça à renda, como a americana se tornou, os retornos privados e os retornos sociais estão muito desorganizados.

Em sua forma mais simples, as rendas nada mais são que transferências de uma parte da sociedade para os caçadores de rendas. Boa parte da desigualdade em nossa sociedade é resultado da caça à renda, porque esta repassa significativamente o dinheiro dos que estão na base para os que estão no alto da pirâmide.

Contudo, há uma consequência econômica mais ampla: a luta pelas rendas é, na melhor das hipóteses, uma atividade de soma zero. A caça à renda não ocasiona nenhum crescimento. Os esforços são dirigidos para obter uma fatia maior do bolo, e não para aumentar o bolo. Entretanto, é pior do que isso: a caça à renda distorce as alocações de recursos e enfraquece a economia. É uma força centrípeta: as recompensas da caça à renda se tornam tão grandes que cada vez mais energia é direcionada para isso, à custa de todas as outras atividades. Países ricos em recursos naturais são notórios praticantes da caça à renda. Nesses lugares, é muito mais fácil ficar rico tendo acesso aos recursos em condições favoráveis do que produzindo bens ou serviços que beneficiam as pessoas e aumentam a produtividade. Por isso essas economias vão tão mal, apesar de sua aparente riqueza. É fácil escarnecer e dizer: não somos a Nigéria, não somos o Congo. Porém, a dinâmica da caça à renda é a mesma.

O Problema da Justiça

Pessoas não são máquinas. Precisam ser motivadas para trabalhar com afinco. Pode ser difícil motivar pessoas que se sentem injustiçadas. Esse é um dos princípios fundamentais da moderna economia do trabalho, encapsulada na chamada teoria do salário eficiência, segundo a qual o tratamento que os trabalhadores recebem das empresas — inclusive o valor do pagamento — afeta a produtividade. Na verdade, a teoria foi elaborada há quase um século pelo grande economista Alfred Marshall, que observou que "em geral, a mão de obra altamente remunerada é eficiente e, portanto, não é cara". Na verdade, é errado pensar que essa afirmação é apenas uma teoria: isso foi comprovado por inúmeros experimentos econômicos.

Embora não haja consenso sobre o significado preciso de "justiça", nos Estados Unidos há uma sensação cada vez mais forte de que a atual disparidade de renda e a alocação da riqueza em geral são profundamente injustas. Não há ressentimento pela riqueza acumulada por pessoas que transformaram a economia — os inventores do computador, os pioneiros da biotecnologia. Entretanto, de modo geral, não são essas as pessoas que ocupam o topo da nossa pirâmide econômica. Em vez disso, em exagerada medida, os ocupantes do topo da pirâmide são pessoas que se destacaram em alguma forma de caça à renda. A maioria dos norte-americanos considera que isso é injusto.

Foi uma surpresa quando a empresa financeira MF Global, chefiada por Jon Corzine, faliu repentinamente no ano passado, vitimando milhares de pessoas por meio de ações que podem ter sido criminosas; contudo, considerando o histórico recente de Wall Street, não tenho certeza de que ficaram surpresos ao saber que vários executivos da MF Global receberiam seus bônus apesar de tudo. Quando os CEOs das corporações dizem que é necessário reduzir salários ou demitir funcionários para que as empresas sejam competitivas — e, ao mesmo tempo, aumentam sua própria remuneração — os trabalhadores têm razão em pensar que essa situação é injusta. Isso, por sua vez, afeta o esforço no trabalho, a lealdade à empresa e a disposição de investir no futuro da mesma. A sensação generalizada entre os trabalhadores da União Soviética, de que eles estavam sendo injustiçados exatamente dessa forma — explorados por gerentes que levavam uma vida de luxo — contribuiu muito para o declínio da economia soviética e seu colapso final. É como aquela antiga piada soviética: "Eles fingem que pagam, nós fingimos que trabalhamos".

Em uma sociedade em que a desigualdade está aumentando, a justiça não é uma questão apenas de salários e renda, ou riqueza. É uma percepção muito mais generalizada. Eu tenho voz para decidir quanto aos rumos da sociedade ou não?

Tenho direito a uma parte dos benefícios da coletividade ou não? Se a resposta for um sonoro "não", prepare-se para um declínio da motivação, cujas repercussões serão sentidas na economia e em todos os aspectos da vida dos cidadãos.

Para os norte-americanos, um dos principais aspectos da justiça é a oportunidade: todos devem ter uma chance justa de viver o sonho norte-americano. Histórias como a de Horatio Alger (escritor americano do século XIX, muito conhecido por seus romances juvenis sobre rapazes pobres que ascendem socialmente mediante trabalho duro e determinação) continuam sendo o ideal mítico, mas as estatísticas mostram um quadro bem diferente: nos Estados Unidos, a chance de chegar ao topo (ou, pelo menos, ao meio) da pirâmide, partindo de um ponto próximo à base, é menor do que em países da velha Europa e em qualquer outro país industrializado avançado. As pessoas lá do andar de cima podem ter o consolo de saber que a possibilidade de decadência social é mais baixa nos Estados Unidos do que em outros países.

Há vários custos relacionados a essa falta de oportunidade. Uma grande quantidade de norte-americanos não está desenvolvendo seu potencial; estamos desperdiçando nosso bem mais valioso: o talento. À medida que compreendemos lentamente o que está acontecendo, nosso senso de identidade — pelo qual os Estados Unidos são considerados um país justo — vai se corroendo. Isso terá efeitos econômicos diretos e indiretos, enfraquecendo os laços que nos unem como nação.

O Problema da Desconfiança

Um dos quebra-cabeças da política econômica moderna é: por que se dar ao trabalho de votar? Pouquíssimas eleições são decididas com o voto de uma única pessoa. Votar tem um custo — nenhum estado norte-americano estabeleceu uma penalidade explícita para quem resolve ficar em casa, mas ir às urnas exige tempo e esforço — e, aparentemente, a pessoa quase nunca é beneficiada. A teoria político-econômica moderna pressupõe a existência de atores racionais e baseados no interesse próprio. Com base nisso, o motivo que leva as pessoas a votar é um mistério.

A resposta é que a ideia de "virtude cívica" foi inculcada em nossa mente. Temos a responsabilidade de votar. No entanto, a virtude cívica é frágil. Se as pessoas passarem a acreditar que a política e a economia são jogos de cartas marcadas, elas sentirão que não têm obrigação cívica nenhuma. Quando esse contrato social é infringido — quando a confiança entre um governo e seus cidadãos é quebrada — é certo que haverá desilusão, desmobilização ou coisa pior. Atualmente, nos Estados Unidos e em várias outras democracias de todo o planeta, a desconfiança está em ascensão.

A desconfiança está até incorporada. O chefe do Goldman Sachs, Lloyd Blankfein, deixou bem claro: os investidores sofisticados não contam com a confiança ou, pelo menos, não deveriam fazer isso. Os compradores dos produtos do banco dele são maiores de idade e não deveriam ter sido ingênuos como foram. Deveriam saber que o Goldman Sachs tinha os meios e o incentivo para criar produtos que falhariam e para criar assimetrias de informação, ou seja, tinham mais informações sobre o produto do que os compradores. Além disso, contavam com os meios e o incentivo para se aproveitar dessas assimetrias. As pessoas vitimadas pelos bancos de investimento eram, em sua maioria, investidores ricos. Entretanto, práticas enganosas dos cartões de crédito e empréstimos predatórios mostraram para uma parcela mais ampla de norte-americanos que os bancos não merecem confiança.

Os economistas frequentemente subestimam o papel da confiança no funcionamento da economia. Se todos os contratos só fossem cumpridos por meio de sentenças judiciais, a nossa economia ficaria paralisada. A história mostra que as economias em que as pessoas fechavam negócios com um simples aperto de mão foram economias prósperas. Sem confiança, negócios baseados na ideia de que os detalhes complexos serão definidos posteriormente tornam-se inviáveis. Sem confiança, cada participante vive na expectativa de que será traído pelas pessoas com as quais negocia.

A desigualdade crescente corrói a confiança: em termos de impacto econômico, é como se fosse o solvente universal. Gera um mundo econômico em que até mesmo os ganhadores ficam receosos. Os perdedores, por outro lado, sempre veem a mão de alguém que quer tirar vantagem deles — em todos os contatos com chefes, empresas ou burocratas.

É na política e na esfera pública que a confiança é mais importante. Nessas áreas, temos de atuar juntos. É mais fácil atuar em conjunto quando a maioria das pessoas está em situação semelhante — quando a maioria de nós está no mesmo barco ou, pelo menos, em barcos de tamanhos semelhantes. Entretanto, a desigualdade crescente deixa claro que nossa frota é diferente — uns poucos iates gigantescos rodeados por grandes contingentes de pessoas em canoas de troncos escavados ou agarradas a destroços de naufrágios. Isso ajuda a explicar a grande diferença de pontos de vista em relação ao que o governo deve fazer.

A desigualdade atual se estende a quase tudo — proteção policial, condições das estradas e serviços públicos locais, acesso a uma assistência médica decente e a escolas públicas de qualidade. Enquanto o ensino superior ganha importância — não só para as pessoas, mas para o futuro de toda a economia norte-americana

— os ocupantes do topo da pirâmide defendem cortes no orçamento universitário e aumento das mensalidades, por um lado; e cortes em empréstimos estudantis com garantia, por outro. Aqueles que são favoráveis aos empréstimos estudantis veem neles outra oportunidade de caça à renda: empréstimos para escolas com fins lucrativos e sem padrões; empréstimos exigíveis até em caso de falência; empréstimos elaborados como outra forma de exploração das pessoas que desejam sair da base da pirâmide, por parte dos ocupantes do topo.

A Solução pelo Egoísmo

Muitos norte-americanos, senão todos, compreendem de modo limitado a natureza da desigualdade em nossa sociedade. Sabem que algo saiu errado, mas subestimam os danos causados por ela e, ao mesmo tempo, superestimam o custo de agir contra isso. Essas crenças equivocadas, reforçadas pela retórica ideológica, estão provocando um efeito catastrófico na política e nas políticas econômicas.

Não há um bom motivo sequer para que o 1% — com sua boa formação acadêmica, seus muitos assessores e seu alardeado talento para os negócios — esteja tão mal-informado. Nas gerações passadas, o 1% costumava ser mais inteligente: sabia que, sem uma base sólida, não há topo da pirâmide e que sua própria posição seria precária se a sociedade em si não estivesse firme. Henry Ford, que não tinha a reputação de ser uma pessoa de coração mole, entendeu que o melhor a fazer, por si e por sua empresa, era pagar um salário decente aos trabalhadores, porque desejava que eles trabalhassem muito e tivessem condições de comprar seus carros. Franklin D. Roosevelt, um aristocrata puro-sangue, entendia que a única forma de salvar os Estados Unidos essencialmente capitalista era não só disseminar a riqueza, por meio da tributação e de programas sociais, mas também impor limites ao próprio capitalismo, mediante a regulamentação. Roosevelt e o economista John Maynard Keynes conseguiram salvar o capitalismo dos capitalistas, apesar de serem injuriados por eles. Richard Nixon, conhecido até hoje como um manipulador cínico, concluiu que a melhor forma de proteger a paz social e a estabilidade econômica era investir. E ele investiu pesadamente em programas como Medicare, Head Start e Seguridade Social e em esforços para limpar o meio ambiente. Nixon chegou até mesmo a ventilar a ideia de uma renda anual garantida.

Portanto, o conselho que dou hoje ao 1% é: endureçam o coração. Quando forem convidados a considerar propostas para reduzir a desigualdade — aumentando os impostos e investindo em educação, obras públicas, assistência médica e ciências — deixem de lado qualquer ideia latente de altruísmo e reduzam a questão ao interesse próprio puro e simples. Não adotem essas ideias para ajudar os outros. Adotem essas ideias para o próprio bem de vocês.

Crescimento Lento e Desigualdade são Opções Políticas. Podemos fazer de Outro Jeito.*

UM PAÍS RICO COM MILHÕES DE POBRES. UM PAÍS QUE SE ORGULHA DE ser a terra da oportunidade, onde as perspectivas de uma criança dependem mais da renda e do nível de instrução dos pais do que em outros países avançados. Um país que acredita no jogo limpo, no qual os mais ricos costumam pagar menos em impostos (proporcionalmente à renda) do que os mais pobres. Um país em que as crianças juram lealdade à bandeira todos os dias, afirmando que há "justiça para todos", onde, cada vez mais, só há justiça para os que podem pagar por ela. Essas são as contradições que os Estados Unidos, lenta e dolorosamente, procuram resolver à medida que começam a compreender a enormidade de suas desigualdades — injustiças maiores que as de qualquer outro país desenvolvido.

Os que se esforçam para não pensar nesse assunto sugerem que é apenas uma questão de "política da inveja". Os que levantam essa questão são acusados de estimular a luta de classes. Porém, à proporção que compreendemos as causas e consequências dessas injustiças, entendemos que não se trata de inveja. O grau extremo do aumento da desigualdade nos Estados Unidos e a forma como essas injustiças surgem solapam nossa economia. A riqueza excessiva no último degrau social provém da exploração: do exercício do poder monopolista, que tira vantagem das deficiências nas leis de governança corporativa para desviar grande parcela das receitas das corporações para pagar bônus altíssimos para os CEOs, sem relação com seu verdadeiro desempenho, ou de um setor financeiro dedicado à manipulação do mercado, empréstimos predatórios e discriminatórios e práticas abusivas dos cartões de crédito. Boa parte da pobreza das pessoas que ocupam os níveis mais baixos da escala de renda se deve à discriminação econômica e à

Washington Monthly, Dezembro de 2014.

falta de educação e saúde adequadas para aproximadamente uma de cada cinco crianças que têm uma infância pobre.

O debate crescente sobre a desigualdade atual nos Estados Unidos refere-se, acima de tudo, à natureza da sociedade, nossa visão a respeito de nós mesmos. Nós nos considerávamos uma sociedade de classe média, em que cada geração vivia melhor que a anterior. A base de nossa democracia era a classe média — a versão moderna do agricultor norte-americano que era dono de sua pequena propriedade, considerado por Thomas Jefferson (um dos pais fundadores americanos, principal autor do texto da Declaração de Independência dos EUA) como a espinha dorsal do país. Acreditava-se que a melhor forma de crescer era a partir do meio — e não o fomento indireto a partir do topo. Essa perspectiva baseada no senso comum foi corroborada por estudos do Fundo Monetário Internacional, que demonstram que os países mais igualitários se saem melhor — maior crescimento, mais estabilidade. Essa é uma das principais mensagens de meu livro *O Preço da Desigualdade*. Por causa de nossa tolerância com a desigualdade, ficou provado que até mesmo o sonho norte-americano por excelência é um mito: a maioria dos países da "velha Europa" merece mais o epíteto de terra da oportunidade que os Estados Unidos.

Os artigos dessa edição especial da *Washington Monthly* descrevem como a desigualdade norte-americana se manifesta em todos os estágios da vida. Vários deles tratam especificamente da educação. Atualmente, estamos cientes das grandes disparidades até mesmo entre crianças do jardim da infância. Essas disparidades aumentam ao longo do tempo, à medida que os filhos dos ricos, vivendo em enclaves de riqueza, obtêm uma educação melhor do que a recebida pelos alunos de escolas situadas em áreas mais pobres. A segregação econômica tornou-se a ordem do dia. Como prova disso, até mesmo as faculdades seletivas e bem-intencionadas, frequentadas pelos ricos, que instituíram programas de ação afirmativa econômica — procurando explicitamente aumentar sua fatia de alunos provenientes de grupos socioeconômicos mais pobres — tiveram dificuldade nesse aspecto. Os filhos dos pobres não têm como pagar nem os graus avançados cada vez mais necessários para conseguir empregos, nem ter condições de acesso aos estágios não remunerados que fornecem um caminho alternativo até os empregos "bons".

Há histórias semelhantes sobre cada uma das dimensões da enorme desigualdade nos Estados Unidos. Pense na assistência médica. Os Estados Unidos são o único país avançado que não reconhece o acesso à assistência médica como um direito humano básico. Isso significa que, se você é um norte-americano pobre, suas possibilidades de obter uma assistência médica adequada — observe que não digo boa — são menores que em outros países avançados. Até mesmo após a aprovação da lei Affordable Care Act (ACA), quase duas dúzias de estados se recusaram a expandir o Medicaid — extremamente necessário — e mais de 40 milhões de norte-americanos, no início de 2014, ainda não tinham seguro-saúde. As deploráveis estatísticas do sistema de saúde norte-americano são bem conhecidas: apesar de gastarmos mais — muito mais — com assistência médica (tanto per capita quanto em termos de porcentagem do PIB) do que outros países, os resultados nessa área são piores. Na Austrália, por exemplo, o gasto por cidadão com assistência médica corresponde a um pouco mais de 2/3 do gasto norte-americano, mas os resultados na saúde são melhores — incluindo a expectativa de vida, que supera a nossa em notáveis três anos.

Dois dos motivos de nossas deprimentes estatísticas na saúde estão relacionados às desigualdades no topo e na base da nossa sociedade — lucros monopolistas colhidos pelas empresas farmacêuticas, fabricantes de dispositivos médicos e seguradoras de saúde, e redes de prestadores altamente concentradas que aumentam os preços e a desigualdade. Ao mesmo tempo, a falta de acesso ao tratamento para os pobres em tempo oportuno, incluindo a medicina preventiva, deixa a população mais doente e aumenta o custo do tratamento. A ACA está ajudando nos dois sentidos. As centrais de seguro-saúde se destinam a promover a concorrência, e a lei como um todo se destina a ampliar o acesso. Os números sugerem que está funcionando. Em termos de custos, as previsões generalizadas de que o Obamacare (como é apelidada aquela lei) causaria uma grande inflação na assistência médica não se concretizaram, já que a taxa de aumento dos preços da assistência médica permaneceu relativamente moderada ao longo dos últimos anos, mostrando mais uma vez que justiça e eficiência não são mutuamente exclusivas. O primeiro ano da ACA apresentou aumentos relevantes na cobertura — muito mais significativos nos estados que implementaram a expansão do Medicaid do que naqueles que se recusaram a fazer isso. Entretanto, a ACA foi uma concessão, deixando de fora o seguro de assistência odontológica e a assistência para tratamentos prolongados.

Portanto, ainda há injustiças em nossa assistência médica, até mesmo antes do nascimento. Os pobres estão mais propensos a exposição a riscos ambientais, e as mães têm menos acesso a um pré-natal de qualidade. Consequentemente, nossas taxas de mortalidade infantil são semelhantes às de alguns países em desenvolvimento; além disso, temos uma incidência maior de baixo peso ao nascer (relacionado sistematicamente a perspectivas negativas para toda a vida) em comparação com outros países avançados. A falta de acesso à assistência médica abrangente para os 20% de crianças norte-americanas que crescem na pobreza, combinada à falta de acesso à nutrição adequada, reduz ainda mais a possibilidade de êxito escolar. Já que, frequentemente, os alimentos mais baratos são carboidratos pouco saudáveis, os pobres correm um risco maior de enfrentar problemas como diabetes e obesidade infantil. As injustiças continuam por toda a vida — culminando em estatísticas de expectativa de vida drasticamente diferentes.

Você poderia dizer: "Até aí, tudo bem. Seria bom poder oferecer assistência médica e ensino superior gratuito para todos, mas a dura realidade das limitações financeiras dificulta a realização desses sonhos. O deficit do país já é alto. Propostas para chegar a uma sociedade mais igualitária aumentariam ainda mais esse deficit, que já é grande", e por aí vai. Essa é a argumentação. Os Estados Unidos estão particularmente limitados porque assumiram a missão dispendiosa de garantir a paz e segurança no mundo.

Isso é um disparate, em vários sentidos.

A verdadeira força dos Estados Unidos vem de seu "soft power", não do poder militar. Entretanto, a desigualdade crescente está nos corroendo por dentro e comprometendo nossa posição perante o mundo. Será que um sistema econômico que oferece oportunidades tão escassas — em que a renda mediana familiar real é mais baixa atualmente do que há 25 anos — pode ser um modelo a ser copiado, mesmo que pouquíssimas pessoas no alto da pirâmide tenham se dado muito bem?

Além disso, aquilo que podemos pagar é mais uma questão de prioridades do que qualquer outra coisa. Outros países, tais como as nações escandinavas, por exemplo — que conseguiram fornecer ensino superior praticamente gratuito e uma boa assistência médica para todos, além de um bom transporte público —, têm padrões de desempenho econômico tão bons ou até melhores que as de outras nações: a renda per capita e o crescimento são, pelo menos, comparáveis. Até mesmo alguns países muito mais pobres que os Estados Unidos (como as Ilhas Maurício, no Oceano Índico, situado no leste da África) conseguem fornecer ensino superior gratuito e um acesso melhor à assistência médica. As nações precisam fazer escolhas, e esses países fizeram opções diferentes: podem gastar menos com as forças armadas e com prisões e podem taxar mais.

Ademais, muitas das questões distributivas não estão relacionadas ao valor gasto, mas com quem ele é gasto. Se considerarmos em nossos dispêndios os "gastos fiscais" ocultos em nosso sistema tributário, veremos, na verdade, que gastamos muito mais do que se pensa com a moradia dos ricos. A dedutibilidade dos juros de uma grande mansão pode chegar facilmente aos US$25.000 por ano. Os Estados Unidos são a única economia desenvolvida que tende a investir mais em escolas com alunos mais ricos do que em escolas que têm, em sua maioria, alunos pobres — isso ocorre porque os distritos escolares norte-americanos dependem de bases fiscais locais para seu financiamento. O interessante é que, de acordo com alguns cálculos, todo o deficit pode ser atribuído a nosso sistema de saúde ineficiente e desigual: se tivéssemos um sistema de saúde melhor — que fosse mais igualitário e tivesse um custo mais baixo, como os de vários países europeus — possivelmente não teríamos, atualmente, um deficit orçamentário federal.

Ou pense nisto: se déssemos mais oportunidades para os pobres, inclusive uma educação melhor e um sistema econômico que garantisse o acesso a empregos com remuneração decente, talvez não gastássemos tanto com prisões — em alguns estados, as despesas com o sistema carcerário às vezes chegam a superar o gasto com universidades. Em vez disso, os pobres teriam condições melhores de aproveitar novas oportunidades de emprego, tornando nossa economia mais produtiva. Se tivéssemos um melhor sistema de transporte público, que facilitasse a mobilidade da classe trabalhadora até os locais onde os empregos estão disponíveis e fossem mais acessíveis, uma porcentagem maior da população trabalharia e pagaria impostos. Se, como os países escandinavos, fornecêssemos uma assistência melhor à criança e tivéssemos políticas mais ativas para o mercado de trabalho que ajudassem os trabalhadores a trocar de emprego, teríamos uma taxa maior de participação da força de trabalho — e a melhora no crescimento renderia mais receitas fiscais. Investir em pessoas vale a pena.

Isso me leva ao último ponto: poderíamos impor um sistema fiscal justo, levantar mais receitas, aprimorar a igualdade e estimular o crescimento econômico e, ao mesmo tempo, reduzir as distorções em nossa economia e sociedade. (Essa foi a principal constatação de meu artigo técnico de 2014 para o Roosevelt Institute, "Reforming Taxation to Promote Growth and Equity", (Reformando a Taxação para Promover Crescimento e Igualdade, em tradução livre.) Por exemplo, se tributássemos o retorno de capital da mesma forma que cobramos impostos das pessoas que trabalham para ganhar a vida, poderíamos levantar cerca de US$2 trilhões em dez anos. O termo "meandros" não descreve de forma precisa as deficiências de nosso sistema fiscal: "brechas" seria mais correto. O fechamento delas poderia fazer desaparecer o espectro dos muito ricos que, quase orgulhosamente, divulgam que pagam sobre sua renda declarada a metade da taxa que incide sobre os contribuintes de renda mais baixa, e que mantêm seu dinheiro em paraísos fiscais como as Ilhas Cayman. Ninguém pode afirmar que os habitantes dessas ilhazinhas são melhores administradores de finanças que os gênios de Wall Street; contudo, parece que o dinheiro cresce com mais vigor sob o sol desses resorts litorâneos!

Uma das poucas vantagens do acúmulo de dinheiro no alto da escada — aproximadamente 1/4 de toda a renda vai para o 1% lá de cima — é que ligeiros aumentos de impostos sobre essa renda podem levantar grandes quantias. Já que uma boa parte do dinheiro no topo da pirâmide provém da exploração (ou, como os economistas preferem chamar, "caça à renda", ou seja, apropriar-se de uma fatia maior do bolo nacional, em vez de aumentá-lo), impostos mais altos para o topo não parecem ter um efeito adverso sobre o desempenho econômico.

Além disso, há a nossa taxa de impostos corporativos. Se realmente fizéssemos as corporações pagar o que devem pagar e eliminássemos as brechas fiscais, levantaríamos centenas de bilhões de dólares. Com a reestruturação correta, poderíamos ter ainda mais empregos e investimento nos Estados Unidos. É verdade que as corporações norte-americanas enfrentam uma das maiores tributações corporativas entre os países desenvolvidos; entretanto, a realidade é outra — em termos da fatia da renda corporativa que realmente é paga, nossos impostos corporativos federais equivalem a apenas 13% da renda mundial declarada. Segundo a maioria dos relatos, o valor dos impostos efetivamente pagos (em termos de porcentagem dos lucros) não é mais alto que a média de outros países avançados. A Apple, o Google e a General Electric tornaram-se garotos-propaganda da criatividade norte-americana — fabricando produtos que dão inveja ao resto do mundo. Porém, estão usando uma grande parte dessa criatividade para encontrar uma forma de deixar de pagar um valor justo em impostos. Essas e outras empresas norte-americanas aproveitam totalmente as ideias e inovações produzidas com o apoio do governo dos EUA, começando pela própria internet. Ao mesmo tempo, utilizam os talentos produzidos pelas melhores universidades do país, sendo que todas elas recebem amplo apoio do governo federal. Recorrem, inclusive, ao governo norte-americano para exigir um tratamento melhor por parte de nossos parceiros comerciais.

As corporações argumentam que não recorreriam tanto à vil evasão fiscal se as taxas dos impostos fossem mais baixas. Contudo, há uma solução muito melhor, que estados dos EUA, individualmente, descobriram: fazer com que as corporações paguem impostos de acordo com a atividade econômica realizada — com base em uma fórmula simples que reflete as vendas, a produção e as atividades de pesquisa no país — e utilizar taxas mais baixas para as corporações que investem nos Estados Unidos, em comparação com as que não o fazem. Dessa forma, poderíamos aumentar o investimento e gerar mais empregos internamente — algo muito diferente do sistema atual, em que, na verdade, até incentivamos as corporações norte-americanas a produzir no exterior. (Ainda que os impostos norte-americanos não sejam mais altos que a média, há alguns paraísos fiscais — como a Irlanda — que disputam uma corrida ao fundo do poço, tentando convencer empresas a adotá-los como domicílio fiscal.) Essa reforma acabaria com o "estouro da boiada" corporativa rumo às "inversões", ou seja, a mudança do domicílio fiscal de uma corporação para evitar impostos. Nesse caso, a sede declarada faria pouca diferença: o importante seria o local onde efetivamente fazem negócios.

Contar com outras fontes de receita beneficiaria a economia e a sociedade. Há dois princípios básicos da tributação: é melhor taxar coisas boas do que coisas ruins e é melhor taxar atividades caracterizadas pelo que os economistas chamam de "oferta inelástica" — ou seja, as quantidades produzidas e vendidas não se alteram quando são cobrados impostos sobre elas. Sendo assim, se taxássemos a poluição em todas as suas formas — inclusive as emissões de carbono — poderíamos levantar centenas de bilhões de dólares todos os anos e teríamos um meio ambiente melhor. Da mesma forma, impostos adequados sobre o setor financeiro não só levantariam quantias consideráveis, mas também desestimulariam os bancos a impor custos às pessoas, como ocorreu quando eles poluíram a economia global com hipotecas tóxicas.

O socorro financeiro de US$700 bilhões aos bancos torna-se insignificante se comparado ao custo da irresponsabilidade dos banqueiros em relação à nossa economia e sociedade — trilhões de dólares de prejuízo no PIB e milhões de norte-americanos que perderam empregos e casas. Mesmo assim, poucas pessoas do setor financeiro foram responsabilizadas.

Se exigíssemos que os bancos pagassem pelo menos uma parte dos custos que impuseram aos outros, teríamos mais fundos para desfazer parte dos estragos causados por eles com suas práticas de empréstimos discriminatórias e predatórias, que transferiram dinheiro da base para o topo da pirâmide econômica. Além disso, impingindo, até mesmo, modesta tributação sobre as atividades especulativas de Wall Street por meio de um imposto sobre transações financeiras, levantaríamos uma receita muito significativa, reduziríamos a especulação (melhorando a estabilidade econômica) e incentivaríamos um uso mais produtivo de nossos escassos recursos, inclusive o mais valioso: jovens norte-americanos talentosos.

Da mesma forma, ao tributar terras, petróleo e minerais mais pesadamente, e obrigando os extrativistas de terras públicas a pagar os valores totais sobre esses recursos, que pertencem a todos por direito, poderíamos gastar esse dinheiro em investimentos públicos — como educação, tecnologia e infraestrutura — sem que o resultado seja menos terras, menos petróleo e menos minerais. (Mesmo se a taxação for mais alta, esses recursos não entrarão em greve, nem sairão do país!) Resultado: o aumento dos investimentos em longo prazo na nossa economia renderia dividendos significativos em termos de maior produtividade econômica e crescimento — e, se o dinheiro fosse gasto corretamente, poderíamos compartilhar melhor a prosperidade. A questão não é se podemos pagar pelo combate a nossa desigualdade; é se podemos nos dar ao luxo de não fazer mais quanto a isso. O debate nos Estados Unidos não é sobre eliminar a desigualdade, mas sobre, simplesmente, moderá-la e recuperar o sonho norte-americano.

A Desigualdade se Globaliza*

A reunião anual do Fórum Econômico Mundial em Davos perdeu um pouco de sua imponência pré-crise. Afinal de contas, antes da crise de 2008, os capitães de finanças e de indústria podiam alardear as virtudes da globalização, tecnologia e liberalização financeira, que supostamente anunciavam uma nova era de crescimento incessante. Os benefícios seriam compartilhados por todos se fizessem "a coisa certa".

Esse tempo acabou. No entanto, Davos continua sendo um bom lugar para sentir o espírito da época global.

É evidente que os países de mercados emergentes e em desenvolvimento não veem os países avançados como viam antes. Entretanto, o comentário de um executivo de uma companhia mineradora de um país em desenvolvimento captou o espírito da mudança. Em resposta a um especialista em desenvolvimento, desesperado com a possibilidade de que tratados comerciais injustos e promessas de ajuda não cumpridas acabassem com a autoridade moral dos países desenvolvidos, ele afirmou: "O Ocidente nunca teve autoridade moral". O colonialismo, a escravidão, o esfacelamento da África em pequenos países e um longo histórico de exploração de recursos naturais podem ser questões de um passado distante para os perpetradores, mas não são para as pessoas que sofreram com isso.

Se é que existe um tópico mais preocupante para os líderes reunidos, esse tópico é a desigualdade econômica. A mudança em relação ao debate do ano anterior foi drástica: ninguém nem sequer menciona mais a economia de fomento indireto, e poucos estão dispostos a afirmar que existe congruência entre contribuições sociais e recompensas privadas.

---

*Project Syndicate, 6 de fevereiro de 2013.

Enquanto a percepção de que os Estados Unidos *não* são a terra da oportunidade — como afirmavam há muito tempo — é tão desconcertante para os norte-americanos quanto para os estrangeiros, a desigualdade de oportunidades em escala global é ainda maior. Não se pode afirmar que o mundo é "plano" quando, na África, o investimento médio em capital humano é de poucas centenas de dólares, e norte-americanos ricos ganham dos pais e da sociedade, em média, um presente de mais de meio milhão de dólares.

Um dos pontos altos da reunião foi o discurso de Christine Lagarde, diretora-geral do Fundo Monetário Internacional, que enfatizou a grande mudança em sua instituição, pelo menos no topo: grande preocupação com os direitos das mulheres, ênfase renovada na relação entre desigualdade e instabilidade, e reconhecimento de que acordos coletivos de trabalho e o salário mínimo podem desempenhar um papel importante na redução da desigualdade. Que bom seria se os programas do FMI na Grécia e em outros países refletissem plenamente essa opinião!

A Associated Press organizou uma sessão preocupante sobre tecnologia e desemprego: as nações do mundo desenvolvido — principalmente se considerarmos a tecnologia moderna, que substituiu trabalhadores por robôs e outras máquinas em qualquer tarefa que possa ser rotinizada — conseguiriam gerar novos empregos, bons empregos?

Em geral, o setor privado da Europa e dos Estados Unidos não vem sendo capaz de criar muitos empregos bons desde o início do século atual. Até mesmo na China e em outras partes do mundo cujos setores manufatureiros estão em crescimento, as melhorias de produtividade — frequentemente relacionadas a processos automatizados que eliminam empregos — são responsáveis pela maior parte do aumento de produção. Quem sofre mais são os jovens, cujas perspectivas na vida serão gravemente prejudicadas pelos longos períodos de desemprego que enfrentam hoje.

Entretanto, a maioria dos presentes em Davos deixa esses problemas de lado para comemorar a sobrevivência do euro. A tônica foi de complacência, ou até mesmo otimismo. O "efeito Draghi" — a ideia de que o Banco Central Europeu, divulgada na fala de seu presidente, Mario Dragui, com seus bolsos fundos, poderia fazer (e faria) tudo o que fosse necessário para salvar o euro e os países em crise — parecia ter funcionado, pelo menos por um tempo. A tranquilidade temporária corroborou, de certa forma, a opinião de quem acreditava que, acima de tudo, era necessário restaurar a confiança. Havia esperança de que as promessas de Draghi seriam uma forma de fornecer essa confiança *sem incorrer em custos*, já que seu cumprimento não seria exigido nunca.

Os críticos afirmaram repetidas vezes que as contradições fundamentais não tinham se resolvido e que, para a sobrevivência do euro no longo prazo, havia a necessidade de uma união fiscal e bancária, que exigiria uma unificação política em um nível que não seria aceitável para a maioria dos europeus. No entanto, muito do que foi dito nas reuniões e em torno delas refletiu uma grande falta de solidariedade. Um funcionário do alto escalão do governo de um país do norte da Europa sequer soltou o garfo quando outra pessoa presente no jantar disse que, agora, muitos espanhóis pegam comida em latas de lixo. Ele respondeu que os espanhóis deveriam ter feito a reforma antes e continuou comendo seu bife.

As previsões do FMI em relação ao crescimento que foram divulgadas durante a reunião de Davos destacam o grau de descolamento do mundo: espera-se que o aumento do PIB nos países industrializados avançados seja de 1,4% este ano, ao passo que os países em desenvolvimento continuam com uma taxa de crescimento anual robusta, de 5,5%.

Embora tenham falado da nova ênfase em crescimento e emprego, os líderes ocidentais não forneceram políticas concretas para respaldar essas aspirações. Na Europa, houve uma ênfase contínua na austeridade, com os responsáveis parabenizando-se uns aos outros pelo progresso obtido até o momento, e a reafirmação da determinação de continuar seguindo um rumo que mergulhou a Europa inteira na recessão — e o Reino Unido em uma "recessão de triplo mergulho" (em inglês, *triple dip downturn*, um fenômeno econômico em que uma economia entra em recessão, se recupera por um período curto, volta a entrar em recessão e a se recuperar brevemente, para de novo voltar ao estado recessivo).

Talvez a nota mais otimista tenha vindo dos mercados emergentes: embora o risco da globalização fosse uma nova interdependência — ou seja, as políticas econômicas equivocadas dos EUA e da Europa poderiam torpedear as economias dos países em desenvolvimento — os mercados emergentes mais bem-sucedidos lidaram bem com a globalização e sustentaram o crescimento apesar dos fracassos do Ocidente.

Com os EUA paralisados politicamente pela birra infantil dos republicanos e a Europa focada na sobrevivência do euro — com seu projeto mal elaborado — a falta de liderança global foi uma queixa importante em Davos. Nos últimos 25 anos, o mundo foi dominado por duas superpotências, a seguir, passou a ser dominado por apenas uma e agora é multipolar e sem líderes. Embora se fale de G7, G8 ou G20, a descrição mais exata é G-Zero. Teremos de aprender a viver — e prosperar — nesse novo mundo.

Desigualdade É uma Opção*

Atualmente, é de conhecimento geral que a desigualdade de renda e riqueza em países abastados, principalmente nos EUA, aumentou muito nas últimas décadas e, tragicamente, piorou ainda mais a partir da Grande Recessão. O que dizer sobre o resto do mundo? O abismo entre os países está se fechando, à medida que as potências econômicas em ascensão como a China e a Índia, tiram centenas de milhões de pessoas da pobreza? Nos países pobres e de renda média, a desigualdade está piorando ou melhorando? Estamos caminhando para um mundo mais justo ou mais injusto?

Essas perguntas são complexas, e uma nova pesquisa de um economista do Banco Mundial, Branko Milanovic, em conjunto com outros estudiosos, indica o caminho para algumas respostas.

A partir do século XVIII, a revolução industrial produziu uma riqueza imensa para a Europa e a América do Norte. Evidentemente, a desigualdade nesses países era estarrecedora (pense nas tecelagens de Liverpool e Manchester, na Inglaterra, na década de 1820, e nos cortiços da região leste baixa de Manhattan e da região sul de Chicago na década de 1890), mas o abismo entre os ricos e os demais, como fenômeno global, cresceu ainda mais ao longo da II Guerra Mundial. Até hoje, a desigualdade entre países é muito maior do que a desigualdade dentro deles.

Contudo, a partir da derrocada do comunismo, no final da década de 1980, a globalização econômica se acelerou, e a lacuna entre as nações começou a diminuir. O período de 1988 a 2008 "pode ter testemunhado o primeiro declínio da desigualdade global entre os cidadãos do mundo desde a Revolução Industrial". O Sr. Milanovic, que nasceu na antiga Iugoslávia e é o autor de *The Haves and*

New York Times, 13 de outubro de 2013.

the Have-Nots: A Brief and Idiosyncratic History of Global Inequality (Os que Têm e Os que Não Têm: Uma Breve e Idiossincrática História sobre a Desigualdade Global, em tradução livre), fez essa observação em um artigo publicado em novembro de 2012. Embora a lacuna entre algumas regiões tenha diminuído bastante — a saber, entre a Ásia e as economias avançadas do Ocidente — grandes lacunas ainda permanecem. As rendas globais médias, por país, aproximaram-se durante as últimas décadas, particularmente por causa da força do crescimento da China e da Índia. No entanto, a igualdade geral entre a humanidade, em termos individuais, melhorou pouco. (O coeficiente de Gini, uma medida da desigualdade, melhorou apenas em 1,4 ponto de 2002 a 2008.)

Portanto, embora alguns países na Ásia, no Oriente Médio e na América Latina, como um todo, possam estar se igualando ao Ocidente, os pobres de todos os lugares ficam para trás, inclusive em locais como a China, onde eles foram beneficiados, em certa medida, pela elevação dos padrões de vida.

Segundo o Sr. Milanovic, de 1988 a 2008, o 1% no topo da pirâmide mundial obteve um aumento de 60% na renda, ao passo que a renda nos últimos 5% na base não teve nenhuma alteração. Embora a mediana das rendas tenha melhorado muito nas décadas recentes, ainda há desequilíbrios imensos: 8% da humanidade tem 50% da renda global; o 1% no topo da pirâmide, sozinho, fica com 15%. Os maiores ganhos de renda ocorreram entre a elite global — executivos financeiros e corporativos de países ricos — e as grandes "classes médias emergentes" da China, Índia, Indonésia e Brasil. Quem perdeu? Africanos, alguns latino-americanos e pessoas no Leste Europeu pós-comunista e na antiga União Soviética, de acordo com o Sr. Milanovic. Os Estados Unidos dão um exemplo particularmente sombrio para o mundo. Como, em vários sentidos, os Estados Unidos frequentemente "lideram o mundo", se os outros países seguirem esse exemplo, o futuro não será muito promissor.

Por um lado, a desigualdade crescente de renda e riqueza nos Estados Unidos faz parte de uma tendência observada em todo o mundo ocidental. Um estudo realizado pela Organização para a Cooperação e Desenvolvimento Econômico em 2011 constatou que a desigualdade de renda começou a aumentar no fim da década de 1970 e início da década de 1980 nos Estados Unidos e na Grã-Bretanha (e também em Israel). A tendência se tornou mais disseminada a partir do final da década de 1980. Na última década, a desigualdade de renda aumentou, inclusive em países tradicionalmente igualitários, como Alemanha, Suécia e Dinamarca. Com algumas exceções — França, Japão, Espanha — os 10% no topo da pirâmide na maioria das economias mais desenvolvidas aceleraram muito, ao passo que os 10% na base ficaram ainda mais para trás.

Entretanto, a tendência não era universal nem inevitável. Ao longo dos mesmos anos, países como Chile, México, Grécia, Turquia e Hungria conseguiram reduzir significativamente a disparidade de renda (que, em alguns casos, era muito alta). Isso indica que a desigualdade é produto de forças políticas, não somente de forças macroeconômicas. Não é verdade que a desigualdade seja um subproduto inevitável da globalização — a livre movimentação de mão de obra, capital, bens e serviços e mudanças tecnológicas que favorece os funcionários mais qualificados e mais instruídos.

Entre as economias avançadas, os Estados Unidos têm uma das piores disparidades de rendas e oportunidades, com consequências macroeconômicas devastadoras. O produto interno bruto dos Estados Unidos mais do que quadruplicou nos últimos 40 anos e quase dobrou nos últimos 25; porém, como se sabe atualmente, os benefícios foram para o topo da pirâmide — e, cada vez mais, para os que estão na parte mais exclusiva do topo.

Em 2012, o 1% no topo da pirâmide nos Estados Unidos ficou com 22% da renda da nação; o 0,1% do topo, com 11%. 95% de todos os ganhos de renda desde 2009 foram para o 1% no topo. Números do censo divulgados recentemente mostram que mediana da renda nos Estados Unidos não mudou nada em quase 25 anos. O homem norte-americano típico ganha menos do que há 45 anos (com o valor ajustado de acordo com a inflação); homens que concluíram o ensino médio, mas não fizeram cursos superiores de quatro anos, ganham quase 40% menos do que ganhavam há quatro décadas.

A desigualdade norte-americana começou a subir há 30 anos, junto com a diminuição de impostos para os ricos e o afrouxamento das regulamentações do setor financeiro. Isso não é coincidência. A situação piorou com o subinvestimento em infraestrutura, educação, sistemas de assistência médica e redes de segurança social. A desigualdade crescente se reforça ao corroer nosso sistema político e nossa governança democrática.

E a Europa parece estar ansiosa para seguir o mau exemplo dos Estados Unidos. A adoção da austeridade, da Grã-Bretanha à Alemanha, está causando muito desemprego, redução de salários e aumento da desigualdade. Funcionários públicos como Angela Merkel, chanceler alemã, e Mario Draghi, presidente do Banco Central Europeu, afirmam que os problemas da Europa são o resultado de gastos elevados com a área social. No entanto, essa linha de pensamento só levou a Europa à recessão (e até mesmo à depressão). O fato de que a economia possa ter chegado ao fundo do poço — de que a recessão possa ter "oficialmente" terminado — não ajuda muito os 27 milhões de desempregados na União Europeia. Nos dois lados do Atlântico, os fanáticos pela austeridade querem continuar nesse caminho, dizendo que esse é o remédio amargo que precisamos tomar para alcançar a prosperidade. Prosperidade para quem?

A financeirização excessiva — que ajuda a explicar o status inglório da Grã-Bretanha, o segundo país mais desigual entre as economias mais avançadas do mundo, perdendo apenas para os Estados Unidos — também ajuda a explicar o grande aumento da desigualdade. Em muitos países, a governança corporativa fraca e a erosão da coesão social causaram o aumento das diferenças entre o pagamento de altos executivos e o de trabalhadores comuns — que ainda não se comparam à proporção de 50 para 1, observada nas grandes empresas dos Estados Unidos (de acordo com uma estimativa da Organização Mundial do Trabalho), mas, mesmo assim, maiores do que antes da recessão. (O Japão, que restringiu o pagamento aos executivos, é uma exceção notável.) As inovações norte-americanas na caça à renda — enriquecer manipulando o sistema para ficar com uma fatia maior do bolo econômico, em vez de aumentá-lo — globalizaram-se.

A globalização assimétrica também deixou marcas no mundo. O capital móvel exigiu que os trabalhadores fizessem concessões em relação aos salários e que os governos fizessem concessões fiscais. O resultado é uma corrida até o fundo do poço. Salários e condições de trabalho estão sob ameaça. Empresas pioneiras, como a Apple, cujo trabalho depende de enormes avanços na ciência e tecnologia — muitos deles financiados pelo governo — também demonstraram grande destreza em fugir dos impostos (a evasão fiscal, citada anteriormente). Querem receber, mas não estão dispostas a retribuir.

A desigualdade e a pobreza na infância são uma grande vergonha do ponto de vista moral. Os argumentos direitistas de que a pobreza é resultado de preguiça e escolhas ruins ignoram que crianças não podem escolher seus pais. Nos Estados Unidos, quase uma de cada quatro crianças vive na pobreza; na Espanha e na Grécia, cerca de uma em cada seis; na Austrália, Grã-Bretanha e Canadá, mais de uma em cada dez. Nada disso é inevitável. Alguns países fizeram a escolha de criar economias mais igualitárias: a Coreia do Sul, onde, há 100 anos, apenas uma de cada dez pessoas conseguia concluir o ensino superior, tem atualmente uma das taxas de conclusão do ensino superior mais altas do mundo.

Por esses motivos, observo que estamos entrando em um mundo mais dividido, não só entre ricos e pobres, mas também entre países que não fazem nada para combater a desigualdade e os que lutam contra ela. Alguns países conseguirão gerar a prosperidade compartilhada — a única espécie de prosperidade que eu considero realmente sustentável. Outros deixarão a desigualdade correr solta. Nessas sociedades divididas, os ricos irão se isolar em comunidades fechadas, quase que totalmente separados dos pobres, cujas vidas serão quase incompreensíveis para eles — assim como a vida dos ricos será incompreensível para os pobres. Visitei sociedades que parecem ter escolhido esse caminho. São lugares em que a maioria de nós não gostaria de viver — seja no isolamento de seus enclaves, seja na desesperança de suas favelas.

Democracia no Século XXI[*]

A RECEPÇÃO NOS ESTADOS UNIDOS, E EM OUTRAS ECONOMIAS AVANçadas, do livro de Thomas Piketty, intitulado *O Capital no Século XXI*, reflete a preocupação cada vez maior com a ascensão da desigualdade. O livro reforça ainda mais o volume de evidências, que já era avassalador, sobre o grande aumento da fatia de riqueza e renda que fica com os ocupantes do topo da pirâmide. Além disso, o livro de Piketty apresenta uma pesquisa diferente sobre os cerca de 30 anos que se seguiram à Grande Depressão e à II Guerra Mundial, considerando esse período como uma anomalia histórica, causada, talvez, pela coesão social incomum que os acontecimentos catastróficos podem estimular. Naquela era de rápido crescimento econômico, a prosperidade foi compartilhada amplamente: todos os grupos avançaram, mas os ocupantes da base da pirâmide tiveram ganhos percentuais maiores.

Piketty também lança uma nova luz sobre as "reformas" que Ronald Reagan e Margaret Thatcher venderam, na década de 1980, como estimuladoras do crescimento que beneficiariam a todos. A essas reformas seguiu-se um crescimento mais lento e uma maior instabilidade global. Além disso, o crescimento ocorrido beneficiou principalmente os ocupantes do topo da pirâmide.

Contudo, a obra de Piketty levanta questões fundamentais sobre a teoria econômica e o futuro do capitalismo. O autor documenta grandes aumentos na proporção riqueza/produção. Segundo a teoria convencional, esses aumentos estariam associados a uma queda no retorno do capital e um aumento nos salários. No entanto, atualmente, o retorno do capital não parece ter diminuído, e os salários não aumentaram, como seria de se esperar. (Nos EUA, por exemplo, os salários médios ficaram estagnados nas últimas quatro décadas.)

[*]*Project Syndicate*, 1º de setembro de 2014.

A explicação mais óbvia é que o aumento na riqueza medida não corresponde a um aumento do capital produtivo — e os dados parecem condizentes com essa interpretação. Boa parte do aumento da riqueza veio de um aumento no valor dos imóveis. Antes da crise financeira de 2008, a bolha imobiliária era evidente em muitos países; até mesmo agora, é possível que uma "correção" total ainda não tenha ocorrido. O aumento do valor também pode representar a concorrência entre os ricos por bens "posicionais" — uma casa na praia ou um apartamento na Quinta Avenida de Nova York.

Às vezes, um aumento na riqueza financeira medida corresponde a pouco mais do que uma transferência da riqueza "não medida" para a riqueza medida — transferências que podem, na verdade, refletir a deterioração do desempenho econômico geral. Se o poder monopolista aumenta, ou empresas (como bancos) desenvolvem métodos melhores de explorar os consumidores comuns, isso se manifesta como lucros mais altos e, quando capitalizados, como um aumento da riqueza financeira.

Entretanto, evidentemente, quando isso ocorre, o bem-estar da sociedade e a eficiência econômica diminuem, embora a riqueza medida oficialmente aumente. Simplesmente não levamos em conta a correspondente redução do valor do capital humano — a riqueza dos trabalhadores.

Além disso, se os bancos conseguem exercer sua influência política para socializar os prejuízos e reter uma porção cada vez maior de seus ganhos ilegítimos, a riqueza medida do setor financeiro aumenta. Não medimos a correspondente diminuição da riqueza dos contribuintes. Da mesma forma, se as corporações convencem o governo a pagar um sobrepreço por seus produtos (como fazem as grandes empresas farmacêuticas) ou obtêm acesso a recursos públicos a preços abaixo do mercado (como fazem as mineradoras), a riqueza financeira declarada aumenta, sem que a riqueza dos cidadãos comuns a acompanhe.

O que estamos observando — estagnação salarial e aumento da desigualdade, apesar do aumento da riqueza — não reflete o funcionamento de uma economia de mercado normal, e sim aquilo que eu chamo de "capitalismo ersatz" (falso capitalismo). Talvez o problema não seja o funcionamento dos mercados, mas nosso sistema político, que não assegurou a competitividade dos mercados e estabeleceu regras que sustentam os mercados distorcidos nos quais as corporações e os ricos podem explorar a todos (e, infelizmente, exploram mesmo).

Evidentemente, os mercados não acontecem no vácuo. É *obrigatório* que o jogo tenha regras estabelecidas por processos políticos. Altos níveis de desigualdade econômica em países como os EUA — e, cada vez mais, em nações que seguiram seu modelo econômico — levam à desigualdade política. Em um sistema como esse, as oportunidades de avanço econômico também se tornam desiguais, reforçando os baixos níveis de mobilidade social.

Assim sendo, a previsão de Piketty, que antevê níveis ainda maiores de desigualdade, não reflete leis econômicas inexoráveis. Mudanças simples — como impostos mais altos sobre ganhos de capital e heranças, gastos mais elevados para ampliar o acesso à educação, aplicação rigorosa das leis antitruste, reformas da governança corporativa que limitem os pagamentos a executivos e regulamentações financeiras que limitem a capacidade dos bancos de explorar o restante da sociedade — reduziriam a desigualdade e aumentariam significativamente a igualdade de oportunidades.

Se corrigirmos as regras do jogo, talvez possamos até mesmo restaurar o crescimento econômico rápido e compartilhado que caracterizou as sociedades de classe média em meados do século XX. A questão principal que nos confronta atualmente não é, na verdade, o capitalismo no século XXI, mas a democracia no século XXI.

O Falso Capitalismo[*]

Os norte-americanos finalmente estão começando a perceber a magnitude das desigualdades de renda e riqueza em nossa sociedade. Ultimamente, essa conscientização recebeu ajuda de uma fonte inesperada: a do economista francês Thomas Piketty, cujo livro *O Capital no Século XXI* é a surpresa entre os mais vendidos de 2014. Piketty reuniu a maior quantidade disponível de evidências sobre o aumento da riqueza herdada e da desigualdade econômica nos últimos 40 anos, que estão dando origem a uma nova plutocracia. Entretanto, embora Piketty tenha razão quanto à gravidade do problema, não está totalmente correto em relação à causa — e ao modo de resolvê-lo. Enquanto os norte-americanos interpretarem mal sua obra, é possível que deixemos de fazer as mudanças que poderiam, de fato, resolver o problema da desigualdade.

Em termos objetivos, Piketty afirma que a desigualdade é uma consequência natural do capitalismo. Em seu ponto de vista, o longo período de prosperidade compartilhada — característica de meados do século XX — foi uma anomalia histórica, ao passo que as disparidades da Era de Ouro dos EUA e da época atual são a norma. Porém, aquilo que é praticado hoje nos Estados Unidos talvez seja descrito de forma mais precisa pelo termo "falso capitalismo", destinado a gerar desigualdades. Esse fato ficou muito claro durante a crise financeira, na qual socializamos os prejuízos, mas permitimos que os bancos privatizassem os lucros; fomos generosos com os culpados, mas pouco fizemos para ajudar as vítimas que estavam perdendo suas casas e empregos.

Obviamente, não existe um sistema "puramente" capitalista. Nossa economia sempre foi mista, dependendo de investimentos do governo em educação, tecnologia e infraestrutura. Os setores mais inovadores e bem-sucedidos da eco-

[*] *Harper's Magazine*, Setembro de 2014.

nomia norte-americana (tecnologia e biotecnologia) estão alicerçados em pesquisas governamentais. Uma economia funcional exige o equilíbrio entre os setores público e privado, com investimentos públicos essenciais e um sistema de proteção social financiado adequadamente. Tudo isso requer tributação.

Um sistema fiscal bem elaborado precisa fazer mais do que simplesmente levantar dinheiro — pode ser usado para melhorar a eficiência e diminuir a desigualdade. O contrário do que faz nosso sistema atual. A proposta de Piketty — atacar a desigualdade mediante a tributação, por meio de um imposto global sobre a riqueza — é uma impossibilidade política, independentemente de seus méritos. Contudo, há medidas que os Estados Unidos — onde grassa a pior desigualdade entre os países desenvolvidos — podem tomar por conta própria. Com uma reforma sensata da legislação fiscal interna, podemos levantar dinheiro e melhorar o desempenho da economia simultaneamente, além de atacar alguns dos maiores problemas sociais — não só a desigualdade, mas também a falta de trabalho e a catástrofe ambiental iminente.

NA LISTA de critérios de análise de qualquer política fiscal, o primeiro item deve ser o impacto sobre a distribuição de renda. Entretanto, três princípios amplos também devem ajudar a orientar o raciocínio. Em primeiro lugar, é melhor taxar coisas ruins — como a poluição e a especulação —, em vez de coisas boas — como o trabalho e a poupança. Em segundo lugar, é melhor tributar terras, petróleo e outros recursos naturais, já que não desaparecem por conta disso (fatores com oferta inelástica, em "economês"). Esses dois princípios refletem um terceiro princípio mais geral: incentivos são importantes. Os impostos devem incentivar atividades que geram benefícios generalizados e desestimular as que custam caro à sociedade. Há uma série de reformas que promoveriam a igualdade e, ao mesmo tempo, seguiriam esses princípios.

Para começar, a tributação corporativa deveria incentivar as empresas a investir e gerar empregos nos Estados Unidos, cobrando impostos mais baixos a quem emprega. A taxação sobre a renda global das multinacionais fecharia a chamada brecha Apple-Google. A globalização deu a essas empresas a oportunidade de evasão fiscal, alegando que seus lucros imensos não se originam da criatividade dos pesquisadores norte-americanos ou da demanda aparentemente ilimitada dos consumidores norte-americanos por seus produtos, mas de uns poucos funcionários espalhados em jurisdições com impostos baixos, como a Irlanda. Tributando todas as corporações com base na produção e nas vendas nos Estados Unidos, podemos levantar receitas significativas para gerar empregos e estimular o crescimento.

Além disso, deve haver um conjunto próprio de impostos sobre o setor financeiro. Considerando o papel que esse setor desempenhou na crise financeira, é natural que arque com parte dos custos. Impostos bem elaborados sobre o setor financeiro melhorariam seu desempenho e eficiência e o induziriam a fazer melhor o que deveria fazer.

Embora Piketty afirme que o capitalismo de mercado gera naturalmente níveis obscenos de desigualdade, creio que o problema é outro: nossos mercados não agem como mercados competitivos. Nos cursos de economia mais elementares, aprendemos que os mercados competitivos — que promovem a eficiência e a inovação — reduzem os lucros. A riqueza acaba indo para as mãos de uns poucos multibilionários porque não temos uma economia verdadeiramente competitiva. Os "empreendedores" mais bem-sucedidos encontraram formas de levantar barreiras contra a concorrência, atrás das quais eles podem ganhar lucros imensos. Não é surpresa que o homem mais rico do mundo, Bill Gates, tenha amealhado sua fortuna por meio de uma empresa que adotou práticas anticoncorrência na Europa, na América e na Ásia. Também não é de se admirar que o segundo mais rico do mundo, Carlos Slim, tenha feito fortuna se aproveitando de um processo de privatização mal elaborado, criando praticamente um monopólio no setor de telecomunicações mexicano e cobrando preços muito mais altos do que seriam em mercados competitivos.

Na medida em que fracassamos em nossos esforços para tornar os mercados mais competitivos, devemos taxar os lucros dos monopólios, que são uma forma de renda, no jargão dos economistas. A taxação de terras não diminui a quantidade de terras, e o mesmo ocorre com outras formas de renda. As receitas recebidas pelos proprietários de recursos naturais também são formas de renda. Em muitos casos, as empresas de petróleo, gás e minério não são, na verdade, proprietárias desses recursos: simplesmente os extraem de terras públicas, pagando apenas uma parte de seu valor real. A melhor solução para essa injustiça seria um leilão justo e eficiente, que garantiria ao setor público o retorno total sobre esses ativos. Nos casos em que as corporações já conseguiram obtê-los pagando ao público apenas uma parte de seu valor, precisamos recuperar esse valor tributando mais pesadamente os lucros resultantes.

PASSANDO DOS IMPOSTOS CORPORATIVOS para os pessoais, devemos instituir um imposto de renda justo, para que as pessoas que trabalham para ganhar a vida não sejam obrigadas a abrir mão de uma parte maior de sua renda na forma de impostos, em comparação com aquelas que desfrutam de uma riqueza herdada ou gerenciam fundos de "private equity" (fundos que adquirem participações em grandes empresas). Embora a maioria dos norte-americanos aceite o princípio geral de que os ricos devem pagar impostos proporcionalmente maiores em relação à sua renda, na prática, o nosso sistema se afasta muito desse princípio. Os que são riquíssimos pagam um percentual menor de sua renda declarada do que os meramente ricos — e sua renda declarada, frequentemente, é menor que a renda real.

Muitas das propostas geralmente discutidas para a reforma da legislação tributária para pessoas físicas visam à eliminação das provisões destinadas a ajudar a classe média — principalmente nos EUA, reduções de juros hipotecários e isenção fiscal do seguro-saúde fornecido pelo empregador. Essas provisões limitam a base fiscal e tornam a economia menos eficiente. Portanto, sua eliminação traz alguns benefícios, caso seja feita com critério. Na prática, a dedução dos juros hipotecários fornece mais assistência para ricos que são proprietários de imóveis residenciais do que para a classe média — de fato, segundo algumas estimativas, o governo fornece mais assistência à moradia aos ricos, por meio da legislação fiscal, do que para os pobres mediante os programas sociais de habitação. A dedução estimula o consumo excessivo de imóveis e empréstimos (algo que não surpreende, considerando o poder da influência política dos bancos). Todavia, nosso setor imobiliário ainda enfrenta dificuldades depois de seu colapso, em que milhões de norte-americanos perderam uma parte substancial de seu patrimônio. A eliminação de todos os subsídios no momento atual pioraria a situação. A redução da dedução deve ser gradual, e deveríamos usar a quantia poupada para incentivar o investimento imobiliário — por exemplo, por meio de uma assistência maior às pessoas que estão adquirindo a primeira casa.

Considerando as dificuldades econômicas da classe média — as rendas, ajustadas em relação à inflação, pouco mudaram em décadas — as reformas da dedução não devem ser consideradas como formas de levantar receitas. Em vez disso, a quantia poupada deve ser devolvida na forma de uma redução das taxas marginais do imposto de renda que afetam a classe média. Alguns responderiam que não há como reduzir significativamente o deficit e, ao mesmo tempo, aumentar os impostos apenas para os ricos: eles não têm tanto dinheiro assim. Já foi assim, mas isso mudou. Uma das vantagens da desigualdade crescente é que podemos levantar quantias enormes aumentando o ônus fiscal somente na parte mais exclusiva do topo da pirâmide.

A taxação das emissões de carbono é outra forma de levantar quantias substanciais e, ao mesmo tempo, melhorar o desempenho geral da economia. Um princípio econômico básico é que as empresas devem arcar com os custos incorridos em seus processos de produção. Isso permite que o sistema de preços guie a economia para a eficiência. Quando a produção é subsidiada, ocorrem distorções no mercado. O meio ambiente é um de nossos recursos mais escassos — aqueles que o danificam com a poluição estão impondo custos importantes. Obrigar as empresas com altas emissões de carbono a arcar com esses custos tornará a economia mais eficiente e, ao mesmo tempo, levantará receitas.

Em conjunto, essas propostas levariam a um avanço na redução da desigualdade, fazendo com que voltássemos a ter uma economia como a dos anos pós-guerra. Foram anos em que os Estados Unidos estavam se tornando a sociedade de classe média que afirmavam ser há muito tempo, com décadas de crescimento rápido e prosperidade amplamente compartilhada, em que a renda das pessoas na base da pirâmide aumentou mais rapidamente que a renda dos ocupantes do topo. Também são os anos que Thomas Piketty considera como uma anomalia na história do capitalismo. Porém, para voltar àquele tempo, não é necessário eliminar o capitalismo; é preciso eliminar as distorções do mercado ocasionados pelo falso capitalismo praticado atualmente nos Estados Unidos. É uma questão mais política do que econômica. Não temos de escolher entre capitalismo e justiça. Devemos escolher ambos.

PARTE II

REFLEXÕES PESSOAIS

Os dois capítulos desta breve parte relembram minha juventude, observando-a sob o ponto de vista privilegiado do momento atual. O primeiro foi escrito por ocasião do 50º aniversário da Marcha a Washington por Empregos e Liberdade, ocorrida em 28 de agosto de 1963. Foi lá, no Washington Mall, que o reverendo Martin Luther King proferiu o memorável discurso "Eu tenho um sonho". Tive a sorte de estar presente. Obviamente, não foi apenas uma questão de sorte: eu, como muitos de meus colegas, estava envolvido na luta pela igualdade racial. A discriminação era uma cicatriz em nosso corpo político. Em meus anos de vida, presenciei, no ambiente que cercava, vidas destruídas pela discriminação. Aquilo ia contra *tudo* o que eu havia aprendido sobre o que os Estados Unidos representavam. Apesar disso, o país conviveu com esse veneno inclusive antes de sua fundação.

Mais tarde, eu (em conjunto com outros economistas) procuraria saber se a discriminação poderia persistir em uma economia de mercado. Era fácil provar que poderia — não havia outra resposta possível, já que essa era uma característica persistente de economias de mercado no mundo todo. Mesmo assim, alguns economistas tentaram negar isso. Em "Como o Dr. King Moldou Meu Trabalho na Economia", faço uma sucinta alusão a esse trabalho — uma ilustração (assim como o trabalho de macroeconomia, que afirmava a impossibilidade da ocorrência de crises) da grande distância entre a realidade e alguns modelos econômicos.[1]

Por outro lado, escrevi "O Mito da Era de Ouro dos Estados Unidos" depois de ler o livro de Thomas Piketty, *O Capital no Século XXI*, e refletir sobre minha juventude. Piketty descreveu esse período da minha vida como a era de ouro do capitalismo — o único período em que o capitalismo não se caracterizou por extremos de desigualdade. Minhas lembranças eram diferentes: tendo crescido na parte suja, industrial, dos Estados Unidos, marcada por altos níveis de discriminação, desigualdade, conflitos trabalhistas e desemprego episódico, não considero essa época como a era de ouro do capitalismo.

O presidente Kennedy havia dito que "a maré alta levanta todos os barcos"; embora talvez houvesse um pouco de verdade nessa afirmação à época — a década de 1960[2] — certamente não se pode dizer o mesmo meio século depois.

O que mais me irritou em relação à resposta do governo Obama à crise econômica foi sua aparente adoção da economia de fomento indireto: para recuperar a economia, basta dar um montante de dinheiro suficiente aos bancos. Eu havia defendido a economia de fomento direto — para ajudar a economia, era preciso dar dinheiro aos proprietários de imóveis residenciais norte-americanos, que os estavam perdendo aos milhões. Isso ajudaria até mesmo os bancos, em virtude dos efeitos positivos no mercado imobiliário, da redução da inadimplência nas hipotecas das casas próprias e da maior força da economia em geral.

Além disso, "O Mito da Era de Ouro dos Estados Unidos" também foi escrito logo após a publicação do livro de Timothy Geithner, ex-secretário do Tesouro, intitulado *Stress Test* (O Teste do Esforço, em tradução livre), no qual ele, valentemente, — mas sem sucesso, em minha opinião — tenta defender suas políticas e as políticas do governo durante o período da crise. Eles temiam que a ajuda aos donos de residências em dificuldades fosse injusta com aqueles que gerenciaram bem seus fundos e não precisavam de auxílio. Futuramente, isso desestimularia a prudência por parte dos que haviam financiado suas casas — o "problema do risco moral", que os economistas conhecem bem.

Nunca entendi como ele (e muitos do setor bancário) poderia adotar um duplo padrão dessa forma. Segundo esse critério, socorrer os bancos seria injusto não só com os outros bancos, mas também com os milhões de norte-americanos que estavam sofrendo por causa dos crimes cometidos pelos bancos. É como socorrer o culpado e deixar as vítimas entregues à própria sorte. Se havia necessidade de comprovar a relevância do risco moral, os banqueiros a comprovaram: os resgates financeiros dos empréstimos e poupança, e o socorro ao México, Coreia, Tailândia e Indonésia, que, na verdade, foram resgates de instituições financeiras ocidentais. Porém, mostramos solidariedade, assistindo-os mais uma vez. Por outro lado, os donos de casa própria, em sua maioria, foram *enganados* pelo pessoal ligado ao setor financeiro e aconselhados a fazer hipotecas que não poderiam pagar. Eles aprenderam a lição e, provavelmente, jamais voltarão a fazer isso. Ademais, entre as propostas para lidar com a enorme quantidade de despejos, havia aquelas que defendiam a reestruturação da dívida, mas, para isso, os proprietários de residências teriam de abrir mão de uma boa parte de seu patrimônio. Não foi praticamente o passe livre que o governo deu aos bancos.

Notas

1. Meu trabalho mais teórico nessa área inclui "Approaches to the Economics of Discrimination", *American Economic Review* 62, n°2 (maio de 1973): 287-95 e "Theories of Discrimination and Economic Policy", em *Patterns of Racial Discrimination*, ed. G. von Furstenberg et al. (Lexington, MA: Lexington Books, 1974), pp. 5-26. O trabalho com Andy Weiss estabeleceu as bases teóricas do "red-lining", a prática bancária de rejeitar empréstimos com base em critérios geográficos. Consulte J. E. Stiglitz e A. Weiss, "Credit Rationing in Markets with Imperfect Information", *American Economic Review* 71, n°3 (junho de 1981): 393-410. O trabalho básico que estabeleceu a perspectiva alternativa — ou seja, que as forças do mercado combateriam a discriminação — foi do falecido economista ganhador do prêmio Nobel, Gary Becker, no livro *The Economics of Discrimination*, 2ª ed. (Chicago: University of Chicago Press, 1971). Não é de se admirar que ele não tenha gostado de meu artigo e tenha me enviado um e-mail afirmando isso.

2. Na verdade, o presidente Kennedy disse isso em mais de uma ocasião, inclusive em 1960, ao elogiar a construção da St. Lawrence Seaway.

Como o Dr. King Moldou Meu Trabalho na Economia*

TIVE A SORTE DE ESTAR NO MEIO DA MULTIDÃO, EM WASHINGTON, QUANdo o reverendo Dr. Martin Luther King Jr. proferiu seu eletrizante discurso "Eu tenho um sonho", em 28 de agosto de 1963. Eu tinha 20 anos e era recém-formado. Isso aconteceu duas semanas antes do início de minha pós-graduação em Economia pelo Instituto de Tecnologia de Massachusetts (MIT).

Passei a noite anterior da Marcha para Washington por Empregos e Liberdade na casa de um colega de classe na faculdade cujo pai, Arthur J. Goldberg, fora juiz da Suprema Corte e estava comprometido com a causa da justiça econômica. Quem poderia imaginar que, 50 anos depois, esse mesmo órgão — que parecia determinado a marcar a transição para um país mais justo e inclusivo — iria se tornar o instrumento de preservação de desigualdades: permitir gastos corporativos praticamente ilimitados para influenciar campanhas políticas, fingir que as consequências da discriminação eleitoral não existem mais e restringir o direito de trabalhadores e outros pleiteantes a instaurar processos judiciais contra empregadores e empresas?

Ouvir o Dr. King evocou muitas emoções em mim. Apesar de ser jovem e protegido, eu fazia parte de uma geração que enxergava as injustiças herdadas do passado e estava comprometida em corrigi-las. Por ter nascido durante a II Guerra Mundial, atingi a maioridade em uma época em que mudanças silenciosas, mas inconfundíveis, estavam em curso na sociedade norte-americana.

Como presidente do conselho estudantil da Faculdade de Amherst, liderei um grupo de colegas em uma viagem ao Sul para ajudar a promover a integração racial. Não conseguíamos entender a violência daqueles que queriam conservar o velho sistema de segregação. Quando visitamos uma faculdade só para negros,

New York Times, 27 de agosto de 2013.

sentimos intensamente a disparidade de oportunidades educacionais oferecidas aos estudantes de lá, principalmente em comparação com as que recebemos em nossa faculdade privilegiada e encastelada. Era um campo de jogo desnivelado, e isso era fundamentalmente injusto. Era uma afronta ao conceito de sonho norte--americano, com o qual crescemos e no qual acreditávamos.

Decidi tornar-me economista, em vez de estudar Física Teórica, conforme a minha intenção inicial, porque esperava que se pudesse fazer algo em relação a isso e outros problemas que vi tão de perto ao crescer em Gary, Indiana — pobreza, desemprego episódico e persistente e discriminação incessante contra os afro-americanos. Logo descobri que havia entrado para uma tribo estranha. Embora houvesse alguns intelectuais (incluindo vários de meus professores) que davam grande importância aos problemas que me levaram a essa área, a maioria não se importava com a desigualdade; a escola dominante venerava Adam Smith (apesar de não tê-lo compreendido) e o milagre da eficiência da economia de mercado. Eu acreditava que, se esse era o melhor dos mundos, minha vontade era construir outro mundo e viver nele.

No mundo estranho da economia, o desemprego (se é que existia) era culpa dos trabalhadores. Um economista da Escola de Chicago, Robert E. Lucas Jr., ganhador do prêmio Nobel, escreveria mais tarde: "Dentre as tendências prejudiciais à boa economia, a mais sedutora — e, na minha opinião, mais venenosa — é o foco em questões de distribuição". Outro ganhador do prêmio Nobel e partidário da Escola de Chicago, Gary S. Becker, tentaria mostrar que a discriminação não poderia existir em mercados de trabalho verdadeiramente competitivos. Enquanto eu e outros tivéssemos escrito numerosos artigos explicando que esse argumento é um sofisma, o argumento dele é que foi bem recebido.

Como tantos que fazem uma retrospectiva dos últimos 50 anos, não posso deixar de me espantar com a discrepância entre nossas aspirações e nossas realizações.

É verdade que um "telhado de vidro" foi estilhaçado: temos um presidente afro-americano.

No entanto, o Dr. King percebeu que a luta pela justiça social deveria ser ampla: a batalha não era só contra a segregação e discriminação racial, mas também pela maior igualdade econômica e justiça para todos os norte-americanos. Não foi à toa que os organizadores da marcha, Bayard Rustin e A. Philip Randolph, deram-lhe o nome de Marcha para Washington por Empregos e Liberdade.

Em muitos aspectos, o progresso nas relações raciais foi corroído, e até mesmo revertido, pelos abismos econômicos crescentes que assolam todo o país.

Infelizmente, a batalha contra a discriminação descarada está longe de terminar: 50 anos depois da marcha, e 45 anos depois da promulgação da Lei de Moradia Justa, grandes bancos dos Estados Unidos, como o Wells Fargo, ainda discriminavam com base na raça, vitimando os cidadãos mais vulneráveis com suas atividades de empréstimos predatórios. A discriminação no mercado de trabalho é profunda e penetrante. A pesquisa indica que candidatos com nomes que parecem ser afro-americanos são menos chamados para entrevistas de emprego. A discriminação toma novas formas; o perfilamento racial ainda é uma prática generalizada em várias cidades norte-americanas — e isso inclui as políticas de revista policial que se tornaram uma prática padrão em Nova York. Nossa taxa de encarceramento é a mais alta do mundo, ainda que — finalmente — hajam indícios de que estados fiscalmente empobrecidos estejam começando a se dar conta da loucura — ou até mesmo a desumanidade — de desperdiçar tanto capital humano com o encarceramento em massa. Quase 40% dos presidiários são negros. Essa tragédia vem sendo documentada de forma muito poderosa por Michelle Alexander e outros juristas.

Os números brutos contam uma boa parte da história: não houve um fechamento significativo da lacuna entre a renda dos afro-americanos (ou hispânicos) e a dos brancos nos últimos 30 anos. Em 2011, a renda mediana das famílias negras foi de US$40.495 — apenas 58% da mediana da renda das famílias brancas.

Passando da renda à riqueza, também observamos uma desigualdade crescente. Em 2009, a mediana da riqueza dos brancos era 20 vezes maior que a dos negros. A Grande Recessão de 2007 a 2009 foi particularmente dura com os afro-americanos (como tipicamente acontece com os ocupantes da parte mais baixa do espectro socioeconômico). Eles tiveram uma queda de 53% na mediana da riqueza entre 2005 e 2009 — uma queda mais de três vezes superior à dos brancos, uma diferença recorde. Contudo, a pretensa recuperação foi pouco mais do que uma quimera. Mais de 100% dos ganhos da recuperação foram para o 1% no topo — um grupo em que, nem é preciso dizer, não há um grande número de negros.

Quem sabe o rumo que a vida do Dr. King tomaria se não tivesse sido ceifada pela bala de um assassino? Ele, que foi assassinado aos 39 anos de idade, teria 84 anos hoje. Provavelmente teria apoiado os esforços do presidente Obama para reformar nosso sistema de saúde e defender a rede de segurança social para os idosos, pobres e deficientes, mas é difícil imaginar que uma pessoa de senso moral tão elevado não ficasse, no mínimo, desesperada com os Estados Unidos de hoje.

Não obstante a retórica sobre a terra da liberdade, as perspectivas de vida de um jovem nos Estados Unidos dependem mais da renda e nível de instrução de seus pais do que em praticamente qualquer outro país avançado. Portanto, o legado da discriminação e da falta de oportunidades, de educação e trabalho é perpetuado de geração em geração.

Devido a essa ausência de mobilidade social, o fato de que, até mesmo hoje, 65% das crianças afro-americanas vivam em famílias de baixa renda não é promissor para o futuro delas, nem para o futuro do país.

A renda real dos homens que concluíram apenas o ensino médio sofreu quedas imensas nas duas últimas décadas, um declínio que afetou os afro-americanos de forma desproporcional.

Embora a aberta discriminação racial nas escolas tenha sido banida, na verdade, a segregação educacional piorou nas décadas recentes, segundo foi documentado por Gary Orfield e outros acadêmicos.

Isso aconteceu, em parte, porque o país se tornou mais segregado em termos econômicos. Crianças negras pobres têm maior probabilidade de viver em comunidades com pobreza concentrada — cerca de 45% vivem nessas comunidades, em comparação aos 12% de crianças brancas pobres, segundo o Instituto de Política Econômica.

Completei 70 anos de idade este ano. Boa parte de meu trabalho intelectual e serviço público nas décadas recentes — inclusive no Conselho de Assessores Econômicos durante o governo Clinton e, em seguida, no Banco Mundial — foi dedicado à redução da pobreza e da desigualdade. Espero ter atendido ao chamado do Dr. King, que ecoou há meio século.

Ele tinha razão ao reconhecer que esses abismos persistentes são um câncer em nossa sociedade, minando nossa democracia e enfraquecendo a economia. Sua mensagem era que as injustiças do passado não eram inevitáveis. No entanto, ele também sabia que apenas sonhar não basta.

O Mito da Era de Ouro dos Estados Unidos*

Eu não havia percebido, ao crescer em Gary, Indiana — uma cidade industrial no litoral sul do lago Michigan assolada por discriminação, pobreza e períodos de alto índice de desemprego — que eu estava vivendo a era de ouro do capitalismo. Era uma cidade empresarial, que recebeu o nome do Presidente do Conselho de Administração da U.S. Steel. Possuía a maior usina siderúrgica integrada do mundo e um sistema escolar progressista, projetado para transformar Gary em um cadinho de raças alimentado por migrantes de toda a Europa. Mas, na época em que eu nasci, em 1943, as rachaduras nesse amálgama já estavam aparecendo. Para acabar com as greves — ou seja, garantir que os trabalhadores não compartilhassem plenamente os ganhos de produtividade impulsionados pela tecnologia moderna — as grandes siderúrgicas "importaram" trabalhadores afro-americanos do sul que viviam em bairros empobrecidos e segregados.

Chaminés despejavam venenos no ar. Com as dispensas periódicas, muitas famílias viviam na miséria. Apesar de ser apenas uma criança, eu percebia claramente que o livre mercado tal como o conhecíamos não era a fórmula para sustentar uma sociedade próspera, feliz e saudável.

Então, quando saí de lá para cursar a faculdade, fiquei pasmado com o que eu lia. Os textos-padrão de Economia da época pareciam estar fora da realidade que eu testemunhei ao crescer em Gary. Diziam que o desemprego não deveria existir e que o mercado proporcionava o melhor de todos os mundos possíveis. Porém, eu decidi que, se isso fosse verdade, queria viver em outro mundo. Enquanto outros economistas estavam obcecados em exaltar as virtudes da economia de mercado, o foco do meu trabalho foi explicar os motivos pelos quais os

---

Politico, Julho/Agosto de 2014.

mercados fracassam, e dediquei uma boa parte da minha tese de doutorado pelo MIT à compreensão das causas da desigualdade.

Quase meio século depois, o problema da desigualdade atinge as proporções de uma crise. John F. Kennedy, refletindo o otimismo imperante na época em que eu era universitário, afirmou certa vez que a maré alta levanta todos os barcos. No fim das contas, atualmente, quase todos nós estamos no mesmo barco — a embarcação que transporta os 99% que ocupam a base da pirâmide. Ela se caracteriza por mais pobreza na parte inferior e um esvaziamento da classe média — muito diferente daquela em que o 1% navega.

O mais alarmante é a percepção de que o sonho norte-americano — a ideia de que vivemos na terra da oportunidade — é um mito. Atualmente, as perspectivas de vida de uma criança dependem mais da renda e do nível de instrução dos pais do que em muitos outros países desenvolvidos, inclusive os da "velha Europa".

Agora surge Thomas Piketty, que — em seu livro merecidamente celebrado, O Capital no Século XXI — nos adverte de que as coisas só tendem a piorar. Ele afirma que o estado natural do capitalismo parece ser, acima de tudo, uma condição de grande desigualdade. Quando eu era estudante de graduação, ensinava-se o oposto disso. De modo otimista, o economista Simon Kuznets escreveu que, depois de aumentar após um período inicial de desenvolvimento, a desigualdade começa a declinar. Embora os dados fossem escassos naquele momento, talvez isso refletisse a verdade de seu tempo: as desigualdades do século XIX e do início do século XX pareciam diminuir. Essa conclusão foi aparentemente confirmada durante o período que se estendeu da II Guerra Mundial a 1980, em que as fortunas dos ricos e as da classe média cresceram juntas.

Entretanto, os indícios do último terço de século sugerem que esse período foi uma anomalia. Foi uma época de solidariedade induzida pela guerra, em que o governo manteve o campo de jogo nivelado, e a GI Bill of Rights (Lei de Reajuste para Ex-Combatentes), bem como os avanços posteriores nos direitos civis, mostraram que o sonho norte-americano fazia algum sentido. Hoje, a desigualdade está crescendo drasticamente outra vez, e as três últimas décadas provaram taxativamente que um dos grandes culpados é a economia de fomento indireto — a ideia de que o governo pode simplesmente se afastar e, se os ricos ficarem mais ricos e usarem seus talentos e recursos para gerar empregos, todos serão beneficiados. Isso simplesmente não funciona, e agora os dados históricos comprovam sua inoperância.

Como país, demoramos demais a compreender esse perigo. Mudanças na distribuição de renda e riqueza ocorrem lentamente; por isso, há necessidade de uma grande perspectiva histórica — como a que Piketty propicia — para ter uma noção do que está acontecendo.

Ironicamente, a prova final que desmascara a ideia da economia de fomento indireto, bem característica dos republicanos, veio de um governo dos democratas. A abordagem do presidente Obama, que priorizou os bancos para salvar o país de outra Grande Depressão adotou a ideia de que, dando dinheiro aos bancos (e não aos donos de casa própria que foram vítimas deles), a economia seria salva. O governo despejou bilhões nos bancos que levaram o país à beira da ruína, sem impor nenhuma condição. Quando o Fundo Monetário Internacional e o Banco Mundial realizam um resgate financeiro, esses órgãos praticamente impõem requisitos para garantir que o dinheiro seja usado da forma pretendida. No entanto, nesse caso, o governo limitou-se a expressar a esperança de que os bancos mantivessem o fluxo do crédito, que é a seiva vital da economia. E, então, os bancos reduziram os empréstimos e ofereceram bônus gigantescos a seus executivos, a despeito de que eles quase tenham destruído as empresas. Mesmo naquela época, sabíamos que uma boa parte do lucro dos bancos não tinha sido obtida aumentando a eficiência da economia, mas pela exploração — por meio de empréstimos predatórios, práticas abusivas das empresas de cartões de crédito e preços monopolistas. Toda a gama de seus crimes — por exemplo, a manipulação ilegal de taxas de juros básicas e taxas de câmbio, afetando os derivativos e hipotecas em centenas de trilhões de dólares — estava apenas começando a ser decifrada.

Obama prometeu dar um basta a esses abusos, mas, até o momento, apenas um banqueiro de alto escalão foi para a cadeia (acompanhado de uns poucos funcionários de baixa e média hierarquia). O ex-secretário do Tesouro do presidente, Timothy Geithner, no livro *Stress Test*, tentou defender — valentemente, mas sem êxito — as medidas do governo, sugerindo que não havia alternativa. Entretanto, ficou claro que Geithner temia excessivamente o "risco moral" de ajudar os donos de casa própria em dificuldades — em outras palavras, estimular maus hábitos de empréstimos — mas não se preocupou tanto com o risco moral de ajudar os bancos, nem com a culpabilidade dos bancos por estimular o endividamento excessivo e comercializar hipotecas que representavam riscos insuportáveis para os pobres e as pessoas de classe média.

Na verdade, as tentativas de Geithner de justificar as medidas do governo apenas reforçam minha crença de que o sistema é desonesto. Se os responsáveis por decisões críticas foram "capturados cognitivamente" pelo 1%, pelos banqueiros, a ponto de considerar que a única alternativa é dar centenas de bilhões de dólares para os causadores da crise, deixando os trabalhadores e donos de casa própria em dificuldades, o sistema é injusto.

Essa abordagem também exacerbou um dos problemas mais urgentes: a desigualdade cada vez maior. A economia só pode se recuperar plenamente e crescer rapidamente se contar com uma classe média vibrante. Quanto maior é a desigualdade, mais lento é o crescimento — uma conclusão que até o FMI corrobora atualmente. Já que os menos ricos consomem uma parte maior de sua renda, em comparação com os mais abastados, eles aumentam a demanda quando têm mais renda. Quando há expansão da demanda, empregos são gerados: nesse sentido, os verdadeiros geradores de empregos são os norte-americanos comuns. Portanto, a desigualdade cobra um preço alto: uma economia enfraquecida, caracterizada por um índice de crescimento mais baixo e mais instabilidade. Não é algo muito complicado.

Nada disso é consequência de forças econômicas inexoráveis: é resultado da política e de políticas — daquilo que fizemos e deixamos de fazer. Se a política leva à taxação preferencial para pessoas que vivem do capital; a um sistema educacional em que os filhos dos ricos têm acesso às melhores escolas, mas os filhos dos pobres vão a escolas medíocres; ao acesso exclusivo dos ricos aos serviços caros de advogados tributaristas talentosos e centros bancários *offshore* para evitar o pagamento de um valor justo em impostos — não é de se admirar que a desigualdade seja grande e o nível de oportunidade seja baixo. Se essas políticas continuarem, essa situação ficará ainda pior.

Agora também ficou claro que o alto nível de desigualdade econômica se refletiu em formas novas e grosseiras de desigualdade política — a tal ponto que o sistema político pode ser descrito como "um dólar, um voto" em vez de "uma pessoa, um voto". A decisão da Suprema Corte de janeiro de 2010, conhecida como *Cidadãos Unidos*, deu às corporações mais direitos de influência política em comparação com os cidadãos comuns — sem responsabilizar as corporações nem seus diretores. A corroboração dessa decisão, conhecida como *McCutcheon*, eliminou os limites agregados referentes a contribuições individuais para candidatos nacionais e partidos. Portanto, hoje, quanto mais rico você é, maior é a influência que pode exercer no processo político e nas decisões econômicas que provêm dele, e mais capacidade você tem de colocar tudo a favor do 1%. É de se admirar que os ricos fiquem cada vez mais ricos?

CAUTELOSAMENTE E COM ATRASO, cerca de seis anos após o fato, o governo Obama começou a rever seus pontos de vista sobre a Grande Recessão. Até mesmo Geithner, em seu livro, concorda que deveriam ter feito mais. Todavia, os recursos eram escassos e era necessário fazer as apostas que seriam mais eficazes. Essa é a questão: por ter ouvido os banqueiros, não é surpresa que ele tenha colocado dinheiro nos bancos. Mesmo antes da posse de Obama, eu defendi uma ênfase maior nos donos de casa própria. Deveríamos combinar pelo menos um pouco de economia de fomento direto com a economia de fomento indireto. No entanto, as pessoas que concordavam comigo não tiveram voz, já que o governo acatou a opinião do setor financeiro, que defendia seus próprios interesses.

Os partidários de Obama parecem perplexos com a pouca gratidão do país ao governo por ter evitado outra Grande Depressão. Eles salvaram os bancos e, ao fazer isso, livraram a economia de uma tempestade que ocorre uma vez a cada cem anos. E afirmam orgulhosamente que todo o dinheiro dado ao setor financeiro foi mais do que reembolsado. Mas, ao afirmar isso, ignoram algumas realidades críticas: não foi algo que simplesmente aconteceu. Foi o resultado de um comportamento irresponsável, consequência prevista e previsível da desregulamentação e má aplicação das regulamentações que restaram; a consequência de adotar a mentalidade do 1% e dos banqueiros. Geithner e seu mentor, Larry Summers, ex-assessor econômico da Casa Branca, carregam apenas uma pequena parte da culpa por isso. É como se, após um acidente causado por dirigir bêbado — em que a última dose foi servida pelo policial de plantão — o motorista bêbado tivesse sido colocado de volta no carro, o carro tivesse sido levado para a oficina e a vítima tivesse sido abandonada na cena do crime.

O próprio reembolso é, pelo menos em parte, resultado de um jogo que deixaria qualquer vigarista orgulhoso. O governo, com a aprovação do Federal Reserve, empresta dinheiro ao banco a uma taxa de juros próxima de zero. Em seguida, o banco empresta ao governo a 2 ou 3%, e o "lucro" é devolvido ao governo como reembolso do "investimento" realizado. Enquanto isso, os executivos dos bancos ganham um bônus pelos altos retornos que eles proporcionaram ao banco — algo que uma criança de 12 anos poderia ter feito. Isso é capitalismo? Em um mundo em que o estado de direito realmente imperasse, um motorista bêbado teria que arcar com os custos do conserto do próprio carro e também pagar pelos danos causados — nesse caso, o prejuízo cumulativo no PIB, que agora chega a mais de US$8 trilhões e está aumentando à taxa de US$2 trilhões por ano. Os bancos se recuperam, enquanto a renda dos norte-americanos típicos cai a níveis que não se viam em duas décadas. É compreensível que a política cause certa raiva.

Não se trata de um caso de falha de comunicação, como os funcionários do governo dizem. O problema é que os norte-americanos perceberam o que o governo estava fazendo. Havia no país um debate saudável sobre linhas de ação alternativas — antes, durante e depois dos "bailouts" (a assistência financeira governamental). O motivo pelo qual críticos como Sheila Bair, Elizabeth Warren, Neil Barofsky, Simon Johnson, Paul Krugman e outros (de esquerda, de direita e de centro) ganharam o dia — ou, pelo menos, o debate intelectual e a guerra pelas percepções do público — não foi porque se comunicaram de forma mais adequada e sim porque passaram a mensagem mais convincente: havia formas alternativas de resgatar a economia que eram mais justas e teriam levado a uma economia mais forte. Em vez disso, agora a política e a economia estão presas em um círculo vicioso: a desigualdade econômica leva à desigualdade política, e a desigualdade política leva à mudança das regras para aumentar o nível de desigualdade econômica ainda mais, e por aí vai. Qual é o resultado? A desilusão cada vez maior com a nossa democracia.

A situação pode muito bem ficar pior. Pesquisas recentes revelaram vários outros círculos viciosos. As armadilhas de pobreza fazem com que os ocupantes da base da pirâmide continuem lá. O destino de um filho de pais pobres que vai bem na escola é muito mais sombrio que o de um filho de pais ricos que vai mal na escola. Cerca de 1/4 dos primeiranistas de faculdades norte-americanas que vêm da base da pirâmide terminam o curso aos 24 anos, em comparação com 90% das pessoas no quartil superior. Considerando que o salário das pessoas que concluíram apenas o ensino médio é de apenas 62% dos ganhos de um universitário formado típico — comparado com 81% em 1965 — é provável que eles sejam mais pobres que os pais.

Nesse meio tempo, impostos mais baixos sobre o capital e sobre heranças estão permitindo o acúmulo da riqueza herdada — na verdade, permitindo a criação de uma nova plutocracia norte-americana. É possível, inclusive — como eu afirmei há muito tempo em minha tese de doutorado, e como Piketty enfatizou — que a riqueza se concentre ainda mais entre pessoas seletas. A prosperidade compartilhada que caracterizou o país na era de ouro de minha juventude — em que todos os grupos tiveram um aumento na renda, mas a renda dos ocupantes da base da pirâmide aumentou mais rapidamente — faz parte de um passado distante.

Porém, talvez eu seja ingênuo o suficiente para acreditar que o problema não esteja apenas no capitalismo: o problema maior está na paralisia de nossa política e na exclusão do pensamento progressista em um debate que ainda finge que o maior problema é o governo. Vivi toda a minha carreira como um economista que critica os mercados demonstrando suas imperfeições, mas que ainda podem ser uma força poderosa para elevar o padrão de vida de todos. Precisamos de um equilíbrio, como aquele que havia em meados do século XX, quando o governo desempenhou um papel progressista. Do contrário, receio que ficaremos com as cicatrizes permanentes causadas pelo sistema político-econômico injusto que tanto contribuiu para gerar a desigualdade atual.

Na época em que eu cresci em Gary, durante a "era de ouro" da cidade, sufocada pela poluição, era impossível saber qual seria seu futuro. Não sabíamos nada a respeito da desindustrialização dos Estados Unidos, que estava prestes a acontecer, nem falávamos disso. Em outras palavras, eu não percebia que a dura realidade que estava deixando para trás ao ir para a faculdade seria o auge da cidade de Gary. Receio que, talvez, os Estados Unidos estejam na mesma situação hoje.

PARTE III

DIMENSÕES DA DESIGUALDADE

A DESIGUALDADE, NOS ESTADOS UNIDOS E EM OUTROS PAÍSES, TEM várias dimensões. Cada uma tem sua história. Alguns países são piores em uma dimensão e melhores em outras. Há desigualdade no topo — a fatia de renda que fica com o 1% ou 0,1% do topo — e há desigualdade na base — a quantidade de pessoas na pobreza e a profundidade da pobreza. Há desigualdades na saúde e no acesso à educação, na voz política e na insegurança. Há desigualdades de gênero e privações na infância. Além disso, talvez o mais importante seja a *igualdade de oportunidades*.

As desigualdades estão, sem dúvida, relacionadas: privações na infância e desigualdade no acesso à educação e à assistência médica basicamente eliminam a igualdade de oportunidades. O número cada vez maior de indícios de que os países (ou áreas) com maior desigualdade de renda são regiões em que as oportunidades são menos igualitárias nos ajuda a entender por que os Estados Unidos — que têm o nível mais alto de desigualdade de resultados entre os países avançados — tornou-se um dos países avançados com oportunidades menos igualitárias. As perspectivas de vida de um norte-americano jovem dependem mais da renda e do nível de instrução de seus pais do que as perspectivas de jovens de outros países avançados.

Os artigos desta parte do livro propiciam uma análise seletiva de alguns aspectos fundamentais dessas desigualdades, começando com "Oportunidades Iguais: O Mito Nacional". Muitos dos aspectos da questão mencionados aqui ecoam em ensaios posteriores. Por exemplo, a privação na infância parece absolutamente errada do ponto de vista moral, simplesmente porque a criança não pode ser responsável, em nenhum sentido, por seu infortúnio; mas não poderemos fazer nada contra a desigualdade de oportunidades, a não ser que ataquemos a privação na infância. Todavia, conforme ressalto em um artigo para a Unicef, escrito por ocasião do 25º aniversário da Convenção sobre os Direitos da Criança, uma em cada cinco crianças nos Estados Unidos cresce na pobreza.

"Dívida Estudantil e a Destruição do Sonho Americano" trata de uma das injustiças mais graves do país: o acesso ao ensino superior. As injustiças no acesso à educação, por sua vez, estão entre os motivos pelos quais os Estados Unidos não são mais a terra da oportunidade. No país, a maior parte da população concluía o ensino superior, mas agora os Estados Unidos estão esgotados. O mais devastador é que a educação perpetua vantagens e desvantagens: entre os norte-americanos nascidos por volta de 1980, somente 9% das pessoas que ocupam o quarto inferior da distribuição de renda concluiu o ensino superior.

Um dos motivos disso é o custo desse ensino. Outros países fornecem educação gratuita ou a subsidiam mais pesadamente. A situação que já era ruim antes da crise de 2008, só a agravou. À medida que as rendas se deterioraram, os estados cortaram o apoio e as faculdades foram obrigadas a aumentar as mensalidades. Assim como os norte-americanos exageraram na alavancagem para a aquisição de imóveis residenciais, agora estão se endividando excessivamente para financiar a educação — tanto, que o financiamente estudantil passa de um trilhão de dólares e o estudante médio se forma devendo quase US$30.000. As consequências macroeconômicas dessa tendência são analisadas mais adiante — isso influencia as decisões dos jovens em relação à compra de um carro ou uma casa e até mesmo em relação ao casamento. No entanto, as consequências microeconômicas são difusas — estresse, pois os jovens ficam entre a cruz e a espada, sabendo que, se não tiverem uma educação avançada, suas perspectivas são bastante negativas e, se fizerem um curso superior, terão uma dívida esmagadora ao se formar.

Neste breve ensaio, não abordo uma questão óbvia: existe alternativa, principalmente em um país com graves restrições orçamentárias? Há duas abordagens. Países muito mais pobres que os Estados Unidos decidiram que a educação para todos é uma prioridade e estão fornecendo ensino universitário gratuito (ou subsidiado muito mais intensamente). A iniciativa que o presidente Obama tomou em 2015, tornando as faculdades comunitárias gratuitas para estudantes qualificados, é um exemplo disso. Essa foi uma questão importante no plebiscito sobre a independência da Escócia, realizado em 2014: a Inglaterra segue o modelo norte-americano, aumentando bastante as mensalidades nos últimos 15 anos, mas a Escócia vem fornecendo educação gratuita aos jovens. A Austrália adota outra abordagem. Lá, o governo empresta dinheiro aos estudantes a taxas de juros baixas e, em seguida, cobra o empréstimo com base na renda. Estudantes com renda mais alta reembolsam mais. Essa medida não só evita o estresse enorme que o sistema norte-americano provoca nos jovens — e a exploração por financiadores privados —, como também permite que os jovens escolham uma profissão condizente com seus interesses e capacidades. Podem seguir a vocação religiosa ou a carreira de professor sem se preocupar com os empréstimos. Estudantes da área jurídica podem optar pelo Direito público, em vez do Direito corporativo. Os benefícios para a sociedade deveriam ser óbvios.

"Justiça para Alguns" trata de um aspecto particularmente repulsivo da desigualdade nos Estados Unidos — a falta de acesso igualitário à justiça. Os jovens norte-americanos começam o dia jurando lealdade à bandeira e o trecho "com justiça para todos" é fundamental nesse juramento. Apesar disso, cada vez mais, a verdade é que os Estados Unidos oferecem "justiça para quem pode pagar". Isso fica mais evidente no nosso sistema de justiça criminal, basta observar que a parcela de cidadãos encarcerados é maior do que a de qualquer outro país, inclusive a China: com menos de 5% da população mundial, os Estados Unidos têm 25% dos presidiários do mundo. Entretanto, são os pobres e afro-americanos que correm um risco maior de passar o final da adolescência e o início da segunda década de vida na cadeia, em vez de estudar.[1]

O artigo aborda a questão no contexto da crise imobiliária norte-americana, e um aspecto específico da mesma: a "crise do robo-signing", ou seja, o ato de aprovar documentos sem examinar sua exatidão. Na pressa de fazer hipotecas ruins, os bancos não tiveram o devido cuidado com os detalhes contratuais. Quando a inevitável crise imobiliária eclodiu, no momento de executar as hipotecas das casas adquiridas com dinheiro emprestado de muito bom grado pelos bancos há alguns anos, os registros bancários estavam totalmente desorganizados. Muitos estados têm um sistema em que os bancos podem simplesmente assinar um depoimento juramentado afirmando que examinaram os registros e a pessoa cuja hipoteca está sendo executada por não pagamento realmente deve a quantia alegada. O pobre acusado pode gastar dinheiro para tentar se defender — mas o problema de ser pobre nos Estados Unidos é que justiça custa caro. Os bancos basicamente mentiram nos tribunais — não uma, mas várias vezes. Pessoas que não deviam nada perderam suas casas.

O artigo levanta uma questão perturbadora: os norte-americanos acreditam que um dos pontos fortes do país é o estado de direito, mas, será que isso é verdade? Este deve proteger os fracos contra os fortes; sendo assim, a lei deve ser aplicada imparcialmente. Temos leis contra o perjúrio. Temos leis para proteger pessoas contra o confisco injusto de suas propriedades. Porém, não fizemos valer a lei contra os banqueiros — nem um banqueiro sequer foi preso por aquele crasso erro judicial. A crise imobiliária poderia ter sido evitada se as leis já existentes sobre empréstimos predatórios e discriminatórios tivessem sido aplicadas com maior eficácia — e se o Fed tivesse assumido a responsabilidade de fazer valer os padrões de empréstimos no mercado hipotecário.

O artigo "A Única Solução de Moradia que Restou: Refinanciamento Hipotecário em Massa", escrito em conjunto com Mark Zandi, economista-chefe da Moody's, uma agência de classificação de risco, afirma que existem formas alternativas de lidar com a crise imobiliária, após sua eclosão — tomando emprestada uma ideia que funcionou na Grande Depressão e não teria custado nada ao governo. Jeff Merkley, senador por Oregon, apresentou um projeto de lei, "Rebuilding American Homeownership", que teria realizado isso. Havia inclusive uma estratégia para tal dentro das limitações políticas da época. Mas não conquistamos a adesão do governo Obama.

Mais tarde, o governo reconheceu que não ter feito o suficiente para resolver o problema imobiliário foi um de seus erros críticos, tanto política quanto economicamente. Os bancos receberam muito dinheiro, mas quase nada foi dado aos norte-americanos que estavam perdendo suas casas. Houve alguns programas pequenos, envolvendo alguns bilhões de dólares, que foram anunciados com grande estardalhaço, mas que acabaram decepcionando. Poucos donos de imóveis residenciais foram socorridos. O governo nunca explicou adequadamente por que não apoiou essa proposta de bom custo-benefício ou as alternativas que eu e outros defendemos.[2] Talvez seja por nunca terem compreendido a profundidade da crise que surgia; talvez por estarem obcecados demais com o socorro aos bancos, a ponto de pensarem que seria um erro dirigir a atenção — e o dinheiro — a qualquer outra coisa; talvez por terem dado ouvidos aos banqueiros, que estavam mais inclinados a culpar mais os mutuários do que suas próprias práticas de empréstimos; talvez porque várias propostas (mas não esta) exigiam que os bancos reconhecessem os prejuízos ou, quem sabe, porque os banqueiros tinham a esperança de poder continuar explorando os donos de casa própria, e essa proposta teria limitado o escopo da exploração ao oferecer-lhes uma opção de refinanciamento.

Os dois artigos finais desta parte tratam de dois dos aspectos mais inquietantes da desigualdade norte-americana: a pobreza infantil e as injustiças na assistência médica. A pobreza infantil nos Estados Unidos, que está entre as piores dos países desenvolvidos, tem consequências que afetam toda a vida. Já que uma boa parte dos norte-americanos não está desenvolvendo seu potencial, isso também traz consequências para o desempenho geral da economia. As crianças foram atingidas de forma particularmente dura pela desigualdade crescente entre os adultos e a destruição dos programas sociais que forneciam não só uma rede de segurança social, mas também benefícios com os quais os cidadãos comuns contam. De fato, a situação ficou tão ruim que, olhando apenas as estatísticas, se uma pessoa que ainda não nasceu — não sabendo qual seria seu destino, se estaria no topo ou na base da pirâmide, se seria filha de um milionário ou de um encanador ou professor — fosse escolher o país onde pudesse ter as melhores possibilidades, ela não escolheria os Estados Unidos. Obviamente, escolheria este país se fosse nascer em uma família rica e com bom nível de instrução, se tivesse a certeza de que já entraria no jogo com vantagem. De outra forma, não o faria.

O último artigo desta parte foi escrito na época em que a epidemia de Ebola devastava a parte ocidental da África, gerando temores de que pudesse chegar aos Estados Unidos. Os pontos fundamentais são dois: a doença se arraigou onde o índice de pobreza era alto e os serviços de saúde, limitados. E recorremos ao governo — não ao setor privado — para gerenciar uma crise desse porte; contudo, o subfinanciamento das agências públicas no âmbito nacional e mundial havia minado sua capacidade em relação a isso. A conclusão do artigo é que nós — os Estados Unidos e o mundo — estamos pagando um alto preço por nosso compromisso ideológico com a assistência médica fornecida e financiada pelo setor privado e por termos feito pouco para reduzir a desigualdade, particularmente na assistência médica.

Antes de concluir esta seção, devo enfatizar que abordei apenas algumas das muitas dimensões do grande abismo nos Estados Unidos. Não escrevi, particularmente, a respeito do abismo entre os gêneros e entre as raças; embora tenham sido reduzidas, as disparidades de gênero continuam grandes, e os avanços na questão das disparidades raciais são decepcionantes. Por certo, há casos de sucesso emblemáticos — uns poucos CEOs e o próprio presidente Obama. Contudo, na verdade, as diferenças de renda entre brancos e afro-americanos pioraram e as discrepâncias de riqueza se acentuaram, particularmente depois da Grande Recessão.

Além disso, não descrevi a evisceração da classe média.

Os ensaios desta parte preparam o caminho para os da seção seguinte, na qual analisamos as causas dessa desigualdade crescente.

Notas

1. Alguns sugerem que isso não é um mero acidente, mas uma continuação das políticas discriminatórias que assolam os Estados Unidos há muito tempo. Consulte, especificamente, Michelle Alexander, *The New Jim Crow: Mass Incarceration in the Age of Colorblindness*, ed. rev. (Nova York: New Press, 2012).

2. Consulte, por exemplo, Joseph E. Stiglitz, *O Mundo em Queda Livre: Os Estados Unidos, o Mercado Livre e o Naufrágio da Economia Mundial* (São Paulo: Cia das Letras, 2010).

Oportunidades Iguais:
O Mito Nacional*

O SEGUNDO DISCURSO DE POSSE DO PRESIDENTE OBAMA USOU UMA LINguagem eloquente para reafirmar o compromisso dos Estados Unidos com o sonho da igualdade de oportunidades: "Somos fiéis ao que acreditamos quando uma menininha nascida na mais desolada pobreza sabe que tem a mesma possibilidade de sucesso que qualquer outra pessoa, simplesmente por ser norte-americana: ser livre e igual, aos olhos de Deus e aos nossos próprios olhos".

A discrepância entre a aspiração e a realidade não poderia ser maior. Hoje, os Estados Unidos são menos igualitários em relação a oportunidades do que praticamente qualquer outro país industrializado avançado. Diversos estudos refutaram o mito de que os Estados Unidos são uma terra de oportunidades. Isso é particularmente trágico: embora os norte-americanos possam divergir quanto à conveniência da igualdade de resultados, há quase um consenso de que a desigualdade de oportunidades é indefensável. O Pew Research Center constatou que cerca de 90% dos norte-americanos acreditam que o governo deve fazer tudo o que for possível para garantir a igualdade de oportunidades.

O epíteto de terra da oportunidade — ou, pelo menos, uma terra que oferece mais oportunidades do que os outros países — talvez fosse merecido nos Estados Unidos de 100 anos atrás. Mas já não é assim há pelo menos 25 anos. As histórias que narram trajetórias "do lixo ao luxo", como as escritas por Horatio Alger (mais na Parte I, Pensar Grande, tópico "O Problema da Justiça"), não eram boatos disseminados propositalmente, mas dada a forma como nos iludiam, inclinando-nos a uma certa complacência, poderiam muito bem ter sido.

A questão não é a impossibilidade da mobilidade social — é que a ascensão social nos Estados Unidos está se tornando uma anomalia estatística. De

*New York Times, 16 de fevereiro de 2013.

acordo com uma pesquisa da Brookings Institution, entre os norte-americanos que nasceram no quintil inferior em termos de renda, apenas 58% deixam essa categoria e somente 6% chegam ao topo da pirâmide. A mobilidade econômica norte-americana é mais baixa que na maior parte da Europa e inferior à de toda a Escandinávia.

Outra forma de analisar a igualdade de oportunidades é perguntar até que ponto as perspectivas de vida de uma criança dependem do nível de instrução e renda dos pais. A probabilidade de ter uma boa educação e ascender à classe média é a mesma para uma criança de pais pobres e de pouca instrução e para um filho de pais de classe média que concluíram o ensino superior? Até mesmo em uma sociedade mais igualitária, a resposta seria "não". Entretanto, as perspectivas de vida de um norte-americano dependem mais da renda e do nível de instrução dos pais do que em praticamente qualquer outro país desenvolvido, de acordo com os dados disponíveis.

Como explicar isso? Em parte, esse fenômeno está relacionado à persistente discriminação. Latinos e afro-americanos ainda ganham menos do que os brancos, e as mulheres ainda ganham menos que os homens, apesar de recentemente os haverem superado no número de degraus mais altos escalados. Embora as disparidades de gênero no ambiente de trabalho tenham diminuído, ainda há um telhado de vidro: as mulheres estão gravemente sub-representadas na alta hierarquia corporativa e constituem uma fatia minúscula dos CEOs.

No entanto, a discriminação é apenas uma pequena parte do quadro. Provavelmente, o motivo mais importante da desigualdade de oportunidades seja a educação: tanto com relação à quantidade quanto à qualidade. Depois da II Guerra Mundial, a Europa se empenhou muito na democratização dos sistemas de educação. Também fizemos isso por meio da lei de Reajuste para Combatentes — conhecida como GI Bill —, que permitiu o acesso ao ensino superior para pessoas de todos os níveis econômicos.

Contudo, em seguida, mudamos em vários aspectos. Enquanto a discriminação racial diminuía, a segregação econômica crescia. Após 1980, os pobres ficaram mais pobres, a classe média estagnou e a situação dos ocupantes do topo passou a melhorar cada vez mais. Intensificaram-se as disparidades entre os moradores de locais pobres e as pessoas que vivem nos bairros ricos — ou que têm condições financeiras de pagar escola particular para os filhos. Uma das consequências foi o aumento da lacuna no desempenho educacional — a diferença de performance entre crianças ricas e pobres nascidas em 2001 foi de 30% a 40% maior do que era para pessoas nascidas 25 anos antes, segundo a constatação de Sean F. Reardon, sociólogo de Stanford.

Evidentemente, há outras forças em ação, e algumas delas começam a atuar até mesmo antes do nascimento. Crianças de famílias ricas ficam mais expostas às leituras e menos a riscos ambientais. Suas famílias têm condições financeiras de proporcionar experiências enriquecedoras, como aulas de música e acampamentos de férias. Essas crianças têm melhor nutrição e assistência médica, um fator que melhora o aprendizado direta e indiretamente.

A menos que as tendências atuais na educação sejam revertidas, é provável que a situação piore ainda mais. Em alguns casos, parece que a política foi desenvolvida deliberadamente para reduzir as oportunidades: o apoio governamental a muitas escolas estaduais foi reduzido de forma constante nas últimas décadas — e, principalmente nos últimos anos. Enquanto isso, os alunos são oprimidos por dívidas gigantescas dos empréstimos estudantis quase impossíveis de quitar. Isso acontece em um momento em que o ensino superior é mais importante do que nunca para conseguir um bom emprego.

Jovens de famílias de poucos recursos enfrentam uma espécie de Ardil 22[**]: sem ensino superior, estão condenados a uma vida sem perspectivas; com o ensino superior, podem estar condenados a uma vida de dificuldades financeiras. Além disso, cada vez mais, o ensino superior não basta: é necessário ter pós-graduação ou fazer uma série de estágios (nem sempre bem remunerados). Os ocupantes do topo da pirâmide têm os contatos e o relacionamento social necessário para aproveitar essas oportunidades. Os que ocupam o meio e a base da pirâmide não têm. A questão é que ninguém alcança o sucesso sozinho, e os que estão no topo recebem mais ajuda da família do que os ocupantes dos degraus inferiores da escada. O governo deve ajudar a nivelar o campo de jogo.

Os norte-americanos estão se dando conta de que sua tão querida narrativa de mobilidade socioeconômica é um mito. É difícil manter por muito tempo enganos grandiosos dessa magnitude — e o país já viveu algumas décadas de autoengano. Sem mudanças substanciais nas políticas, nossa autoimagem e a imagem que projetamos para o mundo serão comprometidas — assim como a nossa posição e estabilidade econômica. A desigualdade de resultados e a desigualdade de oportunidades reforçam uma a outra — e contribuem para a debilidade econômica, como enfatizou Alan B. Krueger, economista de Princeton e presidente do Conselho de Assessores Econômicos da Casa Branca. A operação de salvamento do sonho norte-americano é uma questão econômica, não somente moral.

As políticas que promovem a igualdade de oportunidades devem ser direcionadas aos norte-americanos mais jovens. Primeiro, deve-se garantir que as mães

---

[**] Em inglês, *Catch 22*, é uma expressão cunhada pelo escritor Joseph Heller em seu romance *Catch 22* que descreve uma situação paradoxal, na qual uma pessoa não pode evitar um problema por causa de restrições ou regras contraditórias.

não sejam expostas a riscos ambientais e tenham acesso a cuidados pré-natais adequados. Em seguida, precisamos reverter os danosos cortes na educação pré-escolar, um tema que o Sr. Obama enfatizou na terça-feira, dia 12. Devemos assegurar que todas as crianças tenham nutrição e assistência médica adequadas — não só fornecendo os recursos, mas também, se necessário, incentivando os pais, instruindo, treinando ou até mesmo recompensando-os por serem bons cuidadores. A direita diz que dinheiro não é a solução. Ela buscou reformas como escolas "charter"*** e *vouchers* para escolas particulares, mas a maioria desses esforços teve, na melhor das hipóteses, resultados ambíguos. Dar mais dinheiro para escolas pobres as beneficiaria, da mesma forma que programas de férias e extracurriculares para enriquecer as qualificações de estudantes de baixa renda.

Por fim, é inadmissível que um país rico como os Estados Unidos tenha dificultado tanto o acesso ao ensino superior para os ocupantes da base e do meio da pirâmide. Há muitas formas alternativas de fornecer acesso universal ao ensino superior — desde o programa de empréstimos da Austrália, condizente com a renda, ao sistema de universidades quase gratuitas na Europa. Uma população mais instruída proporciona mais inovação, uma economia robusta e rendas mais altas — elevando a base fiscal. Obviamente, esses benefícios são o motivo de nosso antigo compromisso com a educação pública gratuita até o final do ensino médio. Porém, embora a conclusão do ensino médio talvez fosse suficiente há cem anos, hoje já não basta. Ainda não ajustamos nosso sistema à realidade contemporânea.

As etapas que descrevi aqui são não só factíveis, como também absolutamente necessárias. No entanto, o mais importante é não permitir que o país se afaste ainda mais dos ideais que são comuns à grande maioria dos norte-americanos. Nunca chegaremos a concretizar plenamente a visão do Sr. Obama, em que uma menina pobre tem exatamente as mesmas oportunidades de uma menina rica. Porém, poderíamos estar em uma situação incomparavelmente melhor — e não podemos descansar até alcançar esse objetivo.

***Uma escola *charter* recebe financiamento público mas opera de forma independente em relação ao sistema de escolas públicas da região em que está localizada. No sistema de *vouchers*, os pais recebem ordens de pagamento do governo para utilizar em qualquer escola particular, para quitar despesas com matrículas e outros custos educacionais.

Dívida Estudantil e a Destruição do Sonho Americano*

Um certo drama tornou-se algo corriqueiro nos Estados Unidos (e em alguns outros países industrializados avançados): os banqueiros incentivam as pessoas a pegar emprestado mais do que podem, vitimando principalmente as que não entendem muito de finanças. Eles usam sua influência política para obter um tratamento diferenciado de uma forma ou de outra. As dívidas se agigantam. Jornalistas relatam o custo humano. Em seguida, vem a perplexidade: como pudemos permitir que isso acontecesse novamente? Pessoas ligadas ao governo prometem consertar as coisas. Toma-se alguma providência contra os abusos mais acintosos. As pessoas seguem em frente, tranquilizadas ao ver o debelar da crise, mas desconfiadas de que ela se repetirá em breve.

A crise que está prestes a eclodir envolve a dívida estudantil e o nosso modo de financiar o ensino superior. Assim como a crise imobiliária que a antecedeu, esta crise está estreitamente ligada à desigualdade crescente nos Estados Unidos e ao fato de que, quando os norte-americanos que ocupam os degraus inferiores da escada lutam para subir, são inevitavelmente puxados para baixo — alguns cairão a um patamar ainda mais baixo do que aquele de onde partiram.

Essa nova crise está emergindo mesmo antes da resolução da anterior, e as duas estão se entrelaçando. Nas décadas seguintes à II Guerra Mundial, a casa própria e o ensino superior tornaram-se sinais de sucesso nos Estados Unidos.

Antes do estouro da bolha imobiliária, em 2007, os bancos convenceram os donos de casa própria com renda baixa e moderada de que suas casas e apartamentos poderiam se transformar em "cofrinhos de moedas". Foram seduzidos a tomar empréstimos garantidos pelo valor patrimonial da residência — e, no final, milhões ficaram sem um lar. Em outras palavras, os bancos, agentes hipotecários

---

*New York Times, 12 de maio de 2013.

e agentes imobiliários estimularam os aspirantes a proprietário de uma casa a tomar emprestado mais do que podiam. Os gênios das finanças, que se orgulhavam de sua perícia no gerenciamento de riscos, venderam hipotecas tóxicas que estavam projetadas para explodir. Desmembraram e empacotaram os títulos representativos dos empréstimos questionáveis em instrumentos financeiros complexos e os venderam a investidores incautos.

Todos reconhecem que a educação é a única forma de ascensão social; todavia, à medida que o ensino superior se torna essencial para o sucesso de alguém na economia do século XXI, a educação é cada vez mais inacessível para quem não nasceu em berço de ouro. Nos EUA, a dívida estudantil para veteranos que se formam tomando empréstimo passa dos US$26.000, um aumento de aproximadamente 40% (não ajustado de acordo com a inflação) em apenas sete anos. No entanto, uma "média" como essa mascara variações enormes.

De acordo com o Federal Reserve de Nova York, quase 13% das pessoas, de todas as idades, que tomam empréstimos estudantis devem mais de US$50.000, e quase 4% devem mais de US$100.000. Os estudantes não têm condições de quitar essa dívida (principalmente neste momento de recuperação, em que os empregos são escassos); o grande aumento da delinquência e das taxas de inadimplência provam isso. No final de 2012, cerca de 17% das pessoas que tomaram empréstimos estudantis atrasaram o pagamento em 90 dias ou mais. Considerando apenas os que estavam amortizando a dívida — em outras palavras, sem contar os mutuários que prorrogaram o pagamento do empréstimo ou solicitaram um período de carência — mais de 30% estavam atrasados em 90 dias ou mais. No caso dos empréstimos federais tomados no ano fiscal de 2009, as taxas de inadimplência de três anos passaram de 13%.

Os Estados Unidos se diferenciam dos países industrializados avançados quanto ao ônus infligido aos estudantes e seus pais para custear o ensino superior. Além disso, são a exceção, entre países comparáveis, no que concerne ao alto custo dos cursos superiores, inclusive em universidades públicas. O custo da mensalidade média, alimentação e hospedagem, em cursos de quatro anos, se aproxima dos US$22.000 por ano, comparado ao custo de US$9.000 (ajustado em relação à inflação) em 1980–1981.

Compare esse aumento na mensalidade (mais que o dobro) com a estagnação da renda mediana familiar — que hoje fica em torno de US$50.000, comparada à renda de US$46.000 em 1980 (ajustada em relação à inflação).

Assim como vários outros fatores, o problema da dívida estudantil se agravou durante a Grande Recessão: os custos das mensalidades nas universidades públicas aumentaram 27% nos últimos cinco anos — em parte, por causa dos cortes do apoio governamental — enquanto mediana da renda caiu. Na Califórnia, a mensalidade ajustada em relação à inflação mais do que dobrou nas faculdades públicas comunitárias que oferecem cursos de dois anos (que, para os norte-americanos pobres, frequentemente são a chave da ascensão social) e aumentou mais de 70% nas escolas públicas que oferecem cursos de quatro anos, de 2007 a 2008, e 2012 a 2013.

Com custos subindo muito, rendas estagnadas e pouca ajuda do governo, não é de se admirar que a dívida estudantil total, em torno de US$1 trilhão, tenha superado a dívida total com cartões de crédito no ano passado. Os norte-americanos responsáveis aprenderam a restringir a dívida com cartões de crédito — muitos os trocaram por cartões de débito ou se instruíram em relação às taxas de juros de financiamento, tarifas e multas cobradas pelas empresas de cartão — entretanto, o desafio de controlar a dívida estudantil é ainda mais preocupante.

Restringir a dívida estudantil é o mesmo que restringir a oportunidade social e econômica. Pessoas que concluíram o ensino superior ganham US$12.000 a mais por ano do que as pessoas que não o concluíram; a diferença quase triplicou desde 1980. Nossa economia depende cada vez mais de setores relacionados ao conhecimento. Independentemente do que acontecer nas guerras cambiais e balanças comerciais, os Estados Unidos não voltarão a fabricar têxteis. As taxas de desemprego entre pessoas com diploma universitário são muito mais baixas do que as taxas referentes a pessoas que concluíram apenas o ensino médio.

Os Estados Unidos — o lar das "land-grant universities" (universidades estaduais instituídas com a venda de terras federais como forma de subvenção educacional), da lei GI Bill (Lei de Reajuste para Ex-Combatentes) e de universidades públicas de nível internacional da Califórnia até o Michigan e o Texas — não ocupam mais a primeira posição em termos de educação universitária. Com uma dívida estudantil sufocante, é provável que a queda seja ainda maior. Aquilo que os economistas chamam de "capital humano" — ou seja, investir em pessoas — é fundamental para o crescimento no longo prazo. Ser competitivo no século XXI é ter uma força de trabalho altamente instruída, com formação universitária e pós-graduações. Em vez disso, estamos inviabilizando nosso futuro como nação.

A dívida estudantil também é um obstáculo na lenta recuperação iniciada em 2009. Ao inibir o consumo, ela prejudica o crescimento econômico e também a recuperação na área de imóveis, o setor em que a Grande Recessão começou.

É verdade que os preços de imóveis parecem estar em elevação, mas a construção de moradias está longe dos níveis atingidos nos anos anteriores ao estouro da bolha, em 2007.

Provavelmente, as pessoas que estão muito endividadas agirão com cautela antes de assumir o ônus adicional de uma família. Porém, mesmo se fizerem isso, terão mais dificuldade para obter uma hipoteca. E, se conseguirem, será de menor valor, o que implicará na recuperação mais lenta do setor imobiliário. Um estudo com recém-formados da Universidade Rutgers mostrou que 40% deles adiaram a compra da casa e, para 25%, o alto nível de endividamento influenciou a constituição da família ou a continuação dos estudos. Outro estudo recente mostrou que o número de pessoas na casa dos 30 anos com histórico de dívida estudantil que possuem casa própria caiu mais de 10 pontos percentuais durante a Grande Recessão e depois dela.

É um círculo vicioso: a falta de demanda por imóveis contribui para a falta de vagas de emprego, e isso compromete a constituição de famílias, que, por sua vez, colabora para reduzir a demanda por imóveis.

A situação, a despeito de estar muito ruim, pode piorar. Com o aumento das pressões orçamentárias — aliadas às exigências de cortes nos "programas domésticos discricionários" (ou seja, subsídios para a educação primária e secundária, bolsas de estudo para jovens carentes ingressarem nas faculdades, dinheiro para pesquisas) — os estudantes e suas famílias ficam abandonados à própria sorte. Os custos do ensino superior continuarão subindo muito mais rapidamente que as rendas. Como foi observado várias vezes, todos os ganhos econômicos desde a Grande Recessão foram para o 1% no topo da pirâmide.

Considere outra distinção questionável: nos EUA, onde há a figura da falência pessoal, é quase impossível eliminar a dívida estudantil em processos judiciais desse tipo.

Estamos muito distantes das prisões para devedores que Dickens descreveu. Não enviamos os devedores para colônias penais nem os submetemos a trabalhos forçados. Nesse país, embora as leis de falência pessoal tenham ficado mais rigorosas, o fato de que as pessoas falidas devem ter a permissão para recomeçar e a possibilidade de eliminar a dívida excessiva é um princípio estabelecido. Isso ajuda os mercados de dívida a funcionarem melhor e incentiva os credores a avaliar a situação creditícia dos mutuários.

É quase impossível desconsiderar os empréstimos para educação nos tribunais de falência pessoal — inclusive nos casos em que escolas com fins lucrativos não cumpriram o que prometeram e não proporcionaram uma educação que desse ao mutuário o acesso a um emprego com remuneração suficiente para quitar a dívida.

Deveríamos cortar o apoio federal a essas escolas com fins lucrativos quando os alunos não se formam e, consequentemente, não conseguem emprego e ficam inadimplentes em relação ao empréstimo.

O governo Obama agiu bem ao tentar dificultar a "sedução" de alunos a partir de falsas promessas feitas por escolas predatórias. Segundo as novas regras, as escolas têm de passar em um de três testes, sob pena de perder a elegibilidade para o auxílio federal a estudantes: pelo menos 35% dos formados devem estar em dia com a quitação dos empréstimos; a estimativa anual do pagamento do formado típico não poderia exceder 12% dos ganhos ou os pagamentos não poderiam exceder 30% da renda discricionária. Porém, em 2012, um juiz federal derrubou essas regras por considerá-las arbitrárias; as regras permanecem no limbo jurídico.

A combinação de escolas com fins lucrativos predatórias e financiadores predatórios é uma sanguessuga que enfraquece os norte-americanos pobres. Essas escolas voltaram-se para os jovens estudantes veteranos que combateram no Iraque e no Afeganistão. Há histórias de cortar o coração sobre pais que foram cossignatários de empréstimos estudantis cujos filhos morreram em acidentes, de câncer ou outras doenças — e esses pais, assim como os estudantes, não conseguem se livrar da dívida facilmente.

As taxas de juros sobre empréstimos federais não subsidiados dobraram em julho, atingindo 6,8%. As boas notícias chegaram na sexta, dia 10: parece que há um alívio temporário, já que os republicanos mudaram de opinião. Mas isso seria provisório e não trataria de uma questão mais fundamental: se o Federal Reserve está disposto a emprestar para os bancos — que causaram a crise — a uma taxa de apenas 0,75%, não deveria estar disposto a emprestar para os estudantes, que serão cruciais para a nossa recuperação no longo prazo, a uma taxa apropriadamente baixa? O governo não deveria lucrar com os norte-americanos mais pobres ao mesmo tempo em que subsidia os mais ricos. A proposta de reduzir as taxas de juros de empréstimos estudantis — apresentada pela senadora por Massachusetts, Elizabeth Warren, do partido democrata — é um passo na direção correta.

Além de uma regulamentação mais rígida para as escolas com fins lucrativos (e para os bancos com os quais elas são coniventes) e de leis de falência pessoal mais humanas, devemos oferecer mais apoio às famílias americanas de classe média que lutam para mandar seus filhos para a escola, a fim de garantir que tenham, no mínimo, o mesmo padrão de vida que seus pais.

Não obstante, uma verdadeira solução no longo prazo requer uma mudança na filosofia do financiamento do ensino superior. A Austrália projetou um sistema de empréstimos públicos condizentes com a renda dos estudantes. O reembolso varia de acordo com a renda individual após a graduação. Isso alinha os incentivos dos que fornecem a educação e dos que a recebem. Ambos são motivados a assegurar que os estudantes tenham êxito. Isso significa que, na eventualidade de um infortúnio, como doença ou acidente, a obrigação do empréstimo é reduzida automaticamente. Significa que o ônus da dívida sempre é proporcional à capacidade financeira da pessoa. Os pagamentos são cobrados por meio do sistema de impostos, minimizando os custos administrativos.

Alguns se perguntam como o ideal norte-americano da igualdade de oportunidade foi corroído a esse ponto. Nossa forma de financiar o ensino superior é parte da resposta. A dívida estudantil se tornou parte da questão da desigualdade norte-americana. O ensino superior robusto, com um apoio público saudável, já foi o ponto central de um sistema que prometia oportunidade para estudantes dedicados de todos os níveis econômicos. Agora, temos um jogo em que se paga para jogar e o vencedor leva tudo, sem esquecer que a vaga dos mais ricos está garantida e o resto tem de se arriscar com um endividamento elevado, sem, no entanto, nenhuma garantia de um bom resultado.

Mesmo deixando de lado o fator compaixão — mesmo se visarmos apenas à recuperação agora e ao crescimento e à inovação no futuro — é preciso tomar alguma providência em relação à dívida estudantil. Ela deve ser o primeiro item da agenda de reformas daqueles que se preocupam com os danos que o abismo cada vez maior nos Estados Unidos está provocando em nossos ideais e em nosso caráter moral.

Justiça para Alguns*

O DESASTRE DO FINANCIAMENTO HIPOTECÁRIO NOS ESTADOS UNIDOS levantou questões profundas sobre o "estado de direito", a característica universalmente aceita de uma sociedade avançada e civilizada. O estado de direito deve proteger os fracos contra os fortes e garantir um tratamento justo para todos. Nos Estados Unidos, às vésperas da crise da hipoteca, o estado de direito não fez uma coisa nem outra.

Parte do estado de direito é a garantia do direito de propriedade — se você tem uma dívida relacionada à sua casa, por exemplo, o banco não pode simplesmente tomá-la sem seguir o devido processo legal. Entretanto, em semanas e meses recentes, houve vários casos, nos Estados Unidos, em que pessoas ficaram sem suas casas *apesar de não estarem devendo nada*.

Para alguns bancos, isso é apenas um efeito colateral: milhões de norte-americanos — somando-se ao número estimado de quatro milhões em 2008 e 2009 — ainda devem ser expulsos de suas casas. De fato, se não fosse a intervenção governamental, o ritmo dos despejos aumentaria. Porém, os atalhos processuais, a documentação incompleta e as fraudes desenfreadas que acompanharam a pressa dos bancos em gerar milhões de hipotecas inadequadas durante a bolha imobiliária complicaram o processo de arrumação.

Para muitos banqueiros, tratam-se de meros detalhes a serem ignorados. A maioria das pessoas despejadas não vinham pagando a hipoteca e, na maioria dos casos, aqueles que as estão pondo para fora da casa têm o direito de fazer isso. Mas os norte-americanos não devem acreditar na justiça *pela média*. Não dizemos que a maioria das pessoas que cumpre prisão perpétua cometeu um crime que

---

*Project Syndicate, 4 de novembro de 2010.

deve ser punido dessa forma. O sistema judicial norte-americano exige mais do que isso, e impusemos salvaguardas processuais para cumprir essas exigências.

No entanto, os bancos querem se sobrepor a essas salvaguardas processuais. Não se deve permitir que façam isso.

Para alguns, tudo isso lembra o que aconteceu na Rússia, onde o estado de direito — especificamente, a legislação falimentar — foi usado como mecanismo jurídico para substituir um grupo de proprietários por outro. Tribunais foram comprados, forjaram-se documentos e o processo correu sem problemas.

Nos Estados Unidos, a venalidade ocorre em um nível mais elevado. Não há compra de juízes específicos, mas das próprias leis, por meio de *lobby* e contribuições de campanha — algo que ficou conhecido como "corrupção ao estilo norte-americano".

Era notório que os bancos e as empresas de financiamentos hipotecários praticavam empréstimos predatórios, tirando proveito dos menos instruídos e de pessoas que não entendiam de finanças para fazer hipotecas que maximizavam as tarifas e representavam riscos enormes para os mutuários. (Para ser justo, os bancos também tentaram tirar proveito de pessoas que entendiam de finanças, como no caso dos títulos criados pelo Goldman Sachs, destinados a falhar.) Contudo, os bancos usaram toda sua força política para impedir que os estados promulgassem leis contra os empréstimos predatórios.

Quando ficou claro que as pessoas não tinham condições de pagar o que deviam, as regras do jogo mudaram. As leis de falência pessoal do país sofreram emendas para introduzir um sistema de "servidão parcial pela dívida". Uma pessoa que tivesse dívidas, por exemplo, equivalentes a 100% de sua renda, seria obrigada a entregar ao banco 25% de sua renda bruta, antes dos impostos, durante o resto de sua vida, porque o banco poderia adicionar, digamos, juros de 30% ao ano sobre o que ela devia. No fim das contas, o titular da hipoteca acabaria por dever muito mais do que o valor que o banco recebeu, ainda que o devedor tenha dedicado, de fato, 1/4 de seu tempo de trabalho para o banco.

Quando essa nova lei falimentar foi aprovada, ninguém protestou dizendo que ela interferia na "sacralidade" dos contratos: no momento em que os mutuários incorriam na dívida, uma lei falimentar mais humana — e racional do ponto de vista econômico — oferecia a possibilidade de recomeçar caso o ônus da quitação da dívida ficasse pesado demais.

O conhecimento desse fato deveria ter incentivado as instituições financeiras a emprestar apenas para pessoas que pudessem saldar a dívida. Mas eles sabiam que, com republicanos no controle do governo, poderiam fazer empréstimos inadequados e, em seguida, mudar a lei para garantir que pudessem "espremer" os pobres.

Considerando que uma de cada quatro hipotecas nos Estados Unidos apresenta problemas — ou seja, a dívida é maior que o valor da casa, — há um consenso de que a única forma de lidar com a desordem é reduzir o valor escritural do principal (o valor devido). Os Estados Unidos têm um procedimento especial para a falência corporativa, conhecido como Capítulo 11, que permite uma rápida reestruturação por meio da redução do valor escritural da dívida e conversão de parte dela em patrimônio.

É importante manter as empresas vivas como empreendimentos sem solução de continuidade, para preservar os empregos e o crescimento. Porém, também é importante manter as famílias e comunidades intactas — sendo assim, os Estados Unidos precisam de um "Capítulo 11 para donos de casa própria".

Os emprestadores se queixam de que uma lei desse tipo violaria seu direito à propriedade. Contudo, quase todas as mudanças de leis beneficiam alguns à custa de outros. Quando a lei de falências de 2005 foi aprovada, foram eles os beneficiados, e não se preocuparam com a influência da lei sobre os direitos dos devedores.

A desigualdade crescente, combinada a um sistema de financiamento de campanhas deficiente, pode transformar o sistema jurídico norte-americano em um arremedo de justiça. Alguns podem continuar usando a denominação "estado de direito", mas não seria um estado de direito que protege os fracos contra os fortes — em vez disso, permite que os poderosos explorem os fracos.

Nos Estados Unidos de hoje, o lema "justiça para todos", que tanto nos orgulha, está sendo substituído por um bem mais modesto — "justiça para quem pode pagar". E o número de pessoas que pode pagar está diminuindo rapidamente.

A Única Solução de Moradia que Restou: Refinanciamento Hipotecário em Massa*

Com Mark Zandi

Mais de quatro milhões de norte-americanos perderam suas casas desde que a bolha imobiliária começou a estourar, há seis anos. Outros 3,5 milhões de proprietários de imóveis residenciais estão respondendo a processos de execução hipotecária ou atrasaram tanto os pagamentos que logo estarão nas mesmas condições. Com 13,5 milhões de donos de casa própria devendo mais do que o valor do domicílio, é bem provável que mais milhões de pessoas também venham a perder suas casas.

O setor imobiliário continua sendo o maior impedimento para a recuperação econômica — apesar disso, Washington parece paralisado. As políticas imobiliárias do governo Obama deixam a desejar, e Mitt Romney (candidato republicano à eleição presidencial de 2012, vencida pelo democrata Barack Obama) não ofereceu novas propostas significativas para ajudar os donos de residências que estão em dificuldades ou devendo mais do que o valor do imóvel.

No final do mês passado, o principal regulamentador que supervisiona a Fannie Mae e a Freddie Mac bloqueou um plano, que contava com o apoio do governo Obama, de permitir que as empresas perdoem parte da dívida hipotecária dos donos de casa própria em dificuldades. Embora a redução do valor nominal do principal pudesse beneficiar meio milhão de desses proprietários, o regulamentador, Edward J. DeMarco, afirmou (equivocadamente, em nossa opinião) que a ajuda a alguns poderia fazer com que outros, que estão com os pagamentos em dia, parassem de pagar para que sua hipoteca também fosse reduzida.

Com a opção de reduzir o valor do principal descartada, o governo precisa encontrar uma nova forma de facilitar refinanciamentos em massa das hipotecas.

New York Times, 12 de agosto de 2012.

Com as taxas mais baixas do que nunca, o refinanciamento permitiria que os donos de casa própria reduzissem significativamente seus pagamentos mensais, liberando dinheiro para gastar em outras coisas. Um programa de refinanciamento em massa funcionaria como um potente corte de impostos.

O refinanciamento também diminuiria significativamente a possibilidade de inadimplência por parte dos mutuários que devem mais do que o valor do domicílio. Com menos prejuízos de empréstimos passados pesando em seus balanços patrimoniais, os financiadores poderiam conceder novos empréstimos, e as comunidades atingidas por execuções em massa das hipotecas poderiam ter um alívio.

Bem mais da metade dos donos de casa própria com hipotecas estão pagando taxas que os credenciariam como ótimos candidatos ao refinanciamento. Muitos deles, que têm empregos estáveis, bom conceito de crédito ou cujas residências têm um modesto valor líquido de mercado (ou seja, preço de mercado do imóvel deduzido do saldo devedor), já fizeram isso, tomando empréstimos de 30 anos com taxas em torno de 3,5%, algumas das mais baixas desde a década de 1950. No entanto, muitos outros não podem refinanciar porque o colapso do preço dos imóveis acabou com o valor patrimonial líquido da residência.

Jeff Merkley, senador democrata pelo Oregon, propôs uma solução. De acordo com o plano do senador, chamado Rebuilding American Homeownership (Reconstruindo a Casa Própria Norte-Americana, em tradução livre), os proprietários que estão devendo mais do que o valor da casa, estão em dia com os pagamentos e preenchem outros requisitos, teriam a opção do refinanciamento para reduzir os pagamentos mensais ou pagar parte da dívida e recompor o patrimônio.

Um fundo fiduciário financiado pelo governo seria usado para comprar as hipotecas dos donos de casa própria que refinanciaram, a uma taxa de juros cerca de dois pontos percentuais acima das taxas do Tesouro — as mais baixas, utilizadas quando o governo toma empréstimos. Isso geraria uma renda de juros suficiente para cobrir o custo das inadimplências, a administração do fundo e outras despesas. As famílias teriam três anos para refinanciar; depois disso, o fundo pararia de comprar empréstimos e acabaria por deixar de operar à medida que os donos de casa própria quitassem os empréstimos.

Esses proprietários pagariam valores mais baixos de hipoteca e recuperariam o patrimônio mais rapidamente. Os contribuintes teriam seu dinheiro de volta, com juros, e ganhariam ainda mais à medida que uma economia mais forte elevasse as receitas fiscais. Bancos e outros investidores em hipotecas dariam baixa em seus livros contábeis de empréstimos potencialmente problemáticos. Alguns bancos não gostarão de perder o grande volume de juros que estão ganhando com as hipotecas atuais; entretanto, se o mercado de financiamento estivesse funcionando bem, esses empréstimos teriam sido refinanciados há muito tempo.

Prevemos que, se o programa for muito bem-sucedido, dois milhões de empréstimos relativos ao saldo devedor poderiam ser colocados no Rebuilding American Homeownership em seu pico. Se a hipoteca média for de US$150.000 haveria, no auge, US$300 bilhões de saldo devedor.

O governo federal poderia financiar o plano diretamente, por meio da Federal Housing Administration (uma agência federal americana que garante e estabelece normas para financiamentos privados no setor imobiliário), ou indiretamente, pelos Federal Home Loan Banks, que oferecem crédito respaldado pelo governo. Ou o Federal Reserve poderia subscrever o plano; o presidente do banco central, Ben S. Bernanke, mencionou recentemente que o Fed poderia fazer algo semelhante ao programa de Financiamento para Empréstimos do Banco da Inglaterra, que oferece incentivos para que os bancos intensifiquem os empréstimos para famílias e empresas não financeiras.

Os opositores da tomada de empréstimos adicionais ou de empréstimos realizados pelo Fed afirmam que um programa desse tipo é um risco inaceitável, mas há um risco maior em não se fazer nada e permitir que o mercado imobiliário continue atrapalhando a economia.

O plano do Sr. Merkley é semelhante ao Home Affordable Refinance Plan (HARP) do governo Obama, elaborado para ajudar os donos de casa própria que devem mais do que o valor da casa a refinanciar os empréstimos respaldados pela Fannie e pela Freddie (organizações autorizadas pelo Congresso americano a atuar na compra de hipotecas). Esse plano possibilitou 1,4 milhão de refinanciamentos, um número muito inferior à meta estabelecida em 2009 — de 3 milhões a 4 milhões. O governo realizou algumas melhorias no HARP e propôs outras. Todavia, o plano de Merkley tem potencial para ir além, atingindo as 20 milhões de famílias com hipotecas que não são respaldadas pela Fannie nem pelo Freddie.

O plano de Merkley teve um precedente bem-sucedido, a Home Owners' Loan Corporation, fundada em 1933. Essa corporação livrou mais de um milhão de norte-americanos do despejo e propiciou as hipotecas estáveis de longo prazo que caracterizariam a classe média nas décadas de 1950 e 1960. É hora de aplicar essa ideia novamente.

Desde o início da Grande Recessão, há quase cinco anos, o setor imobiliário é o epicentro de nossas agruras econômicas. Se não fizermos nada, o problema acabará por se resolver, mas isso acontecerá de forma muito dolorosa e depois de uma longa espera. O plano do Sr. Merkley aceleraria a cura.

A Desigualdade e a Criança Americana[*]

Sabe-se há muito tempo que as crianças são um grupo especial. Elas não escolhem os pais, muito menos as circunstâncias mais amplas nas quais nascem. Não têm a mesma capacidade que os adultos de se proteger ou cuidar de si. Por isso, a Liga das Nações aprovou a Declaração de Genebra sobre os Direitos da Criança em 1924 e a comunidade internacional adotou a Convenção sobre os Direitos da Criança em 1989.

Infelizmente, os Estados Unidos não estão cumprindo suas obrigações. Na verdade, o país nem sequer assinou a Convenção sobre os Direitos da Criança. Os EUA, com sua tão estimada imagem de terra da oportunidade, deveria ser um exemplo inspirador de um tratamento justo e esclarecido para as crianças. Em vez disso, é um exemplo de fracasso — que contribui para o marasmo global em relação aos direitos da criança em âmbito internacional.

A infância de um norte-americano médio pode não ser a pior do mundo, mas a disparidade entre a riqueza do país e as condições de suas crianças não tem paralelo. Aproximadamente 14,5% da população norte-americana como um todo é pobre, mas 19,9% das crianças — cerca de 15 milhões de pessoas — vivem na pobreza. Entre os países desenvolvidos, somente a Romênia tem uma taxa mais alta de pobreza infantil. A taxa nos EUA é 2/3 maior que a do Reino Unido e até quatro vezes maior que a dos países nórdicos. Para alguns grupos, a situação é muito pior: mais de 38% das crianças negras e 30% das crianças hispânicas são pobres.

Nada disso acontece porque os norte-americanos não se importam com as crianças. Isso ocorre porque, em décadas recentes, o país adotou uma agenda de políticas que tornou a economia absurdamente desigual, deixando os segmentos

[*]*Project Syndicate*, 11 de dezembro de 2014.

mais vulneráveis da sociedade cada vez mais para trás. A crescente concentração de riqueza — e uma redução significativa dos impostos sobre ela — reduziu o montante disponível para investimentos no bem comum, como os investimentos na educação e proteção à infância.

Consequentemente, a situação das crianças norte-americanas piorou. O destino delas é um exemplo doloroso de como a desigualdade destrói o crescimento econômico e a estabilidade — algo que economistas e organizações, como o Fundo Monetário Internacional, finalmente estão reconhecendo — e, além disso, vai contra a ideia que temos de como uma sociedade justa deve ser.

A desigualdade de renda está correlacionada à desigualdade na saúde, no acesso à educação e na exposição a riscos ambientais. Tudo isso pesa mais sobre as crianças do que sobre qualquer outro segmento da população. De fato, quase uma de cada cinco crianças norte-americanas pobres é diagnosticada como asmática, uma taxa 60% maior do que a de crianças que não são pobres. As deficiências de aprendizagem são quase duas vezes mais frequentes entre as crianças de famílias com renda inferior a US$35.000 por ano, em comparação com as de famílias que ganham mais de US$100.000. A despeito disso, alguns congressistas querem cortar o auxílio-alimentação — dos quais cerca de 23 milhões de famílias norte-americanas dependem, lançando a ameaça da fome sobre as crianças menos favorecidas.

Essas desigualdades de resultados estão estreitamente relacionadas às desigualdades de oportunidades. Inevitavelmente, nos países em que as crianças têm uma nutrição inadequada, acesso insuficiente à assistência médica e à educação e maior exposição a riscos ambientais, os filhos dos pobres terão perspectivas de vida muito diferentes das perspectivas dos filhos dos ricos. Além disso, atualmente, os EUA têm a menor igualdade de oportunidades entre os países desenvolvidos — em parte porque aqui as perspectivas para a vida inteira de uma criança dependem mais da renda e nível de instrução dos pais do que em outros países avançados. Nas universidades norte-americanas mais elitistas, por exemplo, apenas cerca de 9% dos estudantes vêm da metade da população com nível econômico mais baixo, ao passo que 74% deles vêm do quarto que ocupa os níveis mais elevados da pirâmide.

A maioria das sociedades reconhece a obrigação moral de contribuir para garantir que os jovens possam desenvolver seu potencial. Alguns países chegam a impor constitucionalmente a igualdade de oportunidades educacionais.

Entretanto, nos Estados Unidos, gasta-se mais com a educação dos alunos ricos do que com a educação dos pobres. Por conseguinte, o país está desperdiçando parte de seus bens mais valiosos, com alguns jovens — carentes de qualificação — voltando-se para atividades disfuncionais. Estados norte-americanos, como a Califórnia, gastam quase a mesma quantia com prisões e com o ensino superior — sendo que, às vezes, o gasto maior se dá com as prisões.

Sem medidas compensatórias — como educação pré-escolar, de preferência começando com crianças em idade muito precoce — oportunidades desiguais se traduzem em resultados desiguais por toda a vida. Isso deveria ser um estímulo para a ação das políticas.

De fato, embora os efeitos negativos da desigualdade tenham um amplo alcance e imponham custos altos a nossas economias e sociedades, eles são, em grande medida, evitáveis. Os extremos de desigualdade observados em alguns países não resultam de leis e forças econômicas inexoráveis. As políticas corretas — redes de segurança social mais fortes, taxação progressiva e melhor regulamentação (principalmente do setor financeiro), entre outras — podem reverter essas tendências devastadoras.

Para gerar a vontade política que essas reformas exigem, devemos confrontar a inércia e a inação dos criadores de políticas com a dura realidade da desigualdade e seus efeitos devastadores para as crianças. Podemos reduzir as privações na infância e tornar as oportunidades mais igualitárias, construindo os alicerces para um futuro mais justo e próspero, que reflita os valores que defendemos. Por que não fazemos isso?

Dentre os efeitos negativos da desigualdade para a economia, a política e a sociedade, o dano causado às crianças requer uma preocupação especial. Seja qual for a culpa lançada sobre os adultos pobres em relação à sua condição de vida — preguiça de trabalhar, incapacidade de economizar ou decisões erradas — as circunstâncias da vida das crianças recaem sobre elas sem a menor possibilidade de escolha. As crianças — talvez mais do que qualquer outro segmento — precisam da proteção proporcionada pelos direitos — e os EUA deveriam servir de exemplo ao mundo, mostrando o que significa essa proteção.

O Ebola e a
Desigualdade*

A CRISE DO EBOLA NOS RECORDA, MAIS UMA VEZ, O LADO NEGATIVO da globalização. Não são apenas os aspectos positivos, como os princípios de justiça social e igualdade de gênero, que cruzam as fronteiras com uma facilidade inédita — influências malignas, como problemas ambientais e doenças, também fazem isso.

A crise também nos recorda a importância do governo e da sociedade civil. Não procuramos o setor privado para controlar a disseminação de uma doença como o Ebola. Em vez disso, recorremos às instituições — os Centros de Controle e Prevenção de Doenças (CDCs) nos Estados Unidos, a Organização Mundial de Saúde (OMS) e os Médicos sem Fronteiras, o extraordinário grupo de médicos e enfermeiros que se arrisca para salvar vidas em países pobres de todo o planeta.

Até mesmo os direitistas fanáticos, que querem extinguir as instituições governamentais, recorrem a elas para enfrentar uma crise como a causada pelo Ebola. Talvez os governos não sejam perfeitos no enfrentamento dessas crises, mas um dos motivos pelos quais eles não se saíram tão bem quanto esperávamos é a insuficiência de fundos para as agências relevantes em âmbito nacional e mundial.

O episódio do Ebola tem mais lições a nos ensinar. Um dos motivos da disseminação tão rápida da doença na Libéria e em Serra Leoa é a guerra que devasta esses países, onde grande parte da população é desnutrida e o sistema de saúde foi destruído.

Além disso, nas áreas em que o setor privado desempenha um papel essencial — desenvolvimento de vacinas — há pouco incentivo para dedicar recursos

---

*Project Syndicate, 10 de novembro de 2014.

a doenças que afligem os pobres ou os países carentes. A motivação para investir em vacinas contra doenças como o Ebola somente surge quando os países avançados são ameaçados.

Essa crítica não é, propriamente, contra o setor privado; afinal, as empresas farmacêuticas não são movidas pela bondade de seus corações, e não se ganha dinheiro ao prevenir ou curar as doenças dos pobres. Em vez disso, a questão levantada pela crise do Ebola é a nossa dependência do setor privado para realizar coisas que os governos fazem melhor. De fato, ao que parece, a vacina contra o Ebola poderia ter sido desenvolvida há anos se houvesse mais financiamento público.

As falhas dos Estados Unidos nesse aspecto chamam muito a atenção — de tal forma que alguns países africanos estão tratando os turistas norte-americanos com precauções especiais. Contudo, isso apenas reverbera um problema mais fundamental: o sistema de saúde norte-americano, em grande parte privado, está fracassando.

É fato que, quanto à Medicina mais avançada, os EUA têm alguns dos melhores hospitais do mundo, universidades de pesquisa e centros médicos avançados. No entanto, embora o país gaste mais com assistência médica — per capita e em termos de porcentual do PIB — os resultados nessa área são verdadeiramente decepcionantes.

A expectativa de vida dos homens norte-americanos ao nascer é a pior entre 17 países de alta renda — quase quatro anos mais curta que na Suíça, Austrália e Japão. E a segunda pior para as mulheres, mais de cinco anos abaixo da expectativa de vida no Japão.

Outras métricas de saúde são igualmente decepcionantes, com dados que indicam resultados piores nessa área para os norte-americanos durante toda a vida. E, durante três décadas, pelo menos, a situação vem piorando.

Muitos fatores contribuem para a defasagem norte-americana na questão da saúde, com lições que também são relevantes para outros países. Para começar, o acesso a remédios é importante. Já que os EUA são um dos poucos países avançados que não reconhecem esse acesso como um direito humano básico, e é mais dependente do setor privado que os outros países, não é de se admirar que os norte-americanos não obtenham os remédios de que precisam. Embora a lei Patient Protection and Affordable Care (conhecida como Obamacare) tenha melhorado a situação, a cobertura do seguro-saúde continua travada — quase metade dos 50 estados norte-americanos se recusa a expandir o Medicaid, o programa de financiamento de assistência médica para os pobres nos Estados Unidos.

Além disso, os EUA têm uma das taxas mais altas de pobreza na infância entre os países avançados (fato que ocorria principalmente antes que as políticas de austeridade aumentassem dramaticamente a pobreza em vários países europeus), e a falta de nutrição e assistência médica na infância têm efeitos que afetam a vida toda. Ao mesmo tempo, as leis norte-americanas relativas às armas contribuem para a incidência mais alta de mortes violentas entre os países desenvolvidos, e sua dependência dos automóveis acarreta um alto índice de mortes nas estradas.

A desigualdade gigantesca no país também é um fator crítico na defasagem da saúde, principalmente em combinação com os fatores mencionados acima. Considerando a maior incidência de pobreza, pobreza infantil, pessoas sem acesso à assistência médica, moradia decente e educação. E a maior quantidade de pessoas em situação de insegurança alimentar (que frequentemente consomem alimentos baratos, que contribuem para a obesidade), não é surpresa que os resultados de saúde nos Estados Unidos sejam ruins.

Os resultados na área de saúde para as pessoas com renda mais alta e cobertura de seguro também são piores nos EUA que em outros países. Talvez isso também esteja relacionado à maior desigualdade, em comparação com outros países avançados. Sabe-se que a saúde está ligada ao estresse. As pessoas que lutam para subir a escada do sucesso conhecem as consequências do fracasso. Nos EUA, o espaço entre os degraus da escada é maior que em outros países, e a distância entre o topo e o fundo da escada é maior. Isso gera mais ansiedade, que se traduz em uma saúde mais frágil.

Boa saúde é uma bênção. Contudo, a estruturação do sistema de assistência médica e da sociedade de cada país faz uma enorme diferença em termos de resultados. Os Estados Unidos e o mundo pagam um alto preço por depender excessivamente das forças do mercado e não dar atenção suficiente a valores mais amplos, como igualdade e justiça social.

PARTE IV

CAUSAS DA CRESCENTE DESIGUALDADE NOS ESTADOS UNIDOS

D**ESIGUALDADE SEMPRE EXISTIU E SEMPRE EXISTIRÁ. A QUESTÃO ABOR**dada nestes artigos é por que a desigualdade — em praticamente todas as suas dimensões — aumentou tanto nos últimos 35 anos. É evidente que a Grande Recessão contribuiu muito para isso (embora, conforme comentaremos na seção a seguir, também seja, em parte, uma consequência da desigualdade). No entanto, as tendências já se faziam notar antes disso.

Cada aspecto da desigualdade — a fatia cada vez maior que fica com os ocupantes do topo, o crescimento da pobreza, o enfraquecimento da classe média — tem suas próprias explicações. No topo da pirâmide, a fatia maior do capital e o alto nível de ganhos são críticos — os ricos já possuem uma fatia desproporcional e ainda recebem o maior pedaço dos ganhos de capital. Mas isso apenas faz com que a pergunta retroceda um pouco: por que isso ocorreu? Antes, neste livro, explicamos o conceito de caça à renda — há duas formas de ficar rico: aumentar o tamanho do bolo econômico do país ou ampliar o tamanho de sua fatia em relação à dos demais (sendo que, na luta pela fatia maior, o bolo pode até diminuir). O aumento da riqueza no alto da pirâmide está indivisivelmente associado a um aumento da caça à renda. Os executivos das corporações estão abocanhando um pedaço maior do bolo corporativo, mas não graças a um aumento repentino de sua produtividade. A financeirização — a maior importância do setor financeiro na economia — é fundamental, não só no aumento da instabilidade da economia, evidenciada pela Grande Recessão, mas também no aumento da desigualdade. O poder monopolista também aumentou, com o crescimento de empresas com poder global de mercado (como Apple, Google e Microsoft) e, em alguns casos, até mesmo o crescimento de empresas com mais poder local de mercado (como Walmart e Amazon).

Na seção anterior, apontamos diversos aspectos da desigualdade norte-americana, como a vigente no acesso à assistência médica e à educação, e a pobreza infantil. Como resultado dessas injustiças, as desigualdades passam de uma geração para a outra: os filhos dos privilegiados começam a vida com uma grande vantagem. As desigualdades de oportunidade são causa e consequência das disparidades de renda. O crescimento da desigualdade ao longo do tempo não é nenhuma surpresa, já que os Estados Unidos estão se tornando mais segregados em termos econômicos — os filhos dos ricos vão para escolas com financiamento adequado, e os filhos dos pobres frequentam escolas que funcionam mal.

O aumento da desigualdade na renda antes dos impostos e da renda de transferência, apesar de significativo, não é muito maior do que em outros países desenvolvidos. A diferença entre a desigualdade crescente nos Estados Unidos e em outros países é que pouco fazemos em relação a ela: os outros se esforçam mais para amenizá-la.

Em tópicos anteriores deste livro, enfatizamos que a desigualdade é uma questão de escolha: as leis da economia são iguais nos diversos países, mas a forma de atuação dessas leis é muito diferente. Cada lei e regulamento, cada um dos gastos governamentais, cada uma das políticas podem influir na desigualdade. Na próxima seção, ilustraremos esse fato com vários debates acalorados sobre políticas nos quais os Estados Unidos se envolveram. A seção anterior também mostrou que optamos por financiar o ensino superior de modo muito diferente em relação aos outros países, e isso dificulta o acesso dos pobres e até mesmo da classe média às universidades. Em *O Preço da Desigualdade,* abordo outros exemplos: como as nossas leis falimentares — aquelas que especificam o que acontece quando uma pessoa (nos EUA) ou empresa não consegue pagar tudo o que deve — favorecem o setor financeiro e discriminam os pobres que tentam melhorar de vida tomando dinheiro emprestado para poder estudar.

Os artigos desta seção contam apenas uma pequena parte da história. Não tratam da desigualdade no acesso à educação e no sucesso escolar, que é causa e consequência de nossa desigualdade de renda e riqueza que não para de aumentar; ou de como a nutrição inadequada e a falta de acesso à assistência médica para os pobres (e, cada vez mais, para a classe média norte-americana) também podem perpetuar a desigualdade, nem de como a maior exposição das crianças pobres a riscos ambientais também pode eternizá-la. E, tampouco, tratam de como a desigualdade no acesso à justiça pode ter os mesmos efeitos.

Em vez disso, os artigos se concentram em apenas duas questões — a assistência governamental a corporações e nosso sistema fiscal. O título do primeiro artigo, escrito logo após o socorro financeiro dos Estados Unidos aos bancos, diz tudo: "EUA: Socialismo para os Ricos". O termo "socialismo", certamente, tornou-se uma palavra de baixo calão no país, assim como "bem-estar social". Porém, não há outro termo adequado para designar os socorros financeiros gigantescos aos bancos norte-americanos. Não seguimos as regras do capitalismo, que obrigariam os banqueiros, acionistas dos bancos e detentores de títulos, a pagar por seus erros. Aqueles que criticam meu ponto de vista afirmam que era necessário socorrer os bancos. É verdade, mas não era preciso socorrer os banqueiros, acionistas e detentores de títulos.

O ensaio não só ilustra a injustiça do sistema fiscal, mas também mostra como ele distorce a economia — e leva a níveis mais altos de desigualdade depois dos impostos e também antes deles. Se os especuladores são tributados com índices mais baixos do que os incidentes sobre aqueles que ganham a vida trabalhando, há um incentivo à especulação. Em abril de 2014, falei ao Senado a respeito da crescente desigualdade nos Estados Unidos. Um senador perguntou como poderíamos explicar para seus eleitores por que um encanador deveria ser tributado mais pesadamente do que uma pessoa com renda comparável que colhe os retornos da especulação (de longo prazo). Obviamente a pergunta era retórica, e nenhum dos membros da comissão — tanto republicanos, quanto democratas e independentes — soube responder.

Os capítulos anteriores explicaram, de forma mais geral, como a desigualdade no topo da pirâmide está associada à exploração e à caça à renda; nesta parte, eu explico como nosso sistema fiscal estimula essas atividades, enfraquecendo a economia e aumentando a desigualdade.

À medida que o fim do prazo de entrega da declaração anual à Receita Federal nos Estados Unidos (dia 15 de abril) se aproxima, sempre surge uma onda de artigos contra nosso sistema fiscal. "Um sistema fiscal contrário aos 99%" mostra que ele não é simplesmente um pouco injusto — é um jogo de cartas marcadas contra os 99%. Já que os ocupantes do topo da pirâmide não pagam uma quantia justa de impostos, o ônus sobre os demais fica maior. Isso significa que os ricos podem manter — e reinvestir — seus lucros, enriquecendo-se cada vez mais com isso. Warren Buffett deu uma declaração famosa ao dizer que era injusto que a taxa de impostos para ele fosse mais baixa que a taxa para sua secretária. Porém, ele não disse que, ao afirmar isso, supostamente se referiu à proporção de impostos sobre a renda *realizada*. Todos os anos ele ganha um pequeno salário (relativo à sua renda geral), recebe dividendos e juros e realiza alguns ganhos de capital. Entretanto, normalmente, ele tem enormes ganhos de capital não realizados. O valor de seus ativos aumenta e, desde que ele não venda suas ações ou outras reivindicações de titularidade, não pagará nada de imposto. Portanto, nos Estados Unidos, se os muito ricos simplesmente mantiverem seus ativos, estes podem aumentar de valor, ano após ano, sem pagar imposto nenhum. E podem deixar os ativos para seus filhos, que os passarão para os filhos deles. Se os ativos não forem vendidos, não haverá imposto de renda a ser pago. E, caso sejam vendidos, o bisneto terá que pagar impostos apenas sobre o aumento no valor desde o momento em que foram herdados; a totalidade dos ganhos de capital nas gerações anteriores escapa à taxação. (É verdade que pode haver impostos sobre a herança, mas o gerenciamento inteligente dos impostos sobre imóveis pode evitar, ou, pelo menos, minimizar esses impostos.)

Esses artigos foram escritos antes que os escândalos de evasão de impostos em escala global fossem expostos. Naquele momento, a GE dava o brilhante exemplo de líder corporativo que conseguiu evitar o pagamento da quantia justa em impostos. Depois disso, vieram os escândalos da Apple e do Google — essas empresas do Vale do Silício, célebres por sua criatividade na tecnologia, demostraram a mesma criatividade na evasão fiscal. Aproveitaram-se da globalização — a capacidade de movimentar dinheiro por todo o planeta. A Apple alegou que seus lucros poderiam, na verdade, ser atribuídos a algumas pessoas que trabalham na Irlanda! A sinceridade — que dirá o senso de justiça — parece ser mais rara que a criatividade. Essas empresas estão dispostas a receber, mas não a retribuir: esquecem-se de que, afinal, seu sucesso depende da internet, que foi criada com dinheiro do governo. Se não reabastecermos, por meio da pesquisa básica, o estoque de ideias ao qual essas empresas podem recorrer, o fluxo de inovações não se sustentará. No entanto, isso exige dinheiro (de impostos). O Google e a Apple mostraram que o mesmo comportamento egoísta, endêmico no setor financeiro dos Estados Unidos, pode se manifestar no Vale do Silício.

Quanto ao artigo "Falácias da Lógica de Romney" foi escrito em meio à indignação que se seguiu à divulgação do vídeo de um discurso de Mitt Romney, que, à época, era o candidato republicano à presidência (e não tinha a intenção de que essa fala viesse a público). Ele afirmou que 47% dos norte-americanos não pagavam imposto de renda e chamou-os escarnecedoramente de parasitas. A ironia é que o próprio Romney deixou de pagar a justa quantia em impostos, aproveitando-se de uma brecha na legislação fiscal, pela qual os envolvidos no negócio de "private equity" (veja Parte I, seção "Pensar Grande", tópico "O Falso Capitalismo") poderiam pagar impostos mais baixos — muito mais baixos que os de um encanador com renda comparável. Houve outra questão que não tive tempo de levantar no artigo. Ele admitiu manter boa parte de sua riqueza nas Ilhas Cayman. Os Estados Unidos têm, supostamente, os melhores mercados financeiros do mundo — pelo menos para os ricos. É óbvio que ele não mantinha o dinheiro nas Ilhas Cayman por causa de serviços exclusivos prestados nesse local, que inexistem em Wall Street — com exceção da falta de transparência. Ele jamais se dignou a dar uma explicação aos norte-americanos. Este artigo expõe de modo mais estrito a falha na lógica de Romney — mostrando por que o escárnio contra "os 47%" não tem o menor cabimento.

EUA: Socialismo para os Ricos*

COM TODA ESSA CONVERSA SOBRE OS "BROTOS VERDES" DA RECUPERAÇÃO econômica (em inglês, *green shoots*, expressão usada coloquial e propagandisticamente para indicar sinais de recuperação econômica durante uma recessão), os bancos dos Estados Unidos estão resistindo aos esforços realizados para regulamentá-los. Enquanto os políticos falam de seu compromisso com a reforma regulatória para impedir que a crise se repita, essa é uma área em que, de fato, o diabo mora nos detalhes — e os bancos usarão toda a força que lhes restou para garantir que tenham amplo espaço para continuar agindo como antes.

O sistema antigo funcionava bem para os banqueiros (talvez até para os acionistas); sendo assim, por que deveriam mudar? De fato, os esforços para socorrê-los não levaram em conta o tipo de sistema financeiro pós-crise que desejamos e, por isso, acabaremos por ter um sistema bancário menos competitivo, em que os bancos grandes demais para quebrar ficaram maiores ainda.

É fato reconhecido há muito tempo que bancos grandes demais para quebrar** também são grandes demais para administrar. Esse é um dos motivos pelos quais o desempenho de vários deles foi tão deplorável. Já que o governo fornece seguro para os depósitos, (o equivalente, no Brasil, ao Fundo Garantidor de Créditos, que garante aos correntistas e investidores recuperar seus depósitos ou créditos até um determinado montante) ele tem um papel importante na reestruturação (diferentemente do que ocorre em outros setores). Nos EUA, normalmente, quando um banco quebra, o governo engendra uma reestruturação financeira;

---

*Project Syndicate, 8 de junho de 2009.

**Em inglês, *Too Big to Fail*: É uma expressão que transmite a ideia de que um negócio se tornou tão grande e enraizado na economia que o governo prestará assistência financeira para evitar sua falência. Ela sintetiza a crença de que se uma enorme empresa falir, haverá um desastroso efeito cascata em toda a economia.

caso o governo precise colocar dinheiro, é evidente que passará a ter voz no banco. O governo sabe que, se esperar demais, é possível que bancos zumbis ou quase zumbis — com pouco ou nenhum patrimônio líquido, mas tratados como se fossem instituições viáveis — "apostem na ressurreição". Se apostam alto e ganham, ficam com os lucros; se fracassam, o governo paga a conta.

Isso não é só teoria; é uma lição que aprendemos a duras penas durante a crise da poupança e empréstimos na década de 1980. Quando o caixa eletrônico diz "fundos insuficientes", o governo não quer que isso signifique que o banco — e não sua conta — está sem dinheiro; portanto, ele interfere antes que a caixa registradora fique vazia. Em uma reestruturação financeira, normalmente os acionistas saem de cena e os detentores de obrigações se tornam os novos acionistas. Às vezes é necessário que o governo forneça mais fundos; às vezes o governo procura um novo investidor para assumir o banco falido.

No entanto, o governo Obama introduziu um novo conceito: grande demais para passar por uma reestruturação financeira.

O governo afirma que aconteceria um desastre infernal se tentássemos jogar de acordo com as regras de sempre no caso desses grandes bancos. Os mercados entrariam em pânico. Sendo assim, não podemos fazer nada em relação aos detentores de obrigações, nem mesmo em relação aos acionistas — ainda que boa parte do valor existente das ações meramente reflita a aposta em um socorro financeiro governamental.

Creio que isso está errado. Acredito que o governo Obama cedeu à pressão política e ao alarmismo dos grandes bancos e, por conseguinte, confundiu socorro aos bancos com socorro aos banqueiros e seus acionistas.

A reestruturação oferece aos bancos a oportunidade de um recomeço: novos investidores em potencial (em instrumentos de dívida ou patrimônio) terão mais confiança, outros bancos estarão mais dispostos a emprestar a eles, e vice-versa. Os detentores de obrigações sairão ganhando com uma reestruturação organizada e, se o valor dos ativos realmente for maior do que o mercado (e os analistas externos) pensam, eles colherão os lucros.

Todavia, fica claro que os custos presentes e futuros da estratégia de Obama são muito altos — e, até agora, essa estratégia não atingiu o limitado objetivo da retomada dos empréstimos. O contribuinte teve de desembolsar bilhões e forneceu outros bilhões em garantias — contas que um dia chegarão.

Reescrever as regras da economia de mercado — de uma forma que só beneficiou os que fizeram tanto mal à economia de todo o planeta — é algo tão ruim que vai além do custo financeiro. A maioria dos norte-americanos acredita que isso é uma enorme injustiça, principalmente depois de ver os bilhões que se destinavam a permitir a retomada dos empréstimos serem desviados pelos bancos para o pagamento de bônus e dividendos gigantescos. Rasgar o contrato social é algo que não deve ser feito levianamente.

Essa nova forma de falso capitalismo — em que os prejuízos são socializados e os lucros, privatizados — está condenada ao fracasso. Os incentivos são distorcidos. Não há disciplina no mercado. Os bancos que são grandes demais para a reestruturação sabem que podem jogar com a impunidade — e, com o Federal Reserve disponibilizando fundos a taxas de juros próximas de zero, há recursos de sobra para bancar esse jogo.

Alguns chamam esse novo regime de "socialismo com características norte-americanas". No entanto, o socialismo é um sistema voltado para as pessoas comuns. Os Estados Unidos, por sua vez, pouco ajudam os milhões de norte-americanos que estão perdendo suas casas. Os trabalhadores que perdem seus empregos recebem benefícios limitados de apenas 39 semanas para desempregados e, depois disso, são abandonados à própria sorte. Além disso, ao perder o emprego, a maioria perde também o seguro-saúde.

Os Estados Unidos ampliaram de forma inédita sua rede de proteção corporativa — de bancos comerciais a bancos de investimento, passando pelas seguradoras e chegando à indústria automobilística, sem dar sinais de que está chegando ao fim. Na verdade, isso não é socialismo, mas uma extensão do tradicional assistencialismo governamental às corporações. Os ricos e poderosos recorrem à ajuda do governo sempre que podem, ao passo que as pessoas carentes obtêm pouca proteção social.

Precisamos segmentar os bancos grandes demais para quebrar; não há indícios de que esses gigantes proporcionem benefícios à sociedade que sejam condizentes com os custos que impingiram aos demais. E, se não os dividirmos, teremos que limitar rigorosamente suas ações. Eles não podem ter liberdade de repetir o que fizeram no passado — jogadas de risco à custa dos demais.

Isso mostra outro problema dos bancos norte-americanos grandes demais, para quebrar e para serem reestruturados: seu demasiado poder político. O *lobby* dos bancos funcionou bem, primeiro para desregulamentar e, em seguida, para fazer com que os contribuintes pagassem pela limpeza. Eles têm esperança de que o *lobby* funcione novamente e continuem livres para fazer o que quiserem, independentemente dos riscos para os contribuintes e a economia. Não podemos nos dar ao luxo de deixar isso acontecer.

Um Sistema Tributário Contra Os 99%*

Leona Helmsley, a executiva da rede de hotéis que foi condenada por sonegação de impostos federais em 1989, alcançou a notoriedade por, entre outras coisas, dizer várias vezes que "somente pessoas pequenas pagam impostos".

Como declaração de princípios, a citação poderia muito bem ter rendido à Sra. Helmsley, falecida em 2007, o título de Rainha da Maldade. Entretanto, como previsão sobre a justiça do sistema fiscal norte-americano, a frase da Sra. Helmsley pode ter sido, na verdade, uma premonição.

Hoje — o último dia do prazo para entregar a declaração do imposto de renda individual — é uma data em que os norte-americanos deveriam fazer uma pausa e refletir sobre nosso sistema fiscal e a sociedade que ele cria. Ninguém gosta de pagar impostos, mas, apesar disso, todos concordam (exceto os libertários radicais) com o que Oliver Wendell Holmes disse: os impostos são o preço que pagamos por uma sociedade civilizada (frase tão emblemática, a ponto de estar inscrita no prédio da Receita Federal americana). Porém, em décadas recentes, o ônus de pagar esse preço era distribuído de forma cada vez mais injusta.

Cerca de 6 em cada 10 norte-americanos acreditam que o sistema fiscal é injusto — e têm razão: em termos simples, os muito ricos não pagam um valor justo. Os 400 contribuintes individuais mais ricos, com renda média superior a US$200 milhões, pagam menos de 20% de sua renda em impostos — muito menos do que os simples milionários, que pagam cerca de 25% de sua renda em impostos, e aproximadamente o mesmo que as pessoas que ganham apenas US$200.000 a US$500.000. E, em 2009, 116 dos 400 mais ricos — quase um terço — pagaram menos de 15% de sua renda em impostos.

New York Times, 14 de abril de 2013.

Os conservadores gostam de ressaltar que os impostos pagos pelos mais ricos constituem uma grande parte da receita total. Isso é verdade, como deveria ser em qualquer sistema fiscal progressivo — ou seja, um sistema que taxa mais pesadamente os ricos do que as pessoas de recursos mais modestos. Também é verdade que, à medida que as rendas dos norte-americanos mais ricos subiram aos céus nos anos recentes, o total dos impostos pagos por eles aumentou. Isso aconteceria até mesmo se tivéssemos uma taxa única de imposto de renda para todos.

O fato que deveria nos indignar e chocar é que, conforme o 1% no topo da pirâmide se tornava extremamente rico, as taxas de impostos efetivas que eles pagam diminuíram notavelmente. Nosso sistema fiscal é muito menos progressivo atualmente do que em boa parte do século XX. A alíquota mais alta de imposto de renda marginal atingiu o pico de 94% durante a II Guerra Mundial e permaneceu em 70% durante os anos 1960 e 1970; hoje, é de 39,6%. A justiça fiscal deteriorou-se nos 30 anos seguintes à "revolução" de Reagan na década de 1980.

A organização Citizens for Tax Justice, que defende um sistema fiscal mais progressivo, estimou que, levando em conta os impostos federais, estaduais e municipais, o 1% do topo pagou, apenas, um pouco mais de 20% dos impostos dos norte-americanos em 2010 — aproximadamente igual à fatia de renda que fica com eles — um resultado que não tem nada de progressivo.

Com taxas efetivas de imposto tão baixas — e, detalhe importante, com uma alíquota de apenas 20% sobre a renda de ganhos de capital — não é de se admirar que o montante de renda que vai para o 1% tenha dobrado desde 1979 e a parte que vai para o 0,1% no topo quase triplicou, de acordo com os economistas Thomas Piketty e Emmanuel Saez. Quando se recorda que o 1% dos norte-americanos mais ricos detém cerca de 40% da riqueza do país, o quadro fica ainda mais alarmante.

Se a injustiça dessas cifras ainda não for impressionante para você, compare-as com as de outros países ricos.

Os Estados Unidos se destacam entre os países da Organização para a Cooperação e Desenvolvimento Econômico — o clube dos países ricos — por sua baixa taxa de imposto de renda marginal para os mais ricos. Essa condição tributária não é essencial para o crescimento — considere a Alemanha, por exemplo, que conseguiu manter o status de centro industrial avançado mesmo tendo uma taxa de imposto de renda marginal para os mais ricos que excede em muito a dos Estados Unidos. Além disso, de modo geral, as alíquotas de imposto para os mais ricos passam a incidir em faixas de renda muito mais altas. A Dinamarca, por exemplo, tem uma taxa de imposto sobre a renda para os mais ricos de mais de 60%, mas ela é aplicável a todos os que ganham mais de US$54.900. A dos Estados Unidos, de 39,6%, só passa a valer depois que a renda individual chega a US$400.000 (ou US$450.000, no caso de um casal). Somente três países da OCDE — Coreia do Sul, Canadá e Espanha — têm limites mais altos.

A maior parte do mundo ocidental viveu um aumento da desigualdade em décadas recentes, ainda que não tão grande quanto nos Estados Unidos. Entretanto, a maioria dos economistas acredita que não pode funcionar bem um país onde a desigualdade é excessiva; muitos países usaram sua legislação tributária para ajudar a "corrigir" a distribuição de riqueza e renda proporcionada pelo mercado. Os Estados Unidos não fizeram nada disso — ou, pelo menos, não fizeram o suficiente. De fato, as taxas baixas para os mais ricos contribuem para exacerbar e perpetuar a desigualdade — tanto que, entre os países industriais avançados, atualmente os Estados Unidos apresentam a maior desigualdade de renda e as oportunidades menos igualitárias. Isso é uma inversão flagrante dos tradicionais ideais meritocráticos do país — ideais que nossos líderes, de todos os matizes, continuam professando.

Ao longo dos anos, parte dos ricos alcançou um sucesso estrondoso na obtenção de tratamento preferencial, transferindo uma parte ainda maior do ônus do custeio dos gastos do país — defesa, educação e programas sociais — para os outros. Ironicamente, esse é o caso, particularmente, de algumas das nossas multinacionais, que recorrem ao governo federal para negociar tratados comerciais favoráveis que lhes facilitem a entrada em mercados estrangeiros e para defender seus interesses comerciais no mundo, mas, em seguida, usam essas bases estrangeiras para evitar o pagamento de impostos.

A General Electric tornou-se o símbolo das multinacionais que estão sediadas nos Estados Unidos, mas, praticamente, não paga impostos — sua taxa fiscal corporativa efetiva foi, em média, menos de 2% de 2002 a 2012 — como ocorre com Mitt Romney, o candidato republicano à presidência no ano passado, que se tornou o paradigma dos ricos que não pagam uma quantia justa ao admitir que recolheu apenas 14% de sua renda em impostos em 2011, apesar de sua célebre queixa de que 47% dos norte-americanos eram parasitas. Até onde sei, nem a G. E. nem o Sr. Romney infringiram nenhuma lei fiscal, mas os poucos impostos que eles pagam são uma afronta ao senso básico de justiça da maioria dos norte-americanos.

Ao examinar essas estatísticas, deve-se ter cuidado: nos EUA, elas refletem os impostos, tipicamente, como um porcentual da renda declarada. E nossas leis fiscais não exigem a declaração de todos os tipos de renda. Para os ricos, a ocultação desses ativos tornou-se um esporte de elite. Muitos se valem das Ilhas Cayman ou outros paraísos fiscais para evitar impostos (pode-se supor, com certo grau de certeza, que o atrativo desse local não é o clima ensolarado). Eles só têm de declarar a renda quando ela é trazida de volta aos Estados Unidos ("repatriada"). Da mesma forma, os ganhos de capital só têm de ser declarados como renda quando são realizados.

E, se os ativos são passados aos filhos e netos após a morte, como herança, nenhum imposto é pago, devido a uma brecha peculiar chamada "incremento na base de custo por ocasião da morte". Sim, os privilégios fiscais para os ricos nos Estados Unidos se estendem até o além-túmulo.

Ao examinar alguns dos itens especiais da legislação tributária americana, referentes a casas de veraneio, pistas de corrida, cervejarias, refinarias de petróleo, fundos de *hedge* e estúdios de cinema, entre vários outros ativos e setores favorecidos — não causa surpresa que os norte-americanos se desiludam com um sistema fiscal com tantas benesses especiais. A maioria das brechas e "brindes" das leis fiscais não surge do nada, evidentemente — de modo geral, foram criadas em troca de contribuições de campanha (ou, pelo menos, em resposta a elas) oferecidas por doadores influentes. Estima-se que esse tipo de provisões especiais cheguem a US$123 bilhões por ano e que o valor das brechas fiscais relacionadas ao *offshore* não seja muito inferior a isso. A simples eliminação dessas provisões seria um grande passo para atingir as metas de redução do deficit defendidas por conservadores fiscais que se preocupam com o volume da dívida pública.

O chamado "carried interest", um método de compensação financeira que se constitui na maior parte da remuneração dos gestores de fundos de ativos (*hedge* e *private equity*), é outra fonte de injustiça no tratamento fiscal. Alguns financistas de Wall Street conseguem taxas mais baixas nos impostos sobre ganhos de capital referentes à renda proveniente do gerenciamento de ativos. Contudo, por que o gerenciamento de ativos financeiros deve ser tratado diferentemente do gerenciamento de pessoas ou das inovações? Evidentemente, os profissionais de finanças dizem que eles são essenciais. Porém, também são essenciais os médicos, advogados, professores e todos os que contribuem para o funcionamento de nossa complexa sociedade. Dizem que são necessários para a geração de empregos, mas, na verdade, a maioria das empresas de "equity private", que primam por beneficiar-se de brechas legais como as "carried interest", são destruidoras de empregos; são peritas em reestruturar empresas para "economizar" em custos de mão de obra, frequentemente levando os empregos para outros países.

Os economistas costumam evitar o termo "justo" — a justiça, assim como a beleza, está nos olhos de quem vê. Porém, a injustiça do sistema fiscal norte-americano cresceu tanto que é desonesto qualificá-lo de outra forma.

Tradicionalmente, os economistas visam temas mais prosaicos, como crescimento e eficiência, do que a questão da desigualdade. No entanto, também nesse aspecto, o sistema fiscal americano tira notas baixas. Nosso crescimento foi maior na era de alíquotas fiscais marginais altas para os ricos do que a partir de 1980.

Até mesmo em instituições internacionais tradicionais e conservadoras como o Fundo Monetário Internacional, os economistas se deram conta de que a desigualdade excessiva é prejudicial ao crescimento e à estabilidade. O sistema fiscal pode desempenhar um papel importante para amenizar o nível de desigualdade.

Porém, o nosso sistema pouco faz em relação a isso. Um dos motivos de nosso mau desempenho econômico é a grande distorção que o sistema fiscal provoca em nossa economia. A importância dos incentivos é a única unanimidade entre os economistas, taxas mais baixas sobre a especulação faz com que ela aumente. Envolvemos nossos jovens mais talentosos em malabarismos econômicos, e não na geração de negócios de verdade, descobertas de verdade, prestação de serviços de verdade. São dedicados mais esforços à "caça à renda" — obtenção de uma fatia maior do bolo econômico do país — do que ao aumento desse bolo.

A pesquisa em anos recentes estabeleceu o vínculo entre taxas de impostos, crescimento lento e aumento da desigualdade. Lembre-se: as taxas baixas de impostos para os ricos deveriam estimular a poupança e o trabalho árduo e, consequentemente, o crescimento econômico. Não fizeram nada disso. Na verdade, a taxa de poupança das famílias caiu a um nível inédito, próximo de zero, depois dos dois cortes sancionados pelo presidente George W. Bush em 2001 e 2003, relacionados aos impostos sobre dividendos e ganhos de capital. O efeito das taxas baixas no topo foi o aumento da rentabilidade sobre a caça à renda, que prosperou, ou seja, o crescimento ficou mais lento e a desigualdade aumentou. Agora este padrão é observado em vários países. Ignorando as advertências daqueles que querem manter seus privilégios, os países que aumentaram a faixa de tributação mais elevada não tiveram crescimento mais lento. A outra prova é observada aqui nos EUA: se os esforços no topo da pirâmide fizessem com que o motor da economia como um todo funcionasse melhor, seria de se esperar que todos fossem beneficiados. Se estivessem empenhados na caça à renda, à medida que suas rendas aumentassem, seria de se esperar que a renda dos demais diminuísse. É exatamente isso o que está acontecendo. As rendas no meio e até mesmo na base da pirâmide estão estagnadas ou caindo.

Além dos indícios, há um forte argumento intuitivo para corroborar a ideia de que as taxas dos impostos estimularam a caça à renda em detrimento da geração de riqueza. Há uma satisfação intrínseca na criação de novos negócios, expansão dos horizontes do conhecimento e ajuda ao próximo. Por outro lado, é desagradável passar o dia aperfeiçoando práticas desonestas e enganosas que sugam o dinheiro dos pobres, como se costumava fazer no setor financeiro antes da crise financeira de 2007/2008. Creio que, em circunstâncias equivalentes, a maioria dos norte-americanos prefere o trabalho a essas práticas questionáveis. Entretanto, nosso sistema fiscal causa um desnivelamento ao aumentar os retornos líquidos de algumas dessas atividades inerentemente detestáveis e contribuiu para que nossa sociedade se voltasse à caça à renda.

Não tem de ser assim. Poderíamos ter um sistema fiscal muito mais simples, sem tantas distorções — uma sociedade em que aqueles que, para viver, recortam os cupons de descontos e promoções das lojas, pagam os mesmos impostos que pessoas com a mesma renda que trabalham em uma fábrica; em que aqueles cujos ganhos provêm de recuperar empresas pagam os mesmos impostos que os médicos que salvam vidas; em que pessoas que se beneficiam financeiramente de inovações financeiras pagam os mesmos impostos do que os pesquisadores que criam inovações de verdade, que transformam a economia e a sociedade. Poderíamos ter um sistema fiscal que incentivasse as coisas boas, como o trabalho árduo, e desestimulasse as deletérias, como caça à renda, jogatinas financeiras e poluição. Um sistema desse tipo poderia levantar muito mais dinheiro do que o sistema atual — não teríamos de passar por todos esses conflitos, como cortes de gastos fiscais para cobrir deficit orçamentários, aumento da carga tributária e ameaças de acabar com o Medicare e o Seguro Social da forma como os conhecemos. Estaríamos em uma boa situação fiscal pelo próximo quarto de século, pelo menos.

As consequências de nosso falido sistema tributário não se limitam à economia. Nosso sistema fiscal depende muito da adesão voluntária. Porém, se os cidadãos acreditarem que ele é injusto, não haverá adesão voluntária. Em termos mais amplos, o governo desempenha um papel importante, não só na proteção social, mas também nos investimentos em infraestrutura, tecnologia, educação e saúde. Sem esses investimentos, nossa economia será mais fraca, e o crescimento econômico, mais lento.

A sociedade não pode funcionar bem sem um sentido mínimo de solidariedade e coesão nacional. Esse senso de ter um propósito em comum também se baseia em um sistema fiscal justo. Se os norte-americanos acreditarem que o governo é injusto — ou seja, que é um governo do 1%, para o 1% e pelo 1% — a fé em nossa democracia certamente estará em perigo.

Globalização Não É Apenas uma Questão de Lucros. É Também uma Questão Fiscal.*

O MUNDO OBSERVOU EXPECTANTE QUANDO TIM COOK, CHEFE DA APPLE, afirmou que a empresa havia pago todos os impostos devidos — aparentemente, ele disse que a empresa pagou todos os impostos que deveria ter pago. Obviamente, há uma grande diferença entre essas duas coisas. Não é surpresa nenhuma que uma empresa com os recursos e a criatividade da Apple faria o possível, dentro da lei, para reduzir a quantia de impostos a pagar. Embora a Suprema Corte, no caso *Cidadãos Unidos*, pareça ter afirmado que todas as corporações são pessoas, com todos os direitos que lhes cabem, essa ficção jurídica não deu às empresas um senso de responsabilidade moral; além disso, as corporações têm os poderes do Homem-Borracha, que consegue estar em todos os lugares e em lugar nenhum ao mesmo tempo — estar em todo lugar quando se trata de vender seus produtos e em lugar nenhum na hora de declarar os lucros obtidos com essas vendas.

A Apple, assim como o Google, beneficiou-se imensamente daquilo que o governo norte-americano e outros governos ocidentais oferecem: trabalhadores altamente instruídos, com nível universitário, que contam com apoio governamental direto e indireto (por meio de generosas deduções por doação a instituições filantrópicas). A pesquisa básica, que é o fundamento de seus produtos, foi paga pelos contribuintes americanos — a internet, sem a qual não poderiam existir. Sua prosperidade depende, em parte, de nosso sistema jurídico — inclusive do rigor na defesa dos direitos de propriedade intelectual; eles pediram (e conseguiram) que o governo obrigasse países de todo o planeta a adotar nossos padrões e, em alguns casos, isso custou caro à vida e ao desenvolvimento das pessoas que vivem em mercados emergentes e países em desenvolvimento. É verdade que

---

The Guardian, 27 de maio de 2013.

trouxeram talento e habilidades organizacionais, o que é louvável. Entretanto, ao contrário de Newton — que ao menos teve a modéstia de admitir que se apoiou nos ombros de gigantes, esses titãs do setor não sentem remorso nenhum por serem parasitas, entrando de carona nos benefícios proporcionados pelo nosso sistema, mas relutantes em contribuir na mesma medida. Sem apoio público, o manancial de onde virão a inovação e o crescimento futuro secará — para não mencionar o que acontecerá com nossa sociedade cada vez mais dividida.

Não é verdade que taxas de impostos mais altas para as corporações necessariamente diminuiriam os investimentos. Como a Apple mostrou, ela pode financiar o que quiser por meio de endividamento. Inclusive o pagamento de dividendos, que nos EUA é outra manobra para evitar o recolhimento da quantia justa em impostos. Os pagamentos de juros são dedutíveis da renda tributável, ou seja, na medida em que o investimento é financiado por dívida, o custo do capital e os retornos são alterados proporcionalmente, sem efeitos adversos sobre o investimento. E, com a taxação baixa sobre os ganhos de capital, os retornos sobre o patrimônio são tratados de modo ainda mais favorável. Outros itens da legislação tributária, como a depreciação acelerada e o tratamento fiscal dos gastos com pesquisa e desenvolvimento, proporcionam ainda mais benefícios.

Já é hora de a comunidade internacional encarar a realidade: há um não administrável, injusto e distorcido regime fiscal global. O sistema tributário tem grande influência na geração da desigualdade cada vez maior que caracteriza a maioria dos países desenvolvidos atualmente — com os Estados Unidos na vanguarda, seguidos de perto pelo Reino Unido. A inanição do setor público foi fundamental para que os Estados Unidos deixassem de ser a terra da oportunidade — em que as perspectivas de vida de uma criança dependem mais da renda e nível de instrução dos pais do que em outros países avançados.

A globalização nos torna cada vez mais interdependentes. As grandes beneficiárias da globalização são as corporações internacionais — e não, por exemplo, o trabalhador médio dos Estados Unidos e vários outros países, que, em parte devido à pressão da globalização, sofreu uma queda em sua renda (totalmente ajustada em relação à inflação) ano após ano, incluindo a queda de preços causada pela globalização. Isso ocorreu a tal ponto que um homem que trabalha em período integral neste país tem uma renda mais baixa do que a renda que tinha há quarenta anos. Nossas multinacionais aprenderam a explorar a globalização em todos os sentidos — inclusive em relação às brechas fiscais que lhes permitem fugir às suas responsabilidades sociais globais.

Os Estados Unidos não poderiam ter um sistema funcional de imposto de renda corporativo no país se houvéssemos optado por adotar um sistema de transferência de preços (no qual as empresas "inventam" os preços dos bens e serviços que uma parte compra de outra, permitindo que os custos sejam registrados em estados diferentes). Os Estados Unidos desenvolveram um sistema baseado em fórmulas, no qual os lucros globais são alocados com base em emprego, vendas e bens de capital. Não obstante, ainda há muito espaço para mais ajustes finos no sistema, em resposta à maior facilidade de transferir lucros quando a propriedade intelectual é uma fonte importante do verdadeiro "valor agregado".

Alguns afirmam que, embora as fontes produtivas (valor agregado) sejam difíceis de determinar, é menos difícil identificar o destino (porém, com a reexpedição, essa questão se torna menos clara); eles sugerem um sistema baseado no destino. Contudo, um sistema desse tipo não seria necessariamente justo, já que não fornece receitas para os países que arcaram com os custos de produção. Apesar disso, seria claramente melhor que o sistema atual.

Mesmo se os EUA não fossem recompensados por suas contribuições científicas globais apoiadas por dinheiro do governo e pela propriedade intelectual embutida nelas, a recompensa viria, pelo menos, por seu consumismo desenfreado, que incentiva a inovação. Seria bom se houvesse a possibilidade de um acordo internacional sobre a taxação dos lucros corporativos. Na falta desse acordo, qualquer país que ameaçasse impingir impostos justos às corporações com base na produção seria punido — a produção (e os empregos) seriam levados para outro lugar. Em alguns casos, os países podem "pagar para ver". Outros podem acreditar que o risco é alto demais. Os clientes, porém, não têm como escapar.

Os Estados Unidos poderiam, por conta própria, dar um grande passo nessa reforma: qualquer empresa que venda produtos no país poderia ser obrigada a pagar um imposto sobre seus lucros globais, a uma taxa — de, por exemplo, 30% — com base em um balanço patrimonial consolidado, mas com uma dedução para os impostos sobre lucros corporativos pagos em outras jurisdições (dentro de um determinado limite). Em outras palavras, os EUA aplicariam um regime de imposto mínimo global. Alguns podem optar por deixar de vender nos EUA, mas duvido que muitos façam isso.

O problema da evasão fiscal pelas corporações é mais profundo e requer uma reforma mais ampla, que inclua medidas contra os paraísos fiscais que facilitam a lavagem de dinheiro. O Google e a Apple contratam os melhores advogados, que sabem como evitar o pagamento de impostos sem infringir a lei. Entretanto, não deveria haver espaço em nosso sistema para países que são cúmplices nesse processo. Por que os contribuintes alemães deveriam ajudar a socorrer financeiramente os cidadãos de um país cujo modelo comercial se baseia na evasão fiscal e em uma corrida ao fundo do poço? E por que os cidadãos de qualquer país permitiriam que as suas empresas se aproveitassem desses países predatórios?

Dizer que a Apple e o Google simplesmente se aproveitaram do sistema atual é inocentá-los com demasiada facilidade: o sistema não surgiu do nada. Foi moldado desde o início por lobistas de grandes multinacionais. Empresas como a General Electric fizeram *lobby* por medidas que lhes permitissem evitar ainda mais o pagamento de impostos e conseguiram o que queriam. Fizeram *lobby* por anistias fiscais que lhes permitissem trazer o dinheiro de volta para os Estados Unidos a taxas favorecidas, comprometendo-se a investir o dinheiro no país, e conseguiram o que queriam; e, em seguida, descobriram uma forma de cumprir a letra da lei, ignorando seu espírito e intenção. Se a Apple e o Google são símbolos das oportunidades oferecidas pela globalização, suas atitudes quanto à evasão fiscal os transformaram em símbolos daquilo que pode dar (e está dando) errado com o sistema.

Falácias da Lógica de Romney*

O ATAQUE MORDAZ DE MITT ROMNEY CONTRA OS 47% DOS NORTE-AME-ricanos que alegadamente não pagam imposto de renda e dependem do governo provocou, com justiça, uma reação tempestuosa. Sugere que um grande número dos partidários de Barack Obama são parasitas.

A ironia é que os verdadeiros parasitas são pessoas como Romney: os impostos que ele diz que paga são, em termos de porcentagem da renda declarada, muito inferiores aos impostos de pessoas com uma renda significativamente menor. E, ao contrário do que alguns deles pensam, ninguém vence na vida sozinho. Mesmo se não tivessem herdado a riqueza, o sucesso nos negócios exige o estado de direito, uma força de trabalho instruída e uma infraestrutura pública — tudo isso é proporcionado pelo governo.

Até mesmo "inovadores" como o Google se baseiam no trabalho de outras pessoas para inovar. Para que o Google pudesse criar o mecanismo de busca mais conhecido da internet, alguém teve de criar a internet antes — e foi o governo que fez isso.

Refutando Mitos

Entretanto, as falácias na lógica de Romney são mais profundas.

Em primeiro lugar, até mesmo as pessoas que não recolhem imposto de renda pagam vários outros tributos: sobre a folha de pagamento, vendas, consumo e propriedade. Muitos daqueles que recebem "benefícios" pagaram por eles — por

---
USA Today, 20 de setembro de 2012.

meio de contribuições ao Seguro Social e ao Medicare. Não são parasitas. O governo se sai melhor do que o setor privado no oferecimento desses benefícios. Vamos recordar por que esses programas foram iniciados: o setor privado deixou a maioria dos idosos desprotegidos e sem condições de obter um seguro-saúde.

Ainda hoje, o setor privado não oferece a mesma proteção que a Seguridade Social proporciona — inclusive contra a volatilidade dos mercados e a inflação. Além disso, os custos de administração do Seguro Social são muito mais baixos que os do setor privado — o que não é surpresa nenhuma, já que o objetivo desse setor é maximizar esses custos. Os custos de administração são os lucros deles.

Em segundo lugar, muitos daqueles que recebem benefícios são nossos jovens — oferecer-lhes educação e assistência médica (ainda que seus pais não paguem impostos) é investir no futuro. De acordo com os dados disponíveis, entre as nações desenvolvidas, os Estados Unidos são o país em que as oportunidades são menos igualitárias. Talvez o sonho norte-americano tenha se tornado um mito, mas não tem de ser assim. As crianças não deveriam depender da riqueza dos pais para poder estudar ou ter a assistência médica de que precisam para desenvolver seu potencial.

Em terceiro lugar, um sistema eficiente de proteção social é uma parte importante de qualquer sociedade moderna — necessária para possibilitar que as pessoas assumam riscos. Também nesse caso, o mercado não proporcionou um seguro adequado, por exemplo, em caso de desemprego ou invalidez. Por isso, o governo interveio. Normalmente, as pessoas que recebem esses benefícios pagaram por eles, direta ou indiretamente, por meio de contribuições às empresas de seguro-saúde realizadas por eles ou por seus empregadores em nome deles. No entanto, o oferecimento de proteção social contra esses riscos também pode contribuir para uma sociedade mais produtiva. Ao saber que existe uma rede de segurança para protegê-las se as coisas não derem certo, as pessoas podem dedicar-se a atividades de maior risco que propiciam um retorno maior. Esse é um dos motivos pelos quais as economias com uma proteção social melhor vêm crescendo muito mais rapidamente que os Estados Unidos, inclusive durante a recente recessão.

Fracasso do Governo

Em quarto lugar, muitos dos ocupantes da base da pirâmide — que se tornaram tão dependentes do governo — encontram-se nessa situação, em parte, porque o governo fracassou de uma forma ou de outra. Não lhes forneceu as qualificações que lhes tornariam produtivos, para que pudessem ganhar a vida adequadamente. Não impediu que os bancos tirassem proveito deles por meio de empréstimos predatórios e práticas abusivas das empresas de cartões de crédito. Não impediu que escolas com fins lucrativos tirassem proveito de suas aspirações de ascensão social por meio da educação.

Por fim, somos uma comunidade — e todas as comunidades ajudam seus membros menos afortunados. Se nosso sistema econômico provoca tanto desemprego, com tantas pessoas que dependem do governo para se alimentar, o governo tem de intervir. Nosso sistema econômico não funcionou como deveria: não gerou empregos para todos os que estavam dispostos a trabalhar e, quando gerou, muitos não pagam um salário suficiente para o sustento.

Nossa sociedade, de fato, está dividida. Mas não está dividida, como Romney insinuou, entre parasitas e os demais, ainda que alguns contribuintes não paguem um valor justo em impostos e parasitem os que o pagam.

Em vez disso, é uma sociedade dividida entre aqueles que consideram os Estados Unidos como uma comunidade, reconhecendo que o único modo de prosperar é a prosperidade compartilhada, e aqueles que não concordam com essa visão.

PARTE V

CONSEQUÊNCIAS DA DESIGUALDADE

O CERNE DE MEU LIVRO *O Preço da Desigualdade* é o argumento de que a desigualdade enfraquece a economia, solapa a democracia e divide a sociedade. A série "O Grande Abismo" detalhou vários aspectos disso. Os artigos reimpressos aqui abordam apenas alguns tópicos. Certos artigos incluídos no prelúdio (e na introdução) descrevem como a desigualdade prejudica o desempenho econômico, reduzindo a demanda e aumentando a instabilidade. Em um ensaio na última parte ("A Desigualdade Está Atrapalhando a Recuperação"), explico que a desigualdade crescente no país é um dos motivos da lentidão extraordinária da recuperação após a crise de 2008 — uma crise que a própria desigualdade ajudou a criar.

Anteriormente, descrevi o alto nível de desigualdade de oportunidades. Uma grande parte dos norte-americanos — os que não tiveram a sorte de nascer de pais ricos — tem pouca chance de desenvolver seu potencial. Evidentemente isso é um desastre para as pessoas, mas, além disso, é ruim para a economia, já que não estamos aproveitando plenamente o recurso mais importante: nossa gente.

À medida que um governo do 1%, para o 1% e pelo 1% trabalha para enriquecer o 1%, mediante a assistência governamental às corporações e benefícios fiscais, poucos recursos estão disponíveis para investir em infraestrutura, educação e tecnologia — investimentos que são necessários para manter a força e o crescimento da economia.

Entretanto, o verdadeiro custo da desigualdade recai sobre a nossa democracia e sociedade. Valores básicos de nosso país — igualdade de oportunidades, equidade no acesso à justiça, o senso de que o sistema é justo — foram corroídos, conforme expliquei em ensaios anteriores ("Oportunidades Iguais: O Mito Nacional" e "Justiça para Alguns"). Os laços do sacrifício comum, que unem o país em tempos de guerra, são abalados quando os ricos obtêm um corte de impostos ao mesmo tempo em que temos forças armadas "voluntárias", constituídas desproporcionalmente por pessoas pobres cujas perspectivas de trabalho são negativas — e, em seguida, em vez de recompensá-las como fizemos com os combatentes da II Guerra Mundial por meio da Lei GI Bill of Rights, nós as obrigamos a voltar várias vezes ao campo de batalha — a tal ponto que quase metade dos que retornaram tinham uma deficiência ou mais. Para piorar a situação, nós (ou, mais precisamente, o governo Bush) destinou fundos insuficientes para os hospitais para veteranos, aos quais eles recorrem.[1]

Nossa sociedade começa a se esgarçar em vários aspectos à medida que o senso de justiça diminui. Conforme ressalto em "Um Sistema Tributário Contrário aos 99%", um sistema fiscal como o nosso, amplamente baseado na adesão voluntária, só funciona quando se acredita que o sistema é justo — mas, agora, está claro para todos que o nosso não é. Ficou evidente que os ocupantes do topo são muito privilegiados em comparação às pessoas do meio da pirâmide.

Os dois artigos reimpressos neste livro abordam duas consequências da desigualdade que não receberam atenção suficiente. O primeiro trata do que está acontecendo em nossos bairros carentes, onde residem muitos dos pobres do país. A falência de Detroit é emblemática. Como muitas famílias norte-americanas, Detroit foi prejudicada por seguir a recomendação do setor financeiro explorador e comprar derivativos arriscados, designados por Warren Buffett como armas financeiras de destruição em massa. No caso de Detroit, eles realmente dispararam. Como aconteceu tantas outras vezes, quando surgiram problemas, o setor financeiro exigiu ser ressarcido primeiro — relegando a segundo plano o bem-estar dos cidadãos comuns, inclusive os trabalhadores com contratos que lhes prometiam benefícios de aposentadoria.

O outro artigo desta seção, "Não Confiamos em Ninguém" trata de mais uma baixa da crescente desigualdade nos Estados Unidos — a perda da confiança, sem a qual nenhuma sociedade pode funcionar bem. Embora os economistas normalmente não usem termos como "confiança", na verdade, a economia simplesmente não funciona sem ela. Eu explico o motivo disso, mostro como a desigualdade corroeu esse bem preciosíssimo e por que, após a corrosão, sua recuperação pode ser muito difícil.

Nota

1. Consulte Linda J. Bilmes e Joseph E. Stiglitz, *The Three Trillion Dollar War: The True Cost of the War in Iraq* (Nova York: W. W. Norton, 2008); Linda J. Bilmes e Joseph E. Stiglitz, "Estimating the Costs of War: Methodological Issues, with Applications to Iraq and Afghanistan", em *Oxford Handbook of the Economics of Peace and Conflict*, ed. Michelle R. Garfinkel e Stergios Skaperdas (Nova York: Oxford University Press, 2012), pp. 275-317 e Witness testimony to the House Committee on Veterans' Affairs, 30 de setembro de 2010.

A Lição Errada da
Falência de Detroit*

Durante minha infância e adolescência em Gary, Indiana, quase um quarto dos trabalhadores norte-americanos estava empregado no setor industrial. Na época, havia vários empregos que rendiam um salário suficiente para que um trabalhador, com um único emprego, realizasse o sonho norte-americano de uma família de quatro pessoas. Ele podia ganhar a vida com o suor de seu rosto, mandar os filhos para a faculdade e até mesmo vê-los se tornar profissionais de primeira.

Cidades como Detroit e Gary prosperavam, não só em termos de riqueza produzida, mas também de comunidades fortes, bases fiscais saudáveis e boa infraestrutura. Com uma formação básica sólida, proporcionada pelas excelentes escolas públicas de Gary, e influenciado pelas ideias do reformador progressista John Dewey, fui para a Faculdade de Amherst e, em seguida, para o MIT em meus estudos de graduação.

Hoje, menos de 8% dos trabalhadores norte-americanos estão empregados nas empresas industriais, e muitas cidades do Cinturão da Ferrugem ("Rust Belt", em inglês, cidades localizadas no nordeste dos EUA cuja economia é baseada na indústria) são apenas esqueletos. Na atualidade, os fatos alarmantes relativos a Detroit são quase um lugar-comum: 40% dos postes de luz não estavam funcionando no segundo trimestre de 2013, dezenas de milhares de prédios estão abandonados, escolas foram fechadas e a população caiu 25% apenas na última década. A taxa de crimes violentos no ano passado foi a mais alta entre as cidades grandes. Em 1950, quando a população de Detroit era de 1,85 milhão, havia 296 mil empregos no setor manufatureiro da cidade; em 2011, com uma população de pouco mais de 700 mil, havia menos de 27 mil.

New York Times, 11 de agosto de 2013.

Há tanta coisa envolvida no evento dramático da queda de Detroit — a maior falência municipal na história dos EUA — que vale a pena fazer uma pausa para ver o que esse evento nos ensina sobre nossa economia e sociedade em transformação e o que isso pressagia para o futuro.

As falhas da política nacional e local são, agora, bem conhecidas: baixo investimento em infraestrutura e serviços públicos, isolamento geográfico que marginalizou as comunidades pobres e afro-americanas no Cinturão da Ferrugem, pobreza intergeracional que impediu a igualdade de oportunidades e priorização dos interesses dos ricos (por exemplo, dos executivos corporativos e serviços financeiros) em detrimento dos interesses dos trabalhadores.

Até certo ponto, pode-se ficar resignado: empresas morrem e nascem todos os dias. Isso faz parte da dinâmica do capitalismo. O mesmo vale para as cidades. Talvez Detroit e cidades semelhantes simplesmente não ofereçam os bens e serviços que os Estados Unidos do século XXI exigem.

Entretanto, esse diagnóstico pode estar incorreto, e é extremamente importante reconhecer que a "morte" de Detroit não é simplesmente um resultado inevitável do mercado.

Para começar, a descrição está incompleta: os problemas mais graves de Detroit estão limitados às fronteiras da cidade. Fora dali, na área metropolitana, há ampla atividade econômica. Em subúrbios como Bloomfield Hills, Michigan, a mediana da renda familiar é superior a US$125.000. A cidade de Ann Arbor, a 45 minutos de Detroit, é o lar da Universidade de Michigan, um dos maiores centros do mundo dedicados à pesquisa e produção de conhecimento.

As dificuldades de Detroit provêm, em parte, de um aspecto característico da sociedade e economia divididas dos Estados Unidos. Segundo os economistas Sean F. Reardon e Kendra Bischoff, nosso país está se tornando mais segregado economicamente — isso pode ser ainda mais pernicioso do que a segregação racial. Detroit é o exemplo, por excelência, do isolamento das elites ricas (e predominantemente brancas) em enclaves nos melhores bairros. Há uma justificativa para fechar as escotilhas: dessa forma, os ricos se livram da obrigação de pagar pelos bens e serviços públicos dos vizinhos menos afortunados e evitam que seus filhos se misturem com crianças de status socioeconômico inferior.

A tendência a uma desigualdade que reforça a si mesma é particularmente evidente na educação, uma escada para a ascensão social que fica cada vez mais precária. As escolas de distritos pobres ficam piores, os pais que têm recursos procuram distritos mais ricos e as divisões entre ricos e pobres — não só nesta geração, mas também na próxima — alargam-se.

A segregação residencial com base em critérios econômicos também amplifica a desigualdade para os adultos. Os pobres têm de trabalhar em locais distantes de seus bairros, em empregos de meio período e com baixos salários. Essa situação, aliada a um inadequado sistema de transporte público, é a receita para transformar comunidades operárias em guetos despovoados.

Somando-se aos problemas que essas aglomerações urbanas mal projetadas inevitavelmente causariam, há a divisão da área metropolitana de Detroit em jurisdições políticas separadas. Sendo assim, os pobres ficam só isolados geograficamente, mas também confinados em guetos políticos. O resultado é uma comunidade carente segregada e mais pobre, com recursos escassos, que fica ainda pior porque as fábricas, que constituíam a maior parte da base fiscal, fecharam.

A decisão de solicitar proteção legal contra a falência municipal foi tomada por Kevyn D. Orr, o gestor emergencial não-eleito indicado pelo governador republicano Rick Snyder para administrar as finanças da cidade. O prefeito atual, o democrata Dave Bing, decidiu não se candidatar ao segundo mandato. Isso não é surpresa nenhuma, já que ele e outros integrantes do governo local foram ignorados, enquanto o futuro da cidade — assim como as dívidas acumuladas com diversos credores — está sendo decidido nos tribunais.

Como foi demonstrado por historiadores como Thomas J. Sugrue, a desintegração de Detroit é anterior aos conflitos ligados a programas sociais e relações raciais (incluindo as revoltas de 1967) e chega às décadas do pós-guerra, à época em que a desindustrialização, a discriminação racial e isolamento geográfico lançaram raízes. Colhemos aquilo que plantamos.

Na ausência de unidade política regional, não há estrutura geral para melhorar a infraestrutura e os serviços públicos entre os bairros mais pobres e os bairros ricos. Os pobres contam apenas com seus próprios recursos, que são insuficientes. Carros quebram inevitavelmente e ônibus atrasam, passando a impressão de que os trabalhadores não são confiáveis. Porém, o que não é confiável é o design perverso da cidade. Não é de se admirar que os Estados Unidos estejam se tornando o país industrializado avançado menos igualitário em termos de oportunidades.

As mesmas prioridades distorcidas que vitimaram Detroit no âmbito local ecoam no vácuo da política nacional. Todo país, toda sociedade, tem regiões e setores que são estrelas em ascensão enquanto outros declinam. Durante um certo tempo, o Vale do Silício foi a estrela fulgurante dos Estados Unidos — da mesma forma que a região do alto Meio Oeste há cem anos. Contudo, com a transformação tecnológica e a globalização, a vantagem comparativa do Meio Oeste como centro manufatureiro global decaiu, por motivos tão conhecidos que dispensam menção neste livro. Os mercados geralmente não se saem tão bem na tarefa de se renovar.

Em vez de lidar resolutamente com esse panorama econômico em transformação, por meio de políticas úteis que estimulassem o crescimento de outros setores, nosso governo passou décadas tentando esconder as debilidades crescentes e permitindo que o setor financeiro ficasse fora de controle. Não só deixamos o mercado seguir livremente seu curso, mas também optamos ativamente por aceitar lucros de curto prazo e ineficiência em larga escala.

Talvez exista algo de inevitável em relação às mudanças estruturais que diminuíram a importância da indústria para a economia norte-americana, mas não há inevitabilidade nenhuma em relação ao desperdício, sofrimento e desespero humano que acompanharam essas mudanças nas cidades. Há alternativas de políticas que podem suavizar essas transições, de modo a preservar a riqueza e promover a igualdade. A cidade de Pittsburgh, a apenas quatro horas de Detroit, também enfrentou problemas de fuga de brancos. Todavia, essa cidade adaptou sua economia mais rapidamente, deixando de depender de aço e carvão e passando a enfatizar a educação, assistência médica e serviços jurídicos e financeiros. Manchester, o centro da indústria têxtil britânica por mais de um século, foi transformada em um centro de educação, cultura e música. Os Estados Unidos têm um programa de renovação urbana, mas o programa está mais voltado para a restauração de edifícios e gentrificação (processo de modificação do espaço urbano, em que áreas periféricas são remodeladas e transformadas em espaços nobres ou comerciais) do que para a manutenção e restauração das comunidades e, inclusive nesse aspecto, é fraco. Venderam-se políticas de "livre" comércio para os norte-americanos sob a premissa de que os ganhadores poderiam oferecer uma compensação aos perdedores. Os perdedores ainda estão esperando.

Evidentemente, a Grande Recessão e as políticas que a criaram pioraram essa situação e muitas outras. As instituições de financiamento hipotecário invadiram grandes segmentos de nossas cidades e os consideraram bons candidatos para seus empréstimos predatórios e discriminatórios. Depois que a bolha estourou, essas cidades foram abandonadas por todos, à exceção dos cobradores de dívidas e oficiais de justiça intimando os chefes de família a deixar suas casas. Em vez de salvar as comunidades, os políticos se preocuparam mais com a salvação dos banqueiros, seus acionistas e detentores de títulos.

A situação pode estar ruim, mas nem tudo está perdido para Detroit e outras cidades que enfrentam problemas semelhantes. No momento, a questão para Detroit é como gerenciar a falência.

Entretanto, também nesse caso, devemos ter cuidado com a influência da "sabedoria" dos interesses dos ricos. Em anos recentes, nossos "gênios" dos bancos privados — cuja habilidade é, supostamente, o gerenciamento do risco, — venderam para Detroit alguns produtos financeiros sofisticados (derivativos) que complicaram em centenas de milhões de dólares sua penúria financeira.

Nos EUA, em uma falência convencional, os derivativos teriam prioridade como credores, em detrimento de trabalhadores municipais ativos e aposentados. Felizmente, as regras que regem o Capítulo 9 do código de falências dão mais ênfase ao bem comum. Quando um órgão público vai à falência, sempre há alguma ambiguidade em relação a seus ativos e passivos. Suas obrigações incluem um "contrato social" não escrito, que inclui serviços sociais para os moradores. A capacidade de aumentar as receitas é limitada: impostos mais altos poderiam acelerar uma espiral da morte, afastando ainda mais empresas e donos de casa própria.

Os bancos desejam outras prioridades — e isso não é nenhuma surpresa. Com quase US$300 milhões de derivativos não pagos em jogo, eles podem conspirar para serem os primeiros na fila do reembolso. O processo de acordo com o Capítulo 9 oferece a possibilidade de colocar os bancos em seu devido lugar — ou seja, no fim da fila. Utilizar esses instrumentos financeiros sem transparência para confundir e enganar os investidores já foi bastante ruim. Recompensar o comportamento dos bancos seria jogar lenha na fogueira. No processo de falência, a prioridade deveria ser a restauração da vitalidade de Detroit como cidade, não apenas fazer com que ela saia do vermelho. O princípio básico do Capítulo 11 do nosso código de falências (dedicado às corporações) é que a falência deveria proporcionar um recomeço: isso é fundamental para a preservação dos empregos e da economia. Porém, quando cidades quebram, a preservação das comunidades é ainda mais importante.

Os bancos e detentores de títulos afirmam que os pagamentos de pensão por aposentadoria para os servidores municipais são um ônus indevido e devem ser limitados ou cancelados para reduzir os prejuízos dos bancos. Mas a prioridade que normalmente se dá a esses funcionários em caso de falência municipal é totalmente justificável. Afinal de contas, eles prestaram seus serviços contando com esse recebimento, e as pensões nada mais são do que uma "compensação diferida**". Os trabalhadores não estão envolvidos em complicados negócios de avaliação de riscos, como os investidores. E, ao contrário destes, não podem diversificar um portfólio de ativos para gerenciar o risco. Portanto, é inconcebível dizer aos trabalhadores que eles não receberão o pagamento combinado em função do trabalho que já foi feito. Principalmente porque as pensões deles, ao contrário das aposentadorias dos altos funcionários corporativos, não são nem

---

**A expressão está entre aspas porque o autor faz uma analogia argumentativa com esse tipo de remuneração financeira dos executivos de alto e médio escalão (bônus de retenção ou produtividade, opções de ações e planos de previdência).

um pouco generosas. A maioria dos servidores municipais aposentados que estão recebendo ganha cerca de US$1.600 por mês.

Isso significa que uma boa parte do ônus da falência terá de recair sobre aqueles que emprestaram dinheiro para Detroit e os que os asseguraram. Eles obtiveram um retorno, que refletia a estimativa subjetiva do risco que correram. Evidentemente, eles gostariam de obter retornos altos, mas não querem correr o risco. Contudo, não é (ou não deveria ser) assim que os mercados funcionam.

Garantir que o processo de falência seja realizado de forma a beneficiar Detroit requer vigilância, mas esse é apenas o primeiro passo para a recuperação. No longo prazo, teremos de mudar a administração de nossas áreas metropolitanas. Precisamos fornecer um transporte público melhor, um sistema educacional que promova, ainda que minimamente, a igualdade de oportunidades, e um sistema de "governança" corporativa que não funcione apenas para o 1% ou para os 20%, mas para todos os cidadãos.

No âmbito nacional, precisamos de políticas — investimento em educação, qualificação e infraestrutura — que suavizem a transição dos EUA, à proporção que o país deixa de depender da indústria para gerar empregos. Caso contrário, as falências após a Grande Recessão, como as de Jefferson County, no Alabama, Vallejo, na Califórnia, Central Falls, em Rhode Island e agora Detroit, serão bastante comuns.

A falência de Detroit é um lembrete de quão dividida está nossa sociedade e do muito que precisamos fazer para curar as feridas. Além disso, é uma advertência importante para os moradores das cidades que apresentam um crescimento rápido: isso pode acontecer com você.

Não Confiamos em Ninguém*

Atualmente, nos Estados Unidos, às vezes somos induzidos a pensar que é ingenuidade se preocupar com a questão da confiança. Nossas músicas dizem isso, nossos programas de televisão contam histórias sobre sua inutilidade, e notícias incessantes de escândalos financeiros nos recordam que seria uma imbecilidade depositar confiança em banqueiros.

Esse último ponto talvez seja verdadeiro, mas isso não significa que devemos parar de lutar por um pouco mais de confiança em nossa sociedade e economia. É a confiança que possibilita contratos, planos e transações cotidianas; facilita o processo democrático, da votação à criação de leis, e é necessária para a estabilidade social. É essencial para a vida. Mais que o dinheiro, é a confiança que faz o mundo girar.

Não medimos a confiança em termos das contas nacionais, mas os investimentos na confiança são tão importantes quanto os investimentos em capital humano ou máquinas.

Entretanto, infelizmente, a confiança é mais uma baixa causada pela desigualdade estarrecedora em nosso país: conforme se aprofunda o abismo entre os norte-americanos, os laços que unem a sociedade enfraquecem. Da mesma forma, à medida que mais e mais pessoas perdem a fé em um sistema que parece ser um jogo inexorável de cartas marcadas e o 1% atinge alturas ainda mais elevadas, esse elemento fundamental de nossas instituições e nosso estilo de vida vai se corroendo.

As raízes da desvalorização da confiança se encontram nas nossas tradições econômicas mais difundidas. Adam Smith afirmou enfaticamente que seria me-

---
*New York Times, 21 de dezembro de 2013.

lhor confiar na defesa do interesse próprio do que nas boas intenções daqueles que defendem o interesse geral. Se todos cuidassem apenas de si mesmos, atingiríamos um equilíbrio não só confortável, mas também produtivo, no qual a economia seria totalmente eficiente. Para as pessoas desprovidas de inspiração moral, é uma ideia atraente: egoísmo como o suprassumo do desprendimento. (Em outros escritos, particularmente em seu *Teoria dos sentimentos morais*, Smith adotou uma perspectiva muito mais equilibrada, mas a maioria de seus seguidores atuais não o acompanhou.)

Os acontecimentos — e a pesquisa econômica — dos últimos 30 anos mostraram que não podemos nos basear no interesse próprio e que nenhuma economia, nem mesmo uma economia de mercado moderna, como a dos Estados Unidos, pode funcionar bem sem o mínimo de confiança. Mostraram também que o egoísmo puro inevitavelmente diminui a confiança.

Pense no setor bancário, o responsável pela origem da crise que nos custou tão caro.

Esse setor, de modo específico, tradicionalmente se baseava na confiança. Você coloca dinheiro no banco confiando que ele estará lá quando quiser sacá-lo. Isso não significa que os banqueiros nunca tentaram enganar uns aos outros nem a seus clientes. No entanto, a vasta maioria de seus negócios eram conduzidos com base na premissa da responsabilização mútua, um grau suficiente de transparência e um senso de responsabilidade. Em seu melhor momento, os bancos eram instituições leais da comunidade, fazendo empréstimos criteriosos para pequenas empresas promissoras e donos de casa própria em potencial.

Contudo, nos anos que antecederam à crise, nossos banqueiros tradicionais mudaram drasticamente, entrando agressivamente em outros ramos de atividade, inclusive os historicamente associados aos bancos de investimento. A confiança esvaiu-se pelo vão dos dedos. Empréstimos hipotecários foram efetuados para famílias que não poderiam pagar, mediante garantias falsas. Eles podiam se consolar com a ideia de que, por mais que explorassem os clientes e por maior que fosse o risco, novos produtos de "seguros" — os derivativos e outras vigarices — protegeriam seus bancos contra as consequências. Se qualquer um deles pensasse nas implicações sociais de suas atividades — empréstimos predatórios, práticas abusivas dos cartões de crédito ou manipulação do mercado — sempre poderiam recorrer ao pensamento de que, segundo a máxima de Adam Smith, o inchaço de suas contas bancárias estava impulsionando a assistência social.

Ora, sabemos que tudo isso foi uma ilusão. O resultado foi ruim para a economia e a sociedade. À medida que milhões perdiam suas casas antes e depois da crise, a mediana da riqueza caía quase 40% em três anos. Se não fossem os resgates financeiros gigantescos de Bush e Obama, os bancos também teriam sofrido.

A cascata de destruição da confiança não perdia sua força. Um dos motivos pelos quais o estouro da bolha em 2007 causou uma crise de tamanhas proporções foi a falta de confiança mútua entre os bancos. Eles estavam cientes de todas suas tramoias — a retirada dos passivos do balanço patrimonial, os empréstimos predatórios e irresponsáveis — e, sendo assim, sabiam que não podiam confiar uns nos outros. O empréstimo entre bancos congelou, e o sistema financeiro chegou à beira do colapso. Foram salvos apenas pela ação resoluta do setor público, cuja confiança foi a mais traída de todas.

Houve episódios anteriores em que o setor financeiro mostrou a grande fragilidade da confiança. O mais importante foi a quebra da bolsa de valores em 1929, que deu origem a novas leis para impedir os piores abusos, da fraude à manipulação de mercado. Confiamos que os reguladores aplicariam a lei e que os bancos a obedeceriam: o governo não poderia estar em todos os lugares ao mesmo tempo, mas, pelo menos, os bancos não sairiam da linha por temer as consequências de seu mau comportamento.

No entanto, décadas depois, os banqueiros usaram sua influência política para estripar as regulamentações e instalar reguladores que não acreditavam nelas. Funcionários do governo e acadêmicos garantiram aos legisladores que os bancos poderiam se autorregular.

Porém, tudo isso acabou se revelando uma vigarice. Tínhamos criado um sistema de recompensas que estimulava os riscos excessivos. Na verdade, entramos em uma era em que os valores morais foram deixados de lado e a própria confiança perdeu seu valor.

O SETOR BANCÁRIO é apenas um exemplo de uma agenda ampla, promovida por alguns políticos e teóricos de direita, para minar a importância da confiança na economia. Esse movimento promove políticas baseadas na visão de que a confiança não deve servir de motivação para nenhum tipo de comportamento e em qualquer contexto. Nesse esquema, incentivo é tudo.

Sendo assim, os CEOs devem receber opções de compra de ações para induzi-los a trabalhar muito. Isso é um enigma para mim: se a empresa paga US$10 milhões para uma pessoa encarregada da administração, essa pessoa deveria dar tudo de si para garantir o sucesso. Não deveria se dedicar somente se for prometida a ela uma bela fatia de qualquer aumento do valor da empresa no mercado de ações, ainda que o aumento seja meramente o resultado de uma bolha criada pelas baixas taxas de juros do Fed.

Da mesma forma, os professores devem receber um pagamento de incentivo para induzi-los a se esforçar. Todavia, os professores já trabalham muito por salários baixos, pois estão dedicados à melhoria da vida de seus alunos. Acreditamos mesmo que oferecer US$50,00 mais a eles, ou até mesmo US$500,00, a título de incentivo, iria induzi-los a trabalhar mais? Na realidade, deveríamos aumentar o salário dos professores em geral, como reconhecimento do valor de suas contribuições e sinal de confiança em seu profissionalismo. Mas, de acordo com os defensores de uma cultura baseada no incentivo, isso seria o equivalente a oferecer algo sem receber nada em troca.

Na prática, o foco restrito da direita nos incentivos mostrou-se prejudicial ao pensamento de longo prazo e tão cheio de oportunidades para a cobiça que só poderia promover a desconfiança, tanto na sociedade quanto nas empresas. Os gerentes de bancos e executivos de corporações procuram dispositivos de contabilidade criativa para passar a impressão de que as empresas estão bem em curto prazo, ainda que as perspectivas de longo prazo sejam comprometidas.

Claro, os incentivos são um componente importante do comportamento humano. Porém, o movimento pelos incentivos fez deles uma religião, cega para todos os outros fatores — laços sociais, impulsos morais, compaixão — que influenciam nossa conduta.

Isso não é apenas uma visão fria da natureza humana — também é inverossímil. É simplesmente impossível pagar pela confiança sempre que ela se faz necessária. Sem confiança, a vida seria absurdamente cara, boas informações seriam praticamente impossíveis de se obter, haveria ainda mais fraude e os custos de transações e processos judiciais aumentariam muito. Nossa sociedade ficaria tão congelada quanto os bancos ficaram quando seus anos de desonestidade chegaram ao limite do intolerável e a crise eclodiu em 2007.

OS ESTADOS UNIDOS ENFRENTARÃO OUTRA barreira formidável se quiserem restaurar o clima de confiança: nossa desigualdade fora de controle. As ações dos banqueiros e as políticas do governo influenciadas pela direita não só minaram diretamente a confiança, como também contribuíram muito para essa desigualdade.

Quando 1% da população fica com mais de 22% da renda do país — e 95% do aumento da riqueza na recuperação pós-crise — coisas fundamentais estão em jogo. Pessoas razoáveis, ainda que desconheçam o labirinto de políticas injustas que deram origem a essa realidade, podem analisar essa distribuição absurda e chegar à conclusão de que o jogo é de cartas marcadas.

Para que a economia e a sociedade funcionem, os participantes devem acreditar que o sistema é razoavelmente justo. Geralmente, a confiança entre pessoas é recíproca. Contudo, se eu acredito que você está trapaceando, é mais provável que eu devolva na mesma moeda, tentando trapacear também. (Essas ideias foram desenvolvidas em um ramo da economia chamado "teoria dos jogos repetidos".) Ao ver um sistema fiscal em que os ricos pagam apenas uma parte daquilo que deveriam, os americanos se sentem idiotas por participar disso. A situação fica muito pior quando os mais ricos têm condições de mandar seus lucros para o exterior. A possibilidade de fazer isso sem infringir a lei simplesmente mostra aos americanos que os sistemas jurídico e financeiro foram projetados pelos ricos e para os ricos.

À medida que a queda de confiança persiste, uma decadência ainda maior passa a ocorrer: as atitudes e normas começam a mudar. Quando ninguém é confiável, quem confia é um tolo. O próprio conceito de justiça é abalado. Um estudo publicado no ano passado pela Academia Nacional de Ciências dos Estados Unidos sugere que a prática daquilo que se considera tradicionalmente como comportamento antiético é mais provável entre as classes altas. Talvez essa seja a única forma, para alguns, de conciliar sua visão de mundo e seu sucesso financeiro absurdo, frequentemente obtido por meio de ações que revelam uma espécie de depravação moral.

É difícil ter a noção do ponto em que nos encontramos na escala da desintegração total da confiança, mas os indícios não são animadores.

Desigualdade econômica, desigualdade política e um sistema jurídico que promove a desigualdade reforçam uns aos outros. Temos um sistema jurídico que privilegia os ricos e poderosos. Ocasionalmente, o comportamento afrontoso individual é castigado (Bernard L. Madoff, célebre criador de uma pirâmide financeira que lesou muita gente, vem à mente); mas nem sequer um líder de nossos poderosos bancos foi responsabilizado.

Como sempre, quem mais sofre e é mais enganado com isso são os pobres e as pessoas que não têm os contatos certos. Isso ficou claro como nunca na crise das execuções hipotecárias. Os "vendedores ambulantes" das hipotecas *subprime*, que se apresentavam como especialistas em finanças, garantiram a mutuários pouco instruídos que a quitação seria fácil. Mais tarde, milhões perderiam suas casas. Os bancos encontraram uma forma de obter declarações juramentadas assinadas aos milhares (isso ficou conhecido como "robo-signing"), certificando que eles haviam examinado os registros e essas pessoas específicas deviam dinheiro — e, portanto, deveriam ser expulsas de suas casas. Os bancos mentiram em larga escala, mas sabiam que, se não fossem flagrados, ganhariam lucros enormes e o bolso dos executivos acabaria cheio do dinheiro dos bônus.

E, se o fossem, os acionistas pagariam a conta. O dono de casa própria comum simplesmente não tinha recursos para combatê-los. Esse foi apenas um dos muitos exemplos ocorridos na esteira da crise, em que os bancos pareciam imunes ao estado de direito.

Escrevi a respeito de várias dimensões da desigualdade em nossa sociedade — desigualdade de riqueza, renda, acesso à educação e saúde, e oportunidade. Porém, talvez os norte-americanos prezem a igualdade perante a lei ainda mais do que a igualdade. Nesse ponto, a desigualdade infectou o coração dos nossos ideais. Desconfio de que exista apenas um modo de restaurar a confiança. Precisamos aprovar regulamentações fortes, que incorporem regras de bom comportamento, e indicar reguladores ousados para fazê-las cumprir. Fizemos exatamente isso após o colapso nos estrondosos anos 1920; nossos esforços desde 2007 foram vacilantes e incompletos. As empresas também precisam deixar de burlar as regulamentações. Precisamos de padrões mais elevados de comportamento aceitável, como os padrões incorporados aos Princípios Orientadores de Negócios e Direitos Humanos das Nações Unidas. Entretanto, também precisamos de regulamentações para fazer cumprir essas normas — uma nova versão do "confie, mas confira". Nenhuma regra é forte o suficiente para impedir todos os abusos, mas regulamentações boas e fortes podem coibir os piores abusos.

Valores fortes nos permitem viver em harmonia uns com os outros. Sem confiança, não pode haver harmonia nem economia forte. A desigualdade nos Estados Unidos está degradando nossa confiança. Para nosso próprio bem e o bem das futuras gerações, é hora de começar a reconstruí-la. A mera necessidade de tratar desse assunto mostra o quanto há por fazer.

PARTE VI

A POLÍTICA

U MA DAS MENSAGENS CENTRAIS DESTE LIVRO É QUE A DESIGUALDADE é afetada por praticamente todas as políticas que o governo implementa. Os economistas costumam discutir como uma política afeta a *eficiência* e como os incentivos podem ser distorcidos. Porém, principalmente em uma sociedade dividida como a americana, as políticas que aumentam essa divisão devem ser analisadas minuciosamente. Escrevi estes artigos em resposta a debates sobre políticas específicas que surgiram no país em diversas ocasiões, debates em que as consequências distributivas da política não receberam a devida atenção.

"Como a Política Contribuiu para a Grande Divisão Econômica" apresenta uma visão geral de como as políticas — principalmente as macroeconômicas do país, que determinam a produção e o emprego — ampliaram o grande abismo.

"Por que Janet Yellen, e não Larry Summers, Deveria Comandar o Fed" é um dos vários artigos de minha autoria que destaca a relação entre política monetária e desigualdade. (Também dediquei o Capítulo 9 de *O Preço da Desigualdade* a esse assunto.) Foi o mais apontado. No verão de 2013, a questão de quem seria o sucessor de Ben Bernanke no comando do Fed dividiu o país. Bernanke tinha um histórico de erros e acertos — as políticas do Fed antes da crise, inclusive durante sua presidência, de 2006 em diante, e em um período anterior, de 2002 a 2005, quando foi membro ativo do Conselho de Administração do Federal Reserve — que foram fundamentais para que ela acontecesse.

Frequentemente se diz que as medidas sem precedentes que o Fed tomou no desenrolar da crise salvaram a economia de uma Grande Depressão. Entretanto, claramente, o Fed estava mais interessado em salvar os grandes bancos de Wall Street do que em ajudar os bancos locais e regionais que fazem empréstimos para empresas de pequeno e médio porte, mais preocupado em salvar os banqueiros e seus acionistas e detentores de títulos do que em ajudar donos de casa própria comuns a salvar suas casas. Bernanke também deixou claro seu desinteresse pela transparência democrática ao, por exemplo, despejar dinheiro na AIG. Dinheiro que acabou indo para o Goldman Sachs e outros grandes bancos. Por motivos óbvios, o Fed não queria que os cidadãos americanos soubessem para onde o dinheiro estava indo.

A batalha foi mais complexa e multifacetada do que essas escolhas costumam ser. Os dois principais candidatos eram Larry Summers e Janet Yellen. Conheço bem os dois. Trabalhei na Casa Branca com Janet. Ela foi uma das primeiras doutorandas em Yale. Ambos são inteligentes e experientes. A maioria das pessoas que havia trabalhado com os dois acreditava que Yellen era a pessoa mais adequada para as difíceis tarefas de gerenciar aquela que talvez seja a instituição financeira mais importante do mundo. Escrevi um artigo inicial[1] apontando o que era necessário para esse trabalho e sugerindo que Yellen era a candidata certa. Um grande grupo de senadores pensava da mesma forma e, em uma carta ao presidente Obama, recomendaram que a escolhesse. Ninguém queria levar a batalha para o âmbito pessoal. Mesmo assim, Obama não aceitou a sugestão. Aparentemente, ele se sentia mais à vontade com a abordagem do "old boys club"*, apontando alguém que ele conhecia bem e já havia atuado como chefe do Conselho Econômico Nacional. A batalha, antes silenciosa, passou a ser ruidosa, e esse artigo pode ter ajudado a virar o jogo.[2] Um número crítico de senadores integrantes da Comissão Bancária do Senado (responsável por aprovar essas indicações) deixou claro que não apoiaria a indicação dele, encerrando a batalha.

Parte daquilo que estava em questão era o telhado de vidro — outro aspecto da desigualdade nos Estados Unidos, refletido nas diferenças de renda e oportunidades entre os gêneros. Yellen destacou-se não só ao gerenciar o Fed de São Francisco e atuar como vice-presidente do Fed, mas também em fazer previsões precisas. (As previsões do governo, nas quais Summers desempenhou um papel central, não chegaram nem perto de se concretizar. Ele via "brotos verdes" constantemente, ou seja, via um renascimento da economia que só viria a ocorrer anos depois. Anteriormente, ressaltamos o grande erro político-econômico do governo ao subestimar a gravidade da retração.) A imparcialidade e o tino de Yellen conquistaram um profundo respeito em Wall Street.

Todavia, a batalha mais profunda era uma questão de filosofia econômica e valores. Summers havia se tornado sinônimo de desregulamentação. Gabava-se do papel que desempenhou na aprovação da legislação que garantiu que os deri-

---

*Algo como "clube dos velhos rapazes", uma espécie de "Clube do Bolinha". Trata-se de uma referência a uma polêmica envolvendo Summers em 2005, ao dizer que diferenças inatas entre homens e mulheres poderiam explicar por que poucas delas são bem-sucedidas em ciências. Summers pediu desculpas publicamente, mas o caso voltou a ser lembrado no momento em que sua principal concorrente era uma mulher.

vativos — produtos financeiros que tiveram um papel muito importante na formação da crise e foram responsáveis pelo socorro financeiro de US$180 bilhões para a AIG — não fossem regulamentados. A estratégia do governo para salvar a economia focou o salvamento dos bancos, com pouca ajuda para os proprietários de residências. O estímulo foi mal elaborado, curto e pequeno demais.

Eu acreditava que Yellen poderia ocasionar mudanças reais na atuação dos bancos centrais, tanto nos Estados Unidos quanto em outros países. As pessoas que comandam bancos centrais opinam amplamente sobre questões que vão muito além da política monetária. Ao mesmo tempo em que desorganizava o setor financeiro, Greenspan deu várias recomendações sobre política fiscal (apoiando o corte de impostos para os ricos, argumentando de forma inacreditável que, sem o corte, o país correria o risco de quitar toda a dívida nacional, e isso dificultaria a condução da política monetária!). Na Europa, o presidente do Banco Central Europeu cometeu equívocos similares na gestão do sistema financeiro da Zona do Euro, e também fez várias recomendações sobre a política do mercado de trabalho, afirmando que os salários deveriam ser flexibilizados — uma forma cifrada de dizer que os salários deveriam ser cortados, ampliando a divisão econômica na Europa.

Normalmente, os bancos centrais são obcecados com a inflação. Embora nos Estados Unidos o banco central, *supostamente*, também leve em conta o desemprego e o crescimento (e agora, tardiamente, a estabilidade financeira), o órgão limitou-se, de fato, a visar a inflação. Yellen ajudou a mudar isso. Em anos recentes, o Fed anunciou que não elevará as taxas de juros enquanto o *mercado de trabalho* não melhorar.

O discurso de Yellen em uma conferência no Fed de Boston em 17 de outubro de 2014, sobre desigualdade e desigualdade de oportunidades, foi mais incisivo. Em um debate no *New York Times*[3,] alguns sugeriram que isso estava fora da área de atuação do Fed — porém, quando outros presidentes de bancos centrais opinaram sobre outros aspectos da política econômica, ninguém os criticou. Tenho convicção de que Yellen tinha razão ao mencionar a desigualdade, porque o Fed causa um grande impacto. Se apertar demais a política econômica — elevando demais as taxas de juros ou restringindo demasiadamente a disponibilidade de crédito — o índice de desemprego aumentará mais, prejudicando os trabalhadores, direta e indiretamente, por meio da pressão resultante pela queda dos salários. Se apertar prematuramente — assim que houver sinais de ressurgimento da inflação — é provável que a fatia dos salários seja reduzida, já que, durante a retração, os trabalhadores sofrem perdas e devem ter a possibilidade de compensá-las.

Ainda que o cerne da política do Fed seja a restauração do pleno emprego na economia — uma política que seria extremamente favorável aos trabalhadores — parte do que esse órgão fez pode ter contribuído para a desigualdade. Um dos principais efeitos do *quantitative easing*, a política de comprar títulos de longo prazo para reduzir a taxa de juros de longo prazo, foi reforçar o mercado de ações — algo que beneficiou os ricos de forma desproporcional. Ao mesmo tempo, a omissão do Fed em relação àquilo que poderia e deveria ter feito para fazer o mercado financeiro funcionar melhor para os norte-americanos comuns — para garantir a concorrência; restringir as tarifas excessivas que as empresas de cartões de débito e crédito cobram dos comerciantes mas são repassadas aos consumidores; voltar a emprestar para empresas de pequeno e médio porte, e criar um mercado de hipotecas que sirva aos norte-americanos, não aos bancos — prejudicou os ocupantes da base e do meio da pirâmide e, ao mesmo tempo, engordou os cofres dos bancos.

Yellen também tem razão ao apontar (como fiz neste livro) os limites da política monetária. Essa política é pressionada para restaurar, por si só, o pleno emprego na economia. Na verdade, pode estar contribuindo para a recuperação do desemprego (o percentual da população em idade produtiva que está empregada, apesar de um ligeiro aumento desde a época da crise, ainda é o mais baixo desde 1984). As taxas baixas de juros incentivam as empresas a investir (quando o fazem) em tecnologias que requerem muito capital — substituir trabalhadores não qualificados por máquinas não faz sentido em uma época em que tantos trabalhadores não qualificados lutam para conseguir empregos.

Em algumas políticas, os impactos sobre os pobres são quase óbvios. "A insanidade da política alimentar dos EUA" trata de uma dessas áreas — nossos programas alimentares, dos quais dependem quase um em cada sete norte-americanos. Na época, o Congresso estava debatendo sobre grandes cortes nesse programa. Porém, ao mesmo tempo em que os republicanos na Câmara dos Deputados defendiam tais cortes, apoiavam a continuação dos enormes subsídios agrícolas para fazendeiros ricos. É raro poder ver tão claramente as contradições associadas ao governo do 1%, pelo 1% e para o 1%. A retórica sobre o livre mercado é desmascarada, mostrando o que realmente é: nada além de retórica. A Câmara, controlada por republicanos, sustenta a rede de segurança para os ricos ao reafirmar a generosidade da assistência governamental corporativa para o agronegócio ao mesmo tempo que corta a rede de segurança dos pobres.

Os trabalhadores frequentemente culpam a globalização por seu empobrecimento; em vários livros anteriores, expliquei como a globalização mal gerenciada pode aumentar a desigualdade nos países desenvolvidos e em desenvolvimento.[4] Acordos comerciais sempre foram defendidos como um meio de gerar empregos — e, se isso fosse verdade, os trabalhadores deveriam ser os maiores defensores desses acordos. Muitas vezes, a realidade é outra. E o fato de nossos líderes políticos (não somente republicanos, mas também Clinton e Obama) tentarem distorcer esses acordos comerciais dessa forma abala a confiança que depositamos neles, lembrando-nos mais uma vez que o governo reflete, em grande medida, os interesses dos ocupantes do topo da pirâmide.

Há, pelo menos, três falhas fundamentais na "lógica" de que os acordos comerciais geram empregos. Governos de todos os matizes políticos apontam, com razão, para os empregos criados pelo aumento nas exportações. Contudo, a balança comercial requer importações aproximadamente equivalentes às exportações — e nossos parceiros comerciais não assinariam um acordo desequilibrado, em que as nossas exportações aumentariam, mas as deles (nossas importações) não cresceriam proporcionalmente. No entanto, se as exportações geram empregos, as importações os destroem. Em seguida, vem o cálculo minucioso e complexo: o que prevalece é a geração ou a destruição de empregos? Já que as nossas importações tendem a ser de setores que exigem muita mão de obra (setores que precisam de muitos trabalhadores para atingir um determinado valor de produção) e as nossas exportações (como os aviões) são de setores de alta tecnologia, que requerem relativamente pouca mão de obra, altamente qualificada — é plausível afirmar que acordos comerciais equilibrados, em termos líquidos, eliminam empregos.

A análise que acabei de apresentar pressupõe que os mercados estejam funcionando bem. Mas, em anos recentes, não é isso o que vem ocorrendo na economia norte-americana: há um alto nível de desemprego, tanto aberto quanto oculto. Gerar empregos é mais difícil que destruí-los. A concorrência das importações pode destruir empregos de um dia para o outro. A expansão das exportações exige a expansão das empresas existentes e criação de novas empresas. Entretanto, quando os mercados não funcionam bem — como os nossos — frequentemente as empresas que desejam expandir não conseguem capital para isso e, consequentemente, empreendedores que querem abrir um negócio não conseguem obter o financiamento necessário.

Talvez o ponto mais importante seja que a responsabilidade de manter a economia não deve ser das autoridades comerciais, mas das autoridades monetárias e fiscais, do Federal Reserve e do governo que, assumidamente, não fizeram um bom trabalho. É improvável que o comércio compense as falhas deles. Na verdade, se o Fed estivesse fazendo um bom trabalho, se houvesse oferta de emprego na economia e se o governo tivesse razão ao afirmar que acordos comerciais geram vagas, o Fed reagiria aumentando as taxas de juros, anulando os supostos benefícios do acordo comercial na geração de empregos.

Desonestidade nunca é a melhor política, e a defesa mentirosa dos acordos comerciais destaca-se negativamente entre as políticas públicas.

"No lado errado da globalização" e "A farsa do livre comércio" foram escritos enquanto o presidente Obama promovia novos acordos comerciais atravessando o Pacífico e o Atlântico. Embora os acordos comerciais possam não criar empregos — e, talvez, eliminá-los — seus verdadeiros efeitos se fazem notar em outra área. Um deles é a exacerbação do nível de desigualdade no país, que já é alto. Já se sabe há muito tempo que isso pode acontecer — mas os políticos relutam em mencionar o assunto e, ironicamente, alguns dos maiores defensores do livre mercado são os que menos apoiam políticas que possam mitigar alguns de seus efeitos adversos.

O raciocínio que mostra por que os acordos comerciais aumentam a desigualdade é simples. Os efeitos são percebidos mais claramente em um mundo de mercados perfeitos — o tipo de mundo que muitos defensores da globalização consideram ideal. Nesse mundo, os bens, o capital, e, sim, até mesmo a mão de obra atravessariam fronteiras livremente. Deveria ser óbvio que a mão de obra não qualificada (na verdade, qualquer fator de produção) teria o mesmo preço em qualquer parte do mundo. Isso significa que os trabalhadores não qualificados dos Estados Unidos teriam o mesmo salário que os trabalhadores não qualificados da China ou da Índia, e o nível desse salário seria, quase que certamente, mais próximo daquele que se paga na Índia e na China do que nos Estados Unidos. O grande insight da Economia moderna foi a percepção de que o comércio de bens e serviços é, na verdade, um substituto da livre movimentação de capital e mão de obra: quando a China vende para os Estados Unidos mercadorias que exigem muita mão de obra, isso aumenta a demanda de mão de obra na China e a diminui nos Estados Unidos, elevando os salários lá e reduzindo-os aqui. A liberalização do comércio aproxima os salários da mão de obra não qualificada dos dois países. Além disso, é mais provável que o salário dos trabalhadores daqui caia, e não que o salário de lá aumente.

Embora os economistas venham debatendo há muito a importância relativa desse efeito — em comparação com outros que aumentam a desigualdade de renda — existe um consenso de que, atualmente, o impacto do comércio nos salários e na desigualdade pode ser significativo. Locais do país que produziam bens que agora são importados da China sofreram uma queda na renda e no número de empregos.

Infelizmente, nossos acordos comerciais são assimétricos, e isso agrava os efeitos geradores da desigualdade. Os defensores desses acordos trabalharam muito para promover o livre fluxo, não só de bens e serviços, mas também de capital. Porém, isso alterou fortemente o poder de barganha dos trabalhadores.

Se eles exigirem melhores salários, o empregador poderá simplesmente ameaçar levar a fábrica para outro país — ciente de que não há barreiras para a movimentação de sua empresa e o fluxo reverso de mercadorias. Não há dúvida de que isso também enfraquece os salários. Ironicamente, muitos dos defensores da globalização não só propõem que não se faça nada para ajudar os prejudicados por ela, mas também dizem que os trabalhadores deveriam aceitar cortes nas proteções trabalhistas e serviços públicos. O argumento deles é que a globalização exige isso para que o país mantenha a competitividade. Na realidade, estão admitindo que os trabalhadores têm de absorver o impacto da globalização. Mas se a globalização realmente beneficia o país *como um todo*, e se os trabalhadores, *como um todo*, estão em uma situação pior, o que isso significa? Significa que todos os benefícios da globalização — e muito mais — vão para o topo da pirâmide: para as corporações e seus proprietários.

Como se não bastasse, esses dois ensaios demonstram que os novos acordos comerciais propostos são ainda mais perniciosos. Supostamente, esse é um dos motivos do estrito sigilo das negociações. Como as tarifas já são muito baixas, o real objetivo dos novos acordos é o fortalecimento dos direitos de propriedade intelectual — aumentando o preço dos remédios mais ainda, já que os acordos procuram ampliar a desvantagem competitiva dos genéricos — e o abalo das regulamentações que protegem o meio ambiente, os trabalhadores, os consumidores e a própria economia.

Entre os itens dos acordos, os mais preocupantes são os que, eufemisticamente, recebem o rótulo de "cláusulas de investimento", destinadas aparentemente a proteger os direitos de propriedade. Quem poderia ser contra isso? Entretanto, quando os Estados Unidos propuseram basicamente as mesmas provisões em um acordo transatlântico com os europeus, isso levantou suspeitas. Ficou claro que havia algo mais acontecendo. A Europa tem direitos de propriedade adequados — tão bons quanto os norte-americanos. Se havia algo errado com o sistema de direitos de propriedade na Europa, por que corrigi-lo apenas para empresas estrangeiras e não para as empresas europeias? A Europa também tem um bom sistema regulatório e jurídico. Por que tentar substituir um sistema para julgar litígios (nesse caso, entre empresas e Estados) bem estabelecido e bem elaborado (com boas proteções para ambas as partes do litígio e processos transparentes baseados em precedentes jurídicos fortes) por processos de arbitragem, realizados em segredo, com árbitros que frequentemente têm conflitos de interesse com posições em outros casos, e sem provisões adequadas para apelação e revisão judicial? Se a forma específica de processo judicial exigida para esses acordos é realmente superior, por que não empregá-la mais amplamente? Se é assim, não deveria haver um debate nacional no Congresso, com o Procurador-Geral e as comissões de justiça à frente das deliberações, em vez do Representante de Comércio dos EUA e as comissões do Congresso ligadas à área comercial?

Os artigos mostram que os novos acordos comerciais são apenas um caminho alternativo para que os interesses corporativos tentem aprovar um acordo comercial com o tipo de regime regulatório que jamais seria aprovado por meio do debate democrático aberto. Os acordos tentam minar as proteções estabelecidas há mais de 50 anos — e até mesmo as proteções mais recentes, destinadas a restringir os excessos do setor financeiro, já que parecem ter o poder de restringir, inclusive, a capacidade de regulamentar o setor financeiro, tanto a nossa quanto a de nossos parceiros comerciais.

Outro conjunto nocivo de cláusulas desses acordos comerciais está relacionado à propriedade intelectual (PI), cujos direitos são importantes, mas — como percebi claramente, ao me envolver nessas questões durante o governo Clinton nas discussões sobre as negociações comerciais da Rodada do Uruguai, as provisões contidas em nossos acordos comerciais *não* se destinam a promover o progresso da ciência, e sim, a engordar os cofres das corporações, particularmente nos setores farmacêutico e de entretenimento. Na realidade, há um receio fundamentado de que as cláusulas atuais possam retardar o processo científico.

Os artigos constantes nos novos acordos comerciais referentes à PI estão voltados especificamente contra os genéricos. Há uma ironia amarga nisso: o governo Obama, que lutou tanto por um projeto de lei para criar um setor de saúde mais eficiente — que reduziria o custo da assistência médica —, agora deixa para trás seus próprios esforços com um acordo que, muito provavelmente, aumentará o preço dos produtos farmacêuticos.

Em "Como a Propriedade Intelectual Reforça a Desigualdade", continuo a discussão sobre o papel da propriedade intelectual na ampliação do grande abismo, centralizando no caso dramático em que uma empresa privada tentou patentear um conjunto de genes estreitamente ligados ao câncer de mama — e, em seguida, forçou todas as mulheres que queriam saber se estavam expostas ao risco de ter essa doença a usar seus testes (que eram inferiores aos oferecidos por outras empresas), a um preço exorbitante. Talvez a pior desigualdade de todas seja a privação da vida — e foi isso o que nosso sistema de PI fez. Felizmente, nesse caso, a Suprema Corte anulou as patentes. O extraordinário é que, mesmo depois dessa sentença, empresas que procuraram fornecer testes mais acessíveis referentes a esses genes foram processadas.

A lei de propriedade intelectual não é uma dádiva de Deus. É feita pelo homem. É uma construção social com o suposto objetivo de estimular a inovação e disseminação do conhecimento. No entanto, a lei tem muitos detalhes e, se esses detalhes não são estabelecidos da forma correta, a PI pode inibir a inovação.

Por exemplo: apenas *novas* ideias deveriam ser patenteadas e, por isso, as leis de patente adotam um padrão de inovação. A patente deve ser *suficientemente* inovadora. É válida apenas pelo período de 20 anos. As empresas farmacêuticas tentam ampliar seu poder monopolista apresentando pequenas melhorias em seus fármacos. Essa prática é conhecida como perenização. A Índia adotou uma posição firme — recusando-se a outorgar patentes por uma pequena e óbvia variação de um fármaco, que teria simplesmente ampliado a patente. "A Sábia e Notória Decisão da Índia" explica por que a Índia agiu corretamente ao fazer isso. A partir daí, o governo dos EUA vem pressionando a Índia para que mude suas políticas, na esperança de que seu novo governo, chefiado pelo primeiro-ministro Narendra Modi, mais amigável aos negócios, tenha maior receptividade à ideia de chegar a um acordo.

Por pior que seja a desigualdade nos EUA — e por mais que o nível dela no país (depois das taxas e transferências) seja o mais alto entre os países avançados — ela é pior ainda em alguns países em desenvolvimento e mercados emergentes. (Muitos desses países são abordados na próxima parte do livro.) Assim como há várias formas de desigualdade (de riqueza, renda, saúde e oportunidade), algumas podem provocar efeitos mais desprezíveis sobre a sociedade. O texto "Eliminar a Desigualdade Extrema" foi escrito com meu colega de Ciência Política em Colúmbia e ex-secretário-geral adjunto da ONU, Michael Doyle, para promover a ideia de incluir alguma medida ligada à redução da pobreza extrema nas metas de desenvolvimento sustentável que, na época, estavam em discussão na ONU. Na virada do século, a ONU havia formulado um conjunto de *metas de desenvolvimento para o milênio*, para concentrar a atenção do mundo em objetivos factíveis ao longo dos 15 anos seguintes, inclusive na redução da pobreza, até o primeiro semestre de 2015. O êxito em relação às metas foi maior do que o esperado por seus defensores mais fervorosos, não somente ao chamar a atenção para a importância da redução da pobreza, em todas as suas manifestações, mas também no cumprimento dessas metas.

Não causa estranheza que, com a aproximação de 2015, haja um consenso quanto à necessidade de formular um novo conjunto de metas. Portanto, houve um amplo debate sobre a lista de objetivos a serem incluídos. Devido à minha crença de que a desigualdade — principalmente os extremos de desigualdade observados em vários países — é muito ruim para a economia e a sociedade, seria natural que eu defendesse medidas contra isso em nossas metas globais. Aliei-me ao professor Doyle porque desejava destacar não só as consequências econômicas da desigualdade, mas também as consequências mais amplas na política e na sociedade. A desigualdade entre grupos étnicos é um dos aspectos da desigualdade para o qual chamamos a atenção. Em países em desenvolvimento, esse tipo de desigualdade está relacionado sistematicamente ao conflito na sociedade civil. É evidente que esse tipo de desigualdade entre afro-americanos, hispânicos e outros grupos é enorme nos Estados Unidos. De forma alarmante, apesar do progresso na parte mais elevada do topo, as disparidades nas médias pouco melhoraram. Na verdade, a Grande Recessão piorou as disparidades de riqueza.

O penúltimo artigo desta seção, "As Crises no Pós-Crise", foi motivado por minha preocupação de que, devido à enorme atenção dedicada à Grande Recessão e suas consequências, os problemas de longo prazo estavam sendo deixados de lado. Se não tivéssemos começado a atacá-los, enfrentaríamos inevitavelmente uma série de outras crises, como a mudança climática.

Em alguns casos, a crise representou a perda de uma oportunidade — poderíamos tê-la usado para fazer investimentos que teriam ajudado a enfrentar os desafios da mudança climática. Se tivéssemos feito isso, a retração teria sido menos grave, o crescimento e o índice de emprego seriam maiores e teríamos saído da crise em uma situação melhor para lidar com o aquecimento global.

Em outros, a crise piorou as coisas. Foi o caso da desigualdade, que vinha crescendo muito no último terço de século, particularmente a partir da virada do milênio. Como o Fed e o governo se concentraram em ajudar os bancos a arquitetar um *boom* da bolsa de valores — mas pouco fizeram em relação ao setor imobiliário — a desigualdade de riqueza continuou aumentando.[5]

O derradeiro artigo desta seção, "A Desigualdade Não É Inevitável" foi escrito como o último artigo da série Grande Abismo do *New York Times*; volta a meu artigo anterior, "Desigualdade É Uma Opção", (veja na Parte I, "Pensar Grande") com a intenção de recapitular as mensagens centrais e os insights cuja série coordenei. Uma das mais importantes é que o alto nível de desigualdade nos Estados Unidos não é apenas (nem primordialmente) o resultado de forças econômicas subjacentes; em vez disso, é consequência de nossa forma de lidar com essas forças, por meio de políticas, leis e regulamentos, e políticas monetárias, fiscais e de gastos. Outros países têm uma desigualdade antes dos impostos e transferência que é igual ou quase igual à nossa; porém, os países que permitem a atuação das forças do mercado dessa forma reduzem a desigualdade por meio de impostos, transferência e prestação de serviços públicos. E há vários outros países que conseguiram chegar a um nível muito mais baixo de desigualdade de renda no mercado — e, conforme afirmei em outros textos, o desempenho econômico geral dessas nações é tão bom quanto o dos Estados Unidos. Portanto, a desigualdade não é inevitável e, além disso, existem políticas que nos proporcionariam prosperidade com maior compartilhamento; de fato, com mais compartilhamento, poderíamos ter mais prosperidade.

Notas

1. Outro artigo desse tipo é "The Changing of the Monetary Guard", *Project Syndicate*, 5 de agosto de 2013.

2. Para uma discussão mais ampla sobre essa batalha, consulte Nicholas Lemann, "The Hand on the Lever", *New Yorker*, 21 de julho de 2014.

3. O "Room for Debate", publicado em 28 de outubro de 2014, para o qual eu contribuí, perguntou: "As políticas do banco central deveriam tentar compensar a desigualdade no resultado econômico? Ou isso deve ser uma tarefa exclusiva do processo político?"

4. Consulte Joseph E. Stiglitz, *A Globalização e Seus Malefícios* (Editora Futura, 2002), Joseph E. Stiglitz, *Globalização: Como Dar Certo* (São Paulo York: Cia das Letras, 2006), e Andrew Charlton e Joseph E. Stiglitz, *Livre Mercado para Todos* (Editora Campus, 2005)

5. Consulte a Survey of Consumer Finances do Federal Reserve de 2014 para ver um resumo da expansão da desigualdade da riqueza desde a recessão. A mediana da riqueza caiu 40% desde o início da crise, de US$135.400 em 2007 para US$581.200 em 2013 (ajustado em relação à inflação).

Como a Política Contribuiu Para a Grande Divisão Econômica*

Os Estados Unidos estão presos em um círculo vicioso de desigualdade e recessão: a desigualdade prolonga a retração, e esta exacerba a desigualdade. Infelizmente, a agenda de austeridade defendida pelos conservadores piorará a situação nesses dois aspectos.

A gravidade do problema crescente da desigualdade foi destacada pelos dados do Federal Reserve divulgados este mês, e mostram o efeito devastador da desigualdade sobre a riqueza e renda dos ocupantes da base e do meio da pirâmide. O declínio da mediana da riqueza, reduzida em quase 40% em apenas três anos, varreu duas décadas de acúmulo de riqueza para a maioria dos norte-americanos. Se o norte-americano médio tivesse realmente participado da aparente prosperidade do país nas duas décadas anteriores, sua riqueza, em vez de estagnar, teria aumentado em cerca de 3/4.

De certa forma, os dados confirmaram algo já conhecido, mas, mesmo assim, os números são chocantes. Sabíamos que o preço das casas — a principal fonte de poupança para a maioria dos norte-americanos — havia caído vertiginosamente e que trilhões de dólares do valor patrimonial dos domicílios evaporaram. Porém, a não ser que compreendamos a relação entre desigualdade e desempenho econômico, corremos o risco de adotar políticas que comprometerão ainda mais essa situação ruim.

Os Estados Unidos se "sobressaem" na desigualdade desde, pelo menos, o início do milênio. A desigualdade é maior aqui do que em qualquer outro país desenvolvido. Os dados nos recordam como uma combinação de políticas monetária, fiscal e regulatória contribuíram para esses resultados. As forças do merca-

---

Washington Post, 22 de junho de 2012.

do influenciam nisso, mas elas também atuam em outros países. A política está estreitamente relacionada à diferença de resultados.

A Grande Recessão agravou essa desigualdade, e isso provavelmente prolongará a retração. Os ocupantes do topo da pirâmide gastam uma parte menor de sua renda, em comparação com os ocupantes da base e do meio que têm de gastar tudo no presente apenas para sobreviver. A redistribuição da base para o topo, como a que ocorre nos Estados Unidos, reduz a demanda total. E a fraqueza da economia dos Estados Unidos provém de uma demanda agregada deficiente. Os cortes de impostos aprovados no governo do presidente George W. Bush em 2001 e 2003, voltados especialmente para os ricos, foram uma forma particularmente ineficaz de preencher a lacuna, pois transferem para o Fed o ônus de atingir o pleno emprego, e essa instituição, por sua vez, preencheu a lacuna criando uma bolha, por meio de regulamentações pouco rigorosas e de uma política monetária frouxa. A bolha induziu os 80% de norte-americanos na base da pirâmide a consumir além de suas possibilidades. A política funcionou, mas foi um paliativo temporário e insustentável.

Consistentemente, o Fed foi incapaz de entender as relações entre a desigualdade e o desempenho macroeconômico. Antes da crise, o Fed dava pouquíssima atenção à desigualdade, visando mais a inflação que o emprego. Muitos dos modelos macroeconômicos em voga afirmavam que a distribuição de renda não tinha importância. A crença dos funcionários do Fed em mercados sem restrições os impediu de tomar medidas contra os abusos dos bancos. Até mesmo um ex-governador do Fed, Ed Gramlich, em um livro de 2007, afirmou veementemente que algo deveria ter sido feito, mas nada se fez. O Fed se recusou a usar sua autoridade, outorgada pelo Congresso em 1994, para regular o mercado hipotecário. Depois da crise, à medida que abaixava as taxas de juros — em uma tentativa previsivelmente inútil de estimular o investimento — o Fed ignorou o efeito devastador que essas taxas teriam sobre os norte-americanos que foram prudentes e investiram em títulos governamentais de curto prazo, bem como os efeitos macroeconômicos da redução do consumo. Os funcionários do Fed tinham a esperança de que as taxas de juros baixas levassem ao aumento de preço das ações, o que, por sua vez, induziria os proprietários ricos de ações a consumirem mais. Hoje, taxas de juros persistentemente baixas estimulam as empresas que investem a usar tecnologias que requerem muito capital, por exemplo: substituir caixas de supermercado com baixa qualificação por máquinas. Dessa forma, é possível que o Fed ainda esteja contribuindo para uma reação sem empregos quando finalmente nos recuperarmos.

As coisas podem piorar. A austeridade defendida por alguns republicanos aumentará o desemprego, e isso reduzirá os salários, já que os trabalhadores disputarão as vagas. O crescimento menor reduzirá a receita fiscal de estados e municípios, levando a cortes em serviços importantes para a maioria dos norte-americanos (inclusive os empregos de professores, policiais e bombeiros). Forçará outros aumentos nas mensalidades — dados publicados neste mês (Veja "Pensar Grande", artigo "A Desigualdade se Globaliza"), principalmente se a crise europeia piorar. No mínimo, seria provável que a nossa recessão fosse alguns anos mais longa do que seria em outra situação. Nosso crescimento no futuro seria mais fraco. Entretanto, talvez a consequência mais importante seja a maior divisão do nosso país. Pagaríamos um alto preço econômico pelo aumento da desigualdade e o declínio das oportunidades. As consequências para a nossa democracia, nossa identidade como uma nação de oportunidades e justiça, e nossa sociedade seriam ainda piores.

Por que Janet Yellen, e Não Larry Summers, Deveria Comandar o Fed*

A controvérsia sobre a escolha do próximo chefe do Federal reserve tornou-se mais acalorada que o normal. O país tem a sorte de contar com uma candidata extraordinariamente qualificada: a atual vice-presidente do Fed, Janet L. Yellen. Há a preocupação de que a presidência fique com o outro candidato, Lawrence H. Summers. Como já trabalhei com essas duas pessoas por mais de três décadas, tanto dentro do governo quanto fora dele, talvez eu tenha uma perspectiva diferenciada.

Talvez você esteja se perguntando por que esse assunto está sendo abordado em uma coluna geralmente dedicada à compreensão do abismo cada vez maior entre ricos e pobres, nos Estados Unidos e no mundo. O motivo é simples: a atuação do Fed está mais ligada do que, praticamente, qualquer outro fato ao crescimento da desigualdade. A boa notícia é que os dois candidatos falam como se a igualdade fosse uma questão relevante para eles. A má notícia é que as políticas promovidas por um dos candidatos, o Sr. Summers, têm muito a ver com as agruras sofridas pela classe média e pela base da pirâmide.

O Fed tem responsabilidades na regulamentação e na gestão macroeconômica. As falhas regulatórias foram a questão central da crise norte-americana. Como funcionário do Departamento do Tesouro durante o governo Clinton, o Sr. Summers apoiou a desregulamentação bancária, inclusive a revogação da lei Glass-Steagall (veja na Abertura, o artigo "Tolos Capitalistas"), o que teve um papel fundamental na crise financeira dos Estados Unidos. Sua grande "realização" como secretário do Tesouro, de 1999 a 2001, foi a aprovação da lei que assegurava que os derivativos não seriam regulamentados — uma decisão que ajudou a detonar os mercados financeiros. (Warren E. Buffett tinha razão ao dizer que

*New York Times, 6 de setembro de 2013.

tais instrumentos eram "armas financeiras de destruição em massa". Parte dos responsáveis por esses erros críticos nas políticas admitiram as "falhas" nos fundamentos de suas análises. Até onde eu sei, o Sr. Summers não as admitiu.)

As falhas regulatórias também tiveram um papel central nas crises anteriores. No Tesouro, na década de 1990, O Sr. Summers incentivou os países a liberalizar rapidamente seus mercados de capitais, para permitir o fluxo de entrada e saída de capital sem restrições — na verdade, insistiu nisso — contrariando a recomendação do Conselho de Assessores Econômicos da Casa Branca (chefiada por mim de 1995 a 1997). Isso, mais do que qualquer outra coisa, provocou a crise financeira na Ásia. Poucas políticas ou medidas são mais culpadas pela crise asiática e a crise financeira global de 2008 do que as políticas de desregulamentação que o Sr. Summers defendeu.

Os partidários do Sr. Summers afirmam que ele é extraordinariamente qualificado para gerenciar crises — e que a prudência recomenda alguém que brilhe nesses momentos críticos, embora esperemos que não ocorra outra crise nos próximos quatro anos. Para ser justo, o Sr. Summers esteve envolvido em várias crises. Contudo, o importante não é o fato de estar envolvido de alguma forma nas crises, mas o bom discernimento em seu gerenciamento. O compromisso com medidas para diminuir a probabilidade de outra crise — e não com medidas que quase garantem a sua inevitabilidade — é ainda mais importante.

A conduta e o discernimento do Sr. Summers durante as crises foram tão equivocados quanto a sua falta de compromisso nesse aspecto. Tanto na Ásia quanto nos Estados Unidos, ele pareceu subestimar a gravidade das retrações — e, com tanto desacerto nas previsões, de modo algum surpreende que as políticas fossem inadequadas. O desempenho dos funcionários do Tesouro responsáveis pelo gerenciamento da crise asiática foi, no mínimo, decepcionante transformou retrações em recessões e recessões em depressões. Sendo assim, embora o sistema bancário tenha sido salvo e os Estados Unidos tenham evitado outra depressão, os responsáveis pela gestão da crise de 2008 não podem levar o crédito pela criação de uma recuperação robusta e inclusiva. O fiasco na reestruturação hipotecária, o fracasso na restauração do fluxo de crédito para as pequenas e médias empresas e a inépcia dos socorros financeiros estão bem documentados — bem como o fato de não terem previsto a gravidade do colapso econômico.

Essas questões são importantes para quem se preocupa com a desigualdade por quatro motivos. Primeiro, as crises e seu gerenciamento são verdadeiros geradores de pobreza e desigualdade. Basta observar os estragos provocados por esta crise: a mediana da riqueza caiu 40%, a renda dos ocupantes do meio da pirâmide ainda não voltou ao nível pré-crise, e o 1% do topo colheu todos os frutos da recuperação (e mais um pouco). Os trabalhadores comuns foram os mais prejudicados: são eles que sofrem com o alto índice de desemprego, redução de salários e corte nos serviços públicos em decorrência da austeridade orçamentária. Eles perderam suas casas aos milhões. O governo Obama poderia ter feito mais — muito mais — para auxiliar os donos de casa própria e ajudar os municípios a manterem os serviços públicos (por exemplo: mediante o tipo de compartilhamento de renda com estados e municípios que defendi no início da crise).

Em segundo lugar, a desregulamentação contribuiu para a financeirização da economia. Distorceu a nossa economia. Deu mais espaço para aqueles que manipulam a regra do jogo em seu próprio benefício. Nas palavras veementes de K. Galbraith, em todo o planeta setores financeiros inchados e pouco regulamentados estão estreitamente ligados à maior desigualdade. Os países, que emularam a desregulamentação dos Estados Unidos, como a Grã-Bretanha, também observaram um grande aumento da desigualdade.

Em terceiro lugar, o aspecto mais abominável dessa desigualdade, induzida pela desregulamentação, é a faceta associada às práticas abusivas do setor financeiro — que prospera à custa dos norte-americanos comuns, por meio de empréstimos predatórios, manipulação do mercado, práticas abusivas das empresas de cartões de crédito ou exercício do poder monopolista no sistema de pagamentos. O Fed tem amplos poderes para impedir esses abusos — ainda mais desde a aprovação da Lei Dodd-Frank de 2010. Entretanto, o banco central fracassou várias vezes nessa questão, almejando sistematicamente o fortalecimento do balanço patrimonial dos bancos à custa dos norte-americanos comuns.

Em quarto lugar, além de fazer o que não deveria ser feito, o sistema financeiro dos Estados Unidos ainda não fez o que realmente deveria. Ainda hoje, há escassez de empréstimos para pequenas e médias empresas. Uma boa regulamentação afastaria os bancos da especulação e manipulação de mercado, fazendo-os voltar àquela que deveria ser a sua principal atividade: emprestar dinheiro.

Seja quem for o sucessor de Ben S. Bernanke como líder do Fed, terá de tomar decisões sobre o momento correto de elevar ou baixar as taxas de juros, as alavancas da política monetária.

Dois elementos influem nessas decisões. O primeiro é a previsão. Prognósticos errados levam a políticas erradas. Sem um bom senso de direção quanto ao rumo da economia, não é possível adotar políticas adequadas. A Sra. Yellen tem um histórico excelente de previsão dos rumos da economia as melhores previsões do Fed, segundo o Wall Street Journal. Conforme mencionei anteriormente, o Sr. Summers deixa a desejar nesse aspecto.

O desempenho excelente da Sra. Yellen não deveria ser surpresa para ninguém. Janet Yellen foi uma de minhas melhores alunas nos 47 anos em que lecionei em Columbia, Princeton, Stanford, MIT, Oxford e Yale, onde ela estudou. Economista muito inteligente, com grande capacidade de gerar consenso, que demonstrou força de caráter como presidente do Conselho de Assessores Econômicos da Casa Branca (cargo em que me sucedeu), na qualidade de presidente do Banco do Federal Reserve de São Francisco, de 2004 a 2010, e em sua função, como a segunda na hierarquia do Fed.

A Sra. Yellen aplica a compreensão não só dos mercados financeiros e da política monetária, como também dos mercados de trabalho — algo essencial em um momento em que o desemprego e a estagnação salarial são questões primordiais.

O segundo elemento da criação de políticas do Fed é a avaliação do risco: se a freada for forte demais, haverá o risco de um desemprego excessivamente alto; se for suave demais, haverá risco de inflação. A Sra. Yellen já demonstrou ser não só excelente em prognósticos, mas também sempre manter uma postura equilibrada. Questões legítimas têm sido levantadas: o Sr. Summers, estreitamente ligado a Wall Street, refletiria a obsessão dos financistas com a inflação, preocupando-se mais com os efeitos sobre os preços dos títulos do que com as consequências para os norte-americanos comuns? Anteriormente, os bancos centrais focaram excessivamente a inflação. Na verdade, essa obsessão, que não levava em conta a estabilidade financeira, contribuiu para a crise, — conforme eu afirmo em meu livro *O Mundo em Queda Livre* — tanto quanto para a redução da fatia de renda total dos trabalhadores comuns.

Embora a disposição de agir a fim de prevenir crises e o bom discernimento em tempos de crise quando elas se instalam sejam indubitavelmente fundamentais para a escolha do novo presidente do Fed, há outras importantes considerações. O Fed é uma organização de grande porte que tem de ser gerenciada — e a Sra. Yellen já provou sua capacidade de gestão no Fed de São Francisco. É necessário gerar consenso entre um grupo heterogêneo de pessoas obstinadas — algumas mais preocupadas com a inflação; outras, com o desemprego. Precisamos de alguém que saiba promover a unidade das opiniões, não de um exímio intimidador, mas sim de alguém que saiba ouvir e respeitar o ponto de vista dos outros. Quando fui presidente do Comitê de Política Econômica da Organização para a Cooperação e Desenvolvimento Econômico, testemunhei a eficácia com a qual a Sra. Yellen representou os Estados Unidos e o respeito que ela conquistou. Nos anos seguintes, sua boa reputação só fez crescer. Hoje, conta com o grande respeito de presidentes de bancos centrais de todo o planeta. Ela tem o discernimento, a sabedoria e a seriedade que se esperam do líder do Fed.

Por fim, o Fed tem uma importância enorme, mas, lamentavelmente, conduziu-se de forma a minar a confiança nele depositada, tanto por suas falhas em lidar com a bolha, quanto pelo modo de agir em face dos efeitos deletérios da crise (como a falta de transparência) nos anos anteriores ao trabalho da Sra. Yellen em Washington. É importante que a pessoa indicada pelo presidente Obama não atue — nem pareça atuar — a mando dos mercados financeiros. Sobre essa pessoa, não pode pesar a suspeita de conflito de interesses, algo inevitável quando existe a questão do patrimonialismo frequentemente associado à regulamentação do setor. Também não deveria ser alguém que apresente sintomas de ter sido "capturado cognitivamente" por Wall Street. Ao mesmo tempo, essa pessoa deve ter a confiança dos mercados financeiros e entendê-los profundamente. A Sra. Yellen foi capaz disso — o que, por si só, é uma façanha.

Alguém poderia dizer que o país tem a sorte de contar com dois candidatos que, nas palavras do economista de Harvard Kenneth S. Rogoff, ex-economista-chefe do Fundo Monetário Internacional, são "intelectuais brilhantes, com ampla experiência no serviço público". No entanto, o brilhantismo não é o único determinante do desempenho. Valores, discernimento e personalidade também são importantes.

As opções raramente são tão flagrantes e tão distintas. Não causa espanto algum que a escolha do líder do Fed tenha acirrado tanto os ânimos. A Sra. Yellen tem um histórico impressionante em todos os trabalhos que realizou. O país tem diante de si um candidato que desempenhou um papel fundamental na causa dos problemas econômicos que enfrentamos hoje e uma candidata de ótima reputação e grande experiência e discernimento.

A Insanidade da Política
Alimentar dos EUA*

É INTRIGANTE, FAZ UM BOM TEMPO, A FALTA DE LÓGICA DA POLÍTICA alimentar americana. Gastamos bilhões todos os dias em subsídios agrícolas, e uma expressiva parte deles ajudará empreendimentos comerciais ricos a plantar além do que precisamos. A saturação reduz os preços de produtos agrícolas do mundo todo, prejudicando agricultores dos países em desenvolvimento. Enquanto isso, milhões de norte-americanos quase passam fome, que é afastada por meio de um programa de vales-alimentação que fornece a seus beneficiários pouco mais do que US$4 por dia.

Nessas condições, é um absurdo que os republicanos no Congresso proponham uma lei que agravaria todos esses problemas. Com o pretenso objetivo de equilibrar as contas do país, as medidas que os republicanos estão promovendo em negociações com o Senado — enquanto o Congresso tenta aprovar uma extensão da lei agrícola, parada há muito tempo — reduziriam o parco auxílio oferecido aos mais vulneráveis do nosso país e utilizariam esse dinheiro para continuar engordando um pequeno grupo de fazendeiros norte-americanos ricos.

A Casa propôs um corte de US$40 bilhões nos benefícios de vale-alimentação ao longo de 10 anos — somando-se aos US$5 bilhões de cortes que já entraram em vigor este mês, com a expiração dos aumentos no programa, incluídos na lei de estímulos de 2009. Enquanto isso, os republicanos no Congresso parecem satisfeitos ao permitir que os subsídios agrícolas, que totalizaram cerca de US$14,9 bilhões no ano passado, continuem a todo vapor. As propostas dos republicanos mudariam a assistência governamental de pagamentos diretos — efetuados todo ano para os agricultores a uma taxa estabelecida para estimulá-los a continuar trabalhando com cultivos específicos, independentemente das flutu-

---

*New York Times, 16 de novembro de 2013.

ações do mercado — para subsídios do prêmio do seguro agrícola. Entretanto, é improvável que isso saia mais barato. O pior é que, ao contrário dos pagamentos diretos, os subsídios de prêmio de seguro não têm limite de renda referente aos agricultores que receberiam essa forma de assistência.

A proposta é um exemplo perfeito de como a desigualdade crescente é alimentada por algo que os economistas chamam de caça à renda. À medida que um pequeno grupo de norte-americanos ficou extremamente rico, seu poder político também aumentou de forma desproporcional. Interesses de grupos pequenos, mas poderosos — nesse caso, ligados ao agronegócio — ajudam a criar políticas que distorcem o mercado para beneficiar apenas a eles mesmos, permitindo que se apropriem de uma fatia maior do bolo econômico da nação. Isso faz com que a fatia de todos os outros seja menor — já que o bolo não aumenta — embora os caçadores de renda geralmente tomem de cada norte-americano uma quantidade pequena o suficiente para passar despercebida. Ainda que essa quantia seja pequena, o agregado que fica com o caçador de renda é gigantesco. Com isso, há um aprofundamento da desigualdade.

O arranjo despropositado que está sendo cogitado pelos republicanos na lei agrícola é uma versão particularmente abominável desse processo. Toma o dinheiro de verdade — que é necessário para a sobrevivência dos norte-americanos mais pobres — e o dá para um pequeno grupo de ricos que não o merece, em troca de contribuições de campanha e apoio político. Não há justificativa econômica: na verdade, a lei distorce a economia ao promover o tipo de produção de que não precisamos e ao mesmo tempo reduzir o consumo das pessoas com renda mais baixa. Também não há justificativa moral: de fato, a lei aumenta o sofrimento e a precariedade da vida cotidiana de milhões de norte-americanos.

OS SUBSÍDIOS AGRÍCOLAS ERAM muito mais sensatos em seu início, há oito décadas, em 1933, época na qual mais de 40% dos norte-americanos viviam em áreas rurais. As rendas agrícolas haviam caído pela metade, aproximadamente, nos primeiros três anos da Grande Depressão. Nesse contexto, os subsídios eram um programa contra a pobreza.

Atualmente, todavia, os subsídios agrícolas têm uma finalidade bem diferente. De 1995 a 2012, 1% das fazendas recebeu cerca de US$1,5 milhão cada uma — ou seja, mais de 1/4 dos subsídios, de acordo com o Grupo de Trabalho Ambiental. Cerca de 3/4 dos subsídios foram para apenas 10% das fazendas. Estas receberam, em média, mais de US$30.000 por ano — cerca de 20 vezes a quantia recebida no ano passado pelo beneficiário individual médio do Programa de Assistência Nutricional Complementar (SNAP) federal, conhecido popularmente como vale-alimentação.

Hoje, os vales-alimentação são uma das principais vigas de sustentação de nossos esforços antipobreza. Mais de 80% dos aproximadamente 45 milhões de norte-americanos que participaram do SNAP em 2011 — o último ano que conta com dados abrangentes do Departamento de Agricultura dos Estados Unidos — tinham rendas familiares brutas abaixo do nível de pobreza. (Desde essa época, o total de participantes aumentou para quase 48 milhões.) Apesar desse apoio, muitos deles viviam em insegurança alimentar, ou seja, tiveram dificuldade de colocar comida na mesa em algum momento durante o ano.

Historicamente, os programas de auxílio-alimentação e subsídios agrícolas estão vinculados. Essa dupla parece inusitada, mas há uma lógica: é necessário trabalhar com os dois lados da economia alimentar — produção e consumo. A ampla oferta em um país não garante que seus cidadãos sejam bem alimentados. O desequilíbrio radical entre os subsídios agrícolas para os ricos e a assistência nutricional para os mais carentes — um desequilíbrio que os projetos de lei agrícola promoveriam diretamente — é um doloroso testemunho desse fato econômico estabelecido.

O economista ganhador do prêmio Nobel, Amartya Sen, nos lembra que nem mesmo as situações de fome em grande escala são causadas necessariamente pela escassez da oferta, mas pelo fato de que os alimentos existentes não chegam às pessoas que precisam deles. Foi isso o que ocorreu na fome de Bengala em 1943 e na fome da batata na Irlanda, um século antes: a Irlanda, controlada por seus senhores britânicos, exportava alimentos enquanto seus cidadãos morriam de fome.

Uma dinâmica semelhante está ocorrendo nos Estados Unidos. Os agricultores norte-americanos são considerados os mais eficientes do mundo. Nosso país é o maior produtor e exportador de milho e soja, para mencionar apenas dois de seus maiores cultivos. Mesmo assim, milhões de norte-americanos ainda passam fome, e outros milhões passariam se não fossem os programas vitais que o governo fornece para evitar a fome e a desnutrição — e que os republicanos procuram reduzir.

Além disso, há uma camada extra de ironia nas políticas alimentares norte-americanas: ao mesmo tempo em que estimulam a superprodução, dão pouca atenção à qualidade e diversidade dos alimentos que nossas fazendas produzem. Os subsídios pesados ao milho, por exemplo, fazem com que vários alimentos pouco saudáveis sejam relativamente baratos. Assim, pessoas que fazem compras com pouco dinheiro frequentemente escolhem alimentos que não são nutritivos. Isso é parte do motivo pelo qual os norte-americanos enfrentam o paradoxo da fome desproporcional à sua riqueza, aliada a algumas das taxas de obesidade mais altas do mundo — norte-americanos pobres correm um risco maior de serem obesos — e alta incidência de diabetes tipo 2.

Há alguns anos, estive na Índia — um país com 1,2 bilhão de habitantes, em que dezenas de milhões enfrentam a fome diariamente — e li uma manchete que dizia que um de cada sete norte-americanos viviam em insegurança alimentar por não poderem custear as necessidades básicas da vida. Os amigos indianos com os quais estive naquele dia e na semana seguinte ficaram perplexos com essa notícia: como ainda pode haver fome no país mais rico do mundo?

A perplexidade deles era compreensível: a fome neste país rico é desnecessária. O que meus amigos indianos não entenderam é que 15% dos norte-americanos — e 22% das crianças nos Estados Unidos — vivem na pobreza. Nos EUA, uma pessoa que trabalhe em tempo integral (2.080 horas por ano) à remuneração mínima de US$7,25 ganharia cerca de US$15.000 por ano, muito abaixo do limiar de pobreza para uma família de quatro pessoas (US$23.492 em 2012) e abaixo do nível de pobreza até mesmo para uma família de três pessoas.

Esse quadro sombrio é o resultado de decisões políticas tomadas em Washington que ajudaram a criar um sistema econômico no qual as pessoas de baixa instrução precisam trabalhar muito, simplesmente para permanecer na pobreza.

Não é assim que os Estados Unidos deveriam funcionar. Em seu famoso discurso sobre as "quatro liberdades", proferido em 1941, Franklin D. Roosevelt enunciou o princípio de que todos os norte-americanos deveriam ter certos direitos econômicos básicos, inclusive o direito a "estar livre da miséria". Posteriormente, essas ideias foram adotadas pela comunidade internacional na Declaração Universal dos Direitos Humanos, que também consagrou o direito à alimentação adequada. Embora os Estados Unidos tenham sido decisivos na defesa desses direitos econômicos básicos no cenário internacional — e em fazer com que fossem adotados — o desempenho interno do país vem sendo decepcionante.

Obviamente, não é de se admirar que, com o alto nível de pobreza, milhões de norte-americanos tiveram de recorrer ao governo para suprir as necessidades básicas. E esses números aumentaram drasticamente com o início da Grande Recessão. O número de norte-americanos que usam vales-alimentação subiu mais de 80% entre 2007 e 2013.

Dizer que maioria desses norte-americanos é tecnicamente pobre não expressa adequadamente a profundidade de sua carência. Em 2012, por exemplo, dois de cada cinco beneficiários do SNAP tinham rendas brutas inferiores à metade da linha da pobreza. A quantia que recebem do programa é ínfima — US$4,39 por dia por beneficiário. Esse valor mal basta para sobreviver, mas faz uma enorme diferença na vida das pessoas que o recebem: o Center on Budget and Policy Priorities estima que o SNAP tirou quatro milhões de norte-americanos da pobreza em 2010.

Considerando as inadequações dos programas existentes de combate à pobreza e à desnutrição e a magnitude do empobrecimento na esteira da Grande Recessão, poderíamos crer que a resposta natural de nossos líderes políticos fosse a expansão dos programas que promovem a segurança alimentar. Porém, os republicanos no Congresso não pensam dessa forma. Aparentemente, querem culpar as vítimas — os pobres, que tiveram uma educação pública ruim e, por isso, não têm as qualificações de que o mercado precisa, e os que procuram emprego mas não encontram porque o sistema econômico estagnou. Quase um em cada sete norte-americanos que gostariam de trabalhar em tempo integral não conseguem um emprego assim. A proposta dos republicanos, longe de aliviar os impactos desses problemas, reforçaria a privação e as desigualdades.

Além disso, seus efeitos calamitosos atravessariam nossas fronteiras.

Sob um ponto de vista mais amplo, os subsídios agrícolas, combinados aos cortes nos vales-alimentação, agravam a pobreza global e a fome. Isso ocorre porque, com o consumo nos Estados Unidos abaixo do normal e a elevação da produção, as exportações de alimentos inevitavelmente aumentarão. O aumento nas exportações derruba os preços globais, prejudicando agricultores pobres do mundo todo. A agricultura é a principal fonte de sustento para 70% dos pobres do mundo que vivem em áreas rurais e, em sua esmagadora maioria, residem nos países em desenvolvimento.

A adoção do plano dos republicanos no Congresso terá repercussão na nossa economia por meio de vários canais. Uma delas é que as famílias pobres com recursos escassos simplesmente acabarão com o crescimento. Além disso, o pior é que a lei agrícola dos republicanos aprofundaria a desigualdade — não apenas por meio dos "brindes" imediatos para fazendeiros ricos e cortes correspondentes para os pobres. Crianças desnutridas — famintas ou doentes por causa da alimentação ruim — não aprendem tão bem quanto aquelas que comem melhor.

Ao realizar cortes nos vales-alimentação, asseguramos a perpetuação da desigualdade e de uma de suas piores manifestações: a desigualdade de oportunidades. Em termos de oportunidades, a situação dos Estados Unidos é alarmante, como já foi mencionado nesta série. Estamos colocando nosso futuro em risco, porque um grande número de pessoas na base da pirâmide não desenvolverá seu potencial e não contribuirá tanto quanto poderia para a prosperidade do país como um todo.

Tudo isso desmascara o argumento dos republicanos em favor dessas políticas alimentares — a preocupação com o nosso futuro, particularmente com o impacto da dívida nacional sobre as crianças, — mostrando que não passa de hipocrisia, profunda e cínica. O arcabouço intelectual do fetichismo em relação à dívida já foi derrubado (com a refutação do trabalho de Carmen M. Reinhart e Kenneth S. Rogoff, economistas de Harvard, que vinculava o crescimento lento a proporções entre dívida e PIB acima de 90%). Além disso, a lei agrícola dos republicanos claramente prejudica as crianças dos Estados Unidos e do mundo de várias formas.

A conversão dessas propostas em lei seria um fiasco moral e econômico para o país.

No Lado Errado da Globalização*

A CORDOS COMERCIAIS SÃO UM ASSUNTO TEDIOSO, MAS TODOS NÓS DEveríamos prestar atenção. Neste momento, há pessoas trabalhando em propostas comerciais que ameaçam colocar a maioria dos norte-americanos no lado errado da globalização.

Na verdade, as opiniões conflitantes a respeito dos acordos estão dividindo o Partido Democrata, embora a retórica do presidente Obama não dê sinais disso. Em seu discurso sobre o Estado da União, por exemplo, ele mencionou de passagem "novos acordos comerciais" que "gerariam mais empregos". A questão mais imediata é a Parceria Transpacífico (TPP), que uniria 12 países da Orla do Pacífico para formar a maior área de livre comércio do mundo.

As negociações relativas à TPP iniciaram-se em 2010, com o objetivo, segundo o Representante de Comércio dos Estados Unidos, de aumentar o volume de comércio e investimentos mediante redução de tarifas e outras barreiras comerciais entre os países participantes. Entretanto, essas negociações ocorrem em segredo, obrigando-nos a recorrer a rascunhos que vazaram para tentar adivinhar as cláusulas propostas. Ao mesmo tempo, o Congresso apresentou um projeto de lei, este ano, que outorgaria ampla flexibilidade de ação à Casa Branca, pela qual o Congresso simplesmente aprovaria ou rejeitaria os acordos comerciais apresentados, sem revisões nem emendas.

Houve controvérsias, plenamente justificadas. Com base no que vazou — e no histórico dos arranjos nos pactos comerciais anteriores — é fácil inferir como será a TPP como um todo, e a situação não parece nada boa. Existe o risco real de que beneficie o grupo mais rico da elite norte-americana e mundial, à custa de

---

New York Times, 15 de março de 2014.

toda a população. O simples fato de que esse plano seja cogitado é um testemunho da repercussão profunda da desigualdade em todas nossas políticas econômicas.

Para piorar, acordos como a TPP são apenas uma faceta de um problema mais amplo: nossa péssima gestão da globalização.

Comecemos pelo aspecto histórico. De modo geral, atualmente os acordos comerciais são muito diferentes daqueles que foram celebrados nas décadas que se seguiram à II Guerra Mundial, nos quais as negociações tinham em vista a redução de tarifas. Como todas caíram, o comércio se expandiu, e cada país pôde desenvolver seus setores mais fortes. Consequentemente, os padrões de vida seriam elevados. Alguns postos de trabalho seriam perdidos, mas novos empregos seriam gerados.

Na atualidade, o propósito dos acordos comerciais é outro. As tarifas já estão baixas no mundo todo, com isso, o foco foi transferido para as "barreiras não tarifárias", e o mais importante — para os interesses corporativos que promovem os acordos — são as regulamentações. Corporações multinacionais imensas se queixam de que regulamentações inconsistentes encarecem os negócios. Porém, a maioria delas, ainda que imperfeitas, têm uma razão de existir: seu objetivo é proteger os trabalhadores, os consumidores, a economia e o meio ambiente.

E mais: geralmente, essas regulamentações são estabelecidas pelos governos em resposta às demandas democráticas de seus cidadãos. Os novos defensores dos acordos comerciais afirmam eufemisticamente que estão buscando a harmonização regulatória — expressão que soa honesta e denota um plano para aumentar a eficiência. Evidentemente, seria possível obter a harmonização regulatória fortalecendo as regulamentações, empregando os mais elevados padrões em todas elas. Contudo, quando as corporações defendem a harmonização, na verdade se trata de uma corrida ao fundo do poço.

Quando acordos como a TPP regem o comércio internacional — ou seja, quando todos os países estabelecem regulamentações minimamente similares — as corporações multinacionais podem retomar as práticas que eram comuns antes da promulgação da Lei do Ar Limpo e da Lei da Água Limpa (1970 e 1972, respectivamente) e da crise financeira mais recente. Corporações de todas as partes podem muito bem concordar que o fim das regulamentações seria positivo para os lucros corporativos. Negociadores da área comercial podem ser convencidos de que esses acordos comerciais seriam bons para os lucros comerciais e corporativos. Todavia, haveria grandes perdedores — ou seja, o resto de nós.

É muito arriscado permitir que as negociações ocorram em sigilo, porque há muita coisa em jogo. Ministérios de Comércio do mundo todo são sequestrados por interesses corporativos e financeiros. E, quando as negociações são sigilosas, o processo democrático não tem meios para aplicar os pesos e contrapesos necessários para restringir os efeitos negativos desses acordos.

A questão do sigilo pode ser suficiente para suscitar uma grande polêmica em relação à TPP. Os dados que temos sobre a parceria somente a tornam ainda mais intragável. Um dos piores é o fato de permitir que as corporações busquem restituição em um tribunal internacional, não só em caso de expropriação injusta, mas também pela suposta redução de seus lucros em potencial em decorrência da regulamentação. Não se trata de um problema teórico. Philip Morris já tentou empregar essa tática contra o Uruguai, alegando que as regulamentações antitabagistas desse país — elogiadas pela Organização Mundial de Saúde — prejudicavam os lucros de forma injusta, infringindo um tratado comercial bilateral entre a Suíça e o Uruguai. Nesse sentido, os acordos comerciais recentes lembram as Guerras do Ópio, em que as potências ocidentais exigiram — e conseguiram — que a China se mantivesse aberta ao ópio, porque o consideravam fundamental para corrigir o que seria um grande desequilíbrio comercial.

Artigos já incorporados em outros acordos comerciais estão sendo aplicados de forma diferenciada para minar regulamentações ambientais e de outras áreas. Os países em desenvolvimento pagam um alto preço por aceitar essas cláusulas, mas os indícios de que recebam mais investimentos em troca são escassos e controversos. Apesar de esses países serem as vítimas mais óbvias, essa mesma questão pode se tornar um problema também para os Estados Unidos. As corporações norte-americanas poderiam, possivelmente, criar uma subsidiária em algum país da Orla do Pacífico, investir nos Estados Unidos por meio dessa subsidiária e, em seguida, tomar medidas contra o governo norte-americano — obtendo, na qualidade de empresa "estrangeira", direitos que não teriam como empresa nacional. De novo, não se trata de uma mera possibilidade teórica: já há indícios de que as empresas estejam escolhendo determinados países onde colocar seu dinheiro, tendo por critério a força da posição jurídica de cada país na questão.

Há outros pontos nocivos. Os Estados Unidos estão na luta para reduzir o custo da assistência médica. A TPP dificultaria a introdução dos genéricos, elevando o preço dos remédios. Nos países pobres, isso não é apenas uma questão de transferência de dinheiro para os cofres das corporações: milhares morreriam desnecessariamente. É óbvio que pesquisadores devem ser remunerados. É por isso que temos um sistema de patentes. Mas esse sistema deveria equilibrar cuidadosamente os benefícios da proteção intelectual e outro objetivo digno: ampliar o acesso ao conhecimento. Já escrevi antes sobre os abusos contra o sistema, praticados por empresas interessadas em patentear os genes que predispõem ao câncer de mama. A Suprema Corte acabou rejeitando essas patentes, mas isso causou sofrimento desnecessário de várias mulheres. Acordos comerciais proporcionam ainda mais oportunidades de abuso de patentes.

As preocupações se avolumam. Uma das possíveis leituras dos documentos vazados das negociações indica que a TPP facilitaria a venda, por bancos norte-

-americanos, de derivativos financeiros arriscados em todo o planeta, podendo, talvez, provocar o mesmo tipo de crise que levou à Grande Recessão.

A despeito de tudo isso, há defensores ardorosos da TPP e de acordos semelhantes, inclusive muitos economistas. Esse apoio se baseia em uma teoria econômica espúria e já desmistificada, que permaneceu em circulação principalmente por servir aos interesses dos mais ricos.

O livre comércio era um princípio fundamental na economia nos primeiros anos da disciplina. A teoria afirmava, de fato, que havia ganhadores e perdedores, mas dizia que quem ganha sempre pode oferecer uma compensação a quem perde, de forma que o livre comércio (ou até mesmo um comércio mais livre) é uma situação em que todos saem ganhando. Infelizmente, essa conclusão se baseia em diversas premissas, muitas das quais estão simplesmente equivocadas.

As teorias mais antigas, por exemplo, simplesmente ignoravam o risco e pressupunham que os trabalhadores poderiam passar de um emprego a outro sem problemas. Supunha-se o pleno emprego na economia, de forma que os trabalhadores deslocados pela globalização passariam rapidamente dos setores de baixa produtividade (que prosperaram porque a concorrência estrangeira foi contida por meio de tarifas e outras restrições comerciais) para os de alta produtividade. Entretanto, quando o nível de desemprego é alto — e principalmente quando um grande porcentual dos desempregados está há muito tempo sem emprego (como agora), essa complacência não pode existir.

Hoje, há 20 milhões de norte-americanos que desejam um emprego em tempo integral mas não o encontram. Milhões pararam de procurá-lo. Portanto, há um grande risco de que as pessoas que deixam um emprego de baixa produtividade em um setor protegido acabem entrando para o grande grupo de desempregados, com produtividade nula. Isso prejudica até mesmo os que mantêm seus empregos, já que o índice de desemprego mais alto exerce uma pressão pela redução dos salários.

Podemos discutir os motivos pelos quais o desempenho de nossa economia não é tão bom quanto deveria — se em função da falta de demanda agregada ou porque os nossos bancos, mais interessados na especulação e na manipulação do mercado do que nos empréstimos, não estão fornecendo fundos adequados para as empresas de pequeno e médio porte. Sejam quais forem os motivos, a verdade é que esses acordos comerciais representam um risco de aumento do desemprego.

Um dos motivos pelos quais estamos em uma situação tão ruim é a má gestão da globalização. Nossas políticas econômicas estimulam a terceirização de empregos: bens produzidos no exterior, com mão de obra barata, podem ser trazidos de volta aos Estados Unidos a um preço baixo. Dessa maneira, os trabalhadores norte-americanos compreendem que precisam concorrer com os estrangeiros e que seu poder de barganha é reduzido. Essa é uma das razões pelas quais a mediana da renda real de homens que trabalham em tempo integral é mais baixa do que era há 40 anos.

A política norte-americana atual complica esses problemas. Até mesmo na melhor das hipóteses, a antiga teoria do livre comércio afirma apenas que os ganhadores poderiam oferecer uma compensação aos perdedores, não que efetivamente fossem fazer isso. E não fizeram — muito pelo contrário. Os defensores dos acordos comerciais costumam dizer que, para que os Estados Unidos sejam competitivos, deve haver um corte não só nos salários, mas também nos gastos e impostos, principalmente nos programas que beneficiam os cidadãos comuns. Eles afirmam que nós deveríamos aceitar as agruras de curto prazo, porque, no longo prazo, todos serão beneficiados. No entanto, há poucos indícios de que os acordos comerciais proporcionarão um crescimento mais rápido ou profundo e de que, no longo prazo, a maioria dos trabalhadores será beneficiada.

A TPP tem muitos críticos, porque tanto seu processo quanto sua teoria não têm consistência. A oposição floresceu não só nos Estados Unidos, como também na Ásia, onde as negociações foram paralisadas.

Ao liderar a rejeição total à via rápida para tramitar a TPP, o líder da maioria no senado, Harry Reid, aparentemente nos proporcionou um pequeno alívio. Aqueles que consideram que os acordos de livre comércio enriquecem as corporações à custa dos 99% parecem ter saído vitoriosos nessa escaramuça. De todo modo, há uma guerra mais ampla para garantir que a política comercial — e a globalização, de modo mais geral — seja elaborada de modo a elevar os padrões de vida da maioria dos norte-americanos. O resultado dessa guerra permanece incerto.

Nesta série, insisti em duas questões: a primeira é que o alto nível de desigualdade nos Estados Unidos atualmente — e seu enorme aumento nos últimos 30 anos — é o resultado cumulativo de uma série de políticas, programas e leis. Já que o próprio presidente enfatizou que o combate à desigualdade deveria ser a prioridade máxima do país, toda nova política, programa ou lei deve ser analisada sob a perspectiva de seu impacto na desigualdade. Acordos como a TPP contribuíram significativamente para a desigualdade. As corporações podem lucrar, e é possível, embora não garantido, que o produto interno bruto (na sua forma convencional de medição) aumente. Mas é provável que o bem-estar dos cidadãos comuns seja prejudicado.

Isso me leva à segunda questão na qual insisti: a economia de fomento indireto (veja na Abertura", tópico "Respostas à Crise") é um mito. O enriquecimento das corporações — como o que seria proporcionado pela TPP — não ajudará, necessariamente, os ocupantes do meio da pirâmide, que dirá os da base.

A Farsa do Livre Comércio*

A PESAR DA AUSÊNCIA DE RESULTADOS DAS NEGOCIAÇÕES DE COMÉRCIO global da Rodada de Desenvolvimento de Doha, realizada pela Organização Mundial do Comércio, desde que foi iniciada há doze anos, outra rodada de negociações está sendo preparada. Porém, desta vez, elas não serão globais e multilaterais; em vez disso, devem ser negociados dois grandes acordos regionais — um transpacífico e um transatlântico. As futuras negociações têm maior probabilidade de sucesso?

A rodada de Doha foi torpedeada pela recusa dos Estados Unidos em eliminar os subsídios agrícolas — condição *sine qua non* para qualquer rodada verdadeiramente de desenvolvimento, considerando que 70% dos habitantes dos países em desenvolvimento dependem direta ou indiretamente da agricultura. A posição dos EUA revelou grande insolência, pois a OMC (Organização Mundial do Comércio) já havia estabelecido que os subsídios do país ao algodão — pagos a menos de 25 mil fazendeiros ricos — eram ilegais. A resposta norte-americana foi subornar o Brasil**, o país queixoso, para que não levasse a questão adiante, deixando em situação difícil milhões de cotonicultores pobres da África Subsaariana e da Índia, que sofrem com a queda dos preços por causa da assistência dos Estados Unidos a seus fazendeiros ricos.

Considerando essa história recente, agora ficou claro que as negociações para criar uma área de livre comércio entre EUA e Europa, e outra entre EUA e uma boa parte do Pacífico (à exceção da China) não se destinam a estabelecer um sistema de verdadeiro livre comércio. Em vez disso, o objetivo é um regime

---

*Project Syndicate, 4 de julho de 2013.

**O autor se refere a certas compensações, como transferência anual de recursos para fomento da cotonicultura no Brasil, para encerrar o contencioso sobre esse produto entre os dois países na OMC.

de comércio gerenciado — ou seja, gerenciado para servir aos interesses especiais que dominam há muito a política comercial no Ocidente.

Há alguns princípios básicos que os participantes das discussões deveriam levar em conta. Primeiro, todo acordo comercial deve ser simétrico. Se, como membro da Parceria Transpacífico (TPP), os EUA exigem que o Japão elimine os subsídios ao arroz, o país deve, por sua vez, oferecer a eliminação dos subsídios à sua produção (e a água), não somente do arroz (que é relativamente insignificante nos Estados Unidos), mas também de outras *commodities* agrícolas.

Em segundo lugar, nenhum acordo de comércio deve colocar os interesses comerciais à frente dos interesses nacionais mais amplos, especialmente quando questões não ligadas ao comércio, como a regulamentação financeira e a propriedade intelectual, estão em jogo. O acordo comercial entre os Estados Unidos e o Chile, por exemplo, impede o Chile de utilizar controles de capital — embora o Fundo Monetário Internacional agora reconheça que esses controles podem ser um instrumento importante da política macroprudencial.

Outros acordos comerciais também insistem na liberalização e desregulamentação financeira, apesar da crise de 2008, com a qual deveríamos ter aprendido que a ausência de uma boa regulamentação pode colocar em risco a prosperidade econômica. O setor farmacêutico dos Estados Unidos, que exerce uma influência considerável sobre o gabinete do Representante de Comércio dos EUA (USTR), conseguiu impor a outros países um regime desequilibrado de propriedade intelectual, que, tendo sido elaborado para combater os genéricos, coloca os lucros à frente do salvamento de vidas, ainda que a Suprema Corte dos EUA tenha estabelecido que o Escritório de Patentes do país tenha ido longe demais ao outorgar patentes referentes a genes.

Por fim, deve haver um compromisso com a transparência. Contudo, os envolvidos nessas negociações comerciais devem estar cientes de que os EUA estão comprometidos com a *falta* de transparência. O gabinete do USTR reluta em revelar sua posição nas negociações até mesmo para membros do Congresso do país; com base nos vazamentos, pode-se entender o motivo disso. O gabinete do USTR está voltando atrás em certos princípios (por exemplo: o acesso aos medicamentos genéricos) que o Congresso havia inserido em acordos comerciais anteriores, como o efetuado com o Peru.

No caso da TPP, há mais uma preocupação. A Ásia desenvolveu uma cadeia de abastecimento eficiente, com bens que fluem facilmente de um país para outro no processo de fabricação de bens acabados. Todavia, a TPP pode interferir nisso caso a China permaneça fora da parceria.

Com tarifas formais já tão baixas, os negociadores visarão, primordialmente, as barreiras não tarifárias — como as barreiras regulatórias. Não obstante, o gabinete do USTR, representando interesses corporativos, quase que certamente buscará o padrão mínimo comum, nivelando por baixo e não por cima. Por exemplo, muitos países têm provisões fiscais e regulatórias que desestimulam automóveis grandes — não por querer discriminar os Estados Unidos, mas por se preocupar com a poluição e eficiência energética.

O ponto mais geral, mencionado anteriormente, é que os acordos comerciais normalmente colocam os interesses comerciais à frente de outros valores — o direito a uma vida saudável e a proteção ao meio ambiente, para citar apenas dois. A França, por exemplo, deseja uma "exceção cultural" nos acordos comerciais, que lhe permita continuar apoiando financeiramente seus filmes — algo que beneficia o mundo todo. Esse e outros valores mais amplos devem ser inegociáveis.

De fato, a ironia é que os benefícios sociais desses subsídios são imensos, ao passo que os custos são desprezíveis. Alguém realmente acredita que um filme de arte francês representa uma grave ameaça a um *blockbuster* hollywoodiano de verão? Contudo, a ganância de Hollywood não tem limites, e os negociadores comerciais dos Estados Unidos não brincam em serviço. É exatamente por isso que esses itens têm de ser resolvidos *antes* do início das negociações. Caso contrário, haverá pressões, e correremos o risco real de que o acordo sacrifique valores básicos em nome de interesses comerciais.

Se os negociadores criassem um verdadeiro regime de livre comércio que priorizasse o interesse público, em que a opinião dos cidadãos comuns tivesse pelo menos o mesmo peso que a dos lobistas corporativos, eu poderia estar otimista, acreditando que o resultado das negociações fortaleceria a economia e favoreceria o bem-estar social. Porém, a realidade é que temos um sistema de comércio gerenciado que prioriza os interesses corporativos e um processo de negociações antidemocrático e sem transparência.

A probabilidade de que o resultado das futuras negociações sirva aos interesses dos norte-americanos comuns é exígua; as perspectivas para os cidadãos comuns dos outros países são ainda mais sombrias.

Como a Propriedade Intelectual Reforça a Desigualdade*

N<small>A GUERRA CONTRA A DESIGUALDADE, FICAMOS TÃO ACOSTUMADOS</small> com más notícias que os fatos positivos são quase um motivo de assombro. Depois que a Suprema Corte determinou que pessoas e corporações ricas têm o direito constitucional de comprar as eleições norte-americanas, quem esperaria notícias boas da Justiça? Entretanto, uma decisão tomada no período recentemente encerrado deu aos norte-americanos comuns algo mais precioso que o dinheiro — o direito à vida.

À primeira vista, o caso *Association for Molecular Pathology vs. Myriad Genetics* pode parecer algo científico, acessível apenas aos iniciados: a corte sentenciou, por unanimidade, que genes humanos não podem ser patenteados, mas o DNA sintético, criado em laboratório, pode. Na verdade, há muito mais em jogo e as questões são muito mais importantes do que se pensa. O caso foi uma batalha entre os que desejam priorizar a boa saúde, transformando-a em um privilégio a ser desfrutado de forma proporcional à riqueza de cada um, e os que a consideram um direito para todos — e um componente central de uma sociedade justa e uma economia funcional. A questão é ainda mais profunda e está ligada à influência da desigualdade na política, nas instituições jurídicas e na saúde da população.

Ao contrário das duras batalhas entre a Samsung e a Apple — na qual os árbitros (tribunais norte-americanos), fingindo imparcialidade, pareciam favorecer consistentemente o time da casa — este caso foi mais do que uma batalha de gigantes. É uma lente que nos permite enxergar os efeitos perniciosos e amplos da desigualdade, ver como é a vitória sobre o comportamento egoísta das corporações e — igualmente importante — o quanto ainda arriscamos perder nessas lutas.

New York Times, 14 de julho de 2013.

Evidentemente, o tribunal e as partes não enquadraram as questões e a decisão dessa forma. A Myriad Genetics, uma empresa de Utah, havia isolado dois genes humanos, BRCA1 e BRCA2, que podem conter mutações que predispõem as portadoras ao câncer de mama — um conhecimento crucial para a detecção precoce e prevenção. A empresa conseguiu patentear os genes. O fato de ser "dona" dos genes lhe deu o direito de impedir que outras empresas fizessem exames relacionados a eles. A questão central do caso era aparentemente técnica: genes isolados, que ocorrem naturalmente, podem ser patenteados?

As patentes tiveram implicações concretas devastadoras, pois mantiveram os preços dos diagnósticos artificialmente altos. Na realidade, os exames genéticos podem ser realizados a um custo baixo — de fato, a pessoa pode fazer o sequenciamento de todos os seus 20 mil genes por cerca de US$1.000, para não mencionar os testes muito mais baratos referentes a diversas patologias específicas. No entanto, a Myriad cobrou cerca de US$4.000 dólares por exames abrangentes em apenas dois genes. Os cientistas afirmaram que não havia nada intrinsecamente especial ou superior nos métodos da Myriad — a empresa simplesmente realizava exames em genes que afirmava serem sua propriedade e fazia isso baseando-se em dados que não estavam disponíveis a outras por causa das patentes.

Horas depois que a Suprema Corte deu a sentença favorável aos demandantes — um grupo de universidades, pesquisadores e defensores de pacientes, representado pelo Sindicato de Liberdades Civis dos EUA e a Fundação de Patentes Públicas — outros laboratórios rapidamente anunciaram que também começariam a oferecer exames referentes aos genes do câncer de mama, demonstrando que a "inovação" da Myriad era a identificação de genes já existentes, não o desenvolvimento de exames referentes a eles. (Não obstante, a Myriad não desistiu de lutar. Instaurou dois processos judiciais este mês, tentando impedir as empresas Ambry Genetics e Gene by Gene de administrar seus próprios exames de BCRA, alegando violação de patentes.)

Não causa estranheza que a Myriad tenha feito tudo o que podia para impedir que o fluxo de receita de seus exames tivesse concorrência — na verdade, depois de se recuperar de uma queda de aproximadamente 30% na esteira da sentença judicial, a cotação de suas ações ainda está quase 20% abaixo do valor anterior à sentença. A empresa era a proprietária dos genes e não queria que ninguém violasse essa propriedade. Ao obter a patente, a Myriad, como a maioria das corporações, parecia mais motivada pela maximização dos lucros do que pelo salvamento de vidas. Caso ela realmente se importasse com vidas, poderia e deveria ter agido melhor, oferecendo testes a custos mais baixos, e estimulado outras empresas a desenvolver testes melhores, mais precisos e baratos. Não é surpresa nenhuma que a Myriad tenha apresentado argumentos elaborados, afirmando que suas patentes — que permitiam preços monopolistas e práticas excludentes — eram essenciais para incentivar pesquisas futuras. Porém, quando os efeitos devastadores de suas patentes se fizeram notar, e a empresa manteve-se inflexível no exercício de seu direito de monopólio total, esse pretenso interesse no bem comum não soou nada convincente.

Como sempre, a indústria farmacêutica alegou que, sem a proteção por patentes, não haveria incentivo à pesquisa e todos seriam prejudicados. Apresentei ao tribunal minha declaração de especialista (*pro bono*), explicando de que forma esses argumentos estavam errados e o motivo de essa patente (e outras semelhantes) na verdade dificultarem a inovação, em vez de promovê-la. Outros grupos que apresentaram um *amicus curiae*** favorável aos demandantes, como a AARP, ressaltaram que as patentes da Myriad impediam os pacientes de obterem segundas opiniões e exames de confirmação. Recentemente, a Myriad se comprometeu a não impedir exames desse tipo — e, ao mesmo tempo em que se assumiu esse compromisso, processou a Ambry Genetics e a Gene by Gene.

A Myriad negou o exame a duas mulheres envolvidas na ação judicial, rejeitando seu seguro Medicaid. De acordo com os demandantes, o motivo da recusa foi o baixo valor do reembolso. Outras mulheres, após uma rodada de exames da Myriad, tiveram de tomar decisões angustiantes sobre a realização de mastectomia única ou dupla ou remoção dos ovários com base em informações gravemente incompletas — ou porque os exames da Myriad referentes a mutações adicionais no gene BRCA eram caros demais (a empresa cobra US$700 a mais por informações que, segundo nossas diretrizes nacionais, deveriam ser fornecidas aos pacientes) ou porque não era possível obter uma segunda opinião em decorrência das patentes da Myriad.

A boa notícia proveniente da Suprema Corte é que, nos Estados Unidos, genes não podem ser patenteados. De um certo modo, o tribunal devolveu às mulheres algo que elas acreditavam que já lhes pertencia. Isso teve duas implicações práticas muito significativas. A primeira é que, agora, pode haver concorrência para desenvolver exames referentes a esse gene que sejam melhores, mais precisos e menos dispendiosos. Poderíamos voltar a ter mercados competitivos que estimulam a inovação. A segunda é que as mulheres pobres teriam oportunidades iguais de viver — nesse caso, a oportunidade de vencer o câncer de mama.

Entretanto, apesar da grande importância dessa vitória, ela é, em última análise, apenas uma esquina em um panorama global de propriedade intelectual fortemente influenciado por interesses corporativos — geralmente, norte-americanos. E os Estados Unidos tentam impor seu regime de propriedade intelectual a outros países, por meio da Organização Mundial do Comércio e outros regimes de comércio multilaterais. Estão fazendo isso agora, nas negociações da chamada Par-

---

** Amigo da Corte. Intervenção colaborativa qualificada por partes não integrantes da causa em julgamento.

ceria Transpacífico. Os acordos comerciais deveriam ser um instrumento diplomático importante: a maior integração comercial estreita os laços em outras áreas. Mas o fato de que o gabinete do Representante de Comércio dos Estados Unidos tente convencer os outros países de que, na verdade, lucros corporativos são mais importantes que vidas humanas compromete a posição dos EUA no mundo: isso serve apenas para reforçar o estereótipo do norte-americano insensível.

O poder econômico costuma falar mais alto do que os valores morais; e, nos vários casos em que os interesses corporativos norte-americanos prevalecem nos direitos de propriedade intelectual, nossas políticas ajudam a agravar a desigualdade no exterior. Na maioria dos países, ocorre mais ou menos a mesma coisa que nos Estados Unidos: vidas de pobres são sacrificadas no altar dos lucros corporativos. Porém, mesmo nos países em que, por exemplo, o governo forneceria um exame como o da Myriad a preços acessíveis para todos, há um custo: quando o governo paga preços monopolistas por um exame médico, usa uma quantia que poderia ser empregada em outros gastos de assistência médica que podem salvar vidas.

O CASO DA MYRIAD foi a materialização de três mensagens importantes de meu livro *O Preço da Desigualdade*. Primeiramente, afirmei que a desigualdade na sociedade é consequência não só das leis econômicas, mas também de como moldamos a economia americana — por meio de políticas e de praticamente todos os aspectos de nosso sistema jurídico. Nesse caso, é o nosso regime de propriedade intelectual que contribui desnecessariamente com a forma mais grave de desigualdade. O direito à vida não deveria estar condicionado à capacidade de pagar.

Em segundo lugar, afirmei que alguns dos aspectos mais negativos da geração de desigualdade em nosso sistema econômico são consequência da "caça à renda": lucros — e desigualdade — gerados pela manipulação das condições sociais ou políticas para se apoderar de uma fatia maior do bolo econômico, em vez de aumentar o tamanho do bolo. E o aspecto mais perverso dessa apropriação de riqueza surge quando a que vai para o topo da pirâmide é obtida à custa dos ocupantes da base. Os esforços da Myriad preencheram esses dois requisitos: os lucros que a empresa ganhou ao cobrar por seu exame não acrescentaram nada nem à dimensão nem ao dinamismo da economia e, ao mesmo tempo, comprometeram o bem-estar de quem não podia pagar por eles.

Embora todos os segurados tenham contribuído para os lucros da Myriad (os prêmios tiveram de subir para compensar suas tarifas, e milhões de norte-americanos de renda média não segurados eram obrigados a aceitar os preços monopolistas da Myriad se optassem por fazer o exame), o preço mais alto foi pago pelos ocupantes da base da pirâmide, que não tinham seguro. Sem condições de arcar com o custo do teste, corriam um risco maior de morrer precocemente.

Os rigorosos defensores dos direitos de propriedade afirmam que esse é simplesmente o preço a pagar por uma inovação que, em longo prazo, salvará vidas. É um "toma lá, dá cá": as vidas de um número relativamente reduzido de mulheres pelas vidas de uma quantidade muito maior de mulheres em algum momento no futuro. No entanto, essa afirmação está equivocada em vários sentidos. Nesse caso específico, está particularmente equivocada, porque, de qualquer forma, os dois genes provavelmente teriam sido isolados ("descobertos", na terminologia da Myriad) pouco tempo depois, como parte do Projeto do Genoma Humano global. Além disso, pesquisadores da área de genética afirmaram que, na verdade, a patente impediu o desenvolvimento de exames melhores e, portanto, prejudicou o avanço da ciência. Todo conhecimento se baseia no conhecimento prévio; e, com a limitação da disponibilidade do que se sabia anteriormente, a inovação é prejudicada. A descoberta da Myriad — como ocorre em todas as ciências — usou tecnologias e ideias desenvolvidas por outros. Se esse conhecimento anterior não estivesse disponível publicamente, a Myriad não poderia ter feito o que fez.

Esse é o terceiro tema importante. Dei a meu livro um título que enfatiza que a desigualdade, além de ser moralmente repugnante, tem custos materiais. Quando o regime jurídico que rege a propriedade intelectual é mal elaborado, ele facilita a caça à renda — e o nosso é mal elaborado, ainda que esta e outras decisões recentes da Suprema Corte tenham levado a uma decisão melhor do que ela normalmente seria. O resultado disso é o comprometimento da inovação e o agravamento da desigualdade.

De fato, um dos insights importantes de Robert W. Fogel, o historiador e economista ganhador do prêmio Nobel falecido no mês passado, é que uma sinergia entre melhoria na saúde e na tecnologia é responsável por uma boa parte do crescimento econômico explosivo ocorrido a partir do século XIX. Portanto, faz sentido afirmar que regimes de propriedade geradores de rendas monopolistas que prejudicam o acesso à saúde geram desigualdade e prejudicam o crescimento de forma mais ampla.

Há alternativas. Os defensores dos direitos de propriedade intelectual superestimaram seu papel na promoção da inovação. A maioria das principais inovações — das ideias básicas subjacentes à informática até os transistores, *lasers* e a descoberta do DNA — não foi motivada por ganhos pecuniários, mas pela busca do conhecimento. Obviamente, os recursos devem ser disponibilizados. O sistema de patentes é apenas uma das formas — e frequentemente, não a melhor — de fornecer esses recursos. Pesquisas, fundações e o sistema de prêmios com financiamento governamental (que premia os descobridores e, em seguida, disponibiliza o conhecimento, usando o poder do mercado para colher benefícios) são alternativas muito mais vantajosas e sem as desvantagens estimuladoras de desigualdade existentes no sistema atual de direitos de propriedade intelectual.

O esforço da Myriad para patentear o DNA humano foi uma das piores manifestações da desigualdade no acesso à saúde, que, por sua vez, é uma das piores manifestações da desigualdade no país. Ver nossos preciosos valores serem defendidos na justiça é um motivo para respirar aliviado. Porém, trata-se apenas de uma vitória em meio a um combate mais amplo por mais igualdade na sociedade e na economia.

A Sábia e Notória Decisão da Índia[*]

Com *Arjun Jayadev*

A RECUSA DA SUPREMA CORTE INDIANA EM MANTER A PATENTE DO GLIvec, o famoso remédio contra o câncer desenvolvido pela Novartis — empresa suíça considerada como um dos gigantes do setor farmacêutico — é uma boa notícia para muitos indianos que sofrem de câncer. Se outros países em desenvolvimento seguirem o exemplo da Índia, será uma boa notícia também para eles: mais dinheiro poderia ser empregado para suprir outras necessidades, como combater a AIDS, fornecer educação ou fazer investimentos que possibilitem o crescimento e atuem na redução da pobreza.

A decisão da Índia também afeta o lucro das grandes multinacionais do setor farmacêutico. Não surpreende que isso tenha suscitado uma resposta histérica da empresa e seus lobistas: eles afirmam que a sentença destrói o incentivo à inovação e que isso causará grandes estragos à saúde pública em todo o planeta.

Essas declarações são muito exageradas. Em termos políticos e socioeconômicos, a sentença judicial indiana faz sentido. Além disso, é apenas um esforço localizado para reequilibrar o regime de propriedade intelectual (PI), que favorece fortemente a indústria farmacêutica em detrimento do bem-estar social. Na verdade, um número cada vez maior de economistas concorda que o regime atual de PI, na verdade, reprime a inovação.

Há muito tempo o impacto da forte proteção à PI sobre o bem-estar social é ambíguo. A promessa de direitos monopolistas pode estimular a inovação (embora as descobertas mais importantes, como a do DNA, normalmente ocorram em universidades e laboratórios de pesquisa patrocinados pelo governo e dependam de outros incentivos). Entretanto, frequentemente também há custos relevan-

---
[*]*Project Syndicate*, 8 de abril de 2013.

tes: preços mais altos para o consumidor, desestímulo à inovação por meio da restrição de acesso ao conhecimento e, no caso de remédios que podem salvar vidas, morte para quem não tem condições de pagar pela inovação que poderia salvá-los.

O peso atribuído a cada um desses fatores depende das circunstâncias e prioridades e deve variar de acordo com o país e a época. Em estágios anteriores de seu desenvolvimento, os países industrializados desenvolvidos foram beneficiados pelo crescimento econômico mais rápido e maior bem-estar social ao adotar explicitamente uma proteção à PI mais branda do que a proteção que se exige atualmente dos países em desenvolvimento. Inclusive nos Estados Unidos, há uma preocupação crescente de que as chamadas patentes de *hold-up* (aquelas em que o titular faz falsas promessas de disponibilizar a tecnologia) e patentes do tipo "me too" (sobre drogas que replicam a ação de uma outra) — bem como o grande emaranhado delas, no qual qualquer inovação provavelmente ficará presa nas reivindicações de PI de outras empresas — estejam desviando os escassos recursos para pesquisa de seus usos mais produtivos.

A Índia representa apenas 1% a 2%, aproximadamente, do mercado farmacêutico global. Contudo, há muito tempo esse país vem sendo um fator crítico nas batalhas pela expansão dos direitos globais de PI das empresas farmacêuticas, devido à sua dinâmica indústria de genéricos e sua disposição de contestar as reivindicações de patentes, tanto internamente quanto em jurisdições estrangeiras.

A revogação das patentes de remédios em 1972 expandiu significativamente o acesso a medicamentos essenciais e levou ao crescimento de uma indústria doméstica competitiva globalmente, a qual ficou conhecida como a "farmácia do mundo em desenvolvimento". Por exemplo, a produção de fármacos antirretrovirais por fabricantes indianos de genéricos, como a Cipla, reduziu o custo do tratamento de AIDS, que pode salvar vidas na África subsaariana a um custo de apenas 1% do existente há dez anos.

Uma boa parte dessa capacidade valiosa para o mundo inteiro foi desenvolvida sob um regime de proteção inexpressiva (na verdade, inexistente) às patentes farmacêuticas. No entanto, agora, a Índia se submeteu ao acordo TRIPS da Organização Mundial do Comércio e revisou suas leis de patentes, gerando uma ansiedade generalizada no mundo em desenvolvimento quanto às implicações no fornecimento global de remédios a preço acessível.

Na realidade, a decisão relacionada ao Glivec é apenas um pequeno revés para as empresas farmacêuticas ocidentais. Ao longo dos últimos vinte anos, os lobistas trabalharam para harmonizar e fortalecer um regime de PI muito mais estrito e aplicável globalmente. Consequentemente, agora há várias proteções sobrepostas para as empresas farmacêuticas, o que causa grande dificuldade de contestação por parte da maioria dos países em desenvolvimento. Geralmente, esse fato causa um conflito entre suas obrigações globais e suas obrigações internas no que se refere a proteger a vida e a saúde de seus cidadãos.

De acordo com a Suprema Corte da Índia, a lei de patentes do país, a que foi emendada, ainda dá mais importância aos objetivos sociais que a lei dos Estados Unidos e outros lugares: os padrões de ausência de obviedade e inovação para obter uma patente são mais rigorosos (particularmente no caso dos remédios) e não é permitida a "perenização" de patentes existentes — ou seja, o patenteamento referente a inovações incrementais sucessivas. Dessa forma, a corte reafirmou o compromisso primordial da Índia com a proteção da vida e saúde de seus cidadãos.

A decisão também destacou um aspecto importante: apesar de suas graves limitações, o acordo TRIPS tem, de fato, algumas salvaguardas (raramente utilizadas) que proporcionam aos países em desenvolvimento um certo grau de flexibilidade para limitar a proteção às patentes. Por isso, desde seu início, a indústria farmacêutica, os EUA e outros vêm promovendo um conjunto de padrões mais forte e amplo por meio de acordos complementares.

Esses acordos, por exemplo, limitariam a oposição às requisições de patentes, proibiriam as autoridades regulatórias nacionais de aprovar remédios genéricos enquanto as patentes estivessem em vigor, manteriam a exclusividade dos dados, atrasando a aprovação de remédios biogenéricos e exigiriam novas formas de proteção, como medidas contra a falsificação.

Há uma incoerência curiosa no argumento de que a decisão indiana destrói direitos de propriedade. Um dos fundamentos institucionais críticos para o bom funcionamento dos direitos de propriedade é um poder judiciário independente para exigir seu cumprimento. A Suprema Corte da Índia mostrou que é independente, interpreta fielmente a lei e não cede facilmente aos interesses corporativos globais. De pronto, cabe ao governo indiano usar as salvaguardas do acordo TRIPS para garantir que o regime de propriedade intelectual do país promova tanto a inovação quanto a saúde pública.

No mundo todo, reconhece-se cada vez mais a necessidade de um regime de PI mais equilibrado. Todavia, a indústria farmacêutica, tentando consolidar seus ganhos, vem promovendo um regime de PI sempre mais forte e desequilibrado. Os países que estão cogitando acordos como a Parceria Transpacífico ou acordos bilaterais de "parceria" com os Estados Unidos e a Europa devem estar cientes de que este é um dos objetivos ocultos. Aquilo que está sendo apresentado como "acordos de livre comércio" inclui provisões de PI que poderiam reprimir o acesso a remédios acessíveis, com um impacto potencialmente significativo sobre o crescimento econômico e o desenvolvimento.

Eliminar a Desigualdade Extrema: Uma Meta de Desenvolvimento Sustentável, 2015–2030[*]

Com *Michael Doyle*

NA CÚPULA DO MILÊNIO DA ONU, REALIZADA EM SETEMBRO DE 2000, os estados-membros das Nações Unidas tomaram uma medida drástica ao colocar as pessoas, e não os Estados, no centro da agenda da ONU. Na Declaração do Milênio,[1] os líderes mundiais reunidos desenvolveram um conjunto de metas extraordinariamente amplas, tratando da paz por meio do desenvolvimento, meio ambiente, direitos humanos, proteção aos vulneráveis, necessidades especiais da África e reformas institucionais da ONU. Foi particularmente influente a codificação dos objetivos da declaração relacionados ao desenvolvimento, estabelecidos em 2001 e atualmente conhecidos como os oito Objetivos de Desenvolvimento do Milênio (ODM), a serem alcançados até 2015:[2]

1. Erradicar a pobreza extrema e a fome.[3]

- Reduzir pela metade a proporção de pessoas que vive com menos de um dólar por dia e que sofrem com a fome.

2. Atingir o ensino básico universal.

- Garantir que todos os meninos e meninas concluam o ensino básico.

3. Promover a igualdade de gênero e empoderar as mulheres.

- Eliminar as disparidades de gênero no ensino básico e médio, preferivelmente até 2005, e em todos os níveis até 2015.

4. Reduzir a mortalidade infantil.

- Reduzir em 2/3 a taxa de mortalidade entre crianças com menos de cinco anos.

---

[*]*Ethics and International Affairs*, 20 de março 2014. Os autores contaram com o auxílio das pesquisas de Alicia Evangelades, Eamon Kircher-Allen e Laurence Wilse-Samson.

5. Melhorar a saúde materna.

- Reduzir em 3/4 a proporção de mulheres que morrem ao dar à luz.

6. Combater o HIV/AIDS, a malária e outras doenças.

- Deter e começar a reverter a disseminação do HIV/AIDS e a incidência da malária e outras doenças endêmicas.

7. Garantir a sustentabilidade ambiental.

- Integrar os princípios de desenvolvimento sustentável às políticas e programas dos países e reverter o desperdício de recursos ambientais.
- Até 2015, reduzir pela metade a proporção de pessoas que não têm acesso à água potável.
- Até 2020, melhorar significativamente a vida de, pelo menos, 100 milhões de pessoas que moram em favelas.

8. Desenvolver uma parceria global pelo desenvolvimento.

- Desenvolver ainda mais o livre comércio e um sistema financeiro que inclua o compromisso com a boa governança, desenvolvimento e redução da pobreza nacional e internacionalmente.
- Atender às necessidades especiais dos países menos desenvolvidos, dos países sem litoral e dos pequenos estados insulares em desenvolvimento.
- Lidar de forma abrangente com os problemas da dívida dos países em desenvolvimento.
- Desenvolver trabalhos decentes e produtivos para os jovens.
- Em cooperação com as empresas farmacêuticas, proporcionar o acesso a remédios essenciais a preços acessíveis nos países em desenvolvimento.
- Em cooperação com o setor privado, disponibilizar os benefícios das novas tecnologias — principalmente os da tecnologia da informação e de comunicações.

Nas palavras de Kofi Annan, secretário-geral da ONU, os ODM foram um esforço notável de coordenação internacional. Estabeleceram pontos em comum entre agências de desenvolvimento concorrentes, inspiraram a ação coordenada de organizações internacionais e governos nacionais e ofereceram uma oportunidade para que os cidadãos cobrassem dos governos o foco em "nós, o povo" que eles dizem representar. Em suma, transformaram a agenda dos líderes mundiais.[4]

O histórico dos ODM apresenta êxitos e fracassos, 14 anos depois. Alguns deles, como a redução em 50% da proporção de pessoas que vivem em situação de pobreza extrema, foram atingidos em âmbito global, mas nenhum deles foi atingido em todos os países. Outros, como o acesso universal à educação básica, provavelmente não serão atingidos até 2015.[5]

Entretanto, por mais que o cumprimento desses objetivos tivesse sido uma façanha impressionante, mesmo em conjunto, eles não representam uma visão completa nem abrangente do desenvolvimento humano. Limitaram-se ao que os estados-membros conseguiram pactuar em 2000 e, particularmente, careciam de uma visão de desenvolvimento *equitativo*.[6] Enquanto a comunidade internacional pensa no conjunto de metas que se seguirão aos ODM, é hora de corrigir essa falha, acrescentando aos oito originais o objetivo de "eliminar a desigualdade extrema".

Por que a Desigualdade é Relevante

Todo país tem uma economia política que lhe é peculiar e determina a extensão e os efeitos das desigualdades; cada nação requer uma avaliação em separado. As acentuadas diferenças na extensão e natureza da desigualdade em cada país demonstram que essa questão não é determinada apenas por forças econômicas; também é influenciada pela política e por políticas.

A meta não é a igualdade total. Algumas desigualdades econômicas podem conduzir ao crescimento econômico. O combate a certos tipos de desigualdade pode não valer a pena, por violar nossas preciosas liberdades. Embora o ponto preciso em que as desigualdades se tornam prejudiciais possa variar de um país para outro, assim que a desigualdade se torna extrema, efeitos negativos na área social, econômica e política ficam evidentes. Desigualdades extremas tendem a dificultar o crescimento econômico e minar a igualdade política e a estabilidade social. E, como as desigualdades têm efeitos cumulativos na economia, sociedade e política, cada um desses fatores exige atenção separada e coordenada. Trataremos primeiro dos argumentos econômicos para a redução das desigualdades extremas e, em seguida, abordaremos os argumentos políticos e sociais.

Argumentos Econômicos[7]

Economistas de perspectivas filosóficas amplamente diferentes concordam que as desigualdades de renda e ativos provocam efeitos econômicos prejudiciais. Desigualdades crescentes, com distribuições de renda desequilibradas, reduzem a demanda agregada (os ricos tendem a gastar uma proporção menor de sua renda, em comparação com os pobres) — e isso pode tornar o crescimento econômico mais lento. A tentativa das autoridades monetárias de compensar esses efeitos pode contribuir para a formação de bolhas de crédito, e essas bolhas, por sua vez, provocam instabilidade econômica. É por isso que a desigualdade frequentemente está associada à instabilidade econômica. Sob esse ponto de vista, não é de se admirar que a desigualdade tenha atingido níveis altos antes da Grande Recessão de 2008 e antes da Grande Depressão na década de 1930.[8] Pesquisas recentes do Fundo Monetário Internacional mostram que o alto nível de desigualdade está associado a ciclos de crescimento mais curtos.[9]

Boa parte da desigualdade observada no mundo todo está associada à caça à renda (por exemplo, o exercício do poder monopolista), e essa desigualdade claramente ataca a eficiência econômica. Contudo, talvez a pior dimensão da desigualdade seja a de oportunidade, que é causa e consequência da desigualdade de resultados e provoca ineficiência econômica e redução do desenvolvimento, já que um grande número de pessoas não tem condições de desenvolver seu potencial.[10] Países com alta desigualdade tendem a investir menos em bens públicos, como infraestrutura, tecnologia e educação, fatores que contribuem para o crescimento e a prosperidade econômica no longo prazo.

A redução da desigualdade, por outro lado, traz evidentes benefícios econômicos e sociais. Fortalece o senso de que a sociedade é justa; melhora a coesão e mobilidade social, aumentando a probabilidade de que mais cidadãos desenvolvam seu potencial, e amplia o apoio a iniciativas de crescimento. As políticas que buscam crescimento mas ignoram a desigualdade, podem ser, em última análise, contraproducentes, ao passo que as políticas que a diminuem — por exemplo, estimulando o emprego e a educação — provocam efeitos benéficos sobre o capital humano, cada vez mais necessário para as economias modernas.[11]

Argumentos Políticos e Sociais

As lacunas entre ricos e pobres são consequência, em parte, de forças econômicas; todavia, em igual ou maior medida, são o resultado de opções de políticas públicas, como tributação, nível do salário mínimo e montante de recursos investidos em assistência médica e educação. É por isso que países com circunstâncias econômicas similares, podem ter níveis muito diferentes de desigualdade. Essas desigualdades, por sua vez, afetam a elaboração de políticas, porque até mesmo os governantes eleitos democraticamente dão mais atenção aos pontos de vista dos eleitores abastados do que às opiniões de pessoas pobres.[12] Quanto mais se permite a influência desenfreada da riqueza no financiamento de campanhas, maior é a probabilidade de que a desigualdade econômica se traduza em desigualdade política.

Conforme já foi mencionado, desigualdades extremas desestabilizam não só a situação econômica, como também a ordem social e política. Não há, porém, medida pelo critério da criminalidade ou da violência civil, uma relação causal simples entre a desigualdade econômica e a estabilidade social. Nenhuma forma de violência se correlaciona aos índices de Gini nem aos coeficientes de Palma (a fatia da renda nacional bruta [RNB] que fica com os 10% mais ricos da população, dividida pela fatia da RNB que fica com os 40% mais pobres).[13] Entretanto, há relações substanciais entre a violência e as "desigualdades horizontais" que combinam estratificação econômica com raça, etnia, religião ou região. Quando os pobres são de uma raça, etnia, religião ou região e os ricos são de outra, frequentemente emerge uma dinâmica letal e desestabilizante.

Com base em 123 pesquisas nacionais realizadas nos países em desenvolvimento, um estudo documenta minuciosamente os efeitos das desigualdades de ativos entre etnias. No caso de um país típico, com valores médios em todas as variáveis relacionadas à violência, a probabilidade de conflito civil em um determinado ano é de 2,3%. Se o nível de desigualdade horizontal de ativos entre os grupos étnicos é elevado até o percentil 95º (e as outras variáveis permanecem em seus valores médios), a probabilidade de conflito sobe para 6,1% — um aumento maior que o dobro. Uma comparação semelhante, direcionada para as diferenças de renda entre grupos religiosos, apresenta um aumento de 2,9% para 7,2% — também mais que o dobro.[14] Outro estudo, baseado em métodos semelhantes, constatou que disparidades regionais de riqueza estão correlacionadas a um risco particularmente alto de eclosão de conflitos na África Subsaariana.[15]

Usando uma metodologia diferente, com enfoque em disparidades geográficas de renda vinculadas à diferenciação étnica — e não em pesquisas para medir desigualdades — outros autores confirmam os perigos dos níveis elevados de desigualdade horizontal. Concentrando-se no período pós-Guerra Fria (1991-2005), Lars-Erik Cederman, Nils Weidmann e Kristian Gleditsch dividem a soma total da produção econômica de uma determinada área de colonização étnica, pela população do grupo, obtendo medidas de produção econômica per capita específicas para o grupo étnico. Eles constataram que tanto os grupos étnicos relativamente mais pobres quanto os relativamente mais ricos apresentam maior probabilidade de guerra civil. Ao mostrar que há mais fatores atuando, além dos etnográficos, eles mostram que quanto mais rico (ou mais pobre) é o grupo etnográfico, maior é a probabilidade de que os grupos dos extremos travem uma guerra civil com outros grupos etnográficos.[16]

As Várias Dimensões da Desigualdade

Assim como as discussões sobre pobreza e redução da pobreza deixaram de visar apenas a *renda* para considerar várias outras dimensões de privação — como a saúde e o meio ambiente — ocorreu o mesmo no caso da desigualdade.[17] De fato, na maioria dos países, aparentemente as desigualdades de riqueza são maiores que as de renda. Principalmente em países que não têm um sistema adequado de saúde pública, um coeficiente de Palma que refletisse a condição de saúde apontaria, quase que certamente, desigualdades ainda maiores do que as indicadas por um coeficiente de Palma referente à renda. Esse mesmo coeficiente baseado em exposições a riscos ambientais provavelmente apresentaria tendência semelhante.

Uma das formas mais perniciosas de desigualdade é a desigualdade de oportunidade, refletida na falta de mobilidade econômica, condenando os nascidos na base da pirâmide econômica ao destino quase certo de permanecer lá. Alan Krueger, ex-presidente do Conselho de Assessores Econômicos dos EUA, apontou essa relação entre desigualdade e oportunidade.[18] A desigualdade de renda tende a estar associada à menor mobilidade econômica e a menos oportunidades ao longo de gerações. O fato de que os nascidos na base da pirâmide estão condenados a nunca desenvolver seu potencial reforça a correlação entre desigualdade e crescimento econômico mais lento no longo prazo.[19]

A relação existente entre essas dimensões de desigualdade sugere que o foco em uma dimensão de cada vez pode subestimar a verdadeira magnitude das desigualdades na sociedade e fornecer uma base inadequada para as políticas. Por exemplo, a desigualdade na saúde é causa e consequência da desigualdade de renda. As desigualdades na educação são um determinante primordial das desigualdades de renda e oportunidade. Por outro lado, como enfatizamos, quando há padrões sociais distintos dessas diversas desigualdades (por exemplo, padrões associados à raça ou etnia), as consequências para a sociedade (inclusive a instabilidade social) são agravadas.

Medição do Objetivo

Propomos o acréscimo do objetivo a seguir — pode-se chamá-lo de "Objetivo 9" — às revisões e atualizações dos oito originais: eliminar a desigualdade extrema em âmbito nacional em todos os países. Para esse objetivo, propomos as metas a seguir:

- Até 2030, reduzir as desigualdades extremas de renda em todos os países, de modo que a renda após os impostos dos 10% mais ricos não seja superior à renda pós-transferência dos 40% mais pobres.

- Até 2020, estabelecer uma comissão pública em cada país para avaliar e reportar os efeitos das desigualdades nacionais.

Há um crescente movimento em direção ao consenso de que o melhor indicador para essas metas seja o coeficiente de Palma, que observa de modo eficaz os extremos da desigualdade — a proporção entre as rendas na parte mais alta do topo da pirâmide e as rendas na base.[20] Em vários países de todas as partes do mundo, as mudanças nesses extremos são mais perceptíveis e abomináveis, enquanto a fatia de renda no meio da pirâmide está relativamente estável.[21] Todos os países devem se concentrar em suas desigualdades "extremas", ou seja, as que mais prejudicam o crescimento econômico equitativo e sustentável e minam a estabilidade social e política. Um coeficiente de Palma com valor 1 é um ideal que apenas alguns países atingiram. Por exemplo, países escandinavos com coeficientes de Palma de 1 ou menos[22] parecem não apresentar os problemas associados a desigualdades extremas. Na verdade, em alguns sentidos, esses países parecem se beneficiar de um "multiplicador de igualdade" positivo nos diversos aspectos de seu desenvolvimento socioeconômico, tornando-os eficientes e flexíveis e, ao mesmo tempo, equitativos e estáveis.[23]

Os países não diferem apenas na desigualdade, mas também na cultura, tolerância aos diversos tipos de desigualdade e capacidade de mudança social. Sendo assim, a meta mais importante é a segunda: um diálogo nacional, até 2020, sobre o que se deve fazer para atacar as desigualdades mais relevantes para cada país. Um diálogo desse tipo chamaria a atenção para as políticas de cada nação que exacerbam a desigualdade (por exemplo: deficiências no sistema educacional, no sistema jurídico ou no sistema de impostos e transferências de renda); as que simultaneamente distorcem a economia e contribuem para a instabilidade econômica, política e social e as que podem ser alteradas mais facilmente.[24]

O apoio à redução das desigualdades extremas é generalizado.[25] Em uma carta para o Dr. Homi Kharas — autor principal e secretário-executivo da secretaria que apoia o Painel de Alto Nível de Pessoas Eminentes na Agenda de Desenvolvimento Pós-2015 — 90 economistas, acadêmicos e especialistas em desenvolvimento solicitaram a priorização da redução da desigualdade na estrutura de desenvolvimento pós-2015 e sugeriram a medição da desigualdade por meio do coeficiente de Palma.[26] Eles afirmam — em consonância com nossa análise — que a desigualdade ameaça a erradicação da pobreza, o desenvolvimento sustentável, os processos democráticos e a coesão social.[27]

A consciência dos efeitos adversos da desigualdade já não está restrita aos acadêmicos e ativistas sociais. Em discurso proferido em julho de 2013, o presidente Barack Obama ressaltou o papel da desigualdade na formação de bolhas de crédito (como a que precipitou a Grande Recessão) e na privação de oportunidades, que, por sua vez, promove uma economia ineficiente, na qual os talentos de muitos não podem ser mobilizados para o bem de todos.[28] E o Papa Francisco, ao discursar na comunidade de Varginha, no Rio de Janeiro, por ocasião da Jornada Mundial da Juventude 2013, enfatizou a necessidade de mais solidariedade, mais justiça social e atenção especial às circunstâncias da juventude. E, também em harmonia com os estudos citados anteriormente, declarou que não é possível manter a paz em sociedades desiguais com comunidades marginalizadas.[29]

Há várias dimensões de desigualdade — sendo que algumas produzem efeitos mais nocivos — e muitas formas de medi-las. Entretanto, uma coisa é certa: não se pode obter um desenvolvimento sustentável ignorando disparidades extremas. É absolutamente necessário que o foco na desigualdade seja um dos pontos centrais da agenda pós-ODM.

Notas

1. *Resolução da Assembleia Geral* 55/2, "United Nations Millennium Declaration" Documento da ONU A/RES/55/2, 8 de setembro de 2000, http://www.pnud.org.br/Docs/declaracao_do_milenio.pdf.

2. Conforme anunciado no apêndice do "Roadmap Report," documento da ONU A/56/326 de 6 de setembro de 2001. Os estados-membros da ONU encarregaram o secretário-geral de preparar um "roteiro" para desenvolver e monitorar "resultados e referências" ("Follow-up to the Outcome of the Millennium Summit", Documento da ONU A/RES/55/162, 18 de dezembro de 2000). Para ver uma análise sobre as origens e a importância dos ODM, consulte Michael Doyle, "Dialectics of a Global Constitution: The Struggle over the UN Charter," *European Journal of International Relations* 18, nº4 (2012), pp. 601-24.

3. O indicador original era US$1 por dia, mas foi aumentado para US$1,25 para refletir a inflação.

4. Kofi Annan, com Nader Mousavizadeh, *Intervenções: Uma Vida de Guerra e Paz* (São Paulo: Companhia das Letras, 2013).

5. Nações Unidas, *The Millennium Development Goals Report 2013*, pp. 4-5. Para obter mais informações sobre a situação dos Objetivos de Desenvolvimento do Milênio, consulte o relatório completo de 2013: www.un.org/millenniumgoals/pdf/report-2013/mdg-report-2013-english.pdf (conteúdo em inglês).

6. Os objetivos originais não incluíam o acesso aos direitos reprodutivos, mas isso foi corrigido em 2005. Consulte *General Assembly* Resolution 60/1, "2005 World Summit Outcome", Documento da ONU A/RES/60/1, parágrafos 57(g) e 58(c): mdgs.un.org/unsd/mdg/Resources/Attach/Indicators/ares60_1_2005summit_eng.pdf (conteúdo em inglês). Esses objetivos também não incluíam os objetivos de governança que estão sendo levados em conta hoje. Consulte o Relatório do Painel de Alto Nível de Pessoas Eminentes na Agenda de Desenvolvimento Pós-2015, *A New*

Global Partnership: Eradicate Poverty and Transform Economies through Sustainable Development, Anexo II, p. 50: www.un.org/sg/management/pdf/HLP_P2015_Report.pdf (conteúdo em inglês).

7. Para ver uma discussão mais completa das consequências econômicas adversas da desigualdade, consulte Joseph Stiglitz, *O Preço da Desigualdade* (Portugal: Bertrand, 2013).

8. Ibid.

9. A. Berg, J. Ostry e J. Zettelmeyer, "What Makes Growth Sustained?" *Journal of Development Economics* 98, n°2 (2012). Para ver um tratamento mais teórico das relações entre desigualdade, instabilidade e desenvolvimento humano, consulte Stiglitz, "Macroeconomic Fluctuations, Inequality, and Human Development", *Journal of Human Development and Capabilities* 13, n° 1 (2012), pp. 31-58. Reimpresso em Deepak Nayyar, ed., *Macroeconomics and Human Development* (Londres: Routledge, Taylor & Francis Group, 2013).

10. William Easterly, "Inequality Does Cause Underdevelopment: Insights from a New Instrument". *Journal of Development Economics* 84, n°2 (2007). O Council on Foreign Relations relatou, neste ano, que há enormes defasagens no sucesso dos estudantes norte-americanos dependendo do contexto macroeconômico e constatou que, nos Estados Unidos, a riqueza dos pais exerce uma influência mais forte sobre o sucesso do que em praticamente qualquer outro país desenvolvido. Consulte Council on Foreign Relations, *Remedial Education: Federal Education Policy*, junho de 2013, www.cfr.org/united-states/remedial-education-federal-education-policy/p.30141 (conteúdo em inglês).

11. Easterly, *"Inequality Does Cause Underdevelopment"*

12. Larry Bartels, *Unequal Democracy* (Princeton, N.J.: Princeton University Press, 2008).

13. Seria preferível uma medida pós-impostos (depois do imposto de renda e todos os outros impostos) e pós-transferência (depois dos subsídios de moradia, assistência a crianças, seguridade social e outros), mas isso ainda não está disponível amplamente. Coeficientes de Palma não oficiais por país estão disponíveis mediante solicitação. Para solicitar esses dados não oficiais, entre em contato com Alicia Evangelides pelo e-mail ame2148@columbia.edu.

14. Gudrun Østby, "Inequalities, the Political Environment and Civil Conflict: Evidence from 55 Developing Countries" em Frances Stewart, ed., *Horizontal Inequalities and Conflict: Understanding Group Violence in Multiethnic Societies* (Basingstoke: Palgrave Macmillan, 2008), pp. 136-57, p. 149.

15. Gudrun Østby e Håvard Strand, "Horizontal Inequalities and Internal Conflict: The Impact of Regime Type and Political Leadership Regulation", em K. Kalu, U. O. Uzodike, D. Kraybill, e J. Moolakkattu, eds., *Territoriality, Citizenship, and Peacebuilding: Perspectives on Challenges to Peace in Africa* (Pietermaritzburg, África do Sul: Adonis & Abbey, 2013).

16. Lars-Erik Cederman, Nils B. Weidmann e Kristian Skrede Gleditsch, "Horizontal Inequalities and Ethnonationalist Civil War: A Global Comparison", *American Political Science Review* 105, n°3 (2011), pp. 487-89.

17. *Voices of the Poor*, o estudo clássico do Banco Mundial, destacou que os pobres sofrem não só com a falta de renda, mas também com a falta de segurança e de se fazer ouvir. Isso se refletiu posteriormente no Relatório de Desenvolvimento Mundial sobre a pobreza de 2000, com periodicidade decenal, apresentado pelo Banco Mundial. A Comissão Internacional de Medição do Desempenho Econômico e Bem-Estar Social (2010) enfatizou que as métricas de desempenho (incluindo a produção e a desigualdade) deveriam expandir-se além das medidas convencionais do PIB e/ou renda. A OCDE continuou com esse trabalho por meio da iniciativa Vida Melhor,

incluindo a construção do Índice Vida Melhor. Uma parte importante da agenda do Grupo de Especialistas de Alto Nível para a Medição do Desempenho Econômico e Bem-Estar Social, da OCDE, é a construção/avaliação de medidas alternativas de desigualdade.

18. Alan B. Krueger, "Land of Hope and Dreams: Rock and Roll, Economics, and Rebuilding the Middle Class" (comentários, Museu e Hall da Fama do Rock and Roll, Cleveland, Ohio, 12 de junho de 2013), www.whitehouse.gov/blog/2013/06/12/rock-and-roll-economics-and-rebuilding--middle-class#fulltext (conteúdo em inglês).

19. Miles Corak, "Income Inequality, Equality of Opportunity, and Intergenerational Mobility," *Journal of Economic Perspectives* 27, n° 3 (2013), pp. 79-102.

20. Alex Cobham e Andy Sumner, "Putting the Gini Back in the Bottle? 'The Palma' as a Policy--Relevant Measure of Inequality", King's College London,

15 de março de 2013, www.kcl.ac.uk/aboutkings/worldwide/initiatives/global/intdev/ people/ Sumner/Cobham-Sumner-15March2013.pdf (conteúdo em inglês).

21. Entretanto, isso não vale para todos os países. Nos Estados Unidos, por exemplo, houve uma redução da classe média, com a redução da faixa da população que tem entre, por exemplo, uma renda duas vezes e meia maior que a mediana, e uma fatia menor da renda que vai para esse grupo. Acredita-se há muito tempo que uma democracia estável depende de uma classe média próspera. Se isso é verdade, o declínio da classe média deveria receber uma atenção especial. (Para ver uma discussão mais completa sobre essas questões, consulte Stiglitz, *O Preço da Desigualdade*.) Parte dos diálogos nacionais sobre desigualdade que recomendamos abaixo enfatizaria a natureza da desigualdade que está surgindo em vários países.

22. José Gabriel Palma, "Homogenous Middles vs. Heterogeneous Tails, and the End of the 'Inverted-U': The Share of the Rich Is What It's All About", Cambridge Working Papers in Economics (CWPE) 1111, janeiro de 2011, www.econ.cam.ac.uk/dae/repec/cam/pdf/cwpe1111 (conteúdo em inglês).

23. Karl Ove Moene, "Scandinavian Equality: A Prime Example of Protection without Protectionism", em Joseph E. Stiglitz e Mary Kaldor, eds., *The Quest for Security: Protection without Protectionism and the Challenge of Global Governance* (Nova York: Columbia University Press, 2013), pp. 48-74.

24. Por exemplo, nos Estados Unidos, um diálogo desse tipo levaria em conta as desigualdades no acesso à educação e à saúde; uma lei de falências que prioriza os derivativos financeiros e dificulta a quitação de empréstimos estudantis, até mesmo em caso de falência pessoal; um sistema fiscal que taxa a renda dos ricos, derivada da especulação, com taxas muito inferiores às que incidem sobre a renda de salários; um salário mínimo que, ajustado em relação à inflação, não aumentou em meio século e um sistema de proteção social que é muito mais ineficaz para "corrigir" as desigualdades de renda do que os sistemas de outros países industrializados avançados. E analisaria até que ponto as desigualdades de renda são o resultado de diferenças de produtividade, as quais, por sua vez, são explicadas, em parte, por disparidades no acesso à educação de qualidade; até que ponto as disparidades de renda estão relacionadas à caça à renda e até que ponto são uma decorrência de heranças.

25. Alex Cobham e Andy Sumner, "Is It All About the Tails? The Palma Measure of Income Inequality", Center for Global Development, Documento de trabalho 343, setembro de 2013, www.cgdev.org/sites/default/files/it-all-about-tails-palma-measure-income-inequality.pdf (conteúdo em inglês).

26. Consulte a carta enviada ao Dr. Homi Kharas pelo Brookings Institution, assinada por 90 economistas, acadêmicos e especialistas em desenvolvimento que apoiam o uso do coeficiente de Palma como medida da desigualdade no site www.post2015hlp.org/wp-content/uploads/2013/03/Dr-Homi-Kharas.pdf (conteúdo em inglês).

27. Ibid.

28. Michael Shear e Peter Baker, "Obama Focuses on Economy, Vowing to Help Middle Class", New York Times, 24 de julho de 2013, www.nytimes.com/2013/07/25/us/politics/obama-to-restate-economic-vision-at-knox-college.html?_r=0 (conteúdo em inglês).

29. Papa Francisco, "Discurso completo durante visita à comunidade no Rio de Janeiro." 25 de julho de 2013, http://w2.vatican.va/content/francesco/pt/speeches/2013/july/documents/papa-francesco_20130725_gmg-comunita-varginha.html.

As Crises no Pós-Crise*

À sombra da crise do euro e do abismo fiscal nos Estados Unidos, é fácil ignorar os problemas de longo prazo da economia global. Mas enquanto nos debruçamos sobre questões imediatas, esses problemas continuam a se agravar. Ignorá-los só nos prejudica.

O mais grave deles é o aquecimento global. Embora o mau desempenho da economia global tenha causado uma correspondente desaceleração do *aumento* das emissões de carbono, isso é apenas uma pausa para respirar. Além disso, estamos muito atrasados: por causa de nossa lentidão em reagir à mudança climática, futuramente precisaremos de reduções drásticas nas emissões para atingir o limite estabelecido — o aumento de dois graus (centígrados) na temperatura global.

Alguns sugerem que, devido à desaceleração econômica, devemos deixar o aquecimento global em segundo plano. Pelo contrário — a reforma da economia global, tendo em vista o aquecimento, ajudaria a recuperar a demanda agregada e o crescimento.

Ao mesmo tempo, o ritmo do progresso tecnológico e da globalização exige mudanças estruturais rápidas, tanto nos países desenvolvidos quanto nas nações em desenvolvimento. Essas mudanças podem ser traumáticas, e os mercados, de modo geral, não lidam bem com elas.

Da mesma forma que a Grande Depressão, na década de 1930, foi causada, em parte, pelas dificuldades da transição de uma economia rural e agrária para uma sociedade urbana e manufatureira, os problemas de hoje são ocasionados, em parte, pela necessidade de passar da indústria para os serviços. É necessário abrir empresas, mas os mercados financeiros modernos são melhores na especu-

---

Project Syndicate, 7 de janeiro de 2013.

lação e na exploração do que no fornecimento de fundos para novas empresas, principalmente as pequenas e médias.

Ademais, a transição requer investimentos no capital humano que, frequentemente, as pessoas não têm condições de fazer. A assistência médica e a educação — dois setores em que o governo naturalmente desempenha um papel importante, devido a imperfeições nesses setores que são inerentes aos mercados e a questões de equitatividade — estão entre os serviços que os indivíduos desejam.

Antes da crise de 2008, falou-se muito nos desequilíbrios globais e na necessidade de que os países com *superavit* comercial, como a Alemanha e a China, aumentassem seu consumo. Esse problema não foi resolvido; na verdade, a omissão da Alemanha em relação ao problema de seu superavit externo crônico está relacionada à crise do euro. O superavit chinês, em termos de porcentagem do PIB, caiu, mas as implicações de longo prazo ainda não se manifestaram.

O deficit comercial global dos Estados Unidos não desaparecerá sem um aumento na poupança interna e uma mudança mais profunda nos arranjos monetários globais. Isso agravaria a desaceleração do país, e não há nenhuma dessas mudanças em vista. O aumento do consumo na China não implica, necessariamente, a compra de mais produtos norte-americanos. Na realidade, é mais provável que aumente o consumo de bens não comercializáveis — como saúde e educação — provocando profundas perturbações na cadeia de abastecimento global, principalmente em países que vinham fornecendo insumos para os industriais exportadores chineses.

Por fim, há uma crise mundial de desigualdade. O problema não está apenas na fatia maior do bolo econômico que fica com os mais ricos, mas também na falta de compartilhamento do bolo com as pessoas que ocupam o meio da pirâmide; além disso, ao mesmo tempo, a pobreza está aumentando em muitos países. Nos Estados Unidos, o mito da igualdade de oportunidades foi refutado.

Embora a Grande Recessão (a crise de 2008) tenha exacerbado essas tendências, elas já se manifestavam muito antes de seu início. De fato, eu (e outros) afirmo que a desigualdade crescente é um dos motivos da desaceleração econômica e, em parte, é consequência das mudanças estruturais profundas que estão ocorrendo na economia global.

Um sistema político-econômico que não favorece a maioria de seus cidadãos não é sustentável no longo prazo. No final, a fé na democracia e na economia de mercado será comprometida, e a legitimidade das instituições e dos arranjos existentes será questionada.

A boa notícia é que a lacuna entre os países emergentes e os avançados diminuiu significativamente nas últimas três décadas. Apesar disso, centenas de milhões de pessoas permanecem na pobreza, e houve apenas um pequeno progresso na redução daquela desigualdade.

Nos Estados Unidos, acordos comerciais injustos — inclusive a persistência de subsídios agrícolas, que reduzem os preços dos quais depende a receita de muitos dos mais pobres — influiu nisso. Os países desenvolvidos não cumpriram a promessa feita em Doha, em novembro de 2001, de criar um regime comercial pró-desenvolvimento, nem a promessa feita na cúpula do G-8 de 2005, em Gleneagles, de aumentar significativamente a assistência aos países mais pobres.

O mercado, por si só, não resolverá nenhum desses problemas. O aquecimento global é um problema de "bens públicos" por excelência. Para fazer as mudanças estruturais de que o mundo precisa, os governos devem assumir um papel mais ativo — em um momento em que a demanda por cortes está aumentando na Europa e nos Estados Unidos.

Em meio às dificuldades da crise atual, devemos nos perguntar se a forma como estamos reagindo exacerba os problemas em longo prazo. O caminho apontado pelos falcões do deficit e pelos defensores da austeridade não só enfraquece a economia atual, como também destrói as perspectivas futuras. A ironia é que, como a origem da debilidade global atual é a demanda agregada insuficiente, há uma alternativa: investir no futuro, de maneiras que nos ajudem a atacar simultaneamente os problemas do aquecimento global, desigualdade global e pobreza, e a necessidade de mudança estrutural.

A Desigualdade Não é Inevitável*

UMA TENDÊNCIA INSIDIOSA SE DESENVOLVEU DURANTE O ÚLTIMO TERço do século passado. Um país que viveu um crescimento compartilhado depois da II Guerra Mundial começou a se dividir, de tal forma que, quando a Grande Recessão o atingiu, no final de 2007, já não era possível ignorar as fissuras que passaram a definir o panorama econômico norte-americano. Como essa "cidade brilhante no alto da colina" (expressão constante em uma das parábolas de Jesus, muito popular entre os políticos norte-americanos) se tornou o país avançado com o nível mais alto de desigualdade?

Uma corrente da extraordinária discussão suscitada pelo importante e oportuno livro de Thomas Piketty, *O Capital no Século XXI*, defende a ideia de que os extremos violentos de riqueza e renda são inerentes ao capitalismo. De acordo com esse ponto de vista, as décadas seguintes à II Guerra Mundial — um período de declínio da desigualdade — devem ser consideradas como uma aberração.

A bem da verdade, essa é uma leitura superficial da obra do Sr. Piketty, que fornece um contexto institucional para entender o aprofundamento da desigualdade ao longo do tempo. Infelizmente, essa parte da análise do autor parece ter recebido menos atenção do que os aspectos aparentemente mais fatalistas.

Ao longo do último ano e meio, "O Grande Abismo", a série do *New York Times* da qual sou o moderador, também apresentou uma ampla variedade de exemplos que minam a ideia de que realmente existem leis fundamentais do capitalismo. Não é necessário aplicar a dinâmica do capitalismo imperial do século XIX às democracias do século XIX. Não precisamos de tamanha desigualdade nos Estados Unidos.

New York Times, 27 de junho de 2014.

Nosso modelo atual de capitalismo é um falso capitalismo. Para comprovar isso, volte à nossa reação à Grande Recessão, em que socializamos os prejuízos e privatizamos os lucros. Pelo menos teoricamente, a concorrência perfeita deveria reduzir os lucros a zero, mas temos monopólios e oligopólios que obtêm lucros persistentemente altos. Os CEOs têm rendas, em média, 295 vezes maiores que as do trabalhador típico, uma proporção muito mais alta do que era no passado, sem nenhum indício de aumento da produtividade.

Se não foram as leis inexoráveis da economia que levaram ao grande abismo nos Estados Unidos, qual foi a causa? Resposta objetiva: as políticas e a política. As pessoas se cansam de ouvir histórias de sucesso da Escandinávia, mas a verdade é que Suécia, Finlândia e Noruega tiveram um crescimento da renda per capita praticamente à mesma velocidade que o crescimento norte-americano — ou até mesmo um crescimento mais rápido — com uma desigualdade muito menor.

Sendo assim, por que os Estados Unidos escolheram essas políticas que promovem a desigualdade? Parte da resposta é que, à medida que a II Guerra Mundial foi se tornando uma lembrança distante, a solidariedade dos tempos de guerra tomou o mesmo caminho. Com o triunfo norte-americano na Guerra Fria, não parecia haver um concorrente viável para nosso modelo econômico. Sem essa concorrência internacional, já não precisávamos mostrar que nosso sistema poderia favorecer a maioria dos cidadãos.

A ideologia e os interesses constituíram uma combinação nefasta. Alguns aprenderam a lição errada com o colapso da União Soviética. O pêndulo oscilou de governo demais lá, para governo de menos aqui. Os interesses corporativos defenderam o fim das regulamentações, apesar de toda sua contribuição para a proteção e melhoria do meio ambiente, da saúde, da segurança e da própria economia.

Entretanto, essa ideologia não passa de hipocrisia. Os banqueiros, que estão entre os maiores defensores da economia do *laissez-faire*, aceitaram de muito bom grado centenas de bilhões de dólares do governo nos socorros financeiros que se tornaram recorrentes em nossa economia desde o início da era de mercados "livres" e desregulamentação, capitaneada por Reagan e Thatcher.

O sistema político norte-americano está contaminado pelo dinheiro. A desigualdade econômica se traduz em desigualdade política, e a desigualdade política gera uma desigualdade econômica crescente. De fato, como ele mesmo reconhece, o argumento do Sr. Piketty se baseia na capacidade dos detentores da riqueza de manter uma taxa de retorno pós-impostos alta em relação ao crescimento econômico. Como eles fazem isso? Fazem isso determinando as regras do jogo para garantir esse resultado — ou seja, por meio da política.

Sendo assim, a assistência governamental corporativa aumenta ao mesmo tempo em que cortamos a assistência aos pobres. O Congresso mantém subsídios para fazendeiros ricos e, simultaneamente, realizamos cortes no apoio nutricional para os carentes. As empresas farmacêuticas receberam centenas de bilhões de dólares e, em paralelo, limitamos os benefícios do Medicaid. Os bancos que causaram a crise financeira global receberam milhões, ao passo que os donos de casa própria e vítimas das práticas de empréstimos predatórios desses mesmos bancos receberam uma ninharia. Essa última decisão foi uma grande tolice. Havia alternativas que não incluíam dar dinheiro para os bancos na esperança de que ele circulasse por meio do aumento do volume de empréstimos. Poderíamos ter ajudado diretamente os proprietários de residências cuja dívida superava o valor do imóvel e as vítimas do comportamento predatório. Isso teria não só ajudado a economia, mas também nos teria colocado no rumo de uma recuperação robusta.

NOSSAS DIVISÕES SÃO PROFUNDAS. A segregação econômica e geográfica imunizou os ocupantes do topo da pirâmide contra os problemas daqueles que estão abaixo. Como os reis de outrora, consideram que seus privilégios são um direito natural. Essa é a única explicação para os comentários recentes de Tom Perkins, investidor de capital de risco, que sugeriu que a crítica ao 1% era semelhante ao nazifascismo, e os de Stephen A. Schwarzman, um titã das empresas de *"private equity"* (veja na Parte I, "Pensar Grande", tópico "O Falso Capitalismo"), que comparou a invasão da Polônia pelos nazistas com a ideia de que financistas devem pagar impostos com a mesma taxa que incide sobre o dinheiro das pessoas que ganham a vida trabalhando.

Nossa economia, democracia e sociedade pagaram por essas grandes injustiças. O verdadeiro teste de uma economia não é a quantia que seus príncipes conseguem acumular em paraísos fiscais, mas a situação do cidadão típico — ainda mais nos Estados Unidos, onde nossa autoimagem está arraigada na ideia de que somos a grande sociedade de classe média. No entanto, a mediana das rendas são mais baixas do que eram há 25 anos. O crescimento foi desviado para os ocupantes da parte mais alta do topo da pirâmide, cuja fatia quadruplicou desde 1980. O dinheiro que deveria ter "gotejado" (em inglês, *trickled down*, uma referência direta à chamada "Teoria do Trickle-Down") evaporou sob o sol das Ilhas Cayman.

Com quase 1/4 das crianças norte-americanas com menos de cinco anos vivendo na pobreza, e com o país pouco fazendo pelos pobres, as privações de uma geração são transmitidas para a seguinte. Evidentemente, nenhum país sequer chegou perto da igualdade total. Porém, por que os Estados Unidos são um dos países desenvolvidos em que as perspectivas de vida dos jovens são mais influenciadas pela renda e nível de instrução de seus pais?

As histórias que retratam as frustrações de jovens que anseiam ascender à nossa classe média cada vez menor estão entre as mais pungentes da série "O Grande Abismo". Mensalidades em alta e rendas em declínio aumentaram o peso das dívidas. As pessoas que concluíram apenas o ensino médio tiveram uma queda de 13% na renda ao longo dos últimos 35 anos.

No que concerne à justiça, também há um grande abismo. Aos olhos do resto do mundo e de uma parte de sua população, o encarceramento em massa é a definição dos Estados Unidos — um país, nunca é demais repetir, que abriga 5% da população mundial, mas tem cerca de 1/4 dos presidiários do mundo.

A justiça tornou-se uma mercadoria ao alcance de poucos. Enquanto alguns executivos de Wall Street empregaram seus executivos de altos honorários para garantir que sua classe não fosse responsabilizada pelos ilícitos que a crise de 2008 revelou de modo tão explícito, os bancos se aproveitaram de nosso sistema jurídico para executar hipotecas e despejar pessoas, inclusive algumas que não deviam dinheiro algum.

Há mais de 50 anos, os Estados Unidos lideraram a defesa da Declaração Universal dos Direitos Humanos, adotada pelas Nações Unidas em 1948. Hoje, o acesso à saúde faz parte dos direitos mais universalmente aceitos, pelo menos nos países avançados. Apesar da implementação da Lei de Saúde Acessível, os Estados Unidos são a exceção. Tornaram-se um país com grandes abismos no acesso à assistência médica, na expectativa de vida e na questão da saúde.

Em meio ao alívio que muitos sentiram quando a Suprema Corte não revogou a Lei de Saúde Acessível, as implicações da decisão referente ao Medicaid não foram analisadas em sua totalidade. O objetivo do Obamacare — garantir o acesso à saúde para todos os norte-americanos — não foi alcançado: 24 estados não implementaram o programa expandido do Medicaid, o meio pelo qual o Obamacare deveria cumprir a sua promessa em relação aos mais carentes.

Precisamos não só de uma guerra contra a pobreza, mas também de uma guerra para proteger a classe média. As soluções desses problemas não precisam ser ultramodernas. Longe disso. Fazer com que os mercados ajam como mercados seria um bom ponto de partida. Devemos acabar com a sociedade de caça à renda para a qual estamos caminhando, em que os ricos obtêm lucros manipulando o sistema.

O problema da desigualdade não é propriamente uma questão de técnica econômica, mas de prática política. Garantir que os ocupantes do topo da pirâmide paguem um valor justo em impostos — acabando com os privilégios dos especuladores, das corporações e dos ricos — é pragmático e justo. Reverter a política da ganância não é adotar a política da inveja. A desigualdade não é só uma questão de taxa marginal máxima do imposto, mas também uma questão do acesso de nossas crianças a alimentos e ao direito de justiça para todos. Se gastássemos mais em educação, saúde e infraestrutura, fortaleceríamos a economia agora e no futuro. O fato de já ter ouvido isso antes não significa que não deveríamos tentar novamente.

Localizamos a origem subjacente do problema: desigualdades no âmbito político e políticas que mercantilizaram e corromperam nossa democracia. Somente cidadãos engajados podem lutar por um país mais justo, e eles só poderão combater se entenderem a profundidade e as dimensões do desafio. Não é tarde demais para recuperar nossa posição no mundo e resgatar nosso senso de identidade nacional. A desigualdade cada vez mais ampla e profunda não é consequência de leis econômicas imutáveis, mas de leis que nós mesmos escrevemos.

PARTE VII

PERSPECTIVAS REGIONAIS

A DESIGUALDADE TORNOU-SE UMA QUESTÃO INTERNACIONAL. HÁ UM padrão aqui: os países que seguiram o modelo econômico dos EUA, inclusive a acentuada financeirização da economia, percorreram caminhos semelhantes. Sendo assim, não causa espanto que o Reino Unido, seguidor mais fiel do modelo norte-americano (havia muitas semelhanças entre as políticas e a ideologia da primeira-ministra Thatcher e as do presidente Reagan), tenha o segundo maior nível de desigualdade entre os países avançados, superado apenas pelos Estados Unidos. Os países pagam um alto preço por essa desigualdade; o que está em jogo não é apenas a desigualdade de rendas, mas também a desigualdade de oportunidades.

Nos últimos 25 anos, tive a sorte de poder viajar pelo mundo e conversar com governos, estudantes, colegas economistas, grupos de trabalhadores, organizações da sociedade civil e empresários. Interessei-me particularmente pelas diversas formas de interação entre economia e política em diferentes países: como alguns deles conseguiram chegar a sociedades mais igualitárias e com oportunidades mais proporcionais.

Os artigos desta seção apresentam esses diversos desenvolvimentos ao redor do planeta. Começo com "O Milagre das Ilhas Maurício". É impossível prever quando um artigo terá ressonância, mas este teve. As pequenas Ilhas Maurício, localizadas no oceano Índico, a leste da África, são consideradas há muito tempo como um dos verdadeiros cases de sucesso do desenvolvimento. Sua economia cresceu rapidamente. Um dos objetivos da minha visita foi entender melhor o motivo disso. A resposta, nada surpreendente, dada pelo presidente — que havia sido primeiro-ministro nos primórdios do rápido crescimento do país — foi que as Ilhas Maurício sofreram grande influência do modelo de desenvolvimento do

Leste Asiático, em que o Estado desempenhou um papel central na promoção do desenvolvimento (dando origem ao termo "estado desenvolvimentista").[1]

Mas o que me deixou particularmente intrigado em relação às Ilhas Maurício foi que, a despeito de ser relativamente pobre, conseguiu fornecer assistência médica e ensino superior gratuitamente a todos os cidadãos — algo que, por outro lado, os Estados Unidos alegam não ter condições financeiras de fazer. Essas ilhas fornecem até transporte gratuito para jovens e idosos — para aqueles, porque são o futuro da nação; para estes, em retribuição ao que fizeram pela sociedade. Meu ponto é muito simples: *nós poderíamos ter* condições financeiras de prestar esses serviços para todos os norte-americanos. Os investimentos em nossos jovens fortaleceriam a nação. A maioria dos países considera o acesso à assistência médica básica como um direito humano primordial. Não pensamos dessa forma por uma questão de escolha, que reflete nossas prioridades — estabelecidas por um processo político em que os interesses e pontos de vista dos ocupantes do topo da pirâmide têm um peso desproporcional.

Os acontecimentos relacionados à recente crise financeira deixaram isso mais claro do que nunca. Logo antes deles, o presidente Bush havia vetado um projeto de lei que fornecia assistência médica para crianças pobres, *alegando que não tínhamos condições financeiras de arcar com esse compromisso*. Entretanto, de repente, encontramos US$700 bilhões para socorrer os bancos — e mais de US$150 bilhões para resgatar uma empresa que saíra dos trilhos. Tínhamos dinheiro para fornecer uma rede de segurança para os ricos, mas não para os pobres. O argumento foi que, ao fazer isso, a economia seria salva e todos seriam beneficiados. Evidentemente, isso não era nada mais do que uma versão nua e crua da economia de fomento indireto ("trickled-down", veja na Introdução, o tópico "Prelúdio"). A realidade foi bem diferente — os ocupantes do topo da pirâmide se deram muito bem, ao passo que o norte-americano médio ficou em uma situação pior do que a de 25 anos atrás.

A experiência das Ilhas Maurício mostra que, pelo contrário, investir em pessoas vale a pena.

Conforme afirmei anteriormente, o Leste Asiático é a região do mundo mais bem-sucedida em termos de desenvolvimento — as rendas per capita chegaram a octuplicar em 30 anos. De fato, antes disso, ninguém — nem mesmo o mais otimista dos economistas — acreditava que um crescimento tão rápido fosse viável. Portanto, não é de se admirar que o ocorrido nesses países seja objeto de intenso estudo. Uma obviedade é que esses países não seguiram o modelo fundamentalista de mercado; os mercados tiveram um papel crucial para o sucesso deles, mas eram gerenciados para beneficiar a sociedade como um todo, não um punhado de acionistas ou gestores; era uma economia de mercado em que o governo desempenhava o papel de regente da orquestra. O governo catalisou o crescimento, investindo pesadamente em tecnologia, educação e infraestrutura.

Uma característica central da maioria desses países era a prosperidade compartilhada — a desigualdade, conforme a medição convencional, era baixa; houve um alto investimento na educação feminina. Eles criaram a sociedade de classe média que os Estados Unidos pensavam que eram, e foram, nos anos que se seguiram à II Guerra Mundial.

Cingapura, um pequeno estado insular, que hoje tem uma população de cerca de 5,5 milhões de pessoas, foi um dos países do Leste Asiático de maior sucesso, *economicamente* falando. Quando foi excluído daquilo que constituía a Malásia, em 1969, era um país de pobreza desesperadora, com uma taxa de desemprego de 25%. É notório o fato de que seu líder, o primeiro-ministro Lee Kuan Yew, chorou em um programa de televisão ao pensar nas perspectivas sombrias do país. Contudo, o estado desenvolvimentista fez bem a Cingapura, tanto que a renda per capita atual supera os US$55.000 e ocupa o nono lugar entre os países de mais alta renda no mundo. E (sem contar os ricos que se mudaram para Cingapura pelo simples fato de o país ser considerado por muitos como um porto seguro em uma área turbulenta do mundo) tem um nível de desigualdade relativamente baixo.

Houve reações fortes aos artigos sobre Cingapura e Ilhas Maurício. Evidentemente, muitos norte-americanos não apreciam as críticas ao país. A ideia de que, *em algumas áreas*, outras nações estavam se saindo melhor (ainda mais com seus limitados recursos) do que os Estados Unidos era um anátema. No caso de Cingapura, houve outro problema. As deficiências em sua democracia são ressaltadas há muito tempo, e meu artigo faz observações minuciosas sobre elas. No entanto, cada vez mais, pessoas de outros países tecem comentários sobre as deficiências na nossa democracia, que se deixa influenciar pelo poder do dinheiro.

Os dois artigos subsequentes tratam do Japão. Seu milagre econômico estava terminando justamente na época em que eu estudava o milagre do Leste Asiático, no final da década de 1980 e início dos anos 1990.[2] O país vive uma quase estagnação há mais de um quarto de século — fenômeno conhecido como o mal-estar japonês. Porém, de alguma forma, apesar dos tempos difíceis, o país conseguiu manter um nível de desemprego baixo (tipicamente, cerca de 5%, metade do pico atingido nos Estados Unidos na crise). Havia menos desigualdade e uma rede de segurança muito melhor que a norte-americana (inclusive em termos de assistência médica). Por isso, tem-se a sensação de que houve muito menos sofrimento. Apesar disso, o artigo "O Japão Deve Ficar Alerta" aponta os perigos da desigualdade crescente.[3] Houve grandes mudanças na economia japonesa nos últimos 25 anos, e o Japão vem sendo pressionado a realizar algumas das "reformas de mercado" que contribuíram para o aumento da desigualdade em outros países. Há sinais de um aumento preocupante da desigualdade — e a situação pode piorar.

Apesar disso, considerando todos os fatores, acredito que "O Japão É um Modelo, Não uma Advertência". A imagem do crescimento inexpressivo do Japão é distorcida pelo declínio de sua força de trabalho (população em idade ativa). Levando-se isso em conta, nos últimos 10 anos, aproximadamente, o Japão vem percorrendo um caminho rumo ao topo — por incrível que pareça, considerando as críticas de que é objeto. E mais do que isso: conforme mencionei anteriormente, até agora o país vem conseguindo um crescimento mais inclusivo que o norte-americano.

Esse artigo foi escrito pouco depois que Shinzo Abe assumiu o cargo de primeiro-ministro. Fui a Tóquio duas vezes nos primeiros meses de seu governo, para tratar, com ele e seus assessores, das políticas daquilo que ficou conhecido como Abenomics. Fiquei impressionado ao ver como eles reconheciam que não podiam depender da política monetária; também era preciso estimular a economia com a política fiscal (gastos e/ou cortes de impostos) e políticas estruturais pró-crescimento. Essas foram as três flechas da Abenomics. A política monetária (sob o comando de meu bom amigo Haruhiko Kuroda) foi extraordinariamente bem-sucedida. A política fiscal, infelizmente, oscilou. Após as políticas expansionistas iniciais, houve um aumento de impostos que teve o efeito previsto: o crescimento saiu dos trilhos. Outras políticas poderiam ter funcionado muito melhor — um imposto sobre a emissão de gases com efeito estufa teria levantado dinheiro e estimulado as empresas a investir na economia de energia — o que, na verdade ajudaria a macroeconomia. Porém, aparentemente, a política não permitiu isso.

A implementação das políticas estruturais foi muito mais lenta. Talvez algumas fossem mais simbólicas do que reais (embora talvez pudessem produzir efeitos reais em certos setores). Por exemplo, o primeiro-ministro Abe propôs participar nas discussões sobre a criação da Parceria Transpacífico, um acordo comercial, promovido pelos Estados Unidos, entre vários países da Orla do Pacífico. Supostamente, um dos motivos disso foi a esperança de que a parceria facilitasse a reestruturação do setor agrícola japonês, altamente subsidiado. A ironia, evidentemente, é que os próprios Estados Unidos subsidiam pesadamente o setor agrícola japonês — de fato, se não fosse pelo subsídio, como alguém poderia cultivar arroz em um local que, em outras circunstâncias, seria um deserto? Entretanto, mesmo se ele conseguisse reestruturar a agricultura, o setor é tão pequeno que o impacto na economia seria mínimo.

O interessante é que uma das reformas estruturais mais promissoras é a que promoveria, simultaneamente, a igualdade. Mencionamos anteriormente o declínio da força de trabalho do país, causada por uma redução populacional aliada a uma resistência à imigração. Abe propôs o emprego de uma parte importante da força de trabalho que vem sendo subutilizada há muito tempo — as mulheres japonesas, altamente instruídas.

Os dois artigos seguintes tratam da China. Eu me envolvi ativamente no desenvolvimento da China desde os primeiros momentos de sua transição do comunismo para uma economia de mercado. Minha primeira visita longa ao país foi em 1981. Minha segunda visita mais extensa ocorreu durante um projeto de pesquisa sobre o Milagre do Leste Asiático. A partir de meados da década de 1990, tive a oportunidade de ir à China pelo menos uma vez por ano, reunindo-me a cada vez com o premiê e outras pessoas do alto escalão, primeiramente como membro do governo dos EUA, depois como economista-chefe do Banco Mundial e, posteriormente, como participante no Fórum de Desenvolvimento da China, de periodicidade anual, um evento em que, frequentemente, fui instado a refletir sobre as novas estratégias econômicas à medida que elas se desenvolviam.

O artigo "O Roteiro Chinês" foi escrito em 2006, logo após o início do 11º plano quinquenal. (A cada cinco anos, a China formula um "roteiro" que orientará o período futuro.) Como eu menciono no artigo, para esse plano era fundamental criar uma sociedade harmoniosa — procurando *evitar* os abismos que vieram a caracterizar a sociedade norte-americana. No caso da China, a preocupação não é apenas com a divisão entre ricos e pobres, mas também a existente entre as áreas urbanas e rurais, e entre as zonas costeiras — onde se iniciou a transição do país para uma economia de mercado — e as regiões interioranas.

"China: Reformando o Equilíbrio Estado/Mercado" foi escrito cerca de oito anos depois, quando um novo governo havia recém-começado a formular a estratégia econômica que guiaria o país durante a década vindoura. A China teve êxitos e fracassos ao garantir que sua prosperidade crescente fosse compartilhada de forma ampla por seus cidadãos. O país conseguiu tirar cerca de 500 milhões de pessoas da pobreza — o programa antipobreza mais bem-sucedido do mundo, em *todos os tempos*. Na ocasião em que escrevi esse artigo, o nível de desigualdade, segundo a métrica padrão (o coeficiente de Gini), era comparável ao dos Estados Unidos. De certa forma, isso foi impressionante: 30 anos antes, o país era relativamente igualitário. Os Estados Unidos levaram muito tempo para atingir o mesmo nível de desigualdade que a China atingiu em 30 anos!

É importante entender a diferença entre países desenvolvidos e países em desenvolvimento. Nos estágios iniciais do desenvolvimento, algumas partes do país começam a crescer mais que as outras. Quase sempre, o desenvolvimento é uma questão de industrialização e urbanização: já que as rendas urbanas são muito mais altas que as das áreas rurais, no início a desigualdade cresce. Conforme o setor rural vai perdendo importância, a desigualdade diminui. Esse é um dos motivos pelos quais Simon Kuznets havia previsto que os aumentos de desigualdade nos estágios iniciais do desenvolvimento, que ocorrem amplamente, seriam revertidos. Até o momento, a China não é exceção nesse aspecto. Os Estados Unidos, e cada vez mais outros países, são. A diminuição da desigualdade, de fato, caracterizou os Estados Unidos nos primeiros 3/4 do último século, mas, a partir da era Reagan a situação se inverteu.

Minha mensagem para a China nesse artigo foi uma recomendação de cautela, principalmente em relação à visão de seus líderes quanto à transição contínua para uma economia de mercado. De fato, em muitos casos, essa transição seria bem-vinda. Entretanto, muitos dos problemas urgentes de sua economia — inclusive a desigualdade e a poluição — foram, em grande medida, obra do setor privado, e a reversão das tendências preocupantes exigiria políticas ativas do governo.

Em minhas viagens pelo mundo, de vez em quando vivo experiências totalmente inesperadas, esperançosas e inspiradoras. Visitar as Ilhas Maurício foi uma experiência desse tipo. Uma visita a Medellín, na Colômbia, em abril de 2014, também. Estive lá para participar de uma reunião do Fórum Urbano Mundial, um evento que ocorre de três em três anos. Essa reunião foi a maior de todas — com cerca de 22 mil pessoas, das quais cerca de 7 mil ouviram meu discurso com entusiasmo. Em "Medellín: Uma luz para as Cidades", descrevo a transformação da cidade, que antes era notória pelas quadrilhas de traficantes. O combate à desigualdade foi um elemento central de seu êxito. Embora a parte mais dura da luta por uma sociedade mais justa e igualitária — na qual a prosperidade é compartilhada e todos podem viver com dignidade — tenha de ocorrer em âmbito nacional, Medellín mostra que é possível fazer muitas coisas localmente, porque vários serviços essenciais, vitais para todos os habitantes, são localizados — moradia, educação, transporte e espaços públicos (como parques). Esta é uma mensagem importante para os Estados Unidos, onde a paralisia política faz com que o progresso em termos nacionais seja mínimo; de fato, há a preocupação de que a política federal provoque um aumento da desigualdade nos anos futuros. Portanto, o progresso nessas questões, se houver, terá de ocorrer no nível local.

As batalhas entre aqueles que procuram criar uma sociedade mais igualitária e os opositores dessas mudanças estão sendo travadas no mundo inteiro. Eu me envolvo frequentemente nesses conflitos, até mesmo em meus ciclos de palestras mais acadêmicas. Isso ocorreu durante minhas visitas à Austrália em 2011 e 2014. O artigo "Ilusões Norte-Americanas na Austrália" foi escrito depois que voltei de lá, no início de julho de 2014.[4] Tony Abbott havia assumido o cargo de primeiro-ministro em setembro do ano anterior e estava determinado a reverter as políticas implementadas por seus antecessores, de enorme sucesso para o país — a ponto de sua renda per capita chegar a US$67.000 (entre as mais altas do mundo, e bem acima da norte-americana). Essas políticas proporcionaram uma prosperidade mais compartilhada: um salário mínimo que era o dobro do norte-americano, com um índice de desemprego (na época) muito mais baixo, uma dívida nacional menor que a dos Estados Unidos, uma forma de financiamento do ensino superior que dava oportunidade para todos (empréstimos cujos pagamentos eram ajustados de acordo com a renda de cada um) e um sistema de assistência médica que propiciava maior expectativa de vida e melhor assistência médica, a um custo menor que nos Estados Unidos. A despeito desses êxitos, Abbott procurou fazer com que a Austrália seguisse o modelo norte-americano — um exemplo de ideologia cega que domina tudo o mais.

Naquele mesmo ano, me envolvi no debate sobre a independência da Escócia. Havia participado (com Sir James Mirrlees, bom amigo e também ganhador do prêmio Nobel) de um conselho consultivo do governo escocês. A Escócia vinha implementando ideias sobre uma melhor medição do desempenho econômico defendidas por mim. Presidi a Comissão Internacional de Medição do Desempenho Econômico e Progresso Social, e concordamos unanimemente que o PIB era uma medida inadequada — e, às vezes, enganosa — do desempenho econômico.[5] Eu estava entusiasmado com os países interessados em implementar nossas ideias, e a Escócia era um deles. Havia outras ideias inovadoras, como políticas voltadas para o meio ambiente e políticas industriais ativas para gerar empregos e promover a inovação.

Em setembro de 2014, houve o plebiscito sobre a independência da Escócia. Os opositores apelaram para uma campanha de medo, retratando os efeitos desastrosos que poderiam ocorrer com a independência. Embora eu estivesse preocupado com a crescente fragmentação nacional do mundo, não me deixei convencer pelo medo e fiquei impressionado com o tom adotado pelos partidários da independência — um tom positivo, voltado para as possibilidades que poderiam se abrir, muito diferente do nacionalismo provinciano que caracteriza muitos movimentos semelhantes. Esse pequeno país é o berço do Iluminismo, o movimento intelectual ao qual devemos muito, não só pelos valores democráticos, mas também pelos avanços na ciência e tecnologia que ocasionou. Para os fins deste livro, o mais importante é que a Inglaterra seguia o modelo norte-americano — com o consequente aumento da desigualdade, conforme o esperado — ao passo que a Escócia pretendia seguir o modelo escandinavo, mais igualitário nas oportunidades. O artigo "A Independência Escocesa" foi publicado na Escócia dias antes da votação.

Os independentistas foram derrotados nas urnas, embora 45% dos eleitores, em uma votação com alto índice de participação, tenham optado pelo fim da união de 300 anos. Interessante notar que, após o fechamento das urnas, alastrou-se uma onda de apoio ao Partido pela Independência da Escócia e, com a maior delegação de poderes que foi prometida, era quase certo que a Escócia fosse adotar políticas promotoras de igualdade.

Enquanto a Escócia desperta otimismo em um mundo cada vez mais desigual, a Espanha, país que frequentemente visito, faz exatamente o contrário. Dentre os protestos que marcaram a primavera de 2011, as manifestações na Espanha foram particularmente grandes — fato compreensível, considerando as dificuldades enfrentadas. Falei aos jovens manifestantes no Parque do Retiro, em Madri. Concordei com eles quanto ao fato de que há algo errado em nossos sistemas político-econômicos: tínhamos pessoas desempregadas e sem teto, em um mundo em que havia várias necessidades não supridas e casas vazias; enquanto os cidadãos comuns sofriam, os causadores da crise — os banqueiros e seus comparsas — viviam muito bem, obrigado.

O artigo "A Depressão Espanhola" foi escrito como prefácio para a edição espanhola de *O Preço da Desigualdade*. A Espanha foi um dos países que conseguiram, de fato, reduzir a desigualdade nos anos anteriores à Grande Recessão — exatamente o contrário da tendência observada nos Estados Unidos. Entretanto, todo aquele progresso estava se perdendo na Grande Recessão. Não obstante a maioria dos europeus — e principalmente seus líderes políticos — hesitem dizer que o que está ocorrendo na Espanha é uma depressão, essa é a realidade: há uma enorme queda nas rendas e o país convive com uma taxa de desemprego entre os jovens superior a 50%. Neste livro, afirmo que os problemas estão estreitamente relacionados à estrutura da Zona do Euro e às políticas de austeridade impostas ao país — e não propriamente às políticas ou à estrutura econômica da Espanha.

Notas

1. No final da década de 1980 e início dos anos 1990, realizei amplos estudos, em nome do Banco Mundial, sobre os motivos do sucesso do Leste Asiático. Esse trabalho foi publicado posteriormente como *The East Asian Miracle: Economic Growth and Public Policy* (Washington, capital: Banco Mundial, 1993) e como um artigo mais curto para uma revista científica, "Some Lessons from the East Asian Miracle", *World Bank Research Observer* 11, n° 2 (agosto de 1996): 151-77.

2. Consulte J. E. Stiglitz, "Some Lessons from the East Asian Miracle", *World Rank Research Observer* 11, n° 2 (agosto de 1996): 151-77; J. E. Stiglitz e M. Uy, "Financial Markets, Public Policy, and the East Asian Miracle" ibid., 249-76; e World Bank, *The East Asian Miracle: Economic Growth and Public Policy* (Washington, DC: Banco Mundial, 1993).

3. Reimpresso a partir da introdução à edição japonesa de *O Preço da Desigualdade*.

4. Também escrevi um artigo, "Australia, You Don't Know How Good You've Got It" para o the *Sydney Morning Herald*, publicado em setembro de 2013.

5. O relatório da comissão está disponível como *Mismeasuring Our Lives: Why GDP Doesn't Add Up*, com Jean-Paul Fitoussi e Amartya Sen (Nova York: New Press, 2010).

O Milagre das Ilhas Maurício*

IMAGINE UM PAÍS PEQUENO QUE FORNECE EDUCAÇÃO GRATUITA ATÉ A universidade para todos os cidadãos, transporte para estudantes e assistência médica gratuita — inclusive cirurgias cardíacas — para todos. Talvez você desconfie de que se trata de um país incrivelmente rico ou a caminho de uma crise fiscal.

Afinal de contas, países ricos da Europa vêm alegando não terem condições financeiras de oferecer ensino superior e pedem que os jovens e suas famílias arquem com os custos. Os Estados Unidos, por sua vez, nunca tentaram oferecer faculdade gratuita para todos, e houve uma dura batalha para garantir que os norte-americanos pobres tenham acesso à assistência médica — algo que o Partido Republicano quer anular a todo custo, argumentando que o país não tem condições financeiras para isso.

Entretanto, as Ilhas Maurício — um pequeno país insular a leste da costa africana, nem são muito ricas, nem estão a caminho da ruína orçamentária. Mesmo assim, passaram as três últimas décadas construindo, com êxito, uma economia diversificada, um democrático sistema político *e* uma forte rede de proteção social. Muitos países, principalmente os Estados Unidos, poderiam aprender com essa experiência.

Em uma recente visita a esse arquipélago tropical habitado por 1,3 milhão de pessoas, tive a oportunidade de observar alguns saltos que o país deu — façanhas que podem ser desconcertantes no contexto do debate que está ocorrendo nos EUA e em outros países. Considere a questão da casa própria: embora os conservadores norte-americanos afirmem que a ampliação da propriedade domiciliar a 70% da população dos EUA foi responsável pela crise financeira,

---
*Project Syndicate, 7 de março de 2011.

87% dos maurícianos possuem residência própria — sem terem alimentado uma bolha imobiliária.

Agora vem o número doloroso: o PIB das Ilhas Maurício cresceu mais de 5% ao ano durante quase 30 anos. Certamente, isso deve ser algum "truque". O país deve ser rico em diamantes, petróleo ou outra *commodity* valiosa. Porém, as Ilhas Maurício não têm recursos naturais exploráveis. De fato, suas perspectivas eram tão sombrias na época de sua independência em relação à Grã-Bretanha, ocorrida em 1968, que o economista ganhador do prêmio Nobel James Meade escreveu em 1961: "Será um grande feito se [o país] for capaz de proporcionar empregos produtivos para sua população sem um grave declínio do padrão de vida atual... Os prognósticos de desenvolvimento pacífico não são animadores".

Como que para desmentir Meade, a renda per capita dos maurícianos aumentou de menos de US$400, na época da independência, para mais de US$6.700 hoje. O país deixou de ser a monocultura açucareira de 50 anos atrás para se tornar uma economia diversificada que inclui turismo, finanças, têxteis e, se os planos atuais derem resultado, tecnologia de ponta.

Durante minha visita, dediquei-me a entender aquilo que ficou conhecido como o Milagre das Ilhas Maurício e o que os outros países poderiam aprender com ele. Sim, há muitas lições a aprender — e algumas delas devem ser levadas em conta por políticos dos Estados Unidos e outros países em suas batalhas orçamentárias.

Em primeiro lugar, a questão não é se temos condições financeiras de proporcionar assistência médica ou educação para todos, ou de garantir que a propriedade domiciliar se generalize. Se as Ilhas Maurício têm condições financeiras de fazer isso, os Estados Unidos e a Europa — sendo muito mais ricos — também podem. A questão, na verdade, é a organização da sociedade. Os maurícianos escolheram um caminho que leva a fortes laços de coesão social e a altos níveis de bem-estar e crescimento econômico — além de um grau menor de desigualdade.

Em segundo lugar, ao contrário de vários outros países pequenos, as Ilhas Maurício decidiram que a maioria dos gastos militares é um desperdício. Os EUA não precisam ir tão longe: uma pequena parte do dinheiro que o país gasta em armas que não funcionam para combater inimigos que não existem ajudaria muito a criar uma sociedade mais humana, que inclui o fornecimento de assistência médica e educação para as pessoas que não podem pagar.

Em terceiro lugar, as Ilhas Maurício reconheceram que, na ausência de recursos naturais, sua gente era o único patrimônio que tinham. Talvez essa valorização dos recursos humanos tenha sido o fator que levou o país a perceber que, considerando suas possíveis diferenças religiosas, étnicas e políticas — que alguns tentaram explorar para induzir o país a manter a condição de colônia britânica — a educação para todos seria fundamental para a unidade social. Pode-se dizer o mesmo em relação ao compromisso firme com as instituições democráticas e a cooperação entre trabalhadores, governo e empregadores — exatamente o contrário da divisão e dissensão fomentadas pelos conservadores nos Estados Unidos de hoje.

Isso não significa dizer que não existem problemas nas Ilhas Maurício. Assim como vários outros países de mercados emergentes bem-sucedidos, as Ilhas Maurício enfrentam o problema da perda de competitividade da taxa de câmbio. E, à medida que mais e mais países intervêm para enfraquecer suas taxas de câmbio em resposta à tentativa de desvalorização competitiva por meio do *quantitative easing* (veja na Introdução, o tópico "Prelúdio") realizada pelos EUA, o problema está se agravando. É quase certo que as Ilhas Maurício também terão de intervir no câmbio.

Além disso, como vários países de todo o planeta, atualmente as Ilhas Maurício se preocupam com a inflação dos alimentos importados e da energia. Reagir à inflação aumentando as taxas de juros simplesmente agravaria as dificuldades, com preços altos, elevado índice de desemprego e uma taxa de câmbio menos competitiva ainda. Intervenções diretas, restrições à entrada de capital de curto prazo, impostos sobre ganhos de capital e estabelecimento de regulamentações bancárias prudentes devem ser levados em conta.

O milagre das Ilhas Maurício ocorreu a partir de sua independência. No entanto, o país ainda enfrenta dificuldades ligadas a alguns de seus legados coloniais: desigualdade de terras e riqueza, e vulnerabilidade aos grandes interesses da política global. Os EUA ocupam uma de suas ilhas distantes, Diego Garcia, como base naval, sem pagar nada por isso. Oficialmente, a ilha foi arrendada junto ao Reino Unido, que não só manteve o arquipélago de Chagos, contrariando a determinação da ONU e a lei internacional, como também expulsou seus cidadãos e se recusa a permitir que regressem.

Os EUA deveriam agir com justiça em relação a esse país pacífico e democrático: reconhecer que Diego Garcia pertence legitimamente às Ilhas Maurício, renegociar o arrendamento e se redimir dos pecados passados, pagando uma quantia justa pela terra que ocupam ilegalmente há décadas.

As Lições de Cingapura para uma América (EUA) Desigual*

NA MAIORIA DOS PAÍSES, A DESIGUALDADE ESTÁ AUMENTANDO, MAS SE manifesta de forma diferente nos países e regiões. É fato cada vez mais reconhecido que os Estados Unidos ocupam a triste posição de país mais desigual do mundo, embora a lacuna de renda também tenha aumentado, em menor grau, na Grã-Bretanha, Japão, Canadá e Alemanha. Evidentemente, a situação é ainda pior na Rússia e em alguns países em desenvolvimento da América Latina e da África. Fazer parte desse clube não deve ser motivo de orgulho.

Alguns países grandes — Brasil, Indonésia e Argentina — tornaram-se mais igualitários nos anos recentes, e outros, como a Espanha, seguiram esse rumo até a crise econômica de 2007-2008.

Cingapura teve o diferencial de priorizar a justiça social e econômica e, ao mesmo tempo, obter taxas de crescimento muito altas nos últimos 30 anos — um exemplo por excelência de que a desigualdade é uma questão não só de justiça social, mas de desempenho econômico. Sociedades com disparidades econômicas menores têm um desempenho melhor — não só em relação à base ou ao meio da pirâmide, mas de modo geral.

É difícil acreditar que essa cidade-estado tenha chegado tão longe nos 50 anos desde que se tornou independente da Grã-Bretanha, em 1963. (Uma breve fusão com a Malásia foi encerrada em 1965.) Na época da independência, 1/4 da força de trabalho estava desempregada ou subempregada. Sua renda per capita (ajustada em relação à inflação) era inferior a 1/10 do valor atual.

New York Times, 18 de março de 2013.

Cingapura tomou várias medidas para se tornar um dos "tigres" econômicos da Ásia. Uma delas foi combater as desigualdades. O governo garantiu que os salários na base da pirâmide não fossem tão baixos e indignos como poderiam ter sido.

Para isso, determinou que as pessoas deveriam poupar por meio de um "fundo de previdência" — 36% dos salários dos jovens trabalhadores — que seria usado para custear assistência médica adequada, moradia e benefícios de aposentadoria; e forneceu educação universal, ou seja, mandou para o exterior alguns de seus melhores estudantes e fez o possível para garantir que voltassem (alguns de meus alunos mais brilhantes são de Cingapura).

O modelo cingapuriano tem, pelo menos, quatro aspectos característicos que, ao contrário do que poderia pensar um observador norte-americano cético, podem ser aplicados aos Estados Unidos.

Primeiro, as pessoas foram compelidas a assumir a responsabilidade por suas próprias necessidades. Por exemplo, por meio do fundo de previdência, cerca de 90% dos habitantes conquistaram a casa própria, em comparação com os 65% nos Estados Unidos desde o estouro da bolha imobiliária em 2007.

Em segundo lugar, os líderes cingapurianos perceberam que precisavam quebrar o ciclo de desigualdade pernicioso e autossustentado que caracteriza uma boa parte do mundo ocidental. Os programas governamentais foram universais, mas progressivos: todos contribuíam, mas os ricos contribuíam mais para ajudar os ocupantes da base da pirâmide, a fim de garantir que todos pudessem ter uma vida decente, de acordo com o que a sociedade cingapuriana pudesse arcar em cada estágio de seu desenvolvimento. Os ocupantes do topo da pirâmide não só pagam a fatia que lhes cabe nos investimentos públicos, como também foram instados a contribuir ainda mais para ajudar os mais carentes.

Em terceiro lugar, o governo interveio na distribuição da renda antes dos impostos — para ajudar os mais pobres, e não, como nos Estados Unidos, em benefício dos mais ricos. O governo interferiu, moderadamente, na negociação entre trabalhadores e empresas, fazendo a balança pender para o grupo com menor poder econômico — ao contrário do que acontece nos Estados Unidos, em que as regras do jogo transferiram o poder do trabalho para o capital, principalmente nas últimas três décadas.

Em quarto lugar, Cingapura percebeu que o segredo do sucesso futuro é o investimento pesado em educação — e, mais recentemente, na pesquisa científica — e que, com o progresso nacional, todos os cidadãos — não só os filhos dos ricos — precisariam ter acesso a uma melhor educação, condizente com suas qualificações.

Lee Kuan Yew — o primeiro a ocupar o cargo de primeiro-ministro de Cingapura, ficou no poder por três décadas — e seus sucessores tinham uma definição ampla daquilo que faz uma economia ser bem-sucedida, não restrita à obsessão com o produto interno bruto. Contudo, até mesmo de acordo com essa medida imperfeita de sucesso, o país se saiu muito bem, crescendo 5,5 vezes mais rápido do que os Estados Unidos desde 1980.

Mais recentemente, o governo concentrou suas atenções no meio ambiente, garantindo que a cidade superpovoada, com 5,3 milhões de habitantes, mantivesse suas áreas verdes — mesmo que, para isso, seja necessário colocá-las no topo dos edifícios.

Em uma era em que a urbanização e a modernização enfraqueceram os laços familiares, Cingapura percebeu a importância de preservá-los, principalmente entre gerações, e instituiu programas para ajudar a população idosa.

Cingapura percebeu que a economia não poderia ser exitosa se a maioria de seus cidadãos não participasse do crescimento ou se grandes segmentos carecessem de moradia adequada, acesso à assistência médica e segurança na aposentadoria. Ao insistir que as pessoas contribuíssem significativamente para suas próprias contas relativas ao bem-estar social, evitou ser tachado de Estado-babá. Porém, ao reconhecer a diferença entre as pessoas quanto à capacidade de suprir essas necessidades, criou uma sociedade mais coesa. Ao compreender, também, que as crianças não escolhem seus pais — e que todas devem ter o direito de desenvolver suas capacidades inatas — criou uma sociedade mais dinâmica.

O sucesso de Cingapura também se reflete em outros indicadores. A expectativa de vida é de 82 anos, comparada à de 78 anos nos Estados Unidos. A pontuação dos estudantes em testes de matemática, ciências e leitura está entre as mais altas do mundo — bem acima da média referente à Organização para a Cooperação e Desenvolvimento Econômico, o clube dos países ricos, e bem à frente dos Estados Unidos.

A situação não é perfeita: na última década, a desigualdade crescente tornou-se um desafio para Cingapura — assim como para vários países em todo o planeta. Entretanto, os cingapurianos reconheceram o problema, e há um diálogo entusiasmado sobre as melhores formas de mitigar tendências globais adversas.

Alguns afirmam que tudo isso só foi possível porque o Sr. Lee, que deixou o cargo em 1990, não tinha um compromisso firme com os processos democráticos. É verdade que Cingapura, um Estado altamente centralizado, é governado há décadas pelo partido do Sr. Lee, o Partido da Ação Popular. Críticos apontam seus aspectos autoritários: limitações nas liberdades civis, penas duras contra criminosos, concorrência multipartidária insuficiente e um judiciário não totalmente independente. Mas também é verdade que o governo de Cingapura costuma figurar entre os menos corruptos e mais transparentes e que seus líderes tomaram medidas para expandir a participação democrática.

Além disso, há outros países — comprometidos com processos abertos e democráticos — extraordinariamente bem-sucedidos na criação de economias dinâmicas e justas — com muito menos desigualdade e oportunidades mais igualitárias do que nos Estados Unidos.

Cada país nórdico tomou um caminho ligeiramente diferente, mas todos se destacaram ao conseguir um crescimento impressionante com igualdade. Uma das medidas-padrão é o Índice de Desenvolvimento Humano (IDH) ajustado para a desigualdade do Programa de Desenvolvimento das Nações Unidas — mais voltada para o bem-estar humano do que para a produção. Essa medida considera a renda, educação e saúde dos cidadãos de cada país e faz um ajuste referente à distribuição do acesso da população a esses direitos. Os países do norte da Europa (Suécia, Dinamarca, Finlândia e Noruega) ocupam posições elevadas. Em comparação — considerando principalmente a 3ª colocação no índice não ajustado quanto à desigualdade — os Estados Unidos estão muito abaixo, na 16ª colocação. Considerando outros indicadores de bem-estar isoladamente, a situação é ainda pior: os Estados Unidos ocupam o 33º lugar no índice de expectativa de vida ajustado quanto à desigualdade do Programa de Desenvolvimento das Nações Unidas, uma posição atrás do Chile.

As forças econômicas são globais; a existência dessas grandes diferenças de resultados (níveis de desigualdade e oportunidade) sugere que o importante é como as forças locais — principalmente na política — moldam essas forças econômicas. Cingapura e Escandinávia mostraram que essas forças podem ser compelidas de forma a garantir o crescimento com justiça.

Atualmente reconhecemos que a democracia envolve mais do que eleições periódicas. As sociedades com alto nível de desigualdade econômica acabam inevitavelmente apresentando um alto nível de desigualdade política: as elites controlam o sistema político para defender seus próprios interesses, adotando o comportamento que os economistas chamam de caça à renda, em vez de defender o interesse público. O resultado é uma democracia muito imperfeita. Nesse sentido, as democracias nórdicas realizaram as aspirações da maioria dos norte-americanos: um sistema político em que a voz dos cidadãos comuns é representada de forma justa, as tradições políticas reforçam a abertura e a transparência, o dinheiro não domina as decisões políticas e as atividades governamentais são transparentes.

Acredito que as façanhas econômicas dos países nórdicos são, em grande medida, uma consequência do forte cunho democrático dessas sociedades. Há uma relação positiva não só entre crescimento e igualdade, mas também entre esses dois aspectos e a democracia (o reverso da moeda é que a maior desigualdade enfraquece não só a economia, mas também a democracia).

O tratamento dispensado às crianças é um indicador da justiça social de uma nação. Vários conservadores e liberais dos Estados Unidos afirmam que os adultos pobres são responsáveis por sua condição — são pobres porque não trabalham. Pressupondo, evidentemente, que eles poderiam conseguir um trabalho caso se esforçassem — uma premissa cada vez mais duvidosa.

Já o bem-estar das crianças certamente não é algo pelo qual elas possam ser acusadas (ou elogiadas). Somente 7,3% das crianças da Suécia são pobres; ao contrário dos Estados Unidos, em que 23,1% das crianças — uma cifra alarmante — vivem na pobreza. Isso, além de ser uma violação da justiça social mais elementar, é um prognóstico negativo para o futuro: as perspectivas de que essas crianças contribuam para o futuro do país não são nada animadoras.

As discussões sobre esses modelos alternativos, que parecem funcionar para mais e mais pessoas, frequentemente terminam com alguns que contestam só por contestar argumentando que esses países são diferentes e seu modelo não é aplicável nos EUA. Tudo isso é compreensível. Ninguém gosta de críticas a respeito de si mesmo ou de seu sistema econômico. Queremos acreditar que o nosso sistema é o melhor do mundo.

Parte dessa autossatisfação vem da incompreensão das realidades atuais dos Estados Unidos. Quando se pergunta aos norte-americanos qual é a distribuição de renda ideal, eles reconhecem que o sistema capitalista sempre gerará alguma desigualdade — sem ela, não haveria incentivo à poupança, inovação e iniciativa. E percebem que não atingimos o que eles consideram como "ideal". A realidade é que nossa desigualdade é muito maior do que eles pensam, e o ideal deles não é muito diferente daquilo que os países nórdicos efetivamente realizaram.

Entre os integrantes da elite dos EUA — o pequeno grupo de norte-americanos que obteve ganhos históricos de riqueza e renda desde meados da década de 1970, apesar da estagnação das rendas em termos reais da maioria de seus compatriotas — muitos procuram racionalizações e desculpas. Dizem, por exemplo, que esses países são homogêneos, com poucos imigrantes. Porém, a Suécia recebeu muitos imigrantes (aproximadamente 14% dos habitantes nasceram em outros países, em comparação com os 11% da Grã-Bretanha e 13% dos Estados Unidos). Cingapura é uma cidade-estado que abriga diversas raças, línguas e religiões. E o tamanho? A Alemanha tem 82 milhões de habitantes e é muito mais igualitária em oportunidades do que os Estados Unidos, um país de 314 milhões (ainda que a desigualdade também esteja aumentando lá, mas não tanto quanto nos EUA).

É verdade que um legado de discriminação — que inclui, entre muitos outros fatos, o flagelo da escravidão, o pecado original dos Estados Unidos — dificulta muito a tarefa de se chegar a uma sociedade mais igualitária, com oportunidades mais acessíveis, no mesmo nível dos países que têm melhor desempenho. Entretanto, o reconhecimento desse legado deve alimentar nossa determinação — e não diminuir os nossos esforços — de atingir um ideal que está ao alcance e é condizente com nossos mais nobres ideais.

O Japão Deve Ficar Alerta*

A DESIGUALDADE É UM PROBLEMA GLOBAL, QUE ASSOLA PAÍSES RICOS E pobres, em todos os continentes. A face mutável da desigualdade tem várias dimensões — excessos no topo, esvaziamento do meio e aumento da pobreza na base da pirâmide. Uma das teses deste livro é que as sociedades pagam um alto preço pela desigualdade — pior desempenho econômico, enfraquecimento da democracia e comprometimento de outros valores fundamentais, como o estado de direito. Como corolário, a contenção do crescimento da desigualdade e a criação de uma sociedade mais igualitária podem render muitos dividendos, não só em termos econômicos, mas também na intensificação do senso de justiça e do jogo limpo, importante em todas as culturas. Este livro mostra que é possível fazer isso e descreve as políticas econômicas que podem ocasionar essas melhorias no funcionamento da economia e sociedade americana.

Apesar das muitas semelhanças entre os países, também há diferenças importantes. São poucos aqueles em que a desigualdade não está aumentando, de acordo com a medida global padrão de dispersão estatística (o coeficiente de Gini, descrito na Parte I, "Pensar Grande", tópico "Perspectivas Globais"). Os Estados Unidos, foco de boa parte da análise deste livro, têm a maior desigualdade entre os países industrializados avançados. E, ao contrário da opinião corrente — e da própria autoimagem norte-americana —, são o país menos igualitário em oportunidades. Claro, há casos famosos de pessoas que foram "do lixo ao luxo" por meio do trabalho árduo, mas são exceções. O que importa são as estatísticas: Quais são as perspectivas de vida de uma pessoa nascida em uma família de pouca instrução e baixa renda? E as perspectivas de vida nos Estados

---
*Prefácio à edição japonesa de *O Preço da Desigualdade*.

Unidos dependem — mais do que em qualquer outro país — da renda e nível de instrução dos pais.

As desigualdades de resultados e oportunidades são inevitáveis, mas a ideia que defendo neste livro é que essas desigualdades não têm de ser tão exageradas quanto passaram a ser nos EUA. Outros países estão em situação bem mais positiva. O fato de que outros estão melhor e conseguiram conter o aumento da desigualdade deveria nos dar esperança. As desigualdades atuais não são *apenas* a consequência inevitável das forças do mercado. Os mercados não existem no vácuo. São moldados pelas políticas públicas. O êxito de outros países na moderação da desigualdade — na criação de uma prosperidade *mais* compartilhada — mostra que as políticas que descrevo neste livro podem, de fato, funcionar para limitar o aumento da desigualdade e tornar o sistema econômico mais justo.

No decorrer dos últimos 40 anos, os países que cresceram mais rapidamente foram os do Leste Asiático. Os aumentos de renda que ocorreram eram inimagináveis há 50 anos. Muitos fatores contribuíram para esse sucesso — por exemplo, uma alta taxa de poupança. Mas eu e outros acreditamos que um fator foi fundamental, pelo menos na maioria dos países: o alto nível de igualdade e, particularmente, os investimentos em educação, que proporcionaram oportunidades muito mais amplas. Historicamente, existe um contrato social fortemente estabelecido que limita, por exemplo, os excessos no topo da pirâmide — a proporção entre o pagamento de um CEO e o de um trabalhador típico é bem menor do que a proporção observada nos EUA. Esse contrato social nem sempre existiu. As relações trabalhistas no Japão do pré-guerra eram muito mais conflituosas. A possibilidade de mudanças tão rápidas é uma esperança.

Muitos norte-americanos temem que o rumo que os EUA tomaram, no qual a desigualdade econômica e a desigualdade política se misturam, seja quase impossível de reverter. Entretanto, em outros períodos em que os EUA enfrentaram altos níveis de desigualdade, o país mudou de rota à beira do precipício: a Era de Ouro foi sucedida pela Era do Progresso; e a desigualdade sem precedentes dos estrondosos anos 1920 foi sucedida pela legislação social histórica da década de 1930. O fato de que o Japão, o Brasil e os Estados Unidos mudaram de rumo em diversos momentos da história, implementando políticas que aproximaram seus cidadãos, deveria servir de contrapeso para equilibrar o desespero crescente.

Entretanto, se os Estados Unidos não mudarem de postura, pagarão um alto preço por sua desigualdade alta e em processo de agravamento. Este livro explica por que as sociedades mais igualitárias têm mais probabilidade de obter um desempenho econômico melhor. Infelizmente, círculos viciosos e círculos virtuosos podem ocorrer, e a maior desigualdade econômica pode enfraquecer o contrato social e aumentar os desequilíbrios de poder político; isso, por sua vez, pode levar a leis, regulamentações e políticas que aumentam a desigualdade ainda mais.

As experiências dos EUA deveriam ser uma advertência veemente para outras nações, inclusive o Japão. A despeito da perda de dinamismo de seu crescimento, o Japão conseguiu evitar alguns extremos revelados por dados recentes dos EUA. Por exemplo, até mesmo os ocupantes do meio da pirâmide perderam quase 40% de sua riqueza no período 2008-2010, varrendo duas décadas de acumulação de riqueza do norte-americano médio. Em 2010, ano da recuperação, 93% dos ganhos ficaram com o 1% no topo da pirâmide. Nos EUA, o mercado de trabalho continua anêmico — quase um de cada seis norte-americanos que desejam trabalhar em tempo integral não encontram um emprego com essas características, mas o Japão, apesar de seu longo declínio, conseguiu manter o índice de desemprego relativamente baixo. O sistema de proteção social nos Estados Unidos está entre os piores dos países industrializados mais avançados. Com a queda das receitas fiscais, essa rede de proteção social, já inadequada, está ficando ainda mais comprometida. Houve grandes cortes nos serviços públicos essenciais voltados ao bem-estar dos norte-americanos comuns. Inevitavelmente, a retração econômica leva ao agravamento da pobreza.

Nos EUA, existe outro círculo vicioso: a elevada desigualdade enfraquece a economia, e a economia fraca gera mais desigualdade. O alto índice de desemprego, por exemplo, exerce uma pressão pela redução dos salários, prejudicando a classe média. Como explico no livro, a alta desigualdade reduz a demanda total, e é a falta de demanda que está inibindo o crescimento dos EUA e vários outros países.

Embora todos os outros países possam sentir uma certa satisfação por ter um desempenho melhor do que o dos EUA — pelo menos nesse aspecto — há o risco de se deixar levar pela presunção. O sucesso em um momento específico não garante o êxito posterior.

Em que pese a desigualdade no Japão ser ainda muito menor que a dos EUA, ela está crescendo nesse país asiático assim como aumentou nos Estados Unidos. O Japão poderia voltar à turbulência que caracterizou o período pré-guerra?

Sendo assim, este livro apresenta advertências e lições importantes para o Japão: o país não deveria supor que sociedade e economia mais igualitárias e justas, obtidas por meio de êxitos passados, são um fato consumado. O aumento da desigualdade é preocupante. As consequências econômicas, bem como as consequências para a política e sociedade, são inquietantes.

O Japão enfrenta um problema — ainda mais grave que nos EUA — de dívida alta e sociedade envelhecida. Sua economia cresce ainda mais lentamente que a dos Estados Unidos. O Japão pode se sentir tentado a recorrer a cortes de investimentos no bem comum ou ao solapamento do sistema de proteção social. Contudo, políticas desse tipo colocam em risco valores básicos e perspectivas econômicas futuras.

Existem políticas (descritas no último capítulo de *O Preço da Desigualdade*) que, ao mesmo tempo, promoveriam o crescimento e a igualdade — gerando uma prosperidade compartilhada. Para o Japão — e também para os Estados Unidos — a questão é mais política que econômica. O Japão conseguirá impor restrições a seus caçadores de renda, defensores apenas de seus próprios interesses, que inevitavelmente prejudicam a economia como um todo? Conseguirá estabelecer um contrato social para o século XXI, garantindo o compartilhamento justo do crescimento que vier a ocorrer?

As respostas a essas perguntas são cruciais para o futuro do Japão — tanto na sociedade quanto na economia.

O Japão é um Modelo, Não uma Advertência*

Nos últimos cinco anos, desde que a crise financeira mutilou a economia norte-americana, o argumento favorito daqueles que defendem a ação enérgica do governo — incluindo eu mesmo — foi que os Estados Unidos corriam o risco de entrar em um longo período de "mal-estar ao estilo japonês". As duas décadas de crescimento anêmico no Japão, que se seguiram a uma quebra em 1989, são o exemplo perfeito de como não se responde a uma crise financeira.

Mas, agora, o Japão está mostrando o caminho. O primeiro-ministro recém-eleito, Shinzo Abe, adotou medidas drásticas de afrouxamento monetário, gastos em obras públicas e promoção do empreendedorismo e do investimento estrangeiro para reverter o que ele designou como "uma profunda perda de confiança". As novas políticas parecem ser uma grande dádiva para o Japão. E o que acontecer lá — a terceira economia do mundo e o país que já foi considerado o maior rival econômico dos Estados Unidos — terá um grande impacto nos EUA e no mundo.

Evidentemente, nem todos estão convencidos. Ainda que o Japão tenha relatado uma robusta taxa de crescimento anual de 3,5% no primeiro trimestre deste ano, o mercado de ações sofreu uma queda depois de cinco anos de alta, em meio a dúvidas sobre a eficiência da "Abenomics". Entretanto, flutuações de curto prazo no mercado de ações não querem dizer nada. Não há dúvida de que a Abenomics é um enorme passo na direção correta.

Para realmente entender por que as perspectivas para o Japão são boas, é necessário não só analisar atentamente a plataforma do Sr. Abe, como também reexaminar a narrativa popular da estagnação japonesa. As últimas duas décadas estão longe de ser uma história só de fracassos. Superficialmente, parece que

New York Times, 9 de junho de 2013.

houve, de fato, um crescimento lento. Na primeira década deste século, a economia japonesa cresceu a uma taxa anual ínfima de 0,78% de 2000 a 2011, em comparação com a taxa de 1,8% dos Estados Unidos.

No entanto, o crescimento lento do Japão não parece tão ruim após uma análise minuciosa. Todo estudante sério do desempenho econômico deve analisar não o crescimento absoluto, mas em relação ao tamanho da população em idade ativa. A população ativa do Japão (com idade entre 15 e 64 anos) diminuiu 5,5% de 2001 a 2010, ao passo que o número de norte-americanos na mesma faixa etária aumentou 9,2% — portanto, um crescimento mais lento do PIB é previsível. Contudo, mesmo antes da Abenomics, a produção econômica em termos reais do Japão, por unidade de mão de obra, aumentou mais rapidamente na primeira década do século em comparação com Estados Unidos, Alemanha, Grã-Bretanha e Austrália.

Mesmo assim, o crescimento do Japão é muito menor do que era antes da crise, em 1989. Conhecemos, pela experiência recente dos Estados Unidos, os efeitos devastadores que até mesmo uma breve recessão (ainda que mais profunda) pode causar. No país, a desigualdade aumentou muito (e o 1% no topo da pirâmide ficou com todos os ganhos da "recuperação" e ainda mais renda), o índice de desemprego subiu e a classe média foi ficando cada vez mais para trás. O exemplo do Japão mostra que a recuperação total não acontece espontaneamente. Felizmente para o Japão, o governo tomou medidas para garantir que os extremos de desigualdade observados nos Estados Unidos não ocorressem em seu país e agora está sendo proativo em relação ao crescimento.

Se considerarmos uma gama mais ampla de alternativas de mensuração, veremos que, apesar de duas décadas de "mal-estar", o desempenho do Japão é muito melhor que o dos Estados Unidos.

Considere, por exemplo, o coeficiente de Gini — a medida padrão de desigualdade. Zero representa a igualdade perfeita; 1, a desigualdade perfeita. Embora o coeficiente de Gini atual do Japão fique em torno de 0,33, o dos Estados Unidos é 0,38, segundo a Organização para a Cooperação e Desenvolvimento Econômico. Outras fontes de dados apontam níveis de desigualdade ainda mais altos nos Estados Unidos. Ali, a renda média dos 10% mais ricos é 15,9 vezes maior que a renda dos 10% mais pobres — no Japão, esse número é de 10,7 vezes.

Tais diferenças se devem a escolhas políticas, não a uma inevitabilidade econômica. Além disso, de acordo com a OCDE, o coeficiente de Gini antes dos impostos e pagamentos de transferência é praticamente igual nos dois países: 0,499 para os Estados Unidos e 0,488 para o Japão. Os Estados Unidos pouco fazem para modular sua desigualdade, reduzindo-a a 0,38. O Japão faz muito mais, reduzindo o coeficiente de Gini para 0,33.

Obviamente, a situação do Japão não é perfeita. O país precisa cuidar melhor dos "idosos mais idosos", acima dos 75 anos de idade. Esse grupo constitui uma fatia crescente da população idosa do mundo. Em 2008, a OCDE estimou que 25,4% dos "idosos mais idosos" do Japão viviam em relativa pobreza — ou seja, com renda inferior à metade da mediana nacional — uma cifra um pouco melhor que a dos Estados Unidos (27,4%) e muito acima da média da OCDE, de 16,1%. Embora nem os EUA nem o Japão sejam tão ricos quanto se pensa, é inconcebível que uma fatia tão grande de idosos sofra esse infortúnio.

Contudo, se o Japão tem um problema relacionado à pobreza entre os muito idosos, o país vai muito melhor em outro aspecto, que tem implicações importantes para seu futuro: cerca de 14,9% das crianças japonesas são pobres, em comparação com os desalentadores 23,1% de crianças norte-americanas.

Medidas de desempenho mais amplas são igualmente reveladoras. A expectativa de vida ao nascer (uma boa medida da saúde econômica) no Japão é a maior do mundo — 83,6 anos — em comparação com 78,7 anos nos Estados Unidos. E nem mesmo esses dados revelam todo o alcance da desigualdade em relação às expectativas de vida. Estima-se que o 1/10 dos norte-americanos mais longevos — que tendem a ser os mais ricos — têm o mesmo tempo de vida que o japonês médio. Já o 1/10 que ocupa a posição mais baixa tem o mesmo tempo de vida que um mexicano ou argentino médio. O Programa de Desenvolvimento das Nações Unidas estima que o efeito da desigualdade sobre a expectativa de vida nos Estados Unidos seja quase duas vezes mais forte que no Japão.

Outras métricas também mostram os pontos fortes do Japão. O país detém a segunda colocação no mundo em relação ao ensino superior, muito à frente dos Estados Unidos. E até mesmo em períodos de crescimento lento o Japão administra sua economia de modo a restringir o índice de desemprego. Durante a crise financeira mundial, o índice atingiu o pico de 5,5%; nas duas décadas de mal-estar, essa cifra nunca passou dos 5,8%. O baixo índice de desemprego é um dos motivos pelos quais o Japão se saiu muito melhor que os Estados Unidos.

Atualmente, esses números causam inveja aos americanos. O desemprego e a debilidade do mercado de trabalho em geral nos Estados Unidos prejudicam os ocupantes do meio e da base da pirâmide de quatro maneiras.

Em primeiro lugar, as pessoas que perdem o emprego obviamente sofrem — mais ainda nos Estados Unidos, porque, antes do Obamacare, os trabalhadores dependiam demais dos empregadores para ter seguro-saúde. A perda do emprego aliada à doença deixa muitos norte-americanos à beira da falência pessoal — ou falidos. Em segundo lugar, com o mercado de trabalho em baixa, até mesmo quem está empregado pode sofrer uma redução de horas trabalhadas. A taxa de desemprego oficial esconde o grande número de americanos que aceitaram trabalhar em meio período — não porque queriam, mas porque não havia alternativa. Mesmo aqueles que se supõe trabalharem em tempo integral sofrem uma erosão na renda quando suas horas são cortadas. Em terceiro lugar, com tantos procurando emprego em vão, não existe pressão pelo aumento de salários; os salários nem sequer acompanham a inflação. As rendas reais caem — isso é o que vem acontecendo com a maioria das famílias de classe média no país. Por fim, gastos públicos de todos os tipos — tão importantes para os ocupantes do meio e da base da pirâmide — sofrem cortes.

COM ESSA ABORDAGEM TRIPARTITE — políticas estruturais, monetárias e fiscais — o Sr. Abe, que tomou posse no último dezembro, fez o que os Estados Unidos deveriam ter feito há muito tempo. Embora as políticas estruturais ainda não tenham sido elaboradas em sua totalidade, é provável que incluam medidas para aumentar a participação da força de trabalho, particularmente entre as mulheres. Além disso, espera-se a facilitação do emprego para o grande número de idosos saudáveis. Alguns também sugeriram o incentivo à imigração. Essas são áreas em que os Estados Unidos foram bem no passado e que são cruciais para o Japão, tanto em termos de crescimento quanto de combate à desigualdade.

A despeito de o Japão priorizar há muito tempo o acesso igualitário das mulheres à educação — com bons resultados, já que as meninas têm pontuações melhores em ciências e não ficam tão atrás dos meninos em matemática quanto as garotas norte-americanas —, a taxa de participação das mulheres na força de trabalho ainda é relativamente baixa (49% de acordo com o Banco Mundial, em comparação com 58% nos Estados Unidos). Além disso, uma proporção espantosamente baixa de japonesas — 7%, de acordo com uma delas — ocupam cargos administrativos hierarquicamente elevados.

Com certeza, o aumento da participação da população feminina altamente instruída do Japão é mais uma questão cultural do que de políticas governamentais. Porém, ainda que a influência do governo nas mudanças culturais seja limitada, os governantes podem inclinar o campo de jogo — facilitando a participação ativa das mulheres no mercado de trabalho por meio de políticas pró-família (como creches e licenças para gestantes) e rigor na aplicação de leis contra a discriminação. Em geral, as estatísticas nacionais avaliam a desigualdade entre as famílias — não captam o que acontece dentro delas. E pode haver grandes desigualdades dentro das famílias, variando muito de um país para outro.

Outras reformas estão ligadas ao fato de que o Japão, como outros países industrializados avançados, precisa passar por grandes transformações estruturais — realizar a transição de uma economia manufatureira para uma economia do setor de serviços e adaptar-se às mudanças drásticas na vantagem comparativa global, às realidades da mudança climática e aos desafios de uma população envelhecida. Embora não obstante seu poderoso setor industrial tenha apresentado um bom aumento de produtividade, outros setores ficaram para trás. O Japão tem potencial para estender ao setor de serviços sua comprovada capacidade de inovação.

Em face do envelhecimento da população, é fundamental aumentar a eficiência no campo da saúde: a combinação de sua perícia industrial e tecnologia na forma de novos dispositivos para diagnóstico é uma das áreas em que o Japão pode realizar inovações globais. Investimentos em pesquisa e ensino superior ajudarão a garantir que os jovens nipônicos tenham a mentalidade e as qualificações necessárias para o sucesso na globalização. Os mercados não realizam essas transformações estruturais de modo espontâneo e fácil. É por isso que cortes governamentais em situações como essas são grandes tolices.

De fato, esse é um dos motivos da grande importância do segundo pilar da Abenomics — o estímulo fiscal. Todos nós já deveríamos ter aprendido que o estímulo é necessário para aumentar a demanda agregada. Ele também é necessário para concluir a transformação estrutural. Investimentos em infraestrutura, pesquisa e educação prometem altos dividendos. Mas, da mesma forma que os falcões do deficit impediram uma ação mais forte nos Estados Unidos, os críticos alegam que o Japão — com uma dívida que corresponde a mais que o dobro do PIB — não está em condições de implementar esse aspecto crítico das novas políticas. Eles argumentam que o endividamento japonês coincide com seu longo período de baixo crescimento. No entanto, os dados também mostram que há nuances importantes nessa história. Não foi a dívida que provocou a lentidão no crescimento — na verdade, o crescimento lento causou o deficit. Inclusive, o crescimento teria sido mais lento ainda se o governo não tivesse estimulado a economia.

E mais: a lógica dos defensores da austeridade — de que altos níveis de endividamento sempre desaceleram o crescimento, em qualquer parte do mundo — foi refutada. A Europa mostra cada vez mais claramente que austeridade gera austeridade, o que, por sua vez, provoca recessão e depressão.

A última faceta da Abenomics é a política monetária, que reforça o estímulo com o investimento monetário. Já deveríamos ter aprendido que o estímulo monetário — até mesmo medidas fortes e sem precedentes, como o *quantitative easing* (veja na Introdução, o tópico "Prelúdio") — tem, na melhor das hipóteses, efeitos limitados. O foco é a redução da deflação — que, em minha opinião, é preocupante, principalmente por ser um sintoma de subutilização. Embora o enfraquecimento da taxa de câmbio do iene torne as mercadorias japonesas mais competitivas, estimulando o crescimento econômico, essa é a realidade da interdependência internacional da política monetária. Também é verdade que a política de *quantitative easing* adotada pelo Federal Reserve enfraquece o dólar. Esperamos que, algum dia, a coordenação global melhore nesse aspecto.

CONFORME AS PEÇAS vão se encaixando, a questão urgente não é se o Abenomics é ou não um bom programa; a questão é como os Estados Unidos poderiam elaborar um plano integrado da mesma forma e quais seriam as consequências se esse plano falhasse. O obstáculo não é a ciência econômica e sim, como sempre, as duras batalhas políticas norte-americanas. Por exemplo: embora a base intelectual dos defensores da austeridade fosse duvidosa, abrimos mão de gastos públicos em todas as áreas, inclusive as necessárias para garantir um futuro de prosperidade compartilhada. Consequentemente, ainda que a situação financeira de certos estados esteja começando a dar sinais de melhora, o nível de emprego público ainda está cerca de 500 mil postos de trabalho abaixo do que era antes da crise; a queda nos empregos ocorreu quase que totalmente nos âmbitos estadual e local. Fazer com que o nível de emprego e serviços públicos volte ao que era antes da recessão é uma tarefa hercúlea — que dirá fazer com que volte ao nível em que estaria se a recessão não tivesse acontecido. Se a economia estivesse se expandindo normalmente, o nível de emprego público teria aumentado de forma significativa. Com o nível de desigualdade ainda alto, o peso maior recai, desproporcionalmente, sobre os mais vulneráveis do país.

O fato de que qualquer país paga um alto preço pela desigualdade é muito relevante em minhas pesquisas. As sociedades podem ter mais crescimento e mais igualdade — esses dois aspectos não são mutuamente exclusivos. A Abenomics já estabeleceu algumas políticas voltadas à obtenção de ambos. Espera-se que, à medida que os detalhes forem sendo divulgados, existam mais políticas de promoção da igualdade de gênero no mercado de trabalho, aproveitando um dos recursos mais subutilizados do país. Isso promoverá o crescimento, a eficiência e a igualdade. O plano do Sr. Abe também reflete a compreensão de que a política monetária tem limitações. É preciso contar com políticas monetárias, fiscais e estruturais coordenadas.

Aqueles que consideram o desempenho japonês nas últimas décadas como um fracasso total têm um conceito de sucesso econômico estreito demais. Em muitos aspectos — maior renda, igualdade, maior expectativa de vida, menos desemprego, investimentos mais altos na saúde e educação das crianças e até mesmo maior produtividade em relação ao tamanho da força de trabalho —, o Japão vai melhor que os Estados Unidos. Esse país pode ter muito a nos ensinar. Se a Abenomics tiver metade do sucesso que seus defensores esperam, o Japão terá ainda mais a nos ensinar.

O Roteiro Chinês*

A CHINA ESTÁ PRESTES A ADOTAR SEU 11º PLANO QUINQUENAL, PREPArando o terreno para continuar aquela que é provavelmente a transformação econômica mais extraordinária da história, e, ao mesmo tempo, melhorar o bem-estar de quase um quarto da população mundial. Nunca antes na história do mundo houve um crescimento sustentado como esse; jamais se havia visto uma redução da pobreza de tal magnitude.

Parte do sucesso de longo prazo da China é a combinação quase exclusiva de pragmatismo e visão. Ainda que uma boa parte do resto do mundo em desenvolvimento — seguindo o Consenso de Washington —, tenha sido direcionada à busca quixotesca do PIB mais alto, a China deixou claro, mais uma vez, que busca elevar o padrão real de vida de modo sustentável e equitativo.

A China percebe ter entrado em uma fase de crescimento econômico que está impondo demandas enormes — e insustentáveis — ao meio ambiente. A não ser que haja uma mudança de rumo, os padrões de vida acabarão comprometidos. É por isso que o novo plano quinquenal enfatiza tanto o meio ambiente.

Até mesmo regiões atrasadas da China estão crescendo a um ritmo que seria prodigioso, a não ser pelo fato de que outras partes do país estão crescendo ainda mais rapidamente. Mesmo que isso tenha reduzido a pobreza, a desigualdade está aumentando, com crescentes disparidades entre as cidades e áreas rurais, e entre as regiões costeiras e o interior. O *Relatório de Desenvolvimento* do Banco Mundial referente a este ano explica por que a desigualdade, não só a pobreza, deveria causar preocupação, e o 11º plano quinquenal da China ataca diretamente o problema. O governo vem falando de uma sociedade mais harmoniosa há anos, e o plano descreve programas ambiciosos para chegar a isso.

*Project Syndicate, 6 de abril de 2006.

A China também reconhece que aquilo que separa os menos desenvolvidos dos mais desenvolvidos não é apenas uma lacuna nos recursos, mas também uma lacuna de conhecimento. Assim, o país elaborou planos para não só reduzir essa lacuna, mas também estabelecer uma base para a inovação independente.

O papel da China no mundo e na economia mundial mudou, e o plano também reflete isso. Seu crescimento futuro terá de se basear mais na demanda interna do que nas exportações — e isso exigirá o aumento do consumo. De fato, a China tem um problema raro: poupança excessiva. As pessoas poupam, em parte, por causa das debilidades nos programas de seguro social do governo; o fortalecimento da seguridade social (pensões) e da educação e saúde pública irá, simultaneamente, reduzir as desigualdades sociais, aumentar o senso de bem-estar dos cidadãos e promover o consumo corrente.

Esses ajustes, caso sejam bem-sucedidos — e, até agora, a China quase sempre superou suas próprias expectativas, que são altas — podem causar um grande estresse em um sistema econômico global já afetado pelos enormes desequilíbrios fiscais e comerciais dos Estados Unidos. Se a China poupar mais — e se, conforme seus dirigentes anunciaram, adotar uma política de investimentos mais diversificados de suas reservas — quem financiará o deficit comercial norte-americano, de mais de US$2 bilhões diariamente? Esse é um assunto para outro dia, mas esse dia pode não estar muito longe.

Com uma visão de futuro tão clara, o desafio será a implementação. Atualmente, a China é um país grande, que não teria alcançado o êxito que alcançou sem uma ampla descentralização. Porém, a descentralização também gera problemas.

Os gases de efeito estufa, por exemplo, são um problema global. Enquanto os Estados Unidos afirmam que não têm condições financeiras para tomar providências contra isso, a alta cúpula do governo chinês agiu de forma mais responsável. Um mês depois da adoção do plano, foram criados novos impostos ambientais sobre automóveis, gasolina e produtos derivados da madeira: a China vinha utilizando mecanismos baseados no mercado para atacar os problemas ambientais chineses e mundiais. Mas os governantes locais sofrerão enormes pressões por crescimento econômico e empregos. Eles se sentirão fortemente tentados a argumentar que, se os Estados Unidos não têm condições financeiras de produzir de uma forma que preserve o planeta, como eles poderão fazer isso? Para transformar essa visão em ação, o governo chinês precisará de políticas fortes, como os impostos ambientais que já foram implementados.

À medida que a China fazia a transição para uma economia de mercado, o país incorreu em alguns dos problemas que assolam os países ocidentais: interesses especiais que disfarçam argumentos egoístas com o véu diáfano da ideologia de mercado.

Alguns defenderão a economia de fomento indireto: não se preocupe com os pobres; no final, o crescimento beneficiará a todos. Alguns irão se opor à política de concorrência e a leis fortes de governança corporativa: deixem a lei darwiniana de sobrevivência dos mais aptos seguir seu curso. Argumentos relacionados ao crescimento serão usados pelos opositores de políticas sociais e ambientais fortes — por exemplo: impostos mais altos sobre a gasolina acabarão com a nascente indústria automobilística chinesa.

Essas pretensas políticas pró-crescimento, além de não o promoverem, ainda ameaçarão toda a visão de futuro da China. Há apenas uma forma de evitar isso: a discussão aberta das políticas econômicas para expor as falácias e abrir espaço para soluções criativas para os vários desafios que a China enfrenta atualmente. George W. Bush mostrou os perigos do excesso de sigilo e da limitação da tomada de decisões a um pequeno grupo de bajuladores. A maioria das pessoas fora da China não tem noção de como seus líderes, diferentemente de Bush, participaram de amplas deliberações e consultas (até mesmo com estrangeiros) na luta para resolver os enormes problemas que enfrentam.

A economia de mercado não é autorregulada. Não pode ser simplesmente deixada no piloto automático, principalmente se há a intenção de garantir o amplo compartilhamento de seus benefícios. Entretanto, não é fácil gerenciar uma economia de mercado. É um ato de equilíbrio que deve reagir constantemente a mudanças econômicas. O 11º plano quinquenal da China fornece um roteiro para essa reação. O mundo observa, estupefato e esperançoso, o desenrolar da transformação da vida de 1,3 bilhão de pessoas.

China: Reformando o Equilíbrio Estado/Mercado*

Em toda a história conhecida, nenhum país cresceu tão rapidamente — e tirou tantas pessoas da pobreza — quanto a China nos últimos 30 anos. A marca mais característica do sucesso da China é a disposição de seus líderes de revisar o modelo econômico do país conforme a necessidade, apesar da oposição de fortes interesses. Agora, conforme a China implementa outra série de reformas fundamentais, esses interesses já estão se alinhando para resistir. Os reformadores sairão vitoriosos novamente?

Ao responder a essa pergunta, o ponto principal a ser considerado é que, como ocorreu no passado, o ciclo atual de reformas reestruturará não só a economia, mas também os interesses que moldarão as *futuras* reformas (e até mesmo determinarão se tais reformas são possíveis). E hoje, à medida que iniciativas de alta visibilidade — por exemplo, a ampla campanha anticorrupção realizada pelo governo — recebem muita atenção, o problema mais profundo que a China enfrenta está relacionado aos papéis adequados do estado e do mercado.

Quando a China iniciou as reformas, há mais de três décadas, o rumo era nítido: o mercado precisava desempenhar um papel mais proeminente na alocação de recursos. O mercado assumiu esse papel, dando ao setor privado uma importância muito maior do que no passado. Além disso, há um consenso de que o mercado deve ter um papel que o governo qualificou como "decisivo" em vários setores dominados pelas empresas estatais. Entretanto, qual deve ser seu papel em outros setores e na economia, de modo geral?

Muitos dos problemas atuais da China são causados por *excesso* de mercado e *falta* de governo. Em outras palavras, o governo está fazendo algumas coisas

*Project Syndicate, 2 de abril de 2014.

que claramente não deveria fazer e, ao mesmo tempo, deixando de realizar outras que deveria.

O agravamento da poluição ambiental, por exemplo, ameaça os padrões de vida, ao passo que a desigualdade de renda e riqueza atual se assemelham às dos Estados Unidos e a corrupção é onipresente, tanto nas instituições públicas quanto no setor privado. Tudo isso mina a confiança dentro da sociedade e no governo — uma tendência particularmente óbvia na questão da segurança alimentar, por exemplo.

Esses problemas podem se agravar à medida que a China se reestrutura economicamente, fazendo a transição do crescimento liderado pela exportação para os serviços e o consumo familiar. Claramente, há espaço para incrementar o consumo privado; contudo, a adoção do materialismo esbanjador norte-americano seria desastrosa para a China — e para o planeta. A qualidade do ar na China já representa um perigo para a vida das pessoas; o aquecimento global causado por emissões de carbono ainda maiores nesse país ameaçaria o mundo todo.

Há uma estratégia melhor. Para começar, o padrão de vida dos chineses poderia ser elevado (e o seria) se mais recursos fossem alocados para corrigir as grandes deficiências em assistência médica e educação. Nesse ponto, o governo deveria exercer um papel de liderança, como acontece na maioria das economias de mercado, e por um bom motivo. O sistema privado de assistência médica dos Estados Unidos é caro, ineficiente e obtém resultados muito piores que o de países europeus, que gastam muito menos. Um sistema mais baseado no mercado *não* é o caminho que a China deveria tomar. Em anos recentes, o governo deu passos importantes para fornecer assistência médica básica, principalmente em áreas rurais; alguns compararam a abordagem chinesa à do Reino Unido, onde a assistência privada à saúde tem como alicerce uma base pública. Pode-se debater se esse modelo é melhor que a prestação desses serviços ao estilo francês, dominado pelo governo. Porém, se o modelo do Reino Unido for adotado, o nível da base fará toda a diferença; considerando que o papel desempenhado pelo setor privado na questão da saúde no Reino Unido é relativamente pequeno, o sistema do país é basicamente público.

Analogamente, embora a China já tenha progredido na transição da manufatura para uma economia baseada em serviços (a fatia do PIB referente aos serviços superou a da indústria pela primeira vez em 2013), ainda há um longo caminho a percorrer. Muitas fábricas já operam acima de sua capacidade, e não será fácil realizar uma reestruturação eficiente e suave sem ajuda do governo.

A China também está se reestruturando em outro aspecto: a urbanização rápida. Para garantir que as cidades sejam habitáveis e ambientalmente sustentáveis, será necessária uma ação forte do governo para fornecer transporte, escolas e hospitais públicos, parques e zoneamento, entre outros bens públicos, em nível suficiente.

Uma das lições importantes que deveríamos ter aprendido com a crise econômica global pós-2008 é que os mercados não são autorregulados. Estão propensos a bolhas de ativos e crédito, que inevitavelmente estouram — frequentemente, quando os fluxos de capitais estrangeiros revertem bruscamente a direção — impingindo custos sociais altíssimos.

O fascínio dos Estados Unidos pela desregulamentação foi a causa da crise. A questão não é apenas o ritmo e a sequência da liberalização, como alguns sugerem; o resultado final também é importante. A liberalização das taxas de depósito levou à crise das poupanças e empréstimos nos Estados Unidos na década de 1980. A liberalização dos empréstimos incentivou o comportamento predatório que explorou os consumidores pobres. A desregulamentação bancária não levou a um crescimento maior — simplesmente levou a um risco maior.

Espera-se que a China não trilhe o mesmo caminho dos Estados Unidos, com consequências desastrosas. O desafio de seus líderes é desenvolver regimes regulatórios eficazes e apropriados para seu estágio de desenvolvimento.

Para isso, o governo terá de levantar mais dinheiro. O fato de que os governos locais atualmente se baseiam na venda de terras é a origem de muitas das distorções na economia — e de boa parte da corrupção. Em vez disso, as autoridades deveriam aumentar a receita por meio de impostos ambientais (inclusive um imposto sobre a emissão de gases de efeito estufa), um imposto de renda mais progressivo (incluindo ganhos de capital) e um imposto sobre a propriedade. Além disso, o Estado deve se apropriar, por meio de dividendos, de uma fatia maior do valor das estatais (parte disso pode ocorrer à custa dos gestores dessas empresas).

A questão é se a China conseguirá manter o crescimento rápido (ainda que não mantenha a altíssima velocidade recente) ao mesmo tempo em que contém a expansão do crédito (algo que pode causar uma reversão brusca nos preços dos ativos), enfrenta uma demanda global fraca, reestrutura a economia e combate a corrupção. Em outros países, esses desafios hercúleos levaram à paralisia, não ao progresso.

A economia do sucesso é clara: gastos mais altos com urbanização, saúde e educação, financiados por aumentos de impostos, poderiam, simultaneamente, sustentar o crescimento, melhorar o meio ambiente e reduzir a desigualdade. Se a política da China conseguir gerenciar a implementação dessa agenda, o mundo todo será beneficiado.

Medellín: Uma Luz para as Cidades*

No mês passado, houve um evento extraordinário em Medellín, na Colômbia. Cerca de 22 mil pessoas marcaram presença no Fórum Urbano Mundial para discutir o futuro das cidades. O foco foi criar "cidades para a vida" — ou seja, promover o desenvolvimento equitativo nos ambientes urbanos em que a maioria dos cidadãos do mundo já vive e nos quais 2/3 residirão até o ano de 2050.

O local em si tem um valor simbólico: Medellín, antes notória pelos cartéis de drogas, hoje tem a merecida reputação de uma das cidades mais inovadoras do mundo. A história da transformação da cidade traz lições importantes para as áreas urbanas de outros lugares.

Nas décadas de 1980 e 1990, traficantes poderosos, como o famigerado Pablo Escobar, dominavam as ruas de Medellín e controlavam a política. A fonte do poder de Escobar era não só o tráfico internacional de cocaína, imensamente lucrativo (alimentado pela demanda norte-americana), mas também a desigualdade extrema em Medellín e na Colômbia. Nas íngremes encostas do vale que abriga a cidade, grandes favelas, praticamente abandonadas pelo governo, forneceram um enorme contingente de pessoas dispostas a trabalhar para os cartéis. Na ausência de serviços públicos, Escobar conquistou os corações e mentes dos pobres com sua generosidade — mesmo sendo responsável pelo clima de terror na cidade.

Hoje, é difícil reconhecer essas favelas. No bairro pobre de Santo Domingo, o novo sistema Metrocable da cidade, formado por três linhas de teleféricos, atende às pessoas que residem a centenas de metros de altura, nas montanhas, unindo-as ao centro da cidade e acabando com seu isolamento. A viagem agora

---
*Project Syndicate, 7 de maio de 2014.

é uma questão de minutos, e as barreiras sociais e econômicas entre os assentamentos informais e o restante da cidade estão ruindo.

Os problemas dos bairros pobres da cidade não foram eliminados, mas os benefícios proporcionados pelas melhorias na infraestrutura saltam aos olhos: casas bem cuidadas, murais e campos de futebol próximos às estações de teleférico, cujos projetos são emblemáticos para a cidade, tendo lhe rendido o prêmio Verônica Rudge Green de Design Urbano do ano passado, oferecido pela Universidade de Harvard — o prêmio mais prestigioso dessa área.

A partir do mandato de prefeito Sergio Fajardo em 2004 (hoje governador de Antioquia, no departamento de Medellín), a cidade vem se empenhando em transformar suas favelas, melhorar a educação e promover o desenvolvimento. (O prefeito atual, Aníbal Gaviria, assumiu o compromisso de continuar nesse caminho.)

Medellín construiu prédios públicos de vanguarda nas áreas mais decadentes, patrocinou a pintura das casas de cidadãos de distritos pobres e limpou e melhorou as ruas — por acreditar que, se você trata as pessoas com dignidade, elas valorizam o ambiente onde vivem e se orgulham de suas comunidades. E essa crença se mostrou verdadeira.

No mundo todo, as cidades são o *locus* e o foco dos grandes debates da sociedade — e há um bom motivo para isso. Quando as pessoas vivem muito próximas umas das outras, não têm como escapar de grandes problemas sociais: desigualdade crescente, degradação ambiental e investimento público inadequado.

O fórum recordou aos participantes que cidades boas para viver requerem planejamento — uma mensagem que contraria a atitude prevalecente em uma boa parte do mundo. No entanto, sem planejamento e investimento governamental em infraestrutura, transporte público e parques e sem o fornecimento de água limpa e saneamento, as cidades não serão lugares bons para se viver. E são os pobres que, inevitavelmente, sofrem mais com a ausência de serviços públicos.

Medellín também tem algumas lições a ensinar para os Estados Unidos. De fato, pesquisas recentes mostram como o planejamento estimulou a segregação econômica nos Estados Unidos e como as cidades sem transporte público se tornaram armadilhas de pobreza, devido à escassez de empregos acessíveis.

A conferência foi além disso, enfatizando que "cidades boas para se viver" não são o bastante. Precisamos criar áreas urbanas onde as pessoas possam prosperar e inovar. Não é por acaso que o Iluminismo — que levou às maiores e mais rápidas elevações do padrão de vida na história humana — se desenvolveu em cidades. O novo pensamento é consequência natural da alta densidade populacional, contanto que os requisitos adequados sejam preenchidos — requisitos que englobam espaços públicos onde as pessoas possam interagir e a cultura possa prosperar, bem como um *ethos* democrático que aceite e incentive a participação popular.

Um dos principais temas do fórum foi o consenso sobre a necessidade de um desenvolvimento sustentável no setor ambiental, social e econômico. Todos esses aspectos da sustentabilidade estão interligados e são complementares — algo que fica mais claro do que nunca no contexto das cidades.

Um dos maiores obstáculos à conquista da sustentabilidade é a desigualdade. Nossas economias, democracias e sociedades pagam um alto preço pela crescente disparidade entre ricos e pobres, cujo aspecto mais abominável é, talvez, o aprofundamento da desigualdade de oportunidades.

Algumas cidades mostram que esses padrões amplamente observados não são consequência de leis econômicas imutáveis. Até mesmo no país desenvolvido mais desigual — os EUA — algumas cidades, como São Francisco e São José, são comparáveis às economias de melhor desempenho em termos de igualdade de oportunidades.

Com tantos governos de todo o planeta afetados pela paralisia, as cidades com visão de futuro estão se tornando um farol de esperança. Os divididos EUA parecem incapazes de atacar o alarmante agravamento da desigualdade. Porém, na cidade de Nova York, o prefeito Bill de Blasio foi eleito prometendo tomar providências a esse respeito.

A despeito das limitações quanto ao que pode ser feito em âmbito local — a tributação federal, por exemplo, é muito mais importante que a municipal — as cidades podem ajudar a garantir a disponibilidade de moradia acessível. Além disso, têm a responsabilidade especial de fornecer ensino público de qualidade e espaços públicos para todos, independentemente da renda.

Medellín e o Fórum Urbano Mundial mostraram que isso não é uma quimera. Outro mundo é possível; para construí-lo, precisamos apenas de vontade política.

Ilusões Norte-Americanas na Austrália*

Os debates político-econômicos nos EUA, para o bem ou para o mal, independentemente de sua maior ou menor relevância, com frequência repercutem em outros países. O governo recém-eleito de Tony Abbott, primeiro-ministro da Austrália, é um exemplo disso.

Como em vários outros países, governos conservadores defendem cortes nos gastos governamentais, argumentando que deficit fiscais colocam o futuro em perigo. No caso da Austrália, essas afirmações são particularmente equivocadas — mas, apesar disso, o governo de Abbott não deixou de se aproveitar delas.

Mesmo aceitando a ideia defendida por Carmen Reinhart e Kenneth Rogoff, economistas de Harvard, de que altos níveis de endividamento público comprometem o crescimento — uma visão que eles nunca estabeleceram de fato e que, posteriormente, foi refutada — a Austrália está longe desse limiar. A razão entre a dívida e o PIB desse país é menor que a dos EUA e está entre as mais baixas dos países da OCDE.

Os investimentos no futuro — incluindo investimentos públicos cruciais em educação, tecnologia e infraestrutura — são o fator mais importante para o crescimento no longo prazo. São eles que garantem a todos os cidadãos, por mais pobres que sejam seus pais, a possibilidade de desenvolver seu potencial.

Há algo de profundamente irônico na reverência que Abbott devota ao modelo norte-americano ao defender muitas das "reformas" propostas por seu governo. Afinal de contas, tal modelo não vem funcionando bem para a maioria dos estadunidenses. Hoje, a mediana da renda do país é a mais baixa em 25 anos — em virtude da estagnação não da produtividade, mas dos salários.

Project Syndicate, 9 de julho de 2014.

O desempenho do modelo australiano é muito melhor. De fato, a Austrália é uma das poucas economias baseadas em *commodities* que não sofreram com a "maldição" dos recursos naturais**. A prosperidade vem sendo compartilhada de forma relativamente ampla. A mediana da renda das famílias aumentou a uma taxa anual média acima de 3% nas últimas décadas — quase o dobro da média da OCDE.

Certamente, devido à abundância de recursos naturais, a Austrália deveria ser um país muito mais igualitário. Afinal de contas, os recursos naturais de um país deveriam pertencer a toda a população, e as "rendas" geradas por eles fornecem uma fonte de receita que poderia ser usada para reduzir a desigualdade. Além disso, a tributação das rendas dos recursos naturais com taxas altas não provoca as consequências adversas que se seguem à taxação da poupança ou do trabalho (as reservas de minério de ferro e gás natural não têm como ir para outro país para evitar a taxação). No entanto, o coeficiente de Gini da Austrália — uma medida padrão de desigualdade — é um terço maior que o da Noruega, um país rico em recursos que se saiu muito bem na tarefa de gerenciar a riqueza para o benefício de *todos* os cidadãos.

Fica a dúvida se Abbott e seu governo realmente entenderam o que aconteceu nos EUA. Terá ele percebido que, desde o início da era de desregulamentação e liberalização, no final da década de 1970, o crescimento do PIB americano sofreu uma forte desaceleração e que o crescimento ocorrido beneficiou principalmente os ocupantes do topo da pirâmide? Será que ele sabe que, antes dessas "reformas", os EUA não haviam sofrido crises financeiras — que agora se tornaram algo corriqueiro no mundo todo — durante meio século e que a desregulamentação levou à hipertrofia do setor financeiro, atraindo muitos jovens talentosos que, em outra circunstância, teriam se dedicado a atividades mais produtivas? Talentos que levaram a inovações financeiras que lhes proporcionaram uma riqueza extrema, mas deixaram os Estados Unidos e a economia mundial à beira da ruína.

Os serviços públicos australianos são de causar inveja ao mundo. Seu sistema de saúde funciona melhor que o norte-americano a um custo menor. A Austrália tem um programa de empréstimos estudantis condizente com a renda, que permite que os mutuários tenham mais anos, se necessário, para quitar o empréstimo e no qual, se a renda for particularmente baixa (talvez por causa da

---

**Essa "maldição" é também conhecida como "paradoxo da abundância" ou "doença holandesa". Refere-se ao fato de que países com vastos recursos naturais, como minerais e petróleo, baseiam suas economias na exportação desses recursos em detrimento de um desenvolvimento mais harmônico da economia como um todo, sacrificando os demais setores de atividade. A Holanda, nos anos 1960, com o petróleo, é um exemplo clássico.

escolha de uma carreira importante, mas mal remunerada, como a de religioso ou professor), o governo perdoa parte da dívida.

O contraste com os EUA é gritante. Nos EUA, a dívida estudantil — que atualmente passa de US$1,2 trilhão (mais do que toda a dívida nos cartões de crédito) — está se tornando um fardo para os formados e para a economia. O fracassado modelo financeiro dos EUA para o ensino superior é um dos motivos pelos quais, entre os países desenvolvidos, os Estados Unidos sejam a nação menos igualitária em oportunidades — as perspectivas de vida de um jovem norte-americano dependem mais da renda e do nível de instrução dos pais do que em outras nações avançadas.

As ideias de Abbott em relação ao ensino superior também sugerem que ele não entende plenamente o motivo do sucesso das melhores universidades dos EUA. A grandeza de Harvard, Yale e Stanford não vem da concorrência de preços nem da busca do lucro. Nenhuma das grandes universidades norte-americanas tem fins lucrativos. Todas elas são instituições sem fins lucrativos, públicas ou sustentadas por grandes doações, oferecidas primordialmente por ex-alunos e fundações.

A concorrência existe, mas é de outro gênero. As universidades buscam inclusão e diversidade e concorrem por verbas de pesquisa do governo. As universidades norte-americanas que visam o lucro se destacam em dois aspectos: a capacidade de explorar jovens provenientes de famílias e ambientes menos favorecidos, cobrando altas mensalidades sem oferecer nada de valor, e a capacidade de fazer lobby para conseguir dinheiro *sem regulamentação* do governo e continuar com as práticas exploratórias.

A Austrália deveria se orgulhar de seus êxitos, já que tem muito a ensinar ao resto do mundo. Seria uma pena se a compreensão equivocada dos acontecimentos nos EUA, aliada a uma forte dose de ideologia, levasse seus líderes a consertar algo que não está quebrado.

A Independência Escocesa*

Enquanto a Escócia cogita a independência, alguns, como Paul Krugman, questionam a "economia".

Sozinha, a Escócia correria o risco de um declínio no padrão de vida ou queda do PIB? Certamente, qualquer linha de ação tem seus riscos: caso a Escócia permaneça no Reino Unido e o Reino Unido saia da UE, o risco de declínio será significativamente maior, em todos os sentidos. Se a Escócia permanecer no Reino Unido, e este continuar com as políticas que aumentaram a desigualdade, mesmo com um ligeiro aumento do PIB, o padrão da vida da maioria dos escoceses poderá cair.

Cortes no apoio público do Reino Unido à educação e à saúde poderiam forçar a Escócia a enfrentar uma série de escolhas desagradáveis — mesmo com muito critério em relação à alocação de recursos.

Mas, de fato, e em todos os aspectos, a campanha do medo que está sendo realizada tem pouco fundamento. Krugman, por exemplo, sugere que há economias de escala significativas: Ele parece sugerir que uma economia pequena tem maior probabilidade de ir mal. No entanto, a Escócia independente continuaria fazendo parte da Europa, e o grande êxito da UE é a criação de uma vasta zona econômica.

Além disso, entidades políticas de pequeno porte, como Suécia, Cingapura e Hong Kong, prosperaram, ao passo que entidades muito maiores não. Mais que a questão da magnitude, a implementação de políticas corretas é o fator relevante.

---

*Herald (Glasgow), 13 de setembro de 2014.

A moeda é outro exemplo de tema sem substância. Há vários arranjos monetários que poderiam funcionar. A Escócia poderia continuar usando a libra esterlina — com ou sem o consentimento da Inglaterra.

Já que as economias da Inglaterra e da Escócia são muito semelhantes, uma moeda comum provavelmente funcionará muito melhor que o euro — inclusive sem uma política fiscal comum. Contudo, muitos países pequenos têm moeda própria — com câmbio flutuante, fixo ou "administrado".

A questão central da Escócia é de outra natureza. É evidente que há, dentro da Escócia, mais pontos em comum na visão e nos valores — conceito de país, sociedade, política e papel do Estado, e valores como justiça, equidade e oportunidade. Nem todos os escoceses concordam em relação às políticas específicas ou quanto ao delicado equilíbrio das demandas sociais.

No entanto, a visão e os valores da Escócia são diferentes daqueles que prevalecem ao sul da fronteira. A Escócia oferece ensino superior gratuito para todos; já a Inglaterra aumentou as mensalidades, forçando os estudantes provenientes de famílias de poucos recursos a tomar empréstimos.

A Escócia enfatizou repetidas vezes seu compromisso com o Serviço Nacional de Saúde. A Inglaterra tomou diversas medidas tendentes à privatização. Algumas diferenças vêm de muito tempo: até mesmo há 200 anos, o índice de alfabetização entre os homens escoceses era 50% maior que o da Inglaterra, e as universidades escocesas cobravam um décimo das mensalidades de Cambridge e Oxford.

Ao longo do tempo, as diferenças nessas e em outras políticas podem levar não só a taxas de crescimento muito diferentes — e portanto a níveis de PIB per capita bem distintos, compensando qualquer ligeiro impacto de curto prazo — como também a algo mais importante: disparidades na distribuição de renda e riqueza. Caso o Reino Unido continue na rota atual, imitando o modelo americano, é provável que os resultados sejam semelhantes aos dos EUA — onde a renda das famílias típicas está estagnada há 25 anos, mas os ricos ficam mais ricos.

A independência pode ter seus custos — que ainda não foram apresentados de modo convincente — mas também trará benefícios.

A Escócia pode investir na energia das marés ou em seus jovens; pode se empenhar em aumentar a participação feminina na força de trabalho e fornecer educação na infância — ambos essenciais para a criação de uma sociedade mais justa. Pode fazer esses investimentos ciente de que o país recuperará um valor ainda maior que o de seus benefícios por meio da tributação.

Na situação atual, enquanto a Escócia arca com os custos desses investimentos sociais, a maior parte da receita fiscal a mais, resultante do crescimento adicional proveniente desses investimentos, irá para o país ao sul da fronteira.

A difícil questão que a Escócia tem de enfrentar, portanto, não está relacionada a temas herméticos de arranjos monetários ou economias de escopo; não está ligada às minúcias de lucros e prejuízos em curto prazo. O ponto é se o futuro da Escócia — sua visão e seus valores em comum, que divergem cada vez mais daqueles que prevalecem ao sul da fronteira — serão favorecidos ou não pela independência.

A Depressão Espanhola*

A Espanha vive uma depressão. Essa é a única palavra adequada para descrever uma economia em que quase um de cada quatro trabalhadores está desempregado e tem uma taxa de desemprego de 50% entre os jovens (na época em que O Preço da Desigualdade foi organizado). O prognóstico para o futuro imediato é mais do mesmo ou, quem sabe, um pouco pior. A situação é essa, apesar das promessas — do governo e de autoridades internacionais que prescreveram pacotes de austeridade para a Espanha — de que o crescimento já teria sido restaurado neste momento. Subestimaram repetidamente a magnitude da retração que suas políticas causariam e, consequentemente, superestimaram de forma consistente o benefício fiscal que seria obtido: retrações mais profundas inevitavelmente provocam queda de receitas e aumento dos gastos referentes a desemprego e programas sociais. Ainda que agora eles tentem transferir a culpa para a Espanha — pelo não cumprimento das metas fiscais — a culpa é do erro de diagnóstico do problema e da consequente prescrição equivocada.

O Preço da Desigualdade explica como políticas econômicas equivocadas podem agravar a desigualdade e comprometer o crescimento — e as políticas que estão sendo adotadas na Espanha e na Europa em geral ilustram isso perfeitamente. Nos anos anteriores à crise (principalmente entre 1985 e 2000), a Espanha era um país pouco comum, já que a desigualdade de rendimentos líquidos do trabalho e a renda líquida familiar disponível caíra.[1] Embora a desigualdade antes dos impostos fosse reduzida, o governo "corrigiu" a distribuição de renda por meio de políticas sociais importantes e medidas destinadas a melhorar a saúde pública e continuou a agir assim até os primeiros anos da crise.[2] Entretanto, até agora, a recessão prolongada causou um aumento drástico da desigualdade.[3]

---

*Prefácio da edição espanhola de O Preço da Desigualdade.

Como explicamos no Capítulo 1 de *O Preço da Desigualdade*, as retrações — principalmente uma depressão, como essa que a Espanha enfrenta — provocam efeitos negativos na desigualdade. Os desempregados, especialmente os que se encontram nessa condição há muito tempo, têm mais probabilidade de cair na pobreza. O alto índice de desemprego exerce pressão pela redução dos salários — e os salários da base da pirâmide são particularmente sensíveis. E, à medida que a austeridade se torna mais rigorosa, programas sociais básicos para o bem-estar dos ocupantes do meio e da base da pirâmide sofrem cortes. Como acontece nos Estados Unidos, um dos fatores que agravam esses efeitos é a queda nos preços dos imóveis, o ativo mais importante para as pessoas que se encontram nesses patamares de renda.

As implicações da desigualdade crescente da Espanha e de sua profunda depressão deveriam ser grandes preocupações para o futuro. O desperdício não é só de recursos; o capital humano do país está se deteriorando. As pessoas qualificadas que não encontram emprego na Espanha estão migrando, pois há um mercado global para os talentos do país. Seu retorno — quando e se a recuperação acontecer — depende, em parte, da duração da depressão.

Os problemas atuais da Espanha são, em grande medida, consequência da mesma mescla de ideologia e interesses especiais que (como o livro descreve) levou à liberalização e desregulamentação do mercado financeiro e a outras políticas de "fundamentalismo de mercado" nos Estados Unidos — políticas que contribuíram para o alto nível de desigualdade e instabilidade nos EUA e ocasionaram taxas de crescimento muito inferiores às taxas das décadas anteriores. (As políticas inerentes ao "fundamentalismo de mercado" também são conhecidas como "neoliberalismo". Como eu explico, elas não se baseiam em uma compreensão profunda da teoria econômica moderna, mas em uma leitura ingênua da economia, baseada em premissas de concorrência perfeita e mercados perfeitos.)

Em certos casos, a ideologia nada mais fez do que mascarar alguns interesses gananciosos. Desenvolveu-se uma aliança entre bancos, elementos do setor imobiliário e alguns políticos: regulamentações ambientais e de zoneamento foram deixadas de lado ou não foram aplicadas como deveriam; as poucas regulamentações bancárias, ainda que inadequadas, não foram implementadas com rigor. Foi uma festa, com dinheiro à vontade. Parte dele voltou para os políticos que permitiram que isso acontecesse, na forma de doações de campanha ou empregos lucrativos após o final do mandato. Até mesmo as receitas fiscais aumentaram, e os políticos podiam se orgulhar tanto do crescimento proporcionado pela bolha imobiliária quanto da melhor posição fiscal do país. Porém, tudo isso foi uma quimera: a economia estava fundada em alicerces frágeis e insustentáveis.

Na Europa, as ideias neoliberais do fundamentalismo de mercado foram codificadas na estrutura básica subjacente à União Europeia e, particularmente, à zona do euro. Esses princípios deveriam proporcionar mais eficiência e estabilidade; como se supunha que todos seriam beneficiados pelo maior crescimento, deu-se pouca atenção ao efeito que as regras teriam sobre a desigualdade.

Na verdade, levaram a um crescimento menor e mais instabilidade. E, na maioria dos países da União Europeia — já antes da crise, e mais ainda depois dela — os ocupantes da base e do meio da pirâmide não estavam em boa situação. *O Preço da Desigualdade* desmascara muitas das falácias da ideologia fundamentalista de mercado e explica por que as políticas baseadas nela falharam repetidas vezes. Entretanto, vale a pena examinar mais atentamente como essas questões se manifestaram na Europa.

Considere o princípio da livre mobilidade da mão de obra. Esse princípio deveria levar à alocação eficiente da força de trabalho — e, em algumas circunstâncias, isso pode acontecer. Mas, com o ônus da dívida pesando tanto em vários países, os jovens podem evitar a quitação das dívidas de seus pais simplesmente se mudando; os impostos sobre a quitação desses débitos induzem a uma migração ineficaz. Porém, também cria uma dinâmica adversa: à medida que os jovens saem do país, o ônus fiscal sobre os demais aumenta, incentivando ainda mais a migração ineficiente.

Considere também o princípio da livre movimentação das mercadorias, aliada à ausência da harmonização de impostos. As empresas (e pessoas) têm o incentivo de ir para jurisdições com impostos baixos, de onde podem expedir suas mercadorias para qualquer parte da UE. A localização não se baseia no critério da maior eficiência da produção, mas nos impostos mais baixos. Isso provoca uma corrida para o fundo do poço, que gera uma pressão não só para reduzir a tributação sobre o capital e as corporações, mas também para rebaixar os salários e as condições de trabalho. O ônus da taxação é transferido para os trabalhadores. Além disso, com tanta desigualdade associada à dos lucros corporativos e de capital, a desigualdade geral na renda (depois dos impostos e da transferência) inevitavelmente aumenta.

O princípio do chamado mercado único — em que um banco regulamentado por qualquer governo europeu pode operar em qualquer parte da UE — aliado à livre mobilidade de capital, talvez seja a pior das políticas neoliberais. Nos anos anteriores à crise, vimos um aspecto disso: produtos financeiros e depósitos de países pouco regulamentados causaram um estrago em outros países; os que os receberam não cumpriram a responsabilidade de proteger seus cidadãos e sua economia. Do mesmo modo, a doutrina de que os mercados são eficientes — e os governos não devem interferir em sua prodigiosa obra — levou à decisão de não interferir nas bolhas imobiliárias que se formaram na Irlanda, na Espanha e nos Estados Unidos. Entretanto, os mercados passaram por vários surtos de otimismo e pessimismo irracional: foram otimistas demais nos anos posteriores à implantação do euro, e o dinheiro fluiu para o setor imobiliário na Espanha e na Irlanda; hoje, estão pessimistas demais, e o dinheiro está saindo. A saída enfraquece ainda mais a economia. E o princípio do mercado único exacerba o problema: para alguém que está na Grécia, na Espanha ou em Portugal, é relativamente fácil transferir seus euros para uma conta bancária alemã.

Contudo, o sistema bancário, assim como outros aspectos da economia do euro, não é um campo de jogo nivelado. A confiança em um banco se baseia na capacidade de o governo resgatar seus correntistas caso as coisas deem errado, principalmente porque permitimos que os bancos ficassem maiores e negociassem produtos financeiros complexos, não transparentes e de difícil valorização. Os bancos alemães têm vantagem sobre os espanhóis simplesmente porque se confia mais na capacidade alemã de resgatá-los. Há um subsídio oculto. Mas isso também gera uma espiral descendente, pois conforme o dinheiro sai do país, a economia enfraquece, minando a confiança na capacidade do governo de resgatar os bancos do país, intensificando a fuga de dinheiro.

Outros aspectos da estrutura econômica europeia contribuem para seus problemas atuais: o Banco Central Europeu é obcecado pela inflação (ao contrário dos EUA, que também levam em conta o crescimento, o emprego e a estabilidade financeira). O Capítulo 9 de *O Preço da Desigualdade* explica por que o foco na inflação contribui para o aumento da desigualdade. No entanto, essa disparidade de atribuições é particularmente desvantajosa para a Europa neste momento. Como os EUA reduziram as taxas de juros praticamente a zero, mas a Europa não fez isso, o euro está mais forte do que estaria normalmente. Isso enfraquece as exportações, fortalece as importações e destrói ainda mais empregos no bloco europeu.

O problema fundamental do euro foi o fato de ter eliminado dois mecanismos críticos para ajuste na eventualidade de um choque que afetasse os países de forma diferente — ou seja, os mecanismos de taxa de juros e taxa de câmbio — e não ter estabelecido outros no lugar deles. A zona do euro não era, no jargão dos economistas, uma "área de moeda ideal", um grupo de países que poderia ter uma moeda comum de uma forma viável. Quando os países sofrem um choque, uma das formas de ajuste é mudar a taxa de câmbio. Isso vale até mesmo para países semelhantes, como os Estados Unidos e o Canadá; a taxa de câmbio entre os dois variou bastante. Já o euro impõe uma restrição ao ajuste.

Alguns afirmam que a redução de todos os preços e salários do país é uma alternativa ao ajuste da taxa de câmbio. Isso é conhecido como *desvalorização interna*. Se a desvalorização interna fosse fácil, o padrão ouro não teria sido uma barreira ao ajuste na Grande Depressão. Para países como a Alemanha é mais fácil ajustar por meio de uma apreciação real da moeda (como a China está fazendo agora), do que fazer um ajuste como o de seus parceiros comerciais, por meio de uma depreciação real de sua moeda. Pode-se obter a apreciação real por meio da inflação. É mais fácil obter uma inflação moderada do que o mesmo nível de deflação. Contudo, a Alemanha reluta.

A consequência da taxa de câmbio baixa demais da Alemanha é a mesma da China: a Alemanha tem um superavit (como a China), e seus parceiros comerciais (como a Espanha) têm um deficit comercial. Quando há desequilíbrios, a culpa é tanto do país "superavitário" quanto do país "deficitário", e o ônus do ajuste deve recair sobre o país onde o ajuste é mais fácil. Essa é a doutrina que o resto do mundo adota em relação à China, que reagiu com um aumento extraordinário em sua taxa de câmbio real desde 2005. O ajuste necessário não ocorreu na Europa.

Nem todos os países podem ter *superavit*; portanto, a visão de alguns alemães — que acreditam que outros devem imitar sua política — é, em certo sentido, simplesmente incoerente. Para todo *superavit*, tem de haver um *deficit*. Particularmente, hoje, os países "superavitários" estão impondo custos aos outros: o problema atual é a carência de demanda agregada, um problema para o qual os superavit contribuem.

É instrutivo comparar a Europa com os EUA. Os 50 estados dos EUA têm uma moeda comum. Alguns contrastes entre esse país — onde há uma moeda comum que funciona — e a Europa podem ser ilustrativos. Nos EUA, 2/3 de todos os gastos públicos ocorrem no âmbito federal. O governo federal absorve o impacto dos pagamentos de programas sociais, seguro-desemprego e investimentos de capital, como os investimentos em estradas e P&D. O *locus* das políticas contracíclicas é o governo central. Este respalda os bancos — inclusive a maioria dos bancos estaduais — por meio da Corporação Federal de Seguro de Depósitos (FDIC). Há livre movimentação, mas, nos EUA, não há a preocupação com o despovoamento de um estado, como a Dakota do Norte, em decorrência da migração. Na verdade, isso reduz o custo da "compra" dos congressistas daquele estado.

O euro foi um projeto político, mas um projeto que a política não teve força suficiente para concluir. Não teve ímpeto para fazer funcionar uma área monetária que une países tão heterogêneos. Espera-se que, com o tempo, o projeto seja concluído com a aproximação entre os países por meio do euro. Na prática, seu efeito é exatamente o oposto. Feridas antigas voltaram a se abrir, e surgiram novas hostilidades.

Quando as coisas estavam indo bem, não se pensava nesses problemas. Eu tinha esperança de que a crise da dívida da Grécia, que eclodiu em janeiro de 2010, desse o impulso para reformas mais profundas. Porém, pouco se fez. Na época em que *O Preço da Desigualdade* foi impresso, as taxas de juros da Espanha eram insustentáveis e não havia perspectiva de uma breve recuperação.

O maior erro cometido pela Europa, estimulada pela Alemanha, foi ter atribuído as dificuldades dos países periféricos — como a Espanha — ao esbanjamento. Embora seja verdade que a Grécia tenha contraído grandes deficit nos anos anteriores à crise, tanto a Espanha quanto a Irlanda tinham superavit e dívidas baixas (em relação ao PIB). Sendo assim, o foco na austeridade não teria nem sequer evitado a recidiva da crise, que dirá evitado a crise europeia.

Anteriormente, descrevi como o alto nível de desemprego está aumentando a desigualdade. Mas como os ocupantes do topo da pirâmide gastam uma proporção menor de sua renda em comparação com os da base — que não têm alternativa a não ser gastar tudo que ganham — a desigualdade enfraquece a economia. Há um ciclo vicioso de decadência. E a austeridade exacerba tudo isso. Hoje, o problema da Europa é a demanda global inadequada. À medida que a depressão permanece, os bancos ficam menos dispostos a emprestar, os preços de imóveis caem, as famílias empobrecem cada vez mais e seu futuro torna-se mais incerto, reduzindo ainda mais o consumo.

Nenhuma economia de grande porte — como a europeia — jamais saiu de uma crise impondo a austeridade, pois esta — sempre e de forma inevitável e previsível — piora a situação. O rigor fiscal somente contribuiu para a recuperação de países pequenos, normalmente com taxas de câmbio flexíveis, cujos parceiros comerciais apresentavam um crescimento robusto, de modo que as exportações pudessem preencher as lacunas criadas pelos cortes nos gastos do governo. No entanto, a situação atual da Espanha é muito diferente disso: seus principais parceiros comerciais estão em recessão e o país não tem controle sobre sua taxa de câmbio.

Os líderes europeus reconheceram que seus problemas não serão resolvidos sem crescimento. Porém, não souberam explicar como se pode obter crescimento com austeridade. Também afirmam que é preciso recuperar a confiança. A austeridade não ocasionará nem crescimento nem confiança. As políticas europeias fracassadas dos últimos dois anos, em que se tentou repetidas vezes "remendar" a situação, baseando-se em um diagnóstico incorreto dos problemas, minaram a confiança. Como a austeridade destruiu o crescimento, levou consigo também a confiança e as coisas seguirão esse caminho, não importando quantos discursos se façam sobre a importância da confiança e do crescimento.

As medidas de austeridade foram particularmente ineficazes porque o mercado entendeu que elas causariam recessões, agitação política e melhorias decepcionantes na posição fiscal, com o declínio da receita de impostos. As agências de classificação de risco rebaixaram a nota dos países que adotaram medidas de austeridade — e com razão. A nota da Espanha foi rebaixada à proporção que as primeiras medidas de austeridade foram aprovadas: A agência de classificação acreditava que a Espanha cumpriria o que prometeu e sabia que isso levaria a um crescimento baixo e ao agravamento dos problemas econômicos.

Embora a austeridade tivesse o objetivo de resolver a crise da "dívida soberana", para salvar o sistema bancário, a Europa recorreu a uma série de medidas temporárias igualmente ineficazes. No ano passado, a Europa se envolveu em uma operação custosa, circular e inútil: o fornecimento de mais dinheiro aos bancos para comprar as dívidas soberanas ajudou a dar apoio a elas, ao mesmo tempo em que o fornecimento de mais dinheiro para as mesmas dívidas serviu de apoio aos bancos. Mas isso não passou de economia vodu — um presente oculto para os bancos, no valor de dezenas de bilhões de dólares. Os mercados perceberam rapidamente a manobra. Cada medida não passou de um paliativo de curto prazo, cujos efeitos desapareceram ainda mais rapidamente do que os especialistas esperavam. Após a revelação plena da ineficácia das operações circulares, o sistema financeiro dos países em crise foi colocado em perigo. Finalmente, quase dois anos e meio depois do início da crise, aparentemente reconheceram a insensatez dessa estratégia. Mesmo assim, não foram capazes de criar uma alternativa eficaz.

A estratégia europeia tem um segundo ramo (além de arrumar a casa no sistema fiscal): reformas estruturais para tornar as economias afetadas mais competitivas. As reformas estruturais são importantes, mas levam tempo e são medidas no lado da oferta; entretanto, é a demanda que está limitando a produção. Medidas equivocadas no lado da oferta — como as que reduziram as rendas na atualidade — podem exacerbar a falta de demanda agregada. Assim sendo, medidas para melhorar o mercado de trabalho não aumentarão o número de contratações se não houver demanda pelas mercadorias produzidas pelas empresas. O enfraquecimento dos sindicatos e da proteção ao trabalho podem causar a redução de salários, demanda mais fraca e mais desemprego. De acordo com as doutrinas neoliberais, a transferência de trabalhadores dos setores subsidiados para usos mais produtivos aumentaria o crescimento e a eficiência. Todavia, em situações como a da Espanha, em que o índice de desemprego já está alto — principalmente quando o setor financeiro está em baixa — os trabalhadores saem de setores subsidiados de pouca produtividade e caem no desemprego; a economia, por sua vez, fica mais fraca com a consequente redução no consumo.

A Europa vem lutando há anos, e o único resultado (até o momento em que este livro foi impresso) é a recessão, não só dos países em crise, mas em toda a Europa. Há um conjunto alternativo de políticas que poderiam funcionar — poderiam, pelo menos, acabar com a depressão, encerrar o crescimento corrosivo da pobreza e da desigualdade e, talvez, até restaurar o crescimento.

Há muito tempo é reconhecido o princípio de que a expansão equilibrada dos impostos e gastos estimula a economia. Se o programa for bem elaborado (impostos para os mais ricos, gastos com educação), poderá haver um crescimento significativo do PIB e do índice de emprego.

A Espanha, contudo, não pode fazer muita coisa. Para que o euro sobreviva, a Europa tem de agir. O continente como um todo não está em uma posição fiscal ruim — a razão entre dívida e PIB é melhor que a dos EUA. Se cada estado dos Estados Unidos fosse totalmente responsável por seu orçamento, inclusive pelo pagamento de todos os benefícios para desempregados, os EUA também viveriam uma crise fiscal. A lição é óbvia: o todo é maior que a soma de suas partes. A Europa poderia agir conjuntamente de várias formas, além das medidas que já foram tomadas.

Já existem instituições na Europa, como o Banco Europeu de Investimentos, que poderiam ajudar a financiar os investimentos necessários nas economias carentes de fundos. O banco deveria expandir os empréstimos. Além disso, os fundos disponíveis para dar apoio a pequenas e médias empresas deveriam ser aumentados. As grandes empresas, por sua vez, podem recorrer a bancos de capital. A contração do crédito pelos bancos atinge duramente essas empresas — que, em todas as economias, são fonte de geração de empregos. Essas medidas já estão em vigor, mas é improvável que sejam suficientes.

Existe a necessidade de algo como um Tesouro comum: um fundo de solidariedade europeu mais amplo para a estabilização ou para os Eurobonds (um título denominado em moeda diferente da moeda do país em que é emitido). Se a Europa (e particularmente o BCE) tomassem emprestado e tornassem a emprestar esse dinheiro, os custos da quitação da dívida europeia diminuiriam, e isso abriria espaço para os tipos de gastos que promovem crescimento e emprego.

Entretanto, as políticas comuns que estão sendo discutidas no momento são pouco mais do que um pacto suicida — um acordo de limitar os gastos de acordo com as receitas, até mesmo em uma recessão, sem o compromisso, por parte dos países que estão fortes, de ajudar os mais fracos. Uma das vitórias do governo Clinton foi derrotar uma tentativa semelhante, por parte dos republicanos, de forçar uma emenda à constituição norte-americana em relação ao equilíbrio orçamentário. Evidentemente, não prevíamos o esbanjamento fiscal do governo Bush, as irresponsáveis "políticas" de desregulamentação e a supervisão inadequada que provocaram um aumento expressivo da dívida pública. Mesmo se tivéssemos previsto isso, creio que teríamos chegado à mesma conclusão. É errado não usar as ferramentas à disposição de um país. Uma das principais obrigações da economia moderna é manter o pleno emprego, e a política monetária, por si só, não é suficiente para isso.

Alguns alemães afirmam que a Europa não é uma união de transferências. Muitas relações econômicas não são uniões de transferência — por exemplo, uma zona de livre comércio. Mas o sistema de moeda única buscava ir além disso. A Europa e a Alemanha terão de encarar a realidade, se não estiverem dispostas a mudar a estrutura econômica para algo mais do que um acordo de rigor fiscal, o euro não dará certo. Pode até viver por mais algum tempo, causando uma dor indizível em sua agonia de morte, mas não sobreviverá.

Portanto, há apenas uma forma de sair da crise bancária — uma estrutura bancária comum, um respaldo ao sistema financeiro que englobe toda a Europa. Não é de estranhar que os bancos que recebem subsídios implícitos dos governos em melhor situação não queiram isso. Eles gostam de ter essa vantagem competitiva. E banqueiros do mundo todo exercem uma influência indevida sobre os governos.

As consequências serão profundas e duradouras. Jovens que ficam sem um bom emprego por muito tempo ficam alienados. Quando acabam conseguindo um emprego, o salário é muito mais baixo que o anterior. Normalmente, a juventude é uma época adequada para se qualificar. Agora, tornou-se uma época de atrofia das qualificações. Os talentos dos jovens, que são o bem mais valioso da sociedade, estão sendo desperdiçados e, até mesmo, destruídos.

No mundo, ocorrem vários desastres naturais — terremotos, enchentes, tufões, furações, tsunamis. É uma pena acrescentar a essa lista um desastre provocado pelo homem — mas é isso o que a Europa está fazendo. De fato, o desconhecimento voluntário das lições do passado é um crime. O sofrimento da Europa, principalmente dos pobres e jovens, é totalmente desnecessário.

Sugeri que existe uma alternativa. Entretanto, a Espanha não pode agir sozinha. Há necessidade de políticas europeias. A demora em adotar essa alternativa custará muito caro.

Infelizmente, neste momento, não se está discutindo — pelo menos, não abertamente — o tipo de reforma que faria o euro funcionar. Como já mencionei, só ouvimos lugares-comuns sobre responsabilidade fiscal e restauração do crescimento e da confiança. Discretamente, acadêmicos e outras pessoas estão começando a discutir um plano B: o que acontecerá se a falta de vontade política evidenciada na fundação do euro — vontade política de criar as estruturas institucionais que fariam a moeda comum funcionar — continuar. Desfazer o que está mal feito custa caro, mas manter os arranjos institucionais equivocados atuais também tem um ônus elevado. Esses arranjos equivocados já sofreram colapsos no passado. Há um preço a pagar. No entanto, a vida continua depois da dívida e da desvalorização. E essa vida pode ser muito melhor que a depressão que atinge alguns países europeus atualmente. Se houvesse uma luz no fim desse túnel, a história seria diferente. A austeridade não promete um mundo melhor no futuro previsível. Em termos históricos e de acordo com a experiência, não há nada que possa nos tranquilizar em relação a isso.

E, se a depressão continuar, o sofrimento será maior para os ocupantes da base e do meio da pirâmide.

Notas

1. Josep Pijoan-Mas e Virginia Sanchez-Marcos atribuem isso ao declínio na valorização associada ao ensino superior e à queda das taxas de desemprego em "Spain is Different: Falling Trends of Inequality", *Review of Economic Dynamics* 13, n°1 (janeiro de 2010), pp.154-78.

2. Para ver uma descrição de alguns desses esforços, consulte *OECD Perspectives: Spain Policies for a Sustainable Recovery*, outubro de 2011, disponível no *site* http://www.oecd.org/dataoecd/45/46/44686629.pdf, acessado em 30 de julho de 2012 (conteúdo em inglês).

3. O coeficiente de Gini é uma medida padrão de desigualdade, mencionada no Capítulo 1 do livro *O Preço da Desigualdade*. A igualdade perfeita tem o valor 0; a desigualdade perfeita, o valor 1. Países razoavelmente bons obtêm o valor de 0,3. Os Estados Unidos, que ocupam a pior colocação entre os países industrializados avançados, têm um coeficiente em torno de 0,47; os países altamente desiguais têm um coeficiente superior a 0,5. De modo geral, a mudança no coeficiente de Gini de um país é *muito* lenta, mas o da Espanha passou de 0,326 em 2005 para 0,347 em 2010. Consulte FMI "Income Inequality and Fiscal Policy", junho de 2012, disponível em http://www.imf.org/external/pubs/ft/sdn/2012/sdn1208.pdf, acessado em 30 de julho de 2012 (conteúdo em inglês).

PARTE VIII

FAZENDO OS EUA VOLTAREM A TRABALHAR

A O INICIAR ESTE LIVRO, TRATEI BREVEMENTE DO PROCESSO DE FORmação da Grande Recessão, com foco nas relações entre essa recessão e a desigualdade — mostrando que ela foi, ao mesmo tempo, causa e consequência. Termino voltando a esses temas.

Ao final de 2009, ficou claro que tínhamos salvado os bancos e que o país tinha evitado outra Grande Depressão. Mas para mim também ficou claro que a economia não estava em vias de recuperar-se rapidamente. Conforme afirmei na Introdução ao Prelúdio e, principalmente, em "Como Sair da Crise Financeira", precisávamos de um estímulo forte, bem elaborado, de grande porte e de longo prazo; precisávamos de um socorro financeiro, mas um socorro que induzisse os bancos a emprestar para empresas de pequeno e médio porte. As reformas regulatórias apropriadas ajudariam a cumprir essa tarefa, limitando a possibilidade de especulação e manipulação do mercado. Era necessária uma política imobiliária que auxiliasse os milhões de norte-americanos que estavam perdendo suas casas. Não fizemos nada disso. Apesar de termos salvado os bancos, não evitamos que milhões e milhões de norte-americanos perdessem suas casas e outros milhões perdessem seus empregos. O governo Obama e o Fed pareciam estar mais confiantes do que eu no fim próximo da crise. Em meados de 2011, a desilusão estava se instalando. Claramente, era preciso fazer algo mais para colocar mais norte-americanos para trabalhar novamente. O artigo "Como Fazer com que os EUA Voltem a Trabalhar" foi escrito para a revista *Politico* a fim de fornecer uma agenda alternativa.

Estava-se em 2013, e a economia continuava fraca. Um novo debate nacional se afigurava. Havia um novo normal? Deveríamos aceitar um novo nível de desemprego, mais alto? Continuei a acreditar que o principal motivo da debilidade de nossa economia era a falta de demanda e que a principal razão disso era a desigualdade — que havia crescido ainda mais desde o início da recessão. Em "A Desigualdade Está Atrapalhando a Recuperação" explico novamente, em detalhes, por que a desigualdade é tão ruim para a economia, o que poderíamos fazer para reduzi-la e como poderíamos ter, ao mesmo tempo, um desempenho econômico melhor e menos desigualdade.

Como a recuperação continuava anêmica, começaram a surgir questionamentos sobre o diagnóstico original do problema da economia: havia algo mais fundamentalmente errado com a economia? No momento da crise, o diagnóstico comum era que os bancos haviam sido irresponsáveis nos empréstimos; os bancos estavam falidos e, sem um sistema bancário funcional, a economia em si não poderia funcionar. O dinheiro fornecido pelos bancos era como o sangue para o corpo. Dizia-se que, por esse motivo, o salvamento dos bancos era essencial. Não ajudamos os bancos por amor a eles ou aos banqueiros, mas porque eram imprescindíveis. A prescrição de Obama e Bush decorreu desse diagnóstico: levar os bancos ao pronto-socorro, fazer uma grande transfusão de sangue (ou, mais precisamente, infusão de dinheiro) e, dentro de um ano ou dois, as coisas voltariam ao normal. A economia precisaria de um auxílio de curto prazo — um estímulo — nesse ínterim; porém, já que o estímulo era apenas uma medida temporária, necessária apenas enquanto os bancos se recuperavam, não era preciso se preocupar com seus mínimos detalhes. Dessa forma, acabamos tendo um estímulo pequeno demais, breve demais e mal elaborado.

(Evidentemente, como expliquei em *O Mundo em Queda Livre* e em capítulos anteriores deste livro, era possível salvar os bancos sem salvar os banqueiros e seus acionistas e detentores de títulos. Ironicamente, o que fizemos foi desnecessariamente caro para o contribuinte e menos eficaz do que poderia ou deveria ser.)

Dois anos após o colapso do Lehman Brothers, os bancos, em sua maioria, tinham recuperado a saúde. O nível dos empréstimos para empresas de pequeno e médio porte ainda era muito inferior ao de antes da crise, mas isso ocorreu, em parte, porque os esforços de resgate tinham em vista os grandes bancos, permitindo o fim de centenas de bancos pequenos, locais e regionais, que se envolveram desproporcionalmente nesses empréstimos. Mesmo assim, a economia norte-americana não estava indo bem, principalmente para o cidadão médio. De fato, na época em que este livro foi impresso, mais ou menos oito anos depois do estouro da bolha e o início da Grande Recessão, quase sete anos depois do colapso do Lehman Brothers, a mediana das rendas ainda estava abaixo do nível atingido há 25 anos.

O artigo "O Livro dos Trabalhos" foi escrito para explicar o que estava acontecendo. O insight básico vem da história, observando a Grande Depressão e enxergando o paralelo entre o que ocorreu na ocasião e o que está acontecendo agora. Aumentos na produtividade agrícola haviam contribuído para uma redução drástica nas rendas da agricultura — uma queda de mais de 50%. Esses agricultores não tinham condições financeiras de comprar mercadorias fabricadas nas cidades; portanto, as rendas nelas caíram também. Os agricultores, com a renda em declínio, ficaram confinados a suas fazendas — não podiam ir para outro lugar. O interessante é que os habitantes da cidade que não conseguiam empregos foram forçados a voltar para as fazendas. E graças à mecanização nas áreas agrícolas mais prósperas, foram forçados a migrar para algumas das regiões mais pobres.

Havia necessidade de uma transformação estrutural na economia, da agricultura à indústria; contudo, os mercados, sozinhos, não fazem isso adequadamente. As pessoas cujas casas perderam o valor não tinham dinheiro nem para mudar para a cidade. Havia necessidade de assistência governamental — e ela finalmente veio, com a II Guerra Mundial: precisávamos levar as pessoas às cidades para fabricar armas e outras coisas necessárias para ganhar a guerra. Em seguida, depois da guerra, fornecemos a todos os combatentes — basicamente, todos os homens jovens — ensino superior gratuito, preparando-os para a "nova economia" que estava surgindo.

O artigo afirma que eventos semelhantes subjazem ao mal-estar econômico atual. Um aumento da produtividade industrial ultrapassou o crescimento da demanda e, portanto, o emprego global nesse setor caiu; mudanças nas vantagens comparativas e na globalização — que nós promovemos — implicam que os Estados Unidos terão uma fatia menor desses empregos em declínio. Assim como as pessoas daquela época, somos vítimas de nosso próprio sucesso. Da mesma forma, como naquele tempo, os mercados, por si sós, não se dão bem nessas transformações estruturais. Entretanto, a situação está ainda pior agora: os novos setores que deveriam estar em crescimento são os de serviço, como saúde e educação, no qual o papel do governo é essencial. Mas o governo, em vez de intervir para auxiliar nessa transformação, na verdade se retraiu.

Se essa análise estiver correta, o futuro será sombrio. E, nos anos que se passaram desde a época em que escrevi este artigo, a maioria das previsões se concretizou. O desempenho da economia norte-americana é regular, não obstante as forças que poderiam ter liderado uma recuperação forte: um setor de alta tecnologia que faz inveja ao resto do mundo e o *boom* do gás e petróleo de xisto que derrubaram os preços a valores sem precedentes. Embora, na época em que este livro foi impresso, o crescimento econômico parecesse estar finalmente voltando — nove anos completos após o início da recessão, em 2007 — não se trata de nada robusto o suficiente para gerar empregos para as pessoas que querem passar a fazer parte da força de trabalho. A taxa de desemprego está diminuindo, mas isso acontece, principalmente, porque a participação da força de trabalho está baixa, em um nível que não se via em quase quatro décadas — milhões de norte-americanos deixaram de procurar uma colocação.

Como explico neste livro e em outros textos, essa estagnação de longo prazo (ou, como também é designada, *secular*) que parece assolar os Estados Unidos não é consequência de leis econômicas subjacentes, mas de nossas políticas, ou seja, a omissão do governo em facilitar a transformação estrutural e em tomar providências contra a crescente desigualdade.

Os derradeiros artigos desta parte abordam as implicações das transformações tecnológicas — e os enigmas que ela parece apresentar — mais detalhadamente. Os dois primeiros foram escritos antes do início da Grande Recessão, mas em um momento em que já estava muito claro que havia algo errado no funcionamento da economia. Em "Escassez em uma Era de Fartura", perguntei como era possível que, em uma época de prosperidade como esta, com todos os avanços tecnológicos que alardeamos constantemente, tantas pessoas nos Estados Unidos e no mundo passem por dificuldades cada vez maiores. A resposta é, em parte, a desigualdade crescente: a divisão dos frutos do progresso foi tão desigual que, nos Estados Unidos, a situação dos ocupantes do meio da pirâmide está piorando.

Em âmbito global, houve dois outros problemas. Algumas políticas dos Estados Unidos estavam ajudando os ricos do país mais rico do mundo *à custa* dos pobres dos países mais pobres: os subsídios à nossa agricultura desviaram um dinheiro absolutamente necessário, que poderia ser utilizado de forma muito melhor — em investimentos em infraestrutura e tecnologia — para os bolsos de fazendeiros abastados, derrubando os preços globais e empobrecendo ainda mais os agricultores pobres dos países em desenvolvimento.

Além disso, algumas de nossas políticas de assistência governamental corporativa estavam enriquecendo nossas empresas de petróleo e carvão à custa das gerações futuras. Estávamos subsidiando esses poluidores, que estavam agravando a mudança climática, com um dinheiro que poderia ser muito melhor empregado. Entretanto, a distorção da inovação foi ainda pior que isso. Nossas inovações foram direcionadas à economia de mão de obra — em um mundo onde há abundância de trabalhadores em relação às vagas de emprego — e deixaram de lado a proteção ao meio ambiente.

O êxito em longo prazo na elevação dos padrões de vida dependerá do crescimento — o tipo correto de crescimento, ou seja, prosperidade compartilhada com proteção ao meio ambiente. Em "Vire à Esquerda para Crescer", explico como se pode obter esse tipo de crescimento, por que os mercados sem restrições não gerarão, por si sós, esse tipo de crescimento, e o que o governo pode fazer. A crise mostrou, pelo contrário, que os mercados não são eficientes nem estáveis. Mesmo quando as taxas de juros estavam muito baixas, o dinheiro — e a inovação — não foram para a geração de empregos bem remunerados e para o aumento de produtividade em setores-chave da economia. Foram empregados na construção de casas de péssima qualidade no meio do deserto de Nevada e na especulação. A inovação foi dirigida à criação de novos produtos financeiros que aumentaram os riscos em vez de gerenciá-los melhor. O artigo apresenta o esboço de uma agenda abrangente de crescimento — muito mais promissora que a instabilidade e estagnação que vivemos nas décadas recentes.

Em "O Enigma da Inovação", questiono a afirmação de que somos uma economia de inovação se, apesar disso, essa inovação não aparece nos dados macroeconômicos — por exemplo, no PIB per capita. Eu sugiro que isso ocorre, em parte, porque as estatísticas do PIB não capturam, de fato, o que permeia nossa economia (o principal tema da Comissão Internacional para a Medição do Desempenho Econômico e Progresso Social, que eu presidi).[1] No entanto, isso acontece também, em parte, em face da publicidade exagerada em torno da inovação. É importante direcionar a publicidade de forma mais eficaz, como o Google e o Facebook fazem. Porém, será que essas inovações podem ser comparadas ao desenvolvimento da eletricidade, do computador, do laser ou do transistor?

O reverso da moeda da inovação é real: se a produtividade aumenta mais rapidamente que a demanda, há uma queda no emprego e nas rendas. Foi isso o que aconteceu na Grande Depressão. Antes, era necessário utilizar cerca de 70% da mão de obra para produzir os alimentos imprescindíveis à sobrevivência. Agora, menos de 3% podem produzir mais do que uma sociedade obesa pode consumir. As pessoas que perdem o emprego não arrumam outro automaticamente. Os otimistas da tecnologia citam o automóvel, dizendo que houve perda de empregos na fabricação de chicotes para cavalos, mas a área de conserto e reparação de carros gerou muito mais empregos. Nada disso, entretanto, é inevitável. E não há geração de novos empregos se a demanda agregada é fraca, como acontece atualmente.

Nota

1. Relatório disponível como *Mismeasuring Our Lives: Why GDP Doesn't Add Up*, com Jean-Paul Fitoussi e Amartya Sen (Nova York: New Press, 2010). Para ver uma breve discussão, consulte minha coluna "Towards a Better Measure of Well-Being", *Financial Times*, 13 de setembro de 2009.

Como Fazer com que os EUA Voltem a Trabalhar*

O PAÍS ESTÁ — OU DEVERIA ESTAR — FOCADO NOS EMPREGOS. CERCA de 25 milhões de norte-americanos que procuram um emprego em tempo integral não o encontram. O índice de desemprego entre os jovens é o dobro da média nacional, que já é inaceitável.

Os Estados Unidos sempre se consideraram a terra da oportunidade — mas onde está a oportunidade dos jovens que enfrentam perspectivas tão sombrias? Historicamente, as pessoas que perdiam o emprego logo conseguiam outro, mas uma fatia cada vez maior dos desempregados — agora superior a 40% — está afastada do mercado de trabalho há mais de seis meses.

Na quinta-feira, o presidente Barack Obama fará um discurso, apresentando sua visão sobre o que pode ser feito. Outros também deveriam ter a mesma iniciativa.

O pessimismo cresce no país. Não haverá problemas com a retórica. Entretanto, é realmente possível fazer alguma coisa — considerando a dívida e o deficit que ameaçam o país?

Do ponto de vista econômico, a resposta é que há, sim, muitas coisas que podemos fazer para gerar empregos e promover o crescimento.

Existem políticas capazes de fazer isso e, em médio e longo prazo, reduzir a razão entre a dívida e o produto interno bruto. Inclusive, existem coisas que, mesmo sendo menos eficazes na geração de empregos, também poderiam proteger o deficit em curto prazo.

---

*Politico. 7 de setembro de 2011.

Porém, a questão é se a política irá (ou não) nos impedir de fazer o que podemos e devemos.

O pessimismo é compreensível. A política monetária, um dos principais instrumentos de gerenciamento da macroeconomia, mostrou-se ineficaz — e provavelmente continuará assim. É ilusão pensar que a política monetária irá nos ajudar a sair da confusão que ela mesma ajudou a criar. É necessário admitirmos isso.

Ao mesmo tempo, os grandes deficit e a dívida nacional aparentemente impedem o uso da política fiscal. Pelo menos é isso o que se diz. E não há consenso em relação a qual política fiscal poderia funcionar.

Estamos condenados a um longo período de mal estar ao estilo japonês — até que a alavancagem excessiva e a capacidade real encontrem uma saída? Conforme sugeri, a resposta é um sonoro "não". Mais precisamente: esse resultado não é inevitável.

Primeiro, é preciso refutar dois mitos. Um deles é que a redução do deficit restaurará a economia. Crescimento e empregos não são gerados demitindo funcionários e cortando gastos. As empresas com acesso ao capital não estão investindo e contratando em virtude da demanda insuficiente por seus produtos. O enfraquecimento da demanda — que é sinônimo de austeridade — somente desestimula o investimento e a contratação.

Como Paul Krugman enfatizou, não existe uma "varinha de condão" cujo toque mágico nos ombros dos investidores os faria aplicar seu dinheiro assim que observassem a diminuição do deficit. Já fizemos essa experiência — várias e várias vezes. Usando a fórmula da austeridade, o presidente Herbert Hoover transformou a quebra da bolsa de valores na Grande Depressão. Testemunhei em primeira mão como a austeridade imposta pelo Fundo Monetário Internacional aos países do Leste Asiático transformou retrações em recessões e recessões em depressões.

Não entendo por que, com provas tão contundentes, qualquer país infligiria isso a si mesmo. Atualmente, até o próprio FMI reconhece a necessidade do apoio fiscal.

O segundo mito é que o estímulo não funciona. A suposta prova dessa crença é simples: o desemprego atingiu o pico de 10% — e ainda é superior a 9%. (Medidas mais precisas apresentam uma índice muito mais alto.) No entanto, o governo havia anunciado que, com o estímulo, o desemprego teria chegado a apenas 8%. O governo, de fato, cometeu um grande erro, apontado em meu livro *O Mundo em Queda Livre* — subestimou muito a gravidade da crise que herdou.

Mas, sem o estímulo, o desemprego teria atingido um pico de mais de 12%. Não há dúvida de que o estímulo poderia ter sido mais bem elaborado. Mesmo assim, reduziu significativamente o desemprego em relação ao nível que poderia ter atingido. O incentivo funcionou. Simplesmente, não foi grande o bastante e não teve a duração necessária, pois o governo subestimou a duração e a profundidade da crise.

Em relação ao deficit, precisamos pensar na situação de 10 anos atrás, quando o país tinha um superavit tão grande, de 2% do PIB, que o presidente do Federal Reserve estava preocupado com a possibilidade da breve quitação de toda a dívida nacional — dificultando a condução da política monetária. Saber como ele saiu de uma situação dessas e chegou à atual nos ajuda a pensar em como resolver o problema do deficit.

Houve quatro grandes mudanças. Em primeiro lugar, cortes de impostos além da capacidade financeira do país. Em segundo, duas guerras custosas e aumento dos gastos militares — que contribuíram com aproximadamente US$2,5 trilhões para a nossa dívida. Em terceiro, o Medicare Parte D — e as medidas que restringem as ações do governo, o maior comprador de fármacos, de negociar com as empresas farmacêuticas, ao custo de centenas de bilhões de dólares ao longo de 10 anos. Em quarto lugar, a recessão.

A reversão dessas quatro políticas colocaria rapidamente o país no rumo da responsabilidade fiscal. Contudo, o mais importante é colocar os Estados Unidos para trabalhar novamente: Rendas mais altas são sinônimo de maiores receitas fiscais.

Todavia, como colocar os Estados Unidos para trabalhar imediatamente? A melhor forma é usar essa oportunidade — com taxas de juros de longo prazo extraordinariamente baixas — para fazer os investimentos tão necessários na infraestrutura, tecnologia e educação nos Estados Unidos.

Devemos ter como meta investimentos públicos que, além de obter retornos expressivos, requerem muita mão de obra. Esses investimentos complementam os do setor privado — aumentam os retornos privados e, portanto, estimulam simultaneamente esse setor.

Ajudar os estados a custear a educação também salvaria rapidamente milhares de empregos. Não faz sentido que um país rico, que reconhece a importância da educação, demita professores — principalmente em uma época de concorrência global tão feroz. Países que têm uma força de trabalho com bom nível de instrução terão um desempenho melhor. Além disso, a educação e o treinamento no trabalho são essenciais para reestruturar nossa economia para o século XXI.

A vantagem do baixo investimento no setor privado por um período tão longo é a grande quantidade de oportunidades de elevado retorno. A maior produtividade no curto prazo e o maior crescimento no longo prazo podem gerar receitas fiscais mais do que suficientes para pagar os juros baixos da dívida. O resultado é o decréscimo do endividamento, o aumento do PIB e a melhora da proporção da dívida relativamente ao PIB.

Nenhum analista consideraria apenas a dívida de uma empresa — ele examinaria os dois lados do balanço patrimonial, o ativo e o passivo. Eu defendo que se faça o mesmo com o governo dos EUA — dando um fim ao fetichismo da dívida.

Caso isso não seja possível, há outra forma de gerar empregos — não tão poderosa, mas, ainda assim, muito eficaz. Os economistas perceberam, há muito tempo, que o estímulo simultâneo e equilibrado aos gastos e aos impostos aumenta o PIB. A quantia correspondente ao acréscimo do PIB para cada dólar de gastos e impostos aumentados é conhecida como "multiplicador do orçamento equilibrado".

Com aumentos de impostos bem elaborados — direcionados aos norte-americanos com renda mais alta e às corporações que não estão investindo no país, combinados à eliminação das brechas fiscais — e programas de gastos inteligentes visando investimentos, o multiplicador fica entre 2 e 3.

Isso significa pedir que o 1% mais rico de nosso país, que atualmente fica com aproximadamente 25% de toda a renda dos EUA, pague um pouco mais de impostos — ou, simplesmente, pague uma quantia justa. O investimento dessa quantia poderia ter um efeito significativo na produção e no emprego. E, já que a economia cresceria mais no futuro, a razão entre dívida e PIB cairia.

Há alguns impostos que, na verdade, poderiam aprimorar a eficiência da economia e a qualidade de vida, com um efeito ainda maior sobre a produção nacional, caso esta seja quantificada corretamente. Presidi a Comissão Internacional para a Medição do Desempenho Econômico e Progresso Social, que identificou grandes falhas no nosso atual sistema de mensuração.

Há um princípio básico na economia: é melhor tributar coisas ruins, que geram externalidades negativas, do que coisas boas. Isso significa que deveríamos taxar a poluição ou transações financeiras desestabilizantes. Também há outras formas de incrementar as receitas — melhores licitações de nossos recursos nacionais, por exemplo.

Se, por algum motivo, essas melhorias na receita forem descartadas — embora não haja justificativa econômica para isso — ainda assim haverá espaço de manobra. O governo americano pode mudar o formato dos impostos e programas de gastos — inclusive dentro do orçamento atual.

O aumento dos impostos para os mais ricos, por exemplo, e a redução de impostos para os pobres aumentarão os gastos com o consumo. O acréscimo dos tributos incidentes nas corporações que não investem nos Estados Unidos e a redução dos impostos para as empresas que o fazem estimularia o investimento. O multiplicador — a quantia correspondente ao aumento do PIB por dólar gasto — dos dispêndios com guerras no exterior, por exemplo, é muito mais baixo que o multiplicador dos gastos com educação; portanto, essa transferência de dinheiro estimula a economia.

Há, ainda, outras coisas que poderíamos fazer. O governo dos EUA deveria exercer alguma influência sobre os bancos, particularmente devido ao muito que nos devem por seu resgate financeiro. O sistema de recompensas e punições pode estimular os empréstimos para as empresas de pequeno e médio porte e a reestruturação financeira de um número maior de hipotecas. Não há justificativa por ter ajudado tão pouco os americanos proprietários de imóveis residenciais — além disso, enquanto as execuções hipotecárias continuarem a todo vapor, o mercado imobiliário continuará debilitado.

As práticas anticoncorrenciais dos bancos na área de cartões de crédito basicamente impingem um imposto sobre todas as transações — mas as receitas desse imposto vão para os cofres dos bancos e não são usadas para o bem público — que inclui a redução da dívida nacional. A aplicação mais rigorosa das leis antitruste contra os bancos também seria uma dádiva para muitas pequenas empresas.

Em suma, não estamos sem munição. Nosso problema não é uma questão econômica. A teoria e a experiência mostram que nosso arsenal ainda é forte. É evidente que a dívida e o deficit limitam as possibilidades de ação. Porém, mesmo dentro desses limites, podemos gerar empregos e expandir a economia — e, ao mesmo tempo, reduzir a razão entre dívida e PIB.

A opção de tomar as medidas necessárias para restaurar a prosperidade na economia é simplesmente uma questão política.

A Desigualdade Está Atrapalhando a Recuperação*

A REELEIÇÃO DO PRESIDENTE OBAMA É COMO O TESTE DE RORSCHACH OU "teste dos borrões de tinta" (um tipo de avaliação psicológica) está sujeita a muitas interpretações. Nessa eleição, cada um dos lados debateu questões que me preocupam profundamente: o mal-estar que parece se abater sobre a economia e o abismo crescente entre o 1% e os demais — uma desigualdade não só de resultados, mas também de oportunidades. Para mim, esses problemas são dois lados de uma mesma moeda. Com a desigualdade no nível mais alto desde antes da Depressão, será difícil uma recuperação robusta em curto prazo. Além disso, o sonho norte-americano — vida decente em troca de trabalho duro — está definhando lentamente.

Os políticos normalmente falam do aumento da desigualdade e da recuperação lenta como fenômenos distintos, quando, na verdade, estão relacionados. A desigualdade reprime, restringe e atrapalha o crescimento. Quando até a revista *The Economist*, que defende o livre mercado, afirma (em uma matéria especial do mês de outubro) que a magnitude e a natureza da desigualdade do país são uma ameaça grave para os Estados Unidos, é sinal de que algo saiu terrivelmente errado. Apesar disso, depois de quatro décadas de desigualdade crescente e da maior retração econômica desde a Depressão, não fizemos nada em contrário.

Há quatro motivos principais pelos quais a desigualdade sufoca a recuperação. O mais imediato é que a classe média americana está fraca demais para sustentar os gastos de consumo que, historicamente, impulsionaram nosso crescimento econômico. Enquanto o 1% mais rico ficou com 93% do crescimento das rendas em 2010, as famílias de classe média — que têm maior probabilidade de gastar do que de poupar e são, em certo sentido, as verdadeiras geradoras de em-

---
New York Times, 19 de janeiro de 2013.

pregos — têm rendas familiares mais baixas, ajustadas de acordo com a inflação, do que em 1996. O crescimento na década anterior à crise era insustentável — exigia que os 80% da base da pirâmide consumissem cerca de 110% de sua renda.

Em segundo lugar, o esvaziamento da classe média a partir da década de 1970, um fenômeno que só se interrompeu brevemente durante os anos 1990, faz com que essas pessoas não sejam capazes de investir no futuro, por meio da educação para eles e seus filhos, e do empreendedorismo, abrindo ou aprimorando empresas.

Em terceiro lugar, a fraqueza da classe média está prejudicando as receitas fiscais, principalmente porque os ocupantes do topo da pirâmide têm muito talento para fugir dos impostos e convencer Washington a lhes dar isenções fiscais. O modesto acordo, estabelecido recentemente, para fazer com que a alíquota marginal máxima para pessoas que ganham mais de US$400.000 e famílias que ganham mais de US$450.000 voltasse ao nível em que estava no governo Clinton não teve nenhum efeito sobre isso. Os retornos da especulação de Wall Street são tributados a uma taxa muito menor do que a incidente sobre outras formas de renda. Com receitas fiscais baixas, o governo não tem como fazer os investimentos vitais em infraestrutura, educação, pesquisa e saúde que são fundamentais para restaurar a força da economia no longo prazo.

Em quarto lugar, a desigualdade está associada a ciclos mais frequentes e graves de "*boom* and bust" (grandes expansões e quebras generalizadas), que tornam a economia americana mais volátil e vulnerável. Embora a desigualdade não tenha causado a crise diretamente, não é coincidência que os anos 1920 — a última vez em que a desigualdade de renda e riqueza chegou a níveis tão altos — terminaram com a quebra da bolsa e a Grande Depressão. O Fundo Monetário Internacional apontou a relação sistemática entre instabilidade econômica e desigualdade econômica, mas os líderes norte-americanos não aprenderam a lição.

Nossa desigualdade em franca disparada — tão contrária ao ideal meritocrático de um país em que qualquer pessoa pode "chegar lá" trabalhando muito — faz com que as pessoas nascidas de pais com recursos limitados provavelmente nunca cheguem a desenvolver seu potencial. Crianças de outros países ricos, como Canadá, França, Alemanha e Suécia, têm mais chance de ter uma vida melhor que a de seus pais do que as norte-americanas. Mais de 1/5 das nossas crianças vivem na pobreza — o segundo pior índice entre todos os países desenvolvidos, colocando-nos atrás de nações como Bulgária, Letônia e Grécia.

A sociedade americana está desperdiçando seu recurso mais valioso: a juventude. O sonho de uma vida melhor, que atraiu imigrantes para os EUA, está sendo esmagado por um abismo cada vez maior de riqueza e renda. Tocqueville

— que, na década de 1830, considerou o impulso igualitário como a essência do caráter norte-americano — está se revirando no túmulo.

Mesmo se fôssemos capazes de ignorar o imperativo econômico da correção de rota do problema da desigualdade, o dano causado por ela no tecido social e na vida política deveria causar preocupação. A desigualdade econômica leva à desigualdade política e a um processo equivocado de tomadas de decisão.

A despeito do compromisso, afirmado pelo Sr. Obama, de ajudar a todos os norte-americanos, a recessão e os efeitos persistentes das medidas reativas pioraram muitíssimo as coisas. Enquanto rios de dinheiro afluíam para o socorro financeiro aos bancos em 2009, o desemprego chegou a 10% em outubro daquele ano. A taxa atual (7,8%) parece melhor, em parte, porque muitas pessoas abandonaram a força de trabalho, nunca fizeram parte dela ou aceitaram empregos de meio período na falta de postos de trabalho em tempo integral.

É evidente que o alto índice de desemprego reduz os salários. Ajustados de acordo com a inflação, os salários reais ficaram estagnados ou caíram; a renda de um trabalhador médio do sexo masculino em 2011 (US$32.986) foi mais baixa do que em 1968 (US$33.880). Receitas fiscais diminuídas, por sua vez, forçaram cortes estaduais e municipais em serviços vitais para os ocupantes do meio e da base da pirâmide.

O bem mais importante da maioria dos norte-americanos é a residência e, conforme o preço delas caiu, a riqueza familiar acompanhou a queda — principalmente porque muitas pessoas tomaram empréstimos dando a casa como garantia. Muitas ficaram com um valor líquido negativo, e a mediana da riqueza familiar caiu aproximadamente 40% — para US$77.300 em 2010, em comparação com US$126.400 em 2007 — tendo apresentado apenas uma ligeira recuperação. Desde a Grande Recessão, a maior parte do aumento da riqueza do país ficou com os ocupantes do ponto mais alto do topo da pirâmide.

Ao mesmo tempo, enquanto as rendas estagnavam ou caíam, as mensalidades escolares aumentavam. Atualmente, nos Estados Unidos, a principal forma de obter educação — o único meio garantido de ascensão social — é tomar um empréstimo. Em 2010, a dívida estudantil, que agora está em US$1 trilhão, superou pela primeira vez a dívida dos cartões de crédito.

Nos EUA, o débito estudantil é quase impossível de quitar, até mesmo com a falência pessoal, algo previsto na legislação do país. Um pai ou uma mãe que seja cossignatário de um empréstimo não consegue, necessariamente, anular a dívida nem mesmo em caso de morte do filho. Não é possível eliminar a dívida inclusive se a escola — com fins lucrativos e de propriedade de financistas exploradores — tiver fornecido uma educação inadequada, enganado e atraído o estudante com promessas falaciosas e, no final, não tenha conseguido render a ele um emprego decente.

Em vez de despejar dinheiro nos bancos, poderíamos ter tentado reconstruir a economia de baixo para cima. Poderíamos ter dado aos donos de casa própria com dívidas superiores ao valor da casa a oportunidade de um recomeço, reduzindo o valor contábil do principal em troca da cessão aos bancos de uma parte dos ganhos, se e quando o preço das casas se recuperasse.

Poderíamos ter admitido que quando jovens ficam desempregados, suas qualificações se atrofiam. E poderíamos ter garantido que todos estivessem estudando, participando de um programa de treinamento ou trabalhando. Em vez disso, deixamos que o desemprego entre os jovens aumentasse e chegasse ao dobro da média nacional. Os filhos dos ricos podem permanecer na faculdade ou na pós-graduação sem acumular dívidas enormes ou fazer estágios não remunerados para melhorar o currículo. Os ocupantes do meio e da base da pirâmide não têm essa oportunidade. Estamos semeando uma desigualdade ainda maior nos anos futuros.

Obviamente, o governo Obama não é o único culpado. Os cortes significativos de impostos sancionados pelo presidente George W. Bush em 2001 e 2003 e suas guerras multitrilionárias no Iraque e no Afeganistão malbarataram as moedas do "porquinho" e ampliaram a grande divisão social. O recém-descoberto compromisso de seu partido com a disciplina fiscal — representado pela insistência em impostos baixos para os ricos e cortes nos serviços para os pobres — é o cúmulo da hipocrisia.

Há desculpas de todos os tipos para a desigualdade. Alguns dizem que está fora de nosso controle, apontando forças do mercado como a globalização, a liberalização do comércio, a revolução tecnológica e a "ascensão do resto". Outros afirmam que medidas contra a desigualdade piorariam a situação de todos, afogando de vez nosso motor econômico, que já está rateando. São falsidades egoístas e ignorantes.

As forças do mercado não existem no vácuo — nós as moldamos. Outros países — como o Brasil, que vem crescendo rapidamente —moldaram essas forças de forma a reduzir a desigualdade e, ao mesmo tempo, gerar oportunidades e um crescimento maior. Países muito mais pobres do que os EUA decidiram que todos os jovens deveriam ter acesso a alimentos, educação e saúde para poder satisfazer suas aspirações.

Aqui nos Estados Unidos a estrutura jurídica e a forma como é aplicada deram mais espaço para os abusos do setor financeiro, a remuneração perversa para altos executivos e a capacidade dos monopólios de tirar uma vantagem injusta de seu poder concentrado.

Sim, os mercados valorizam mais certas qualificações do que outras, e as pessoas que têm essas qualificações terão vantagem. Sim, a globalização e os avanços tecnológicos acabaram com bons empregos na indústria, que provavelmente nunca voltarão, e o número de empregos globais nessa área está caindo — simplesmente por causa de enormes aumentos na produtividade — e é provável que os Estados Unidos fiquem com uma fatia menor dessa quantidade reduzida de novos empregos. A única forma de "salvar" esses postos de trabalho seria, talvez, converter empregos altamente remunerados em outros de menor remuneração — uma solução inadequada para o longo prazo.

A globalização — e seus desequilíbrios — reduziram o poder de barganha dos trabalhadores: as empresas podem ameaçar ir para outro lugar, particularmente quando as leis fiscais tratam esses investimentos no exterior de forma tão favorável. Isso, por sua vez, enfraqueceu os sindicatos; embora, às vezes, estes tenham sido fonte de rigidez, os países que reagiram mais eficazmente à crise financeira global, como Alemanha e Suécia, têm sindicatos e sistemas de proteção social fortes.

No início do segundo mandato do Sr. Obama, todos nós devemos encarar a realidade de que a recuperação rápida e significativa do país é impossível sem políticas que ataquem diretamente a desigualdade. Precisamos de uma resposta abrangente que deve incluir, pelo menos, investimentos significativos em educação, um sistema fiscal mais progressivo e um imposto sobre a especulação financeira.

A boa notícia é que o nosso pensamento mudou: antes, perguntávamos quanto estávamos dispostos a sacrificar, em termos de crescimento, por um pouco mais de igualdade e oportunidade. Agora, percebemos que estamos pagando um alto preço por nossa desigualdade e que a redução dela e a promoção do crescimento são metas relacionadas e complementares. Caberá a todos nós — inclusive a nossos líderes — armar-nos de coragem e visão para finalmente atacar essa doença que nos aflige.

O Livro dos Trabalhos*

Faz quase cinco anos que a bolha imobiliária estourou e quatro anos que a recessão começou. Há 6,6 milhões de empregos a menos nos Estados Unidos, em comparação com o número de empregos há quatro anos. Cerca de 23 milhões de norte-americanos que procuram um emprego em tempo integral não o encontram. Quase metade dos desempregados está nessa situação há muito tempo. Os salários estão caindo — a renda real de uma família norte--americana típica está abaixo do que era em 1997.

Sabíamos que a crise era grave já em 2008. E pensávamos que sabíamos quem eram os "vilões" — os grandes bancos do país, que, por meio de empréstimos cínicos e da jogatina irresponsável, levaram os EUA à beira da ruína. Os governos de Bush e Obama justificaram o socorro financeiro alegando que a economia só poderia se recuperar se os bancos recebessem dinheiro sem limites — e sem imposição de condições. Não fizemos isso por amor aos bancos, mas porque (segundo nos disseram) os empréstimos que eles possibilitavam eram imprescindíveis. Muitas pessoas, principalmente no setor financeiro, afirmavam que uma ação forte, resoluta e generosa para salvar não só os bancos, como também os banqueiros, seus acionistas e seus credores faria a economia voltar à situação em que estava antes da crise. Nesse ínterim, um estímulo de curto prazo, de tamanho moderado, seria o suficiente para apoiar a economia até que os bancos recuperassem a saúde.

Os bancos receberam o socorro financeiro. Parte do dinheiro foi para os bônus. Pouco foi para os empréstimos. E a economia não se recuperou de fato — a produção é um pouco maior que antes da crise, e a situação dos empregos é sombria. O diagnóstico e a prescrição de medidas estavam incorretos. Em pri-

*Vanity Fair, Janeiro de 2012.

meiro lugar, era errado pensar que os banqueiros corrigiriam suas atitudes — ou seja, começariam a emprestar se fossem bem tratados. Na verdade, o que nos disseram foi isso: "Não imponha condições aos bancos, obrigando-os a reestruturar as hipotecas ou ser mais honestos nas execuções hipotecárias. Não os forcem a usar o dinheiro para emprestar. Essas exigências perturbarão nossos delicados mercados". No final, os banqueiros agiram apenas de acordo com os seus interesses e fizeram o que estavam acostumados a fazer.

Mesmo quando repararmos totalmente o sistema bancário, continuaremos com problemas graves. A aparente era de ouro de 2007 estava longe de ser um paraíso. Sim, os Estados Unidos tinham muitos motivos para se orgulhar. As empresas na área da Tecnologia de Informação estavam na vanguarda de uma revolução. Mas a renda da maioria dos trabalhadores norte-americanos não havia voltado aos níveis anteriores à recessão passada. O padrão de vida dos Estados Unidos era sustentado apenas por uma dívida crescente — tão grande que a taxa de poupança dos EUA caiu para quase zero. E "zero" não reflete a história toda, na verdade. Como os ricos sempre conseguiram economizar um percentual significativo de sua renda, colocando-a na coluna do positivo, uma taxa média próxima de zero significa que todos os outros devem estar no negativo. (Esta é a realidade: nos anos anteriores à recessão, de acordo com uma pesquisa de um colega da Universidade de Columbia, Bruce Greenwald, os 80% de norte-americanos na base da pirâmide vinham gastando cerca de 110% de sua renda.) O que possibilitou esse nível de endividamento foi a bolha imobiliária, que Alan Greenspan e, depois dele, Ben Bernanke, presidentes do Conselho de Administração do Federal Reserve, ajudaram a criar por meio de taxas de juros baixas e desregulamentação — deixando de usar até mesmo as ferramentas regulatórias de que dispunham. Como sabemos agora, isso permitiu que os bancos emprestassem e que as famílias tomassem emprestado com base em bens cujo valor era determinado, em parte, por uma ilusão em massa.

O fato é que a economia, nos anos anteriores à crise, era fraca em seus fundamentos, e que a bolha — e o consumo insustentável que ela ocasionou — atuavam como os aparelhos que mantêm o paciente vivo. Sem eles, o desemprego teria sido alto. Era absurdo pensar que a correção do sistema bancário poderia, por si só, fazer com que a economia recuperasse a saúde. Fazer com que a economia voltasse "ao ponto em que estava" não resolveria nenhum dos problemas subjacentes.

O trauma que estamos vivendo agora é semelhante ao ocorrido há 80 anos, durante a Grande Depressão, e foi causado por um conjunto semelhante de circunstâncias. Naquela época, assim como agora, enfrentamos o colapso do sistema bancário. Porém, como agora, a quebra do sistema bancário foi, em parte, consequência de problemas mais profundos. Mesmo se tivéssemos reagido corretamente ao trauma — ou seja, às falhas do sistema financeiro — a recuperação total levaria uma década ou mais. No melhor dos casos, sofreremos uma longa recessão. Se reagirmos incorretamente, como estamos reagindo, ela será ainda mais duradoura, e o paralelo com a Depressão assumirá uma nova e trágica dimensão.

Até agora, a Depressão tinha sido a última vez na história dos EUA em que o desemprego passou dos 8% quatro anos depois do início de uma recessão. E, nos últimos 60 anos, a produção econômica quase nunca foi — quatro anos após o início de uma recessão — mais alta do que antes. O porcentual da população civil empregada caiu duas vezes mais do que em qualquer recessão posterior à II Guerra Mundial. Não é de se admirar que os economistas tenham começado a refletir sobre as semelhanças e diferenças entre a nossa Grande Recessão (também chamada, em inglês, de *Long Slump*) e a Grande Depressão. Não é fácil extrair as lições certas.

MUITOS ARGUMENTAM que a Depressão foi causada principalmente pela restrição excessiva da oferta de dinheiro por parte do Conselho de Administração do Federal Reserve. Ben Bernanke, um estudioso da Depressão, declarou publicamente que essa foi a lição que ele aprendeu e o motivo pelo qual ele abriu as torneiras econômicas. Abriu-as totalmente. A partir de 2008, os números do balanço patrimonial do Fed dobraram e, em seguida, triplicaram em relação ao nível anterior. Hoje está em US$2,8 trilhões. Embora o Fed, ao fazer isso, possa ter conseguido salvar os bancos, não conseguiu salvar a economia.

A realidade não só desmentiu o Fed, mas também levantou questões sobre uma das interpretações convencionais das origens da Depressão. Apresentou-se o argumento de que o Fed *causou* a depressão restringindo o dinheiro, e se o Fed, na época, tivesse aumentado a oferta de dinheiro — em outras palavras, tivesse feito o que fez atualmente — é provável que a Depressão teria sido evitada. Em Economia, é difícil testar hipóteses com experimentos controlados do tipo que as ciências exatas podem fazer. Mas a incapacidade da expansão monetária de combater a recessão atual deve acabar de vez com a ideia de que a política monetária foi a principal culpada na década de 1930. O problema hoje, como antes, é outro. Ele está no que se costuma chamar de economia real. É um problema cuja raiz está no tipo de empregos que temos, no tipo de empregos que estamos perdendo, no tipo de trabalhadores que queremos e na mão de obra com a qual não sabemos o que fazer. A economia real está passando por uma transição dolorosa há décadas, e seus deslocamentos nunca foram encarados com sinceridade. O que está por trás da Grande Recessão é uma crise da economia real — o mesmo motivo subjacente à Grande Depressão.

Nos últimos anos, Bruce Greenwald e eu estamos realizando uma pesquisa sobre uma teoria alternativa da Depressão — e uma análise alternativa sobre os problemas atuais da economia. Essa explicação considera a crise financeira da década de 1930 como consequência não propriamente de uma implosão financeira, mas da intrínseca debilidade da economia. O colapso do sistema bancário chegou a um ponto crítico somente em 1933, muito depois do início da Depressão e do enorme agravamento do desemprego. Em 1931, o desemprego já estava em torno de 16%, chegando aos 23% em 1932. Favelas, conhecidas como "Hoovervilles", surgiram em vários lugares. A causa subjacente era uma mudança estrutural na economia real: a queda generalizada nas rendas e preços agrícolas, causada por algo que normalmente é uma "coisa boa" — maior produtividade.

No início da Depressão, mais de 1/5 dos norte-americanos trabalhavam em fazendas. Entre 1929 e 1932, essas pessoas sofreram um corte nas rendas da ordem de 1/3 a 2/3, complicando os problemas que os agricultores enfrentavam há anos. A agricultura havia sido vítima de seu próprio sucesso. Em 1900, precisávamos de uma grande parte da população dos EUA para produzir alimentos suficientes para o país. Em seguida, veio uma revolução na agricultura, que ganharia velocidade ao longo do século — melhores sementes, fertilizantes e práticas agrícolas, aliados à mecanização generalizada. Hoje, 2% dos norte-americanos produzem mais alimentos do que podemos consumir.

Essa transição foi sinônimo de destruição de postos de trabalho e do sustento nas áreas rurais. Graças ao aumento de produtividade, a produção cresceu mais rapidamente do que a demanda e os preços caíram muito. Foi isso, mais do que qualquer outra coisa, o que levou ao rápido declínio nas vendas. Os agricultores da época (como os trabalhadores de hoje) endividaram-se muito com os bancos para sustentar os padrões de vida e a produção. Já que nem os fazendeiros nem seus banqueiros previram a magnitude da queda dos preços, logo ocorreu uma contração do crédito. Os agricultores simplesmente não tinham como saldar suas dívidas. O setor financeiro foi puxado para dentro do redemoinho da queda das rendas agrícolas.

As cidades não foram poupadas — muito pelo contrário. Conforme as rendas rurais caíam, os agricultores dispunham de menos dinheiro para comprar as mercadorias produzidas nas fábricas. Os industriais tiveram que demitir trabalhadores, reduzindo ainda mais as demandas por hortifrutigranjeiros e derrubando ainda mais os preços. Em pouco tempo, esse círculo vicioso afetou toda a economia nacional.

O valor dos bens (casas, por exemplo) frequentemente cai quando as rendas caem. Os agricultores ficam confinados em seu setor em declínio e aos respectivos cenários de depressão. A queda da renda e da riqueza dificultou a migração para as cidades; o alto índice de desemprego urbano tornou a migração menos atraente. Durante toda a década de 1930, apesar da forte queda das rendas agrícolas, houve pouca migração. Nesse ínterim, os agricultores continuaram produzindo e, às vezes, trabalhavam ainda mais arduamente para compensar os preços baixos. Individualmente, isso fazia sentido; coletivamente, não, já que o aumento da produção forçava a redução dos preços.

Devido à magnitude da queda das rendas agrícolas, não é de se admirar que o *New Deal* em si não fosse capaz de tirar o país da crise. Os programas eram curtos demais, e muitos logo foram abandonados. Por volta de 1937, o presidente Franklin Roosevelt, cedendo aos falcões do deficit, cortou parte dos esforços de estímulo — um erro desastroso. Nesse momento, estados e municípios sob pressão foram obrigados a demitir funcionários — exatamente como acontece hoje. Não há dúvida de que a crise bancária complicou todos esses problemas e, além disso, ampliou e aprofundou a retração. Entretanto, qualquer análise dos transtornos financeiros deve começar pela causa da reação em cadeia.

O Agriculture Adjustment Act, o programa de Franklin Roosevelt para os agricultores, destinado a elevar os preços ao reduzir a produção, pode ter proporcionado algum alívio marginal. Contudo, os Estados Unidos só começaram a sair da Depressão quando o governo aumentou seus gastos, ao se preparar para a guerra mundial. É importante entender esta verdade simples: foram os gastos governamentais — um estímulo keynesiano, não uma correção na política monetária nem o reavivamento do sistema bancário — que ocasionou a recuperação. As perspectivas econômicas de longo prazo, evidentemente, teriam sido ainda melhores se uma quantia maior tivesse sido aplicada em investimentos em educação, tecnologia e infraestrutura em vez de munição; mesmo assim, o dispêndio governamental significativo mais do que compensou a debilidade dos gastos do setor privado.

Ainda que não fosse essa a intenção, os gastos do governo resolveram o problema subjacente da economia: motivou uma transformação estrutural necessária, permitindo a transição dos EUA, principalmente no Sul, da agricultura para a indústria. Os norte-americanos tendem a ser alérgicos a termos como "política industrial", mas os gastos bélicos foram exatamente isso — uma política que mudou permanentemente a natureza da economia. A significativa geração de empregos no setor urbano — na manufatura — teve êxito em tirar as pessoas da agricultura. A oferta e a demanda de alimentos novamente chegaram a um equilíbrio, com os preços agrícolas começando a subir. Os novos migrantes que chegaram às cidades adaptaram-se à vida urbana e qualificaram-se para trabalhar nas fábricas. Além disso, depois da guerra, a lei GI Bill garantiu que os veteranos de guerra estivessem preparados para prosperar em uma sociedade industrial moderna. Nesse meio tempo, o grande grupo de trabalhadores outrora presos nas fazendas se fora. O processo havia sido longo e muito doloroso, mas a origem dos problemas econômicos havia sido eliminada.

Os paralelos entre as origens da Grande Depressão e de nossa Grande Recessão são significativos. Naquela época, estávamos passando da agricultura para a indústria. Hoje, transita-se da indústria para a economia de serviços. O declínio dos empregos na manufatura foi drástico — de 1/3 da força de trabalho, há 60 anos, a menos de 1/10 dela hoje. O ritmo de desaceleração foi acentuado durante a década passada. Há dois motivos para esse declínio. Um deles é a maior produtividade — a mesma dinâmica que revolucionou a agricultura e forçou a maioria dos camponeses americanos a procurar outro tipo de trabalho. O outro é a globalização, que transferiu milhões de empregos para o exterior, para países onde o salário é baixo ou que investiram mais em infraestrutura ou tecnologia. (Segundo Greenwald, a maior parte da perda de empregos na década de 1990 estava relacionada a aumentos de produtividade, não à globalização.) Independentemente da causa específica, o resultado inevitável é precisamente o mesmo de 80 anos atrás: diminuição da renda e de empregos. Os milhões de desempregados que antes trabalhavam em fábricas, em cidades como Youngstown, Birmingham, Gary e Detroit, são o equivalente atual dos agricultores afetados pela Depressão.

As consequências em relação aos gastos de consumo e à saúde dos fundamentos da economia — sem falar no estarrecedor custo humano — são evidentes, por mais que tenhamos sido capazes de ignorá-las temporariamente. Por um tempo, as bolhas do mercado imobiliário e dos empréstimos ocultaram o problema criando uma demanda artificial, que, por sua vez, gerou empregos no setor financeiro, na construção e outras áreas. A bolha fez até mesmo com que os trabalhadores se esquecessem de que suas rendas estavam caindo. Apreciavam a possibilidade de riqueza muito além do que sonharam, conforme o valor das casas subia e o valor de suas pensões, investidas no mercado de ações, parecia acompanhá-lo. Entretanto, os empregos eram temporários, movidos a ilusões.

Os macroeconomistas porta-vozes do *mainstream* (ou seja, as opiniões econômicas predominantes nos EUA) afirmam que o verdadeiro bicho-papão da retração não é a queda, mas a rigidez dos salários — se os salários fossem mais flexíveis (ou seja, mais baixos), as retrações se corrigiriam sozinhas! Mas isso não era verdade na Depressão e não é verdade hoje. Ao contrário, rendas e salários mais baixos simplesmente reduziriam a demanda, enfraquecendo ainda mais a economia.

Nos EUA, entre os quatro grandes segmentos do setor de serviços — financeiro, imobiliário, saúde e educação — os dois primeiros cresceram desmesuradamente antes do início da crise atual. Os outros dois, saúde e educação, tradicionalmente recebem um forte apoio governamental. Porém, a austeridade governamental em todos os níveis — ou seja, cortes no orçamento para enfrentar a recessão — atingiu com força a educação, dizimando o setor governamental como um todo. Quase 700 mil empregos públicos estaduais e municipais desapareceram nos últimos quatro anos, espelhando o que aconteceu na Depressão. Assim como em 1937, hoje os falcões do deficit defendem orçamentos equilibrados e mais e mais cortes. Em vez de promover uma transição estrutural inevitável — ou seja, no lugar de investir nos tipos corretos de capital humano, tecnologia e infraestrutura, que nos levarão ao ponto aonde devemos chegar — o governo está atrapalhando. As estratégias atuais só podem levar a um resultado: garantirão que a Grande Recessão seja mais longa e profunda do que o necessário.

É POSSÍVEL TIRAR duas conclusões dessa breve história. A primeira é que a economia não se recuperará sozinha — pelo menos, não em um período que seja relevante para as pessoas comuns. Sim, todas as casas que foram objeto de despejo terão novos moradores ou serão demolidas. Em algum ponto, os preços irão se estabilizar e até começarão a subir. Os norte-americanos também irão se ajustar a um padrão de vida mais baixo — não só viver com o que têm, mas também viver *com menos* do que têm, enquanto lutam para quitar uma montanha de dívidas. Entretanto, os estragos serão enormes. A autoimagem dos Estados Unidos como a terra da oportunidade já está altamente comprometida. Jovens desempregados estão alienados. Fazer com que uma grande parte deles volte a trabalhar será cada vez mais difícil. Os acontecimentos atuais irão marcá-los pelo resto da vida. Viajando de carro pelos vales fluviais do Meio Oeste, que abrigavam indústrias, ou pelas pequenas cidades das planícies ou pelos centros industriais do sul dos EUA, o que se vê é um quadro de decadência irreversível.

A política monetária não nos tirará dessa confusão. Ben Bernanke, ainda que tardiamente, admitiu isso. O Fed desempenhou um papel importante na criação das condições atuais — estimulando a bolha que levou a um consumo insustentável — mas, agora, não há muito o que ele possa fazer para amenizar as consequências. Consigo entender os motivos pelos quais os membros do Fed podem sentir uma certa culpa. Contudo, qualquer pessoa que pense que a política monetária "ressuscitará" a economia terá uma amarga decepção. Essa ideia é uma distração perigosa.

Em vez disso, precisamos implementar um grande programa de investimentos — como fizemos, praticamente por acidente, há 80 anos. Isso aumentará a produtividade nos anos vindouros e também o nível de empregos de imediato. Tal investimento público, e a consequente restauração do PIB, aumenta os retornos do investimento privado. Investimentos públicos podem ser direcionados à melhoria da qualidade de vida e da produtividade real — ao contrário dos investimentos do setor privado em inovações financeiras, que mais se assemelharam a armas financeiras de destruição em massa.

Seremos realmente capazes de fazer isso, na ausência de uma mobilização para uma guerra mundial? Talvez não. A boa notícia (em certo sentido) é que os Estados Unidos, há décadas, vêm investindo pouco em infraestrutura, tecnologia e educação; portanto, o retorno do investimento adicional é alto e, ao mesmo tempo, o custo do capital está mais baixo do que nunca. Se emprestarmos hoje para financiar investimentos de alto retorno, nossa razão entre dívida e PIB — a medida real da sustentabilidade da dívida — melhorará bastante. Se aumentássemos significativamente os impostos — por exemplo, os impostos que incidem sobre o 1% das famílias mais ricas, pelo critério da renda — a dívida se tornaria ainda mais sustentável.

O setor privado, por si mesmo, não irá nem poderá realizar uma transformação estrutural tão grande quanto a necessária — nem mesmo se o Fed mantivesse as taxas de juros em zero nos anos futuros. Isso só poderá acontecer por meio de um estímulo governamental — não para preservar a antiga economia, mas para direcionar a criação de uma nova economia. Temos de fazer a transição da indústria para os serviços que as pessoas desejam — para atividades que elevam os padrões de vida, não as que aumentam o risco e a desigualdade. Há muitos investimentos de alto retorno que poderemos realizar para esse fim. O investimento em educação é crucial — uma população altamente instruída é um propulsor fundamental do crescimento econômico. A pesquisa básica precisa de apoio. O investimento governamental em décadas anteriores — por exemplo, para o desenvolvimento da internet e da biotecnologia — ajudou a alimentar o crescimento econômico. Sem investimento em pesquisa básica, o que alimentará o próximo surto de inovação? Nesse ínterim, certamente os estados poderiam usar a ajuda federal para suprir as carências do orçamento. O crescimento econômico de longo prazo, com nossos índices atuais de consumo de recursos, é impossível; desse modo, financiar a pesquisa, a qualificação de técnicos e iniciativas para a produção de energia mais limpa e eficiente não só nos ajudará a sair da recessão, como também construirá uma economia que será robusta durante décadas. Por fim, nossa infraestrutura decadente — de estradas a ferrovias, de diques a hidrelétricas, é uma excelente opção de investimentos rentáveis.

A segunda conclusão é esta: se quisermos manter algo que se pareça com a "normalidade" teremos de consertar o sistema financeiro. Conforme foi mencionado, a implosão do setor financeiro pode não ter sido a causa subjacente de nossa crise atual — porém, esse setor a agravou e é um obstáculo para a recuperação em longo prazo. Empresas de pequeno e médio porte, principalmente as novas, são, de modo desproporcional, fonte de geração de empregos em qualquer economia — e essas empresas foram atingidas de forma particularmente dura. Precisamos fazer com que os bancos saiam do negócio perigoso da especulação e voltem para o negócio tedioso dos empréstimos. No entanto, não consertamos o sistema financeiro. Em vez disso, despejamos dinheiro nos bancos — sem restrições, sem impor condições e sem uma visão quanto ao tipo de sistema bancário que queremos e precisamos. Em poucas palavras, confundimos os fins com os meios. O sistema bancário deve servir à sociedade — e não o contrário.

Nossa tolerância com essa confusão de meios e fins é um sinal altamente alarmante sobre os rumos de nossa economia e sociedade. Os norte-americanos em geral estão começando a compreender o que aconteceu. Manifestantes de todo o país, eletrizados pelo movimento *Occupy Wall Street*, já sabem disso.

Escassez em uma Era de Fartura*

No mundo todo, o número de protestos contra o aumento dos preços de alimentos e combustível está crescendo. Os pobres — e até mesmo as classes médias — estão sofrendo uma perda de renda à medida que a economia desacelera. Os políticos querem defender as causas legítimas de seus eleitores, mas não sabem o que fazer.

Nos Estados Unidos, tanto Hillary Clinton quanto John McCain preferiram a saída fácil e apoiaram a suspensão do imposto sobre a gasolina, pelo menos durante o verão. Somente Barack Obama manteve sua posição e rejeitou a proposta, que simplesmente teria aumentado a demanda por gasolina — compensando o efeito do corte do imposto.

Entretanto, caso Hillary e McCain estejam errados, o que se deve fazer? Não é possível simplesmente ignorar as súplicas de quem sofre. Nos EUA, as rendas reais da classe média ainda não voltaram aos níveis anteriores à última recessão, em 1991.

Ao ser eleito, George Bush afirmou que cortes de impostos para os ricos seriam a panaceia universal para a economia. Os benefícios do crescimento alimentado pelo corte de tributos acabariam por chegar a todos — segundo as políticas que estão em voga na Europa e outros lugares, mas que fracassaram. Cortes de impostos deveriam estimular a poupança, mas a poupança das famílias norte-americanas caiu a zero. Deveriam estimular o emprego, mas a participação na força de trabalho é mais baixa hoje do que na década de 1990. O crescimento que ocorreu beneficiou apenas a alguns ocupantes do topo da pirâmide. A produtividade aumentou, por um tempo, mas isso não aconteceu devido as inovações financeiras de Wall Street. Os produtos financeiros que foram criados

*Project Syndicate, 6 de junho de 2008.

não gerenciaram o risco — aumentaram-no. Devido à sua falta de transparência e alta complexidade, nem Wall Street nem as agências de classificação de risco conseguiram avaliá-los adequadamente. Enquanto isso, o setor financeiro não criou produtos que ajudassem as pessoas comuns a gerenciar os riscos que enfrentavam, incluindo os relacionados à casa própria. Provavelmente, milhões de norte-americanos perderão suas residências e, junto com elas, as economias de toda a vida.

A tecnologia, simbolizada pelo Vale do Silício, está no âmago do sucesso dos Estados Unidos. A ironia é que os cientistas, criadores dos avanços que possibilitam o crescimento baseado em tecnologia e as empresas de capital de risco que os financiam, não foram os maiores beneficiados no auge da bolha imobiliária. Esses investimentos reais foram eclipsados pelos jogos que absorvem a maioria dos participantes dos mercados financeiros.

O mundo precisa reconsiderar as fontes de crescimento. Se os alicerces do crescimento econômico são a ciência e a tecnologia — e não a especulação imobiliária e financeira — os sistemas fiscais devem ser realinhados. Por que a taxa que incide sobre a renda das pessoas que se dedicam à jogatina dos cassinos de Wall Street deve ser menor da que incide sobre a renda das pessoas que ganham a vida de outra forma? Os ganhos de capital deveriam ser taxados, pelo menos, com alíquotas equivalentes às aplicadas sobre a renda das pessoas comuns. (De qualquer forma, esses retornos serão muito beneficiados, já que o imposto só incide depois que o ganho é realizado.) Além disso, deve-se cobrar um imposto sobre lucros excepcionais (ganhos aleatórios provenientes de circunstâncias extraordinárias, como escassez pontual de oferta ou picos de preços) das empresas de petróleo e gás.

Considerando o brutal aumento da desigualdade na maioria dos países, impostos mais altos sobre as pessoas que enriqueceram — para ajudar aqueles que perderam terreno com a globalização e a transformação tecnológica — são justos e, além disso, também podem amenizar os problemas causados pela elevação dos preços de alimentos e energia. Países que contam com programas de vale-alimentação, como os EUA, claramente precisam aumentar o valor desses subsídios para garantir que os padrões nutricionais não sejam prejudicados. Os que não contam com esses programas devem considerar a possibilidade de instituí-los.

Dois fatores desencadearam a crise atual: a guerra do Iraque contribuiu para o aumento dos preços do petróleo — inclusive pelo agravamento da instabilidade no Oriente Médio, fornecedor de petróleo de baixo custo. Ademais, os biocombustíveis provocam uma integração cada vez maior nos mercados de energia e alimentos. Embora o foco em fontes de energia renováveis seja positivo, as políticas que distorcem a oferta de alimentos não são. Os subsídios nos Estados Unidos ao etanol de milho são mais uma contribuição para os cofres dos produtores de etanol do que uma forma de conter o aquecimento global. Os altíssimos subsídios agrícolas dos EUA e da União Europeia enfraqueceram a agricultura do mundo em desenvolvimento, que recebeu pouca assistência internacional visando à melhoria da produtividade da agricultura. O auxílio ao desenvolvimento agrícola caiu do patamar elevado de 17% no total para apenas 3% hoje, sendo que alguns doadores internacionais exigem a eliminação dos subsídios aos fertilizantes, dificultando ainda mais a concorrência para os agricultores carentes de fundos.

Os países ricos devem reduzir — ou até mesmo eliminar — políticas agrícolas e energéticas que provoquem distorções e ajudar os agricultores das nações mais pobres a aumentar sua capacidade de produzir alimentos. Contudo, isso é apenas o início: tratamos nossos recursos mais preciosos — água e ar limpos — como se fossem gratuitos. Somente novos padrões de consumo e produção, ou seja, um novo modelo econômico, podem atacar o problema basilar dos recursos.

Vire à Esquerda para Crescer*

Tanto a esquerda quanto a direita afirmam defender o crescimento econômico. Sendo assim, os eleitores indecisos devem simplesmente considerar a questão como se fosse a escolha entre duas equipes de gestão?

Seria bom se fosse fácil assim! Parte do problema está ligada à sorte. Na década de 1990, os Estados Unidos foram abençoados com preços baixos de energia, inovação em ritmo acelerado e a China, que oferecia, cada vez mais, mercadorias de alta qualidade a preços cada vez mais baixos — todos esses fatores se combinaram para proporcionar baixa inflação e crescimento rápido.

O presidente Clinton e Alan Greenspan — na época, o presidente do Federal Reserve — não merecem muito crédito por isso, embora, para ser exato, políticas inadequadas teriam provocado um grande estrago. Por outro lado, os problemas atuais — preços altos de energia e alimentos e um sistema financeiro em frangalhos — foram causados, em grande medida, por políticas inadequadas.

De fato, há grandes diferenças nas *estratégias* de crescimento, que tornam as diferenças de resultados muito prováveis. A primeira diferença está ligada à própria concepção do crescimento. Crescimento não é somente uma questão de aumento do PIB. Deve ser sustentável: o crescimento baseado na degradação ambiental, em uma orgia de consumo financiada por dívidas e na exploração de recursos naturais escassos, sem reinvestimento dos lucros, não é sustentável.

O crescimento também deve ser inclusivo, em que ao menos a maioria dos cidadãos deve ser beneficiada. A economia de fomento indireto não funciona: na verdade, o aumento do PIB pode deixar a maioria dos cidadãos em uma situação pior. O crescimento recente dos EUA não era nem economicamente sustentável

Project Syndicate, 6 de agosto de 2008.

nem inclusivo. A maioria dos norte-americanos está em pior situação hoje do que há sete anos.

Mas não é inevitável a opção entre desigualdade ou crescimento. Os governos podem promover o crescimento aumentando a inclusão social. As pessoas são o recurso mais valioso de um país. Portanto, é essencial garantir que *todos* possam desenvolver seu potencial e, para isso, tenham a oportunidade de estudar.

A economia moderna também exige que se assumam riscos. As pessoas ficam mais dispostas a isso se há uma boa rede de segurança. Do contrário, os cidadãos podem exigir proteção contra a concorrência estrangeira. A proteção social é mais eficiente que o protecionismo.

A omissão na promoção da solidariedade social pode ter outros custos, dos quais os gastos sociais e privados necessários para proteger a propriedade e encarcerar criminosos não são os menores. Estima-se que, dentro de alguns anos, nos Estados Unidos, haverá mais pessoas trabalhando no negócio da segurança do que na educação. Um ano na prisão pode custar mais do que um ano em Harvard. O custo do encarceramento de dois milhões de norte-americanos — uma das taxas per capita mais altas do mundo — deveria ser interpretado como uma subtração do PIB — mas, apesar disso, é visto como um acréscimo.

Uma segunda grande diferença entre a direita e a esquerda está relacionada ao papel do Estado na promoção do desenvolvimento. A esquerda entende que o governo tem um papel fundamental no fornecimento de infraestrutura e educação, no desenvolvimento da tecnologia e até mesmo na função de empreendedor. O governo estabeleceu as bases das revoluções modernas da internet e da biotecnologia moderna. No século XIX, a pesquisa nas universidades norte-americanas com apoio governamental estabeleceu a base da revolução agrícola. Em seguida, o governo levou esses avanços a milhões de agricultores norte-americanos. Empréstimos para pequenas empresas foram fundamentais para criar não só novas empresas, mas todo um conjunto de novas atividades.

A diferença final pode parecer estranha: atualmente, a esquerda entende os mercados e o papel que podem e devem desempenhar na economia. A direita, principalmente nos Estados Unidos, não entende. Na verdade, a nova direita, representada pelo governo de Bush e Cheney, é o velho corporativismo com roupagem nova.

Eles não são liberais. Acreditam em um Estado forte, com poderes executivos fortes; mas um Estado voltado à defesa de interesses estabelecidos, com pouca atenção aos princípios de mercado. A lista de exemplos é longa, mas inclui subsídios a grandes corporações agrícolas, tarifas para proteger a indústria siderúrgica e, mais recentemente, os gigantescos resgates financeiros do Deal

Stearns, da Fannie Mae e da Freddie Mac. A inconsistência entre retórica e realidade vem de há muito: o protecionismo se expandiu no governo Reagan e incluiu a imposição das pretensas restrições voluntárias de exportação referentes a carros japoneses.

A nova esquerda, em contraste, está tentando fazer os mercados funcionarem. Mercados sem restrições não operam bem por conta própria — uma conclusão reforçada pelo desastre financeiro atual. Às vezes, os defensores dos mercados admitem que eles falham, inclusive desastrosamente, mas afirmam que os mercados "corrigem a si mesmos". Durante a Grande Depressão, foram apresentados argumentos semelhantes: o governo não precisava fazer nada, já que os mercados fariam com que a economia voltasse ao pleno emprego no longo prazo. Porém, nas palavras célebres de John Maynard Keynes, no longo prazo, estaremos todos mortos.

Os mercados não corrigem a si mesmos dentro de um período que seja relevante. Nenhum governo pode ficar de braços cruzados enquanto o país entra em uma recessão ou depressão, mesmo quando é causada pela ganância excessiva dos banqueiros ou pela avaliação incorreta dos riscos por parte dos mercados de valores mobiliários e agências de classificação de risco. Porém, se os governos forem arcar com os custos hospitalares do tratamento da economia, deverão diminuir a probabilidade de que a hospitalização seja necessária. A direita estava simplesmente equivocada ao recitar seu mantra da desregulamentação, e agora estamos pagando a conta. E o preço — em termos de perda de produção — será alto, talvez superior a US$1,5 trilhão, apenas nos Estados Unidos.

Segundo a direita, sua árvore genealógica intelectual costuma remontar a Adam Smith; no entanto, ainda que Smith reconhecesse o poder dos mercados, também reconhecia seus limites. Inclusive em seu tempo, os mercados constataram que seria mais fácil aumentar os lucros conspirando para aumentar os preços do que produzindo produtos inovadores de modo mais eficiente. Existe a necessidade de fortes leis antitruste.

Dar uma festa é fácil. Durante o breve período festivo, todos se divertem. Promover o crescimento sustentável é muito mais difícil. Hoje, ao contrário da direita, a esquerda tem uma agenda coerente, que oferece não só um crescimento maior, mas também justiça social. A escolha dos eleitores deve ser fácil.

O Enigma da Inovação*

No mundo todo, há um enorme entusiasmo pelo tipo de inovação tecnológica simbolizada pelo Vale do Silício. Nessa visão, a criatividade norte-americana representa sua verdadeira vantagem comparativa, que outros se esforçam para imitar. Mas um enigma se impõe: é difícil detectar os benefícios dessa inovação nas estatísticas do PIB.

O que está acontecendo hoje é semelhante ao desenvolvimento ocorrido há algumas décadas, no início da era dos computadores pessoais. Em 1987, o economista Robert Solow — ganhador do prêmio Nobel por seu trabalho pioneiro — queixava-se: "A era da informática se faz notar em todo lado, menos nas estatísticas de produtividade". Há várias explicações possíveis para isso.

Talvez o PIB não capture, de fato, as melhorias no padrão de vida que a inovação da era da informática está proporcionando. Ou, talvez, a inovação seja menos significativa do que seus entusiastas pensam. No fim das contas, há um pouco de verdade em ambos os pontos de vista.

Lembre-se de que, há poucos anos, logo antes do colapso do Lehman Brothers, o setor financeiro se orgulhava de sua capacidade de inovar. Considerando que as instituições financeiras vinham atraindo as pessoas mais brilhantes e mais talentosas do mundo todo, não se podia esperar outra coisa. Contudo, uma análise mais atenta deixa claro que uma boa parte dessa inovação envolvia a criação de formas melhores de enganar, manipular os mercados impunemente (pelo menos por um longo período) e explorar o poder de mercado.

Nesse período, quando os recursos fluíram para esse setor "inovador", o aumento do PIB foi bem menor do que antes. Nem mesmo em seu auge ocasionou

---

*Project Syndicate, 9 de março de 2014.

uma elevação dos padrões de vida (a não ser o dos banqueiros) e acabou por causar a crise da qual estamos nos recuperando. A contribuição social líquida de toda essa "inovação" foi negativa.

Da mesma forma, a bolha do "ponto com" (ou bolha da internet) que antecedeu esse período foi caracterizada pela inovação — sites que permitiam comprar ração de cachorro e refrigerantes online. Essa era pelo menos deixou um legado de mecanismos de busca eficientes e uma infraestrutura de fibra ótica. No entanto, não é fácil avaliar até que ponto a economia de tempo obtida com as compras online ou as economias de custo que podem decorrer do aumento da concorrência (devido à possibilidade de comparar preços online) afetam nosso padrão de vida.

Duas coisas devem ficar claras. Em primeiro lugar, a lucratividade da inovação pode não ser um bom critério de sua contribuição líquida para o padrão de vida. Na economia dos EUA, em que o vencedor leva tudo, um inovador que desenvolve um site melhor para compras e entrega de ração canina pode atrair todas as pessoas, em todo o mundo, que usam a internet para comprar esse produto, lucrando muito com isso. Mas, sem o serviço de entrega, uma boa parte desses lucros simplesmente teria ido para outros. A contribuição líquida do site para o crescimento econômico pode, na verdade, ser relativamente pequena.

Além disso, se uma inovação, como os caixas eletrônicos dos bancos, aumenta o desemprego, nenhum custo social — nem o sofrimento dos demitidos, nem o custo fiscal maior relativo ao pagamento do seguro-desemprego — é refletido na lucratividade da empresa. Da mesma forma, a métrica do PIB não reflete o custo da maior insegurança que as pessoas sentem ao correr um risco mais significativo de perder o emprego. Igualmente importante é o fato de não refletir a melhoria no bem-estar da sociedade que a inovação proporciona.

Em um mundo mais simples, em que inovação significava simplesmente reduzir o custo de produção de um automóvel, por exemplo, era fácil avaliar seu valor. No entanto, quando a inovação afeta a *qualidade* do automóvel, a tarefa se torna muito mais difícil. Isso fica mais evidente ainda em outras áreas. Por exemplo, como avaliar precisamente o fato de que, devido ao progresso da medicina, a probabilidade de êxito em uma cirurgia cardíaca é maior hoje do que no passado, levando a um aumento significativo na expectativa e qualidade de vida?

Mesmo assim, persiste a sensação inquietante de que, no fim das contas, a contribuição de todas as inovações tecnológicas recentes para a elevação, no longo prazo, dos padrões de vida pode ser muito menor do que os entusiastas afirmam. Dedicou-se um grande esforço individual à criação de novas formas de maximizar os orçamentos de publicidade e marketing — voltados para os clientes, principalmente os abastados, que realmente podem comprar o produto.

Porém, os padrões de vida poderiam ter sido ainda mais elevados se esse talento inovador tivesse sido empregado na pesquisa básica — ou até mesmo em pesquisa aplicada, que poderia ter levado a novos produtos.

Sim, a melhor conexão entre as pessoas, pelo Facebook ou Twitter, tem seu valor. Contudo, como comparar essas inovações com o laser, o transistor, a máquina de Turing (o precursor teórico dos computadores) e o mapeamento do genoma humano, inovações que deram origem a uma grande quantidade de produtos transformadores?

Evidentemente, há motivos para um suspiro de alívio. Embora talvez não saibamos até que ponto as inovações tecnológicas recentes contribuem para nosso bem-estar, pelo menos sabemos que, ao contrário das inovações financeiras que marcaram a economia global pré-crise, aquelas tiveram um efeito positivo.

Posfácio

O capítulo final é diferente dos outros. É uma entrevista concedida a Cullen Murphy, meu editor na *Vanity Fair*, na qual contesto uma das afirmações dos conservadores: os ricos são, em última análise, geradores de empregos. De acordo com essa visão, tirar dinheiro dos ricos — ou até mesmo forçá-los a pagar uma quantia justa em impostos — seria contraproducente. Os americanos comuns seriam prejudicados. Trata-se apenas de uma versão da economia de fomento indireto do século XXI, que procura defender as desigualdades na sociedade.

Considero que a economia de fomento indireto é *totalmente* equivocada. No mundo todo, há riqueza de criatividade, abundância de empreendedorismo *caso exista uma demanda adequada* (e se certos pré-requisitos são preenchidos, como o acesso ao capital e infraestrutura adequada). De acordo com esse ponto de vista, os verdadeiros "geradores de empregos" são os consumidores, e o motivo pelo qual as economias norte-americana e europeia não estão gerando empregos é a estagnação da renda, que implica estagnação da demanda. Na verdade, na época em que este livro foi impresso, os salários em muitos países europeus estavam mais baixos do que no início da crise; e, conforme afirmei repetidas vezes, a renda da família norte-americana típica é mais baixa do que era há 25 anos. Portanto, não causa admiração que a demanda esteja estagnada.

Os editores da *Vanity Fair* me fizeram outra pergunta, que ouço frequentemente em minhas viagens pelo país: Quando esse aumento da desigualdade começou? E a que nós o atribuímos? Minha resposta coincide com a de outros intelectuais: aproximadamente no início do governo Reagan. Embora certas medidas tomadas pelo presidente Reagan quase que certamente contribuíram para esse aumento da desigualdade — inclusive alterações nos impostos que beneficiaram enormemente os muitos ricos — é necessário adotar uma perspectiva mais ampla, como faz Thomas Piketty em seu livro ao dizer que o aumento da desigualdade em muitos países avançados se iniciou aproximadamente na mesma época. As "reformas" que fizeram parte do *zeitgeist* (o "espírito de uma época", no sentido de ser a escola filosófica ou moda intelectual dominante em seu tempo)da década de 1980 causaram impacto em diversos países. Essas reformas incluíram não só a redução das alíquotas máximas de impostos, como também a liberalização dos mercados financeiros.

Sendo assim, terminamos o livro repetindo os temas pelos quais começamos: a desigualdade nos EUA — com os níveis extremos aos quais chegou, as formas que assumiu — não é inevitável; não é o resultado de leis inexoráveis da Economia ou da Física. É uma questão de escolha, de políticas; e estas, por sua vez, são o resultado de nossa política. Pagamos um alto preço por essa desigualdade — um preço que sentimos mais intensamente na década passada, com a construção da crise e suas consequências. Entretanto, é um preço que pagaremos — com juros — no futuro, a não ser que mudemos as políticas que a provocaram.

Entrevista:

Joseph Stiglitz sobre a Falácia de que o 1% Mais Rico Impulsiona a Inovação e por que o Governo Reagan foi o Ponto de Inflexão da Desigualdade nos Estados Unidos*

---

*Vanity Fair, 5 de junho de 2012.

CULLEN MURPHY: EM SEU NOVO LIVRO, *O PREÇO DA DESIGUALDADE*, você adota uma grande abrangência, tanto histórica quanto geográfica. Analisando a história norte-americana, qual período você considera mais semelhante ao nosso, em termos de pouco-caso com a desigualdade crescente?

Joseph Stiglitz: Dois períodos vêm à mente: a Era de Ouro, no final do século XIX, e as épocas de *boom* da década de 1920. Ambos ficaram caracterizados por altos níveis de desigualdade e corrupção, inclusive no processo político (como no famigerado escândalo de Teapot Dome, sobre subornos relacionados com arrendamentos de reservas petrolíferas, que caracterizou o início dos anos 1920). De fato, até meados da última década, a desigualdade de renda não tinha atingido os níveis dos anos 1920. Evidentemente, parte das pessoas que fizeram fortuna nesses dois períodos contribuíram significativamente para a sociedade — os *Robber Barons* (termo depreciativo aplicado a certos empresários norte-americanos do século XIX, ricos, poderosos e sem escrúpulos) que construíram as ferrovias que transformaram o país, ou James B. Duke, que exerceu um papel fundamental para levar a eletricidade a algumas regiões dos Estados Unidos. Entretanto, ambos os períodos foram também marcados por especulação, instabilidade e excessos.

Algumas pessoas, como Edward Conard, no livro *Unintended Consequences* (Consequências Indesejadas, em tradução livre), afirmam que a desigualdade extrema, além de não ser o sinal de um grave problema, é algo a ser comemorado. Você discorda totalmente desse argumento. Quais são as principais falhas?

Conard afirma que a desigualdade maior é boa porque, conforme as pessoas acumulam mais dinheiro, elas o investem e melhoram a economia. Além disso, a riqueza deles comprova suas contribuições para a inovação. Como você menciona, essa opinião é tão equivocada que é difícil saber por onde começar. Permita-me ressaltar três equívocos.

Primeiro, ela se baseia na "economia de fomento indireto", a ideia de que, se os mais ricos estiverem bem, o resto da sociedade também estará. Porém, as evidências são totalmente contrárias a essa ideia: atualmente, a renda real (ajustada de acordo com a inflação) da maioria dos norte-americanos é mais baixa do que há uma década e meia, em 1997.

Em segundo lugar, baseia-se na falácia de que a desigualdade é positiva para o crescimento econômico, mas, também nesse caso, as provas apontam em sentido oposto. Tem sido recorrente a demonstração inequívoca de que a desigualdade retarda o crescimento econômico e promove a instabilidade. Essas constatações se baseiam em estudos do *mainstream* (veja na Parte VIII o artigo "O Livro dos Trabalhos"). Até mesmo o Fundo Monetário Internacional, que não é dado a radicalismos econômicos, reconheceu os efeitos adversos da desigualdade sobre o desempenho econômico.

Em terceiro lugar, não é verdade que os extremamente ricos usam o dinheiro deles para assumir riscos que impulsionam a inovação. Vê-se claramente que é mais comum usar a riqueza para obter vantagem na "caça à renda". Quando pequenos grupos de pessoas têm uma riqueza desproporcional, eles usam seu poder para buscar um tratamento especial por parte do governo. Alguns dos mais ricos (historicamente e também na atualidade) obtiveram sua riqueza por meio de monopólio, impedindo a concorrência em condições justas. Esse comportamento de caça à renda é um uso terrivelmente ineficiente dos recursos, pois os caçadores de renda não geram valor. Em vez disso, aproveitam suas posições privilegiadas nos mercados para capturar fatias cada vez maiores do valor já existente. Distorcem a economia, reduzindo a eficiência e o crescimento econômico.

Os verdadeiros impulsionadores do crescimento e da inovação são empresas jovens e empresas de pequeno e médio porte, principalmente nas áreas de alta tecnologia, que normalmente se baseiam em pesquisas com apoio governamental. Parte do problema dos Estados Unidos atualmente é que muitos dos mais ricos não querem contribuir para o "bem público" com uma quantia justa. Muitos pagam impostos com alíquotas inferiores às que incidem sobre a renda de pessoas bem mais pobres. Assim, não causa espécie que alguns dos norte-americanos mais ricos estejam promovendo uma fantasia econômica na qual o enriquecimento deles é benéfico para todos.

Na "recuperação" de 2009-2010, o 1% dos norte-americanos que ocupam o topo da pirâmide, em termos de renda, capturaram 93% do aumento da renda. Não acredito que esse argumento de Conard proporcione alguma consolação para os quase 23 milhões de norte-americanos que procuram um emprego em tempo integral mas não o encontram.

Se você tivesse de apontar um ponto de inflexão a partir do qual tomamos o caminho da desigualdade crescente, qual seria esse momento? E quais foram os acontecimentos precipitantes?

É difícil apontar um único momento crítico, mas, claramente, a eleição do presidente Ronald Reagan representou um ponto de inflexão. Nas décadas imediatamente após a II Guerra Mundial, tivemos um crescimento econômico compartilhado pela maioria das pessoas, em que os ocupantes da base da pirâmide foram proporcionalmente mais favorecidos do que os ocupantes do topo. (Também foi um período em que houve o crescimento econômico mais rápido na história do país.) Entre os eventos que precipitaram uma maior desigualdade estão o início da desregulamentação do setor financeiro e a redução da progressividade do sistema fiscal. A desregulamentação levou à financeirização excessiva da economia — a tal ponto que, antes da crise, 40% de todos os lucros corporativos foram para o setor financeiro, e este se caracteriza por extremos de remuneração no topo da pirâmide, obtendo seus lucros, em parte, ao explorar os ocupantes do meio e da base da pirâmide com, por exemplo, empréstimos predatórios e práticas abusivas dos cartões de crédito. Os sucessores de Reagan, infelizmente, continuaram no caminho da desregulamentação. Além disso, ampliaram a política de reduzir impostos para os ocupantes do topo da pirâmide, a tal ponto que, atualmente, o 1% de norte-americanos mais ricos paga apenas cerca de 15% de sua renda em impostos — muito menos do que as pessoas com rendas mais moderadas.

O modo como Reagan acabou com a greve dos controladores de tráfego aéreo frequentemente é citado como algo crítico para o enfraquecimento dos sindicatos, um dos fatores que explicam a situação ruim dos trabalhadores nas décadas recentes. Mas há também outros fatores. Reagan promoveu a liberalização do comércio, e parte do aumento da desigualdade se deve à globalização e à substituição de empregos semiqualificados por novas tecnologias e trabalho terceirizado. Parte da desigualdade comum à Europa e aos Estados Unidos pode ser atribuída a isso. A diferença em relação aos Estados Unidos é o extraordinário aumento das rendas dos ocupantes da parte mais alta do topo da pirâmide —principalmente o 0,1% mais rico. É muito maior do que o ocorrido na maior parte da Europa e decorre, em parte, do entusiasmo de Reagan pela desregulamentação, particularmente no setor financeiro, da aplicação inadequada das leis de concorrência e da maior disposição dos Estados Unidos de se aproveitar de leis inadequadas de governança corporativa.

No decorrer de sua história, os Estados Unidos sofreram com a desigualdade. Todavia, com as políticas fiscais e regulamentações que havia no período pós-guerra, estávamos no caminho certo para amenizá-la. Os cortes de impostos e a desregulamentação que começaram nos anos de Reagan reverteram a tendência. As disparidades de renda antes dos impostos e das transferências de renda (ajuda oferecida aos pobres por meio, por exemplo, de vales-alimentação) são maiores atualmente e, como o governo está fazendo menos pelos pobres e favorecendo os ricos, as desigualdades de renda depois dos impostos e transferências são ainda maiores.

Uma das atividades que você critica longamente é a "caça à renda". Você considera que a caça à renda influenciou no fiasco do J.P. Morgan?

Os grandes prejuízos que o J.P. Morgan informou recentemente mostram que não limitamos os excessos dos bancos; não curamos os problemas que levaram à crise. Ainda há falta de transparência, empréstimos predatórios e comportamento irresponsável — e os contribuintes ainda estão em risco. O fato de que o setor financeiro não sofreu uma reforma é uma clara manifestação da caça à renda. Continuamos com um sistema em que privatizamos os lucros e socializamos os prejuízos; de fato, os bancos receberam enormes(e frequentemente ocultos) subsídios.

O setor financeiro primeiro usou a porta giratória (maneira coloquial para se referir ao patrimonialismo)que lhe dá acesso ao governo para enfraquecer as regulamentações que o restringem; e mesmo depois que ficou muito claro que eram medidas inadequadas, valeu-se da mesma porta para impedir a imposição de novas e mais apropriadas regras. Temos uma estrutura regulatória deficiente em virtude da caça à renda. Os bancos usam seu poder para obter tratamento especial, inclusive socorros financeiros. Constataram que, se o prejuízo os levasse à falência, o contribuinte norte-americano poderia oferecer financiamento barato (injeções diretas, taxas de juros zeradas, sustentação do mercado de hipotecas, pagamento das obrigações da AIG, etc.). Dessa forma, extraem rendas de nós, as quais foram usadas para pagar dividendos aos acionistas e "bônus" para a alta gerência. O fato que desagradou a maioria dos norte-americanos é que as pessoas que levaram suas empresas à beira da ruína receberam seus bônus mesmo assim. E, embora o Fed tenha emprestado dinheiro aos bancos a taxas de juros próximas de zero, que lhes permitiam ganhar dinheiro simplesmente comprando uma obrigação governamental de longo prazo, os banqueiros receberam bônus como se os lucros fossem o resultado de seu trabalho árduo ou sua genialidade.

Em seu livro você oferece várias opções de políticas que, em conjunto, ao longo do tempo, resolveriam o problema da desigualdade. Se você pudesse implementar apenas uma delas apertando um botão, qual seria e por quê? Se você pudesse apertar o botão mais uma vez, qual seria a segunda?

Não há uma bala de prata, particularmente porque a desigualdade nos Estados Unidos é formada por várias partes diferentes: os extremos de riqueza e renda no alto da pirâmide, o esvaziamento do meio e o agravamento da pobreza na base. Cada parte tem suas causas e requer suas próprias soluções.

O que mais me incomoda é que os Estados Unidos deixaram de ser a terra da oportunidade — a possibilidade de ascensão social da base para o meio ou o topo da pirâmide é muito menor do que na velha Europa; na verdade, é pior aqui do que em qualquer outro país industrializado avançado sobre o qual temos dados. Essa desigualdade em relação às oportunidades se traduz, ao longo dos anos, no aumento da desigualdade e pode levar à criação de uma plutocracia herdada. Portanto, para mim, a ação mais importante é garantir uma educação de qualidade para todos. Ao mesmo tempo, uma educação melhor ajudaria os norte-americanos a concorrer em um mercado global cada vez mais competitivo.

As políticas que proponho em *O Preço da Desigualdade* decorrem diretamente de meu diagnóstico das origens da desigualdade: no topo da pirâmide, financeirização excessiva, abusos da governança corporativa que levaram os CEOs a ficar com uma fatia desproporcional dos lucros corporativos e caça à renda; no meio, o enfraquecimento dos sindicatos; na base, discriminação e exploração. A criação de boas regulamentações financeiras, melhores sistemas de governança corporativa e leis que restrinjam a discriminação e os empréstimos predatórios ajudariam. Também seriam úteis as reformas no financiamento de campanhas e outras reformas políticas que restringiriam as oportunidades de caça à renda por parte dos ocupantes do topo.

Todas essas etapas reduziriam a desigualdade nas rendas antes dos impostos. Entretanto, a redução na desigualdade de renda depois dos impostos é igualmente importante. Um bom ponto de partida é a taxação em si — o sistema atual tributa os ganhos de capital, que podem ser lucros de especulação, com uma alíquota muito mais baixa da que incide sobre os salários. Além de não haver um bom motivo para isso, essas políticas fiscais distorcem a economia e aumentam a instabilidade. Os ricos não deveriam pagar uma proporção menor de sua renda em impostos do que a classe média. Isso agrava a desigualdade, distorce ainda mais nossa política e dificulta a recuperação da saúde fiscal do país. Além disso, as receitas maiores poderiam ajudar a financiar os investimentos públicos necessários em infraestrutura, educação e pesquisa que colocariam a economia de volta nos trilhos — e, se bem trabalhadas, também promoveriam a igualdade e a igualdade de oportunidades.

É possível haver vozes entre o 1% que apresentam o mesmo argumento que você sobre a importância da desigualdade e o motivo pelo qual os ricos exercem uma influência no bem-estar de todos. Quais são essas vozes?

Há muitas, como a de George Soros e Warren Buffett. Centenas assinaram uma petição coordenada por um grupo chamado Milionários Patriotas para aumentar os impostos para os ricos, que se encontra no site patrioticmillionaires.org (conteúdo em inglês). Eles acreditam que um reino dividido não pode subsistir; acreditam que seu próprio bem-estar no longo prazo e o bem-estar de seus filhos dependem da existência de uma sociedade norte-americana coesa, que invista adequadamente em educação, infraestrutura e tecnologia. Muitas dessas pessoas viveram o sonho americano, não herdaram fortunas, e desejam que os outros tenham as mesmas oportunidades que eles tiveram. Acima de tudo, desconfio que eles acreditam firmemente em certos valores — exemplificados pelo estilo de vida de Buffett — e temem que, em um país cada vez mais dividido, esses valores se tornem algo cada vez mais raro. Como os Milionários Patriotas escreveram em sua petição de apoio à regra de Buffett: "Nosso país foi bom para nós. Forneceu uma base para o nosso sucesso. Agora, queremos fazer a nossa parte para manter essa base forte, para que outros possam alcançar o sucesso que alcançamos".

CRÉDITOS

Gostaria de expressar minha gratidão ao *New York Times* por permitir a inclusão dos artigos a seguir: "Desigualdade É uma Opção"; "Como o Dr. King Moldou Meu Trabalho na Economia"; "Oportunidades Iguais: O Mito Nacional"; "Dívida Estudantil e a Destruição do Sonho Americano"; "A Única Solução de Moradia que Restou: Refinanciamento Hipotecário em Massa"; "Um Sistema Tributário Contra os 99%"; "A Lição Errada da Falência de Detroit"; "Não Confiamos em Ninguém"; "Por que Janet Yellen, e Não Larry Summers, Deveria Comandar o Fed"; "A Insanidade da Política Alimentar dos EUA"; "No Lado Errado da Globalização"; "Como a Propriedade Intelectual Reforça a Desigualdade"; "A Desigualdade Não É Inevitável"; "As Lições de Cingapura para uma América (EUA) Desigual"; "O Japão É um Modelo, Não uma Advertência" e "A Desigualdade Está Atrapalhando a Recuperação".

Fico imensamente grato ao *Project Syndicate* por permitir a inclusão dos artigos a seguir: "A Desigualdade se Globaliza", publicado originalmente como "Complacency in a Leaderless World"; "Democracia no Século XXI"; "Justiça para Alguns"; "A Desigualdade e a Criança Americana"; "O Ebola e a Desigualdade"; "EUA: Socialismo para os Ricos"; "A Farsa do Livre Comércio"; "A Sábia e Notória Decisão da Índia"; "As Crises no Pós-crise"; "O Milagre das Ilhas Maurício"; "O Roteiro Chinês"; "China: Reformando o Equilíbrio Estado/Mercado", "Medellín: uma Luz para as Cidades"; "Ilusões Norte-americanas na Austrália"; "Escassez em uma Era de Fartura"; "Vire à Esquerda para Crescer" e "O Enigma da Inovação".

Estendo minha sincera gratidão à *Vanity Fair* por permitir a inclusão dos seguintes artigos: "As Consequências Econômicas do Sr. Bush"; "Capitalistas Tolos"; "Do 1%, pelo 1% para o 1%"; "O Problema do 1%"; "O Livro dos Trabalhos" e

"Entrevista: Joseph Stiglitz sobre a Falácia de que o 1% Mais Rico Impulsiona a Inovação e qual o Motivo e por que o Governo Reagan foi o Ponto de Inflexão da Desigualdade nos Estados Unidos".

Agradeço imensamente à revista *Critical Review* por ter permitido a inclusão de "A Anatomia de um Crime: Quem Matou a Economia dos Estados Unidos?"; à revista *Time* por "Como Sair da Crise Financeira"; *Washington Monthly*, por "Crescimento Lento e Desigualdade São Opções Políticas. Podemos Fazer de Outro Jeito."; *Harper's*, por "O Falso Capitalismo"; *Político*, por "O Mito da Era de Ouro dos Estados Unidos" e "Como Fazer com que os EUA Voltem a Trabalhar"; *The Guardian* por "A Globalização Não é Apenas Uma Questão de Lucros. É Também Uma Questão Fiscal."; *USA Today*, "Falácias da Lógica de Romney"; *Washington Post*, "Como a Política Contribuiu para a Grande Divisão Econômica"; *Ethics and International Affairs*, "Eliminar a Desigualdade Extrema: uma Meta de Desenvolvimento Sustentável, 2015-2030"; Tokuma Shoten, "O Japão Deve Ficar Alerta"; *The Herald*, "A Independência Escocesa"; Taurus Books, "A Depressão Espanhola".